Kritische Studien zur Geschichtswissenschaft 36

KRITISCHE STUDIEN ZUR GESCHICHTSWISSENSCHAFT

Herausgegeben von
Helmut Berding, Jürgen Kocka,
Hans-Ulrich Wehler

Band 36

Toni Pierenkemper
Die westfälischen Schwerindustriellen
1852–1913

GÖTTINGEN · VANDENHOECK & RUPRECHT · 1979

Die westfälischen Schwerindustriellen 1852–1913

Soziale Struktur und unternehmerischer Erfolg

von

TONI PIERENKEMPER

GÖTTINGEN · VANDENHOECK & RUPRECHT · 1979

CIP-Kurztitelaufnahme der Deutschen Bibliothek

Pierenkemper, Toni:
Die westfälischen Schwerindustriellen: 1852–1913; soziale Struktur u. unternehmer. Erfolg / von Toni Pierenkemper. – Göttingen: Vandenhoeck und Ruprecht, 1979.
(Kritische Studien zur Geschichtswissenschaft; Bd. 36)

ISBN 3-525-35993-4

D 6

 – Satz und Druck: Gulde-Druck, Tübingen. – Bindearbeit: Hubert & Co., Göttingen

Inhalt

Vorbemerkungen 1

Kapitel I: Möglichkeiten und Grenzen der historischen Unternehmerforschung 6

1. Das Problem der Zurechnung des ökonomischen Erfolges – die Bedeutsamkeit des unternehmerischen Handelns 6
   1.1. In wirtschaftshistorischer Perspektive 6
   1.2. Als Bestandteil der soziologischen Unternehmerkritik 9
   1.3. Seine Behandlung in der ökonomischen Theorie 10
   1.4. Seine Bedeutung für die politische Praxis 11

2. Theorie- und Definitionsprobleme 12
   2.1. Unternehmer-Typen 14
   2.2. Unternehmer als Angehörige einer Schicht 15
   2.3. Unternehmer als Träger einer Rolle 17
   2.4. Der Unternehmer als „actor“ und Funktionsträger 18

3. Der Ansatz dieser Arbeit 22
   3.1. Eine positionale Unternehmerdefinition 22
   3.2. Vorgehensweise und Untersuchungsgegenstand 24

Kapitel II: Die soziale Struktur der westfälischen Schwerindustriellen, 1852–1913 28

1. Vorbemerkungen 28
   1.1. Die Differenzierung der Untersuchungsgesamtheit 29
   1.2. Die Repräsentativität der Untersuchungsgesamtheit 33

2. Die sozialen Merkmale der Untersuchungsgesamtheit 35
   2.1. Die Altersstruktur der westfälischen Schwerindustriellen 35
   2.2. Die Herkunft der westfälischen Schwerindustiellen 37
      2.2.1. Regionale Herkunft 39
      2.2.2. Soziale Herkunft 43
      2.2.3. Berufliche Herkunft 46
   2.3. Die Ausbildung der westfälischen Schwerindustriellen 48
      2.3.1. Das preußische Bildungssystem 48

2.3.2. Die Vorbildung der westfälischen Schwerindustriellen 50
2.3.2.1. Schulbildung 51
2.3.2.2. Praktische Weiterbildung 54
2.3.2.3. Hochschulbildung 59
2.4. Das öffentliche Wirken der westfälischen Schwerindustriellen 61
2.4.1. Verbandstätigkeit 62
2.4.2. Kommunalpolitik 66
2.4.3. Überregionale Politik 68
2.4.4. Weitere Möglichkeiten des öffentlichen Wirkens 70
2.5. Die gesellschaftliche Anerkennung der westfälischen Schwerindustriellen 72
2.6. Das Karrieremuster der westfälischen Schwerindustriellen 76
2.6.1. Eintrittsalter, Austrittsalter, Karrieredauer 78
2.6.2. Karrieremuster 81
2.6.2.1. Eintritt 82
2.6.2.2. Austritt 85
2.6.2.3. Firmenwechsel 86

KAPITEL III: Die Struktur der betrieblichen Probleme in der westfälischen Schwerindustrie, 1852–1913 89

1. Vorbemerkungen 89

2. Die betrieblichen Probleme der Gründerperiode, 1852–1873 92

2.1. Die Unternehmensgründungen in der westfälischen Schwerindustrie 93
2.2. Die Betriebsprobleme 94
2.2.1. Basis-Innovationen 95
2.2.1.1. Tiefbauschächte 95
2.2.1.2. Kokshochöfen 98
2.2.1.3. Stahlgewinnung 101
2.2.2. Finanzierung 104
2.3. Die Anforderungen an die Unternehmer 108

3. Die betrieblichen Probleme der „großen Depression“, 1873–1892 .. 109

3.1. Folge-Innovationen 110
3.1.1. Aufbereitung der Rohkohle 110
3.1.2. Koksgewinnung 111
3.1.3. Neue Stahlgewinnungsverfahren 112
3.2. Absatzsicherung durch Konzentration und Kartellierung 114
3.3. Die Anforderungen an die Unternehmer 121

4. Die betrieblichen Probleme im Zeitraum bis zum 1. Weltkrieg 122

4.1. Rationalisierungen 123
4.2. Konzentration 125
4.3. Ursachen der Konzentration 129
4.4. Folgen der Konzentration 130
4.5. Die Anforderungen an die Unternehmer 133

KAPITEL IV: Der Erfolg der westfälischen Schwerindustriellen und ihrer Unternehmen 134

1. Der Erfolg der Unternehmen der Schwerindustrie 134
1.1. Maßstäbe des Erfolges 134
1.2. Die ökonomische Entwicklung der westfälischen Schwerindustrie 135
1.2.1. Überleben 135
1.2.2. Wachstum 137
1.2.3. Rentabilität 142
1.3. Die erfolgreichen Unternehmen 144

2. Ursachen des Erfolges der Unternehmen der Schwerindustrie 146

2.1. Der Unternehmenserfolg in der Gründerperiode 147
2.2. Der Unternehmenserfolg in der „großen Depression" 153
2.3. Der Unternehmenserfolg in der Zeit bis zum Ersten Weltkrieg 155

3. Die erfolgreichen Unternehmer in der westfälischen Schwerindustrie 156

3.1. Die Besonderheiten der sozialen Struktur der erfolgreichen Unternehmer 157
3.1.1. Altersstruktur 158
3.1.2. Herkunft 159
3.1.3. Ausbildung 161
3.1.4. Öffentliches Wirken 162
3.1.5. Karrieremuster 163
3.2. Der Zusammenhang der sozialen Struktur der westfälischen Schwerindustriellen mit dem Erfolg ihrer Unternehmen 165

ZUSAMMENFASSUNG UND AUSBLICK 169

Anhang

I. Quellendiskussion 171
1. Die Ausgangsquellen 171
2. Die Ergänzung der Personalquellen 172
3. Die Ergänzung der Firmenquellen 175
4. Die Auswertung der Quellen 176

II. Verzeichnis der Abkürzungen 180

III. Anmerkungen 181
Vorbemerkungen 181
Kapitel I 181
Kapitel II 192
Kapitel III 205
Kapitel IV 218
Quellendiskussion 224

IV. Schwerindustrielle Unternehmen, die ihre Selbständigkeit verloren 227
1. Bergbauunternehmen, 1873–1892 227
2. Unternehmen der Eisenindustrie, 1873–1892 229
3. Bergbauunternehmen, 1893–1913 230
4. Unternehmen der Eisenindustrie, 1893–1913 232

V. Liste der 248 untersuchten westfälischen Schwerindustriellen 233

VI. Listen der 154 untersuchten Firmen 39

VII. Literaturverzeichnis 244
1. Festschriften 244
2. Sonstige Quellen 248
3. Bücher und Aufsätze 251

Verzeichnis der Skizzen

1. Die Kreise des westfälischen Ruhrgebiets 1
2. Modell für die Verknüpfung der Variablen 2
3. Generelle Betriebsprobleme der westfälischen Schwerindustrie 90
4. Angliederungen der Gelsenkirchener Bergwerks AG bis 1904 127

Verzeichnis der Tabellen

1. Verteilung der westfälischen Schwerindustriellen nach Betriebspositionen 29
2. Verteilung der westfälischen Schwerindustriellen auf Branchen 31
3. Verteilung der westfälischen Schwerindustriellen nach Rechtsformen 31
4. Verteilung der westfälischen Schwerindustriellen nach Perioden 32
5. Verteilung der Branchenzugehörigkeit bei Personen und Firmen 34
6. Verteilung der Rechtsformen bei Personen und Firmen 34
7. Verteilung der Geburtsjahre der westfälischen Schwerindustriellen 36
8. Verteilung der Todesjahre der westfälischen Schwerindustriellen 37
9. Die regionale Herkunft der westfälischen Schwerindustriellen 40
10. Die regionale Herkunft der Unternehmer nach verschiedenen Untersuchungen 41
11. Regionale Herkunft der westfälischen Schwerindustriellen nach Stadt/Land 42
12. Soziale Herkunft der westfälischen Schwerindustriellen (Vaterberuf) 44
13. Die Berufe der Schwiegerväter der westfälischen Schwerindusriellen 45
14. Ausgangsberufe der westfälischen Schwerindustriellen (Gründer und Aufsichtsräte) 47
15. Schüler pro 10000 Einwohner in Preußen nach Schultypen 1860, 1880, 1900 49
16. Studenten pro 10000 Einwohner in Preußen nach Hochschultypen 1860, 1880, 1900 50
17. Schulabschlüsse der westfälischen Schwerindustriellen nach Betriebspositionen 51
18. Schulabschlüsse der westfälischen Schwerindustriellen nach Perioden 52
19. Schulabschlüsse der westfälischen Schwerindustriellen nach Branchen ... 54
20. Auslandserfahrungen der westfälischen Schwerindustriellen nach Betriebspositionen 55
21. Praktische Weiterbildung der westfälischen Schwerindustriellen nach Betriebspositionen 56
22. Praktische Weiterbildung der westfälischen Schwerindustriellen nach Perioden 57
23. Bergbaubeamte in der westfälischen Schwerindustrie 57
24. Praktische Weiterbildung der westfälischen Schwerindustriellen nach Branchen 58
25. Studienfächer der westfälischen Schwerindustriellen nach Betriebspositionen 60
26. Ebenen des öffentlichen Wirkens der westfälischen Schwerindustriellen .. 62
27. Verbandsmitgliedschaft der westfälischen Schwerindustriellen nach Betriebspositionen 63
28. Kommunalpolitische Aktivitäten der westfälischen Schwerindustriellen nach Betriebspositionen 66
29. Politisches Wirken der westfälischen Schwerindustriellen nach Betriebspositionen 68
30. Öffentliche Ehrungen der westfälischen Schwerindustriellen nach Betriebspositionen 73
31. Militärischer Dienstrang der westfälischen Schwerindustriellen 74

32. Kriegsteilnahme der westfälischen Schwerindustriellen 75
33. Die Verteilung der „Leiter“ nach Branchen und Perioden 77
34. Das Entrittsalter der westfälischen Schwerindustriellen nach Branchen ... 78
35. Das Austrittsalter der westfälischen Schwerindustriellen nach Branchen .. 79
36. Die Karrieredauer der westfälischen Schwerindustriellen nach Branchen .. 80
37. Karrieredauer der westfälischen Schwerindustriellen nach Perioden 81
38. Eintrittsvoraussetzungen der westfälischen Schwerindustriellen 82
39. Eintrittsbranche der westfälischen Schwerindustriellen 83
40. Eintrittsregion der westfälischen Schwerindutriellen 83
41. Eintrittsebene der westfälischen Schwerindustriellen 84
42. Austrittsbranche der westfälischen Schwerindustriellen 85
43. Austrittsregion der westfälischen Schwerindustriellen 85
44. Austrittsgründe der westfälischen Schwerindustriellen 86
45. Tätigkeiten nach Branchenaustritt der westfälischen Schwerindustriellen . 87
46. Häufigkeit des Firmenwechsels der westfälischen Schwerindustriellen ... 87
47. Häufigkeit des Firmenwechsels der westfälischen Schwerindustriellen nach Perioden 88
48. Gründungsjahre der Unternehmen der westfälischen Schwerindustrie ... 93
49. Neu- und Umgründungen in der westfälischen Schwerindustrie 94
50. Beginn des Abteufens der Tiefbauschächte im westfälischen Bergbau bis 1873 96
51. Ausbauarten der Schächte im Ruhrgebiet bis 1890 97
52. Roheisen-Hochofenwerke des Ruhrgebiets im Jahre 1857 99
53. Hochöfen im westfälischen Ruhrgebiet bis 1873 100
54. Stahlgewinnungsverfahren in der westfälischen Eisenindustrie bis 1873 ... 103
55. Gründungen in der westfälischen Schwerindustrie bis 1873 nach Rechtsform 105
56. Umwandlungen der westfälischen Bergbauunternehmen nach Konjunkturlage 107
57. Verlust der Selbstständigkeit von Bergbauunternehmen im westfälischen Ruhrgebiet 1873–1892 115
58. Bergbauunternehmen, die 1873–1892 Übernahmen durchführten 116
59. Konzentrations-Index für den Ruhrbergbau 1850, 1900, 1913 117
60. Mitglieder der Kohlen-Verkaufs-Vereine im Ruhrgebiet 1890 119
61. Bergbauunternehmen, die 1893–1913 Übernahmen durchführten 126
62. Gemischte Werke, die 1893–1813 Übernahmen durchführten 128
63. Unternehmensstruktur im westfälischen Ruhrgebiet, 1893–1913 131
64. Verlust der Selbständigkeit der Unternehmen der westfälischen Schwerindustrie, 1852–1913 136
65. Branchenbesetzung in der westfälischen Schwerindustrie nach Perioden .. 136
66. Matrix der Gefährdungsrisiken in der westfälischen Schwerindustrie 137
67. Größenklassen der westfälischen Bergbauunternehmen 138
68. Besetzung der Größenklassen der westfälischen Bergbauunternehmen ... 139
69. Wechsel der Größenklassen der westfälischen Bergbauunternehmen von Periode 1 auf Periode 2 140
70. Wechsel der Größenklasse der westfälischen Bergbauunternehmen von Periode 2 auf Periode 3 140
71. Produktion und Beschäftigte der gemischten Werke 141

72. Durchschnittsdividende pro Jahr der Aktiengesellschaften in der westfälischen Schwerindustrie 143
73. Die überlebenden Bergbauunternehmen 144
74. Die überlebenden Unternehmen der Eisenindustrie 145
75. Die überlebenden gemischten Werke 146
76. Gründungen der erfolgreichen Unternehmen der westfälischen Schwerindustrie 150
77. Abteufdaten der Tiefbauschächte der erfolgreichen Bergbauunternehmen in der Gründerperiode 151
78. Innovationen bei den gemischten Werken während der Gründerperiode . . 152
79. Folge-Innovationen in den erfolgreichen Bergbauunternehmen des westfälischen Ruhrgebiets 153
80. Folge-Innovationen in den erfolgreichen gemischten Werken des westfälischen Ruhrgebiets 154
81. Erfolgreiche Unternehmen und deren Leiter in der westfälischen Schwerindustrie 158
82. Geburts- und Todesjahre der erfolgreichen und erfolglosen westfälischen Schwerindustriellen 159
83. Regionale Herkunft der erfolgreichen und erfolglosen westfälischen Schwerindustriellen 160
84. Soziale Herkunft der erfolgreichen und erfolglosen westfälischen Schwerindustriellen 160
85. Schulbildung der erfolgreichen und erfolglosen westfälischen Schwerindustriellen 161
86. Hochschulstudium der erfolgreichen und erfolglosen westfälischen Schwerindustriellen 161
87. Verbandstätigkeit der erfolgreichen und erfolglosen westfälischen Schwerindustriellen 162
88. Art der Verbandstätigkeit der erfolgreichen und erfolglosen westfälischen Schwerindustriellen 163
89. Austrittsbranche der erfolgreichen und erfolglosen westfälischen Schwerindustriellen 164
90. Eintrittsbranche der erfolgreichen und erfolglosen westfälischen Schwerindustriellen 164
91. Austrittsregion der erfolgreichen und erfolglosen westfälischen Schwerindustriellen 165

Vorbemerkungen

Diese Arbeit stellt den Versuch eines Wirtschaftswissenschaftlers dar, soziale Variablen und ökonomische Variablen miteinander zu verknüpfen. Sie soll damit auch einen Beitrag zur Integration der Sozialwissenschaften leisten[1]. Zum Gegenstand dieses Versuches wurde ein Gebiet der Wirtschafts- und Sozialgeschichte gewählt: die historische Unternehmerforschung. Als allgemeinstes Erkenntnisziel ließe sich die Frage formulieren, ob der ökonomische Erfolg eines Unternehmers in einem ursächlichen Zusammenhang mit bestimmten sozialen Merkmalen der darin tätigen Führungskräfte steht. Dieser Frage soll nachgegangen werden anhand einer Untersuchung der westfälischen Schwerindustriellen von 1852 bis 1913.

Der Zeitraum von 1852 bis 1913 wurde gewählt, weil das Jahr 1852 als der Beginn einer modernen Schwerindustrie in der Untersuchungsregion angesehen werden kann und 1913 das letzte Friedensjahr vor der unruhigen ersten Hälfte des 20. Jahrhunderts und damit das Ende einer relativ störungsfreien Entwicklung[2] seit der Mitte des 19. Jahrhunderts darstellt. Mit „westfälisch"

Skizze I: Die Kreise des westfälischen Ruhrgebiets

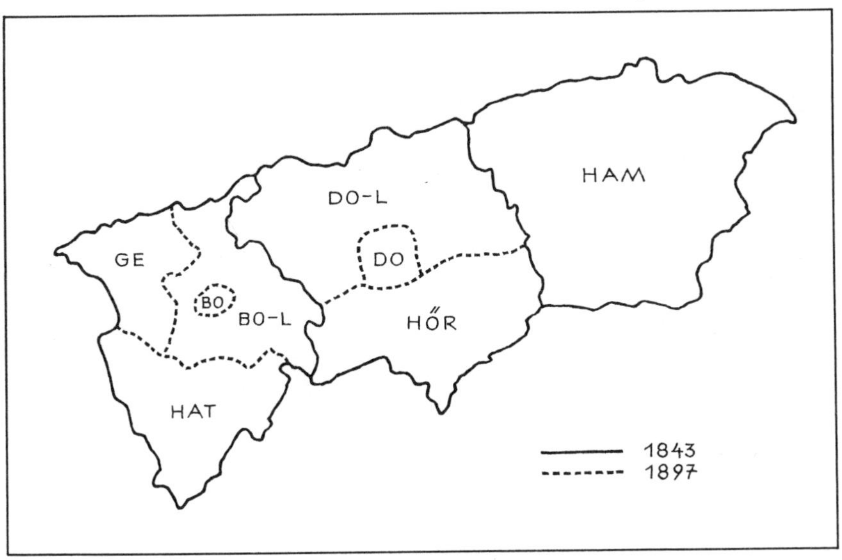

ist hier das westfälische Ruhrgebiet gemeint, d.h. die Ruhrgebietskreise des Reg.Bez. Arnsberg (Kreise Bochum, Dortmund und Hamm/Unna) in den Grenzen von 1843.

Als Schwerindustrielle werden die „Unternehmer"[3] des Bergbaus und der Eisenindustrie (Hütten-, Eisen- und Stahlwerke ohne die Werke der Eisenverarbeitung, z.B. Walzwerke) bezeichnet.

Die Untersuchung gliedert sich wie folgt:

In Kapitel I erfolgt eine kritische Auseinandersetzung mit der Literatur, die Handeln und Umfeld der Unternehmer in historischer Perspektive zum Gegenstand hat. Aus den Argumenten gegen die Schwächen verschiedener Vorgehensweisen soll dabei ein eigener Ansatz entwickelt werden. Das

Skizze II: Modell für die Verknüpfung der Variablen

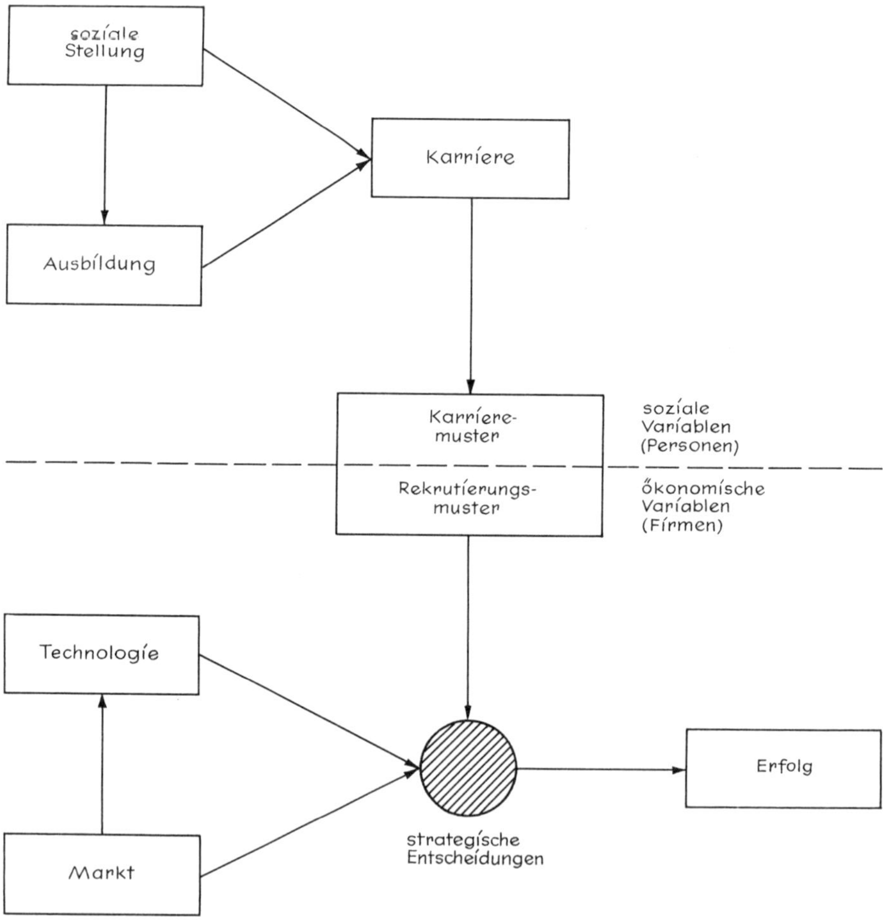

zweite Kapitel enthält eine vergleichende Darstellung der empirischen Ergebnisse unserer Untersuchung über die soziale Struktur der westfälischen Schwerindustriellen 1852–1913 anhand der Variablenkomplexe soziale Stellung/Herkunft, Ausbildung, Karriereverlauf und öffentliches Wirken. Kapitel III besteht aus einer Analyse der Entwicklung der Unternehmen der westfälischen Schwerindustrie im Untersuchungszeitraum durch die Variablenkomplexe technologische Entwicklungen, Veränderungen der Marktbedingungen und Markterfolg. Im Kapitel IV soll schließlich versucht werden, einen Zusammenhang zwischen dem Markterfolg und der sozialen Struktur der Unternehmerschaft herzustellen. Dieser Zusammenhang betrifft das Karrieremuster der Personen bzw. das Rekrutierungsmuster der Unternehmen, die beide zwei Seiten der gleichen Sache darstellen. Konkret gefragt: Sind die sozialen Variablen, die den Karriereverlauf der Unternehmer bestimmen, tatsächlich bedeutsam für das Treffen problemadäquater Unternehmensentscheidungen und damit für den Unternehmenserfolg? Oder noch konkreter: Führt z. B. eine verbesserte Ausbildung des Führungspersonals in einem Unternehmen zu einer besseren Anpassung an technologische Veränderungen? Die nebenstehende Skizze soll die Zusammenhänge dieses Modells verdeutlichen.

Dieser, im vorausgehenden kurz erläuterte neue Ansatz bedarf einiger zusätzlicher Bemerkungen, um seine Problematik zu verdeutlichen.

1. Die zentrale Annahme ist die, daß der Unternehmenserfolg das Ergebnis problemadäquater unternehmerischer Entscheidungen darstellt. Diese Annahme ist problematisch, denn in der Realität zeigt sich das Bild durchaus komplexer. Strategische Unternehmerentscheidungen bilden nicht die einzige Determinante des Unternehmenserfolges, sondern dieser scheint von einer Vielzahl von Faktoren abhängig. Darauf wird innerhalb der Arbeit selbst noch zu verweisen sein, wenn etwa im Zusammenhang mit dem Erfolgsindikator „Branchentreue" die Bedeutung weitreichender und intensiver Sozialbeziehungen aufgezeigt wird[4]. Zudem ist die Annahme, daß die möglicherweise strategischen Entscheidungen auch von den Personen getroffen werden, die wir im positionalen Sinne als Unternehmer definieren, ebenfalls zu hinterfragen[5]. Trotz dieser Einwände haben wir uns entschlossen, das oben erläuterte Modell zu verwenden, da es uns als Instrument zur Operationalisierung des Wachstumsbeitrages von Unternehmern hinreichend geeignet erscheint. Wir scheuen uns also nicht, den Prozeß des Zustandekommens unternehmerischer Entscheidungen als „black box" zu belassen, die einer Erleuchtung durch weitere Forschungsarbeit harrt.

2. An dieser Stelle bliebe ebenfalls zu sagen, was diese Arbeit nicht unternimmt. Sie beschränkt sich auf die Analyse des Wachstumsbeitrages von Unternehmern und vernachlässigt damit eine Vielzahl weiterer Fragestellungen der historischen Unternehmerforschung. So bleibt etwa die soziologisch besonders interessante Frage nach der gesellschaftlichen Legitimität unberücksichtigt. Auch die historisch bedeutsamen Fragestellungen bezüglich des

Klassen- und Schichtungssystems, der sozialen Mobilität, der politischen Entscheidungsprozesse etc. werden nur am Rande mitbehandelt.

3. Einem Mißverständnis sollte ebenfalls vorgebeugt werden: Wir sind nicht der Meinung, daß unser Ansatz eine Personalisierung der Frage nach dem Wachstumsbeitrag von Unternehmern enthält. Vielmehr hoffen wir, durch eine konsequente Anwendung der Methoden der empirischen Sozialforschung Personen ausschließlich als Merkmalsträger für die verwandten Variablen zu benutzen. Deshalb meinen wir, daß es unproblematisch ist, „objektive" Daten mit „persönlichen" Daten in Beziehung zu setzen, etwa bei der Analyse der Konzentrationsbewegung, bei der „objektive" Marktansprüche mit „persönlichen" Fähigkeiten der Unternehmer einhergehen. Der hier verfolgte Ansatz beruht ja gerade auf der Annahme der Entsprechung der beiden Datengattungen.

4. Die erwähnte Anwendung der Methoden empirischer Sozialforschung beinhaltet zugleich den Verzicht auf monographische Methoden, die aus der Untersuchung mehrerer einzelner Unternehmer und Unternehmen induktiv Aussagen allgemeinerer Art herzuleiten versuchen[6]. Dieses Verfahren hätte sicherlich Vorteile, was die Präzisierung der Probleme einer konkreten historischen Situation angeht, jedoch Nachteile, was die Verallgemeinerung der Schlußfolgerungen betrifft. Diese Arbeit betont bewußt die Notwendigkeit „gültiger" Verallgemeinerungen und verzichtet dabei auf den Vorteil der Präzision im Detail.

Bei der vorliegenden Untersuchung handelt es sich um eine überarbeitete Fassung meiner Dissertation, die vom Fachbereich Wirtschafts- und Sozialwissenschaften der Westfälischen Wilhelms-Universität Münster im Wintersemester 1976/77 angenommen wurde.

An dieser Stelle möchte ich mich für die vielfältige Hilfe bedanken, die ich im Verlaufe des Entstehens dieser Arbeit erhalten habe. Mein Dank gilt dabei in erster Linie Herrn Professor Richard H. Tilly, der seit nunmehr über zehn Jahren einen wichtigen Teil meiner akademischen Entwicklung prägte. Darüber hinaus danke ich auch den Herren Professoren Heinz Hartmann, Hartmut Kaelble und Benno Biermann für die Anregungen bei der Überarbeitung von Teilen der Arbeit. Erwähnt werden sollte auch, daß durch die kooperative Arbeitsatmosphäre im Institut für Wirtschafts- und Sozialgeschichte der Universität Münster die Studie durch meine Kollegen hilfreich gefördert wurde.

Mein besonderer Dank gilt ebenfalls den Herausgebern der „Kritischen Studien" und hier insbesondere Herrn Professor Jürgen Kocka, der die Überarbeitung durch zahlreiche Hinweise und Anregungen lohnend erscheinen ließ.

Nicht zuletzt habe ich auch Frau Christel Böhme für das Anfertigen des Manuskriptes und Herrn Dir. Josef Hundenborn für die mühevolle Korrektur der Druckfahnen meinen Dank abzustatten. Die Liste derjenigen, die in irgendeiner Weise zur Fertigstellung dieser Arbeit ebenfalls beigetragen haben und denen ich deshalb hier danken sollte, ließe sich leicht verlängern. Dies betrifft ganz wesentlich auch mein privates Umfeld, das schließlich entscheidend dazu beitrug, überhaupt die Chance zur Abfassung einer solchen Studie zu erlangen.

Münster, im April 1979 Toni Pierenkemper

Kapitel I

Möglichkeiten und Grenzen der historischen Unternehmerforschung

Gegenwärtig erfährt die Unternehmergeschichte, üblicherweise eher ein Randgebiet der modernen Wirtschaftsgeschichte, eine gewisse stärkere Beachtung. Dabei wird zu Recht auf die vielfältigen Möglichkeiten hingewiesen, welche die historische Unternehmerforschung zum besseren Verständnis sozial- und wirtschaftshistorischer Fragestellungen anzubieten vermag. „Es dürfte nur wenige Probleme der Wirtschafts- und Sozialgeschichte industrialisierter Länder des 19. und 20. Jahrhunderts geben, zu deren Lösung die historische Unternehmerforschung nicht wenigstens indirekte Beiträge zu leisten vermöchte“[1]. In der Praxis der Unternehmergeschichte jedoch erfolgt nicht selten eine Beschränkung der Vielfalt möglicher Fragestellungen auf die Kernfrage nach dem Beitrag der Unternehmer zum wirtschaftlichen Wachstum. Dies eingedenk der Tatsache, daß die traditionelle Unternehmergeschichte vor allem unter der „mangelnden Quantifizierbarkeit und damit Beweisbarkeit der einzelnen unternehmerischen Entscheidungen für den Gesamtprozeß der wirtschaftlichen Entwicklung...“[2] leidet.

1. Das Problem der Zurechnung des ökonomischen Erfolges – die Bedeutsamkeit des unternehmerischen Handelns

1.1. In wirtschaftshistorischer Perspektive

Versuche, die zentrale These von der Bedeutsamkeit des unternehmerischen Handelns innerhalb der Wirtschaftsgeschichte zu operationalisieren oder sie gar zu quantifizieren, sind eher indirekter Art. So versucht Donald McCloskey[3] über einen Vergleich der Produktivitäten in der Eisen- und Stahlindustrie Deutschlands, Großbritanniens und der USA, die These von der „Schuld“ der britischen Unternehmer am Niedergang der britischen Schwerindustrie zu widerlegen. Dieser Versuch muß vor dem Hintergrund einer Debatte gesehen werden, die seit den 1940er Jahren über den Erfolg und das Versagen der britischen

Unternehmer in der Phase der Wachstumsabschwächung 1870–1914 geführt wurde[4]. Ausgangspunkt der Kontroverse um die Rolle der Unternehmer in dieser Periode war die Suche nach einer Ursache für sinkende Wachstumsraten der Industrieproduktion, die Verschlechterung der internationalen Handelspositionen und die zögernde Verbesserung der Produktivität[5].

Gegen die pauschale These eines unternehmerischen Versagens[6] als Ursache dieser Wachstumsabschwächung wendet sich McCloskey. Er zeigt einerseits, daß die quantitative Entwicklung der Produktivitäten der verschiedenen Länder gar nicht so unterschiedlich war[7] – und selbst bei einem signifikanten Unterschied aufgrund unternehmerischen Fehlverhaltens (z.B. von angenommen 10 %), dessen Wirkung auf das Sozialprodukt vernachlässigt werden könne[8] –, andererseits aber eine ganze Reihe anderer Faktoren zuvor zu untersuchen wären, die zur sinkenden Bedeutung der britischen Eisen- und Stahlindustrie beigetragen haben. Nach ausführlicher Diskussion dieser Prozesse (verstärkter Wettbewerb, sinkende Nachfrage und veränderte Technologie) kommt McCloskey zu dem Schluß, daß die Hypothese des unternehmerischen Versagens für Großbritannien nach 1870 abzulehnen sei[9].

Dies ist ja wohl das Problem aller internationaler bzw. intersektoraler Vergleiche: die Herstellung von Vergleichbarkeit durch Neutralisierung der Störvariablen. Bei allen diesen Versuchen wird wegen der Komplexität der Zusammenhänge jedoch kaum mehr als ein Anspruch von Plausibilität für einen solchen Vergleich zu erreichen sein. Ungeachtet aller Einwände gegen diesen problematischen Quantifizierungsversuch des unternehmerischen Beitrages zum Wirtschaftswachstum, hat die Arbeit McCloskeys gegenüber früheren Beiträgen den Vorzug einer klaren Herausarbeitung der entscheidenden Fragestellungen, ohne auf individuelle Behauptungen und „beziehungslose Statistiken" zu rekurrieren[10].

Einen anderen Versuch der Quantifizierung des Wachstumsbeitrages britischer Unternehmer unternehmen Lindert und Trace am Beispiel der chemischen Industrie[11]. Sie versuchen, für zwei unterschiedliche technologische Verfahren mit unterschiedlichen Kostenfunktionen, dem Leblanc- und Solvay-Verfahren zur Sodaherstellung, die Bedeutung der Übernahme und des Auslassens eines bestimmten Produktionsverfahrens für das Wirtschaftswachstum abzuschätzen und somit über die einzelwirtschaftliche Profitabilität die Wirkung unternehmerischen Handelns auf das Wachstum zu bestimmen. Das Hauptproblem, das Versagen oder Bewähren der britischen Unternehmer gemessen an der Leistung der Unternehmer anderer Länder zu konstatieren, bleibt jedoch auch hier bestehen: die Herstellung der Vergleichbarkeit zwischen den verschiedenen Ländern mit einer Vielzahl dort aufzufindender Unterschiede[12].

Auf einen zusätzlichen Mangel in der Diskussion um den „entreprenurial decline" weist Payne hin. Dieser Hinweis steht auch in unmittelbarem Zusammenhang mit der „Zurechnungsproblematik". Er äußert die Vermutung, daß die angenommene Mitschuld der britischen Unternehmer am Niedergang der britischen Industrie nach 1870 auf einer Fehleinschätzung des Umfanges ihres

Wachstumsbeitrages vor 1830 beruht[13]. Wenn ihr Beitrag in der Expansion überschätzt wurde, dann wird er es auch bei deren Ausbleiben. Das Zurechnungsproblem müßte also erst gelöst sein, um die Frage nach dem unternehmerischen Versagen nach 1870 beantworten zu können.

Eine ausgedehnte Diskussion[14] hat sich ebenfalls entwickelt um das „Versagen" der französischen Unternehmer gegenüber ihren britischen Wettbewerbern in der frühen Phase der Expansion der britischen Wirtschaft. Dabei geht es um die These, daß die starke familiäre Orientierung der französischen Unternehmer diese davon abgehalten habe, die Expansionschancen des Marktes hinreichend zu nutzen, wie das die britischen Unternehmer vor 1830 umfassend taten. Dieser Mangel im Verhalten der Unternehmer habe dann im folgenden wesentlich zum Zurückbleiben der Entwicklung der französischen Wirtschaft gegenüber der britischen beigetragen[15]. Daneben werden noch eine Reihe weiterer Eigenarten der französischen Unternehmerschaft angeführt, die ihr „Versagen" im Rahmen der Entwicklung belegen sollen. Als Merkmal der mangelnden Angepaßtheit an die Erfordernisse der industriellen Expansion gelten dabei mangelnde technische Ausbildung[16], Orientierung an aristokratischen Werten und eine generelle Unterrepräsentation der Industriellen[17] gegenüber den Händlern und Finanziers innerhalb der Unternehmerschaft.

Dieses Bild vom französischen Unternehmer als unfähig, sich den Erfordernissen des industriellen Wachstums anzupassen[18], bleibt hingegen in neueren Arbeiten[19] nicht unbestritten. So wird z.B. bestritten, daß Größenwachstum allein schon ein Indikator für die Anpassung an die Erfordernisse des industriellen Systems darstellt und damit Kleinbetriebe als unangepaßt zu gelten haben[20].

Ebenfalls wird auf die Tatsache verwiesen, daß französisches Kapital und damit französische Unternehmen zumindest im Ausland um die Jahrhundertwende umfangreiche Industrieinvestitionen finanzierten[21]. Denkt man dabei an die reichen Kapitalzuflüsse auch aus Frankreich zur Finanzierung des Ruhrgebietes, so läßt sich ein ähnlicher Zusammenhang auch für die Mitte des 19. Jahrhunderts vermuten.

Die Erörterung der englischen und französischen Entwicklung mit den Anschauungen über den Anteil der Unternehmer am Wachstum, zeigen die Schwierigkeiten, zu einer eindeutigen Zurechnung des Beitrages der Unternehmer zu gelangen. Die verschiedenen Ansätze haben alle mit den gleichen Problemen zu kämpfen, vor allem mit dem Problem, einen *direkten* Zusammenhang zwischen dem individuellen Handeln des Unternehmers und dem gesamtwirtschaftlichen Wachstum zu belegen. U.E. läßt sich diese Schwierigkeit so nicht beheben, allenfalls über den Umweg, daß das individuelle Verhalten des Unternehmers zum Erfolg seines Unternehmens in Beziehung gesetzt wird, die Bedeutung dieses Unternehmens in der Branche abgeschätzt und schließlich der Anteil des Branchenwachstums an der gesamtwirtschaftlichen Entwicklung zu bestimmen versucht wird. Dieser Weg einer *indirekten* Zurechnung des Beitrages der Unternehmer zum Wirtschaftswachstum soll in dieser Arbeit versucht werden, wobei eine Konzentration auf die Untersuchung der Erfolgsrelevanz unternehmerischen Handelns für das Unternehmen und die Branche vorgenommen wurde. Die Bedeutung der Schwerindustrie für das Wachstum der deutschen Wirtschaft wurde nicht eigens untersucht.

1.2. Als Bestandteil der soziologischen Unternehmerkritik

Das Problem der Zurechnung des ökonomischen Erfolges (oder Mißerfolges) auf das unternehmerische Handeln ist, wie an diesen beiden Beispielen illustriert, ein wichtiges Problem der historischen Unternehmerforschung, die sich mit der Rolle der Unternehmer in der industriellen Entwicklung befaßt. Zugleich stellt dieses „Zurechnungsproblem" auch den Ansatzpunkt der soziologisch orientierten älteren und neueren Unternehmerkritik und der damit eng verbundenen Kritik der „Leistungsideologie" dar. In der älteren Version versucht diese, vor allem auf die fehlende Möglichkeit der Unterscheidung zwischen „subjektiver" Leistung und „objektivem" Erfolg hinzuweisen[22]. Neuere Arbeiten betonen hingegen die Unmöglichkeit individueller Erfolgszurechnung innerhalb komplexer industrieller Arbeitssysteme[23] und die Notwendigkeit extrafunktionaler Elemente industrieller Arbeitsrollen[24]. Eng verbunden mit diesem „Zurechnungsproblem" ist auch das sogenannte „Legitimationsproblem" der neueren Unternehmerkritik[25]. Wenn eine Zurechnung des Erfolges einer Unternehmung auf das Handeln des Unternehmers nicht möglich ist, wodurch legitimiert sich dann der Herrschaftsanspruch eines Unternehmers? Hier liegt der zweite Schwerpunkt mancher neueren Kritik an der „Leistungsideologie"[26]. Es besteht also sowohl für die historische Identifikation des Beitrages der Unternehmer zum Wirtschaftswachstum als auch für die gegenwärtige Auseinandersetzung um Rolle und Legitimation der Unternehmer die gleiche Problematik: die Zurechnung des ökonomischen Erfolges auf das individuelle Handeln. Diese Problematik erschöpft allerdings nicht das ganze Spektrum der historischen Unternehmerforschung. Jaeger nennt neben dieser Fragestellung z.B. noch „... die Fragen nach der historischen Entwicklung der unternehmerischen Motivation ... und ... nach dem sozialen Ort des Unternehmertums in einer Klassengesellschaft ..."[27] als geeignet für ein allgemeines Programm der historischen Unternehmerforschung. Kocka verweist ebenso auf einen sehr viel weiteren Problemkreis[28]. Auch die kritische Diskussion um Rolle und Legitimation der Unternehmer in Wirtschaft und Gesellschaft der Gegenwart hat viele andere Aspekte. Doch führt die „Zurechnungsfrage" zweifellos in einen zentralen Bereich der historischen Unternehmensforschung hinein, deren Möglichkeiten für die Wirtschafts- und Sozialgeschichte noch längst nicht ausgeschöpft sind[29].

Bemerkenswert erscheint die Übereinstimmung der modernen ökonomischen Theorien neoklassischer Provenienz mit marxistischen Richtungen darüber, daß der Unternehmer für den ökonomischen Erklärungszusammenhang keine zentrale Variable darstellt[30]. In beiden Fällen sind es überindividuelle Strukturen, faßbar in allgemeinen Gesetzen, welche die ökonomischen Transaktionen determinieren und für individuelles Handeln keinen Raum lassen. Als Variable tauchen in diesen allgemeinen Gesetzen eine Vielzahl unterschiedlicher Größen auf, z. B. individuelles Verhalten aufgrund unterstellter Motive[31] oder die Anpassung an technologische Veränderungen[32]. Für das unabhängige Handeln von Personen bleibt in diesen Theorien kein Raum. Deshalb findet sich in den gängigen ökonomischen Lehrbüchern selten genug im Register überhaupt das Stichwort „Unternehmer", noch seltener jedoch eine Theorie, in die unternehmerisches Verhalten als unabhängige Variable eingeht[33]. Selbst neuere Lehrbücher, die ansonsten die Schwächen neoklassischer Ansätze erbarmungslos geißeln und deren Realitätsferne kritisieren, nehmen zwar den „Unternehmer" immerhin schon in das Register auf, geben ihm aber weiter keine Bedeutung[34]. Darin befinden sich diese Autoren in völliger Übereinstimmung mit ihren marxistischen Konkurrenten, deren Ansätze durch die Klassifizierung der Unternehmer als „Charaktermasken", die dem „stummen Zwang der ökonomischen Verhältnisse" ebenso wie die Arbeiter unterworfen sind, von vornherein determiniert sind[35]. Allerdings findet sich im 23. Kapitel des 3. Bandes des ‚Kapitals' auch der Begriff „Unternehmer" bzw. „Unternehmergewinn"[36]. Dies jedoch, wie einige Autoren es versuchen[37], als einen „tödlichen Widerspruch im Marxismus" selbst zu interpretieren, scheint uns eher an einer Verkennung der Marxschen Darstellungsweise[38] zu liegen und weniger an einem „wilden Salto mortale", den zu schlagen er [Marx] gezwungen wäre, um wieder zu seiner ursprünglichen rein „theoretischen Figur" zurückkehren zu können[39]. Die Darstellungsweise, die vom Abstrakten zum Konkreten vorwärtsschreitet, erfordert auch eine empirische Auffüllung der „Charaktermaske" des ersten Bandes durch den „Unternehmer" des dritten Bandes[40], ohne daß damit die ursprüngliche Konzeption preisgegeben wird.

Diese Parallelität in der Behandlung des Unternehmers im politökonomischen wie neoklassischen Ansatz stellt u. E. in jedem der beiden Fälle einen Mangel dar. Selbst wenn man unterstellt, daß die ökonomischen (und sozialen) Strukturen das unternehmerische Handeln eindeutig determinieren, so handeln diese Strukturen noch nicht „per se", sondern bedürfen eines Agenten[41]. Diese „Vermittlerfunktion" würde schon in einem gewissen Maße die Beschäftigung mit Personen als Agenten des ökonomischen Wandels erfordern. Darüber hinaus wird von vielen Autoren sowohl für die Vergangenheit als auch die Gegenwart eine Erklärung des Wandels allein aus den Strukturen heraus für unzureichend angesehen[42], vielmehr wird ein unternehmerischer Dispositionsspielraum unterstellt, der ebenfalls eine besondere Beschäftigung mit den handelnden Personen impliziert.

1.4. Seine Bedeutung für die politische Praxis

Ob es einen solchen unternehmerischen Dispositionsspielraum tatsächlich gibt, soll im Verlauf dieser Untersuchung anhand des empirischen Materials weiter untersucht werden. Ein Indiz für eine solche Vermutung wäre die Vielzahl von älteren und neueren Veröffentlichungen, die vor dem wachsenden gesellschaftlichen Einfluß der Gruppe der ökonomischen Führungskräfte[43] und anderer neuer Elitegruppen[44] warnen. Dies gilt gleichermaßen für neuere Entwicklungen[45] und bleibt nicht nur auf westlich-kapitalistische Systeme[46] begrenzt. Alle diese Autoren gehen offensichtlich von der prinzipiellen Bedeutsamkeit des individuellen oder Gruppenhandelns für die Gestaltung der gesellschaftlichen Strukturen aus.

Solche Studien beschäftigen sich mit der politischen Relevanz von Veränderungen in der Führungs- und Leitungsstruktur des industriellen Systems, sie weisen auf die Konsequenz solcher Veränderungen in anderen gesellschaftlichen Teilbereichen, vor allem aber im politischen System, hin. Demnach gewinnen „Unternehmer" nicht nur innerhalb der Wirtschaft zunehmend an Einfluß, sondern weiten diesen darüber hinaus noch auf andere gesellschaftliche Bereiche aus[47].

Eine gänzlich andere Perspektive gegenüber der Bedeutung des unternehmerischen Handelns entwickelt die sog. „Betriebsgeschichte", die hauptsächlich in der DDR betrieben wird[48]. Dabei handelt es sich um die methodologische Gegenposition zur traditionellen „bürgerlichen" Firmengeschichtsschreibung, die die Rolle der Unternehmer in den Mittelpunkt ihrer Darstellungen stellt und ihnen die bedeutendsten Beiträge zur Entwicklung der Firma zuschreibt. Dadurch werde die „geschichtsbildende Kraft der Werktätigen ... mißachtet und verunglimpft"[49]. Betriebsgeschichte soll dagegen die Rolle des abhängig Arbeitenden, der Produktionsmittel und der Produktionsverhältnisse betonen und dem Menschen in der sozialistischen Gesellschaft seine ideologische, fachliche und kulturelle Entwicklung zeigen, um dadurch mitzuhelfen, ein sozialistisches Bewußtsein zu entwickeln.

Innerhalb dieses Ansatzes wird also die Existenz eines unternehmerischen Dispositionsspielraumes in Frage gestellt und zugleich auf die besondere Bedeutung der Arbeiterschaft verwiesen. Die Führungs- und Leitungsproblematik, die ja auch in sozialistischen Betrieben besteht und die auch in deren kapitalistischer Vorgeschichte von Bedeutung war, bleibt hierbei zu Unrecht völlig ausgeblendet.

Trotz der Notwendigkeit einer systematischen Unternehmerforschung erscheint deren gegenwärtiger Zustand alles andere als erfreulich. Dies gilt für die

Bundesrepublik Deutschland im besonderen[50], obwohl sicherlich kein anderes Land auf einen solchen Grundstock unternehmensgeschichtlicher und unternehmerbiographischer Literatur schauen kann als gerade Deutschland[51]. Dieses noch weitgehend ungenutzte Erbe ganzer Generationen von emsigen Datensammlern, die meist nur Einzelprobleme oder einzelne Personen untersuchten, bedarf noch der Aufarbeitung im Rahmen übergreifender Fragestellungen[52]. Daneben sind viele dieser Arbeiten mit dem Makel behaftet, „... Schönfärberei im Stile älterer und neuerer Hofhistorien ...“[53] zu enthalten, was einen sehr vorsichtigen Umgang mit ihnen nötig macht.

Dies gilt auch für eine ganze Reihe von generalisierenden Arbeiten über Bedeutung und Rolle des „Unternehmertums“[54]. Eine übergreifende Fragestellung, ein theoretischer Bezugsrahmen als Programm der historischen Unternehmerforschung, ist dringend erforderlich. Der Mangel einer solchen Perspektive innerhalb der deutschen Unternehmerforschung[55] liegt sicherlich auch darin begründet, daß bis heute keine wissenschaftliche Institution innerhalb und außerhalb der Hochschulen sich der Pflege dieser Forschungsrichtung annahm[56]. Darüber hinaus scheint uns auch hier das Erbe der Historischen Schule der deutschen Nationalökonomie sichtbar, deren theoretische Orientierung die Aufnahme einer solchen Perspektive im Rahmen der Wirtschaftswissenschaften bis zum Zweiten Weltkrieg erschwerte[57]. Erst die neueren sozialwissenschaftlichen Ansätze[58], die den Dualismus der naturwissenschaftlichen und geisteswissenschaftlichen Methode[59] bestreiten, eröffnen die Möglichkeit, empirisch innerhalb des geforderten theoretischen Bezugsraumes zu forschen. Danach gelten für alle Bereiche des wissenschaftlichen Arbeitens, also auch für historische Untersuchungen, die gleichen allgemeinen Anforderungen der Beweisführung[60].

Das Fehlen einer akademischen Institutionalisierung wie auch die längere Zeit andauernde unnötige Beschränkung auf die „verstehende“ Methode haben die Entwicklung einer historischen Unternehmerforschung im Sinne einer konsequenten historischen Sozialwissenschaft in der Bundesrepublik Deutschland sehr erschwert. Eine methodologische Neubesinnung scheint notwendig[61].

2. Theorie- und Definitionsprobleme

Eine zureichende Definition des Begriffs „Unternehmer“ erscheint sowohl in der engeren ökonomischen als auch in der weiteren sozialwissenschaftlichen Diskussion als ausgesprochen problematisch. Sicherlich ist mit wechselndem Erkenntnisinteresse auch eine unterschiedliche Definition verbunden. Jedoch sollten gewisse gemeinsame Anforderungen von jeder dieser Definitionen erfüllt werden. Die beiden wichtigsten wären sicherlich: Theorierelevanz und Operationalisierbarkeit[62].

Ein kurzer Blick auf die öffentliche Diskussion der Institution Unternehmertum läßt deutlich werden, daß dort alles andere als eine präzise Definition des Objektes vorgenommen wird. Vielmehr ist diese Diskussion von Vorurteilen getragen, die um die Institution „Unternehmertum" ranken und je nach gesellschaftspolitischer Orientierung des Autors positiv oder negativ ausfallen. Dabei ist im Zeitverlauf eine Verlagerung der Diskussionsschwerpunkte festzustellen, die sicherlich mit der Entwicklung des ökonomischen und politischen Systems einhergeht. Eine Untersuchung dieses Entwicklungszusammenhanges, der Wandel des Unternehmerbildes in der öffentlichen Diskussion, wäre sicher interessant und wichtig[63], weil man annehmen muß, daß das Selbstverständnis der Unternehmer einen deutlichen Einfluß auf ihr reales Verhalten nimmt.

Im Rahmen dieser Arbeit wird auf einen solchen Versuch verzichtet, einmal, weil diese Diskussion zur Beurteilung des Wachstumsbeitrages der Unternehmer wenig beizutragen vermag, zum anderen, weil das Problem der Repräsentativität der Aussagen von Vertretern der unterschiedlichen gesellschaftspolitischen Richtungen nur durch eine systematische Quellenauswahl zu lösen wäre[64].

Daß die umfangreiche öffentliche Diskussion nicht nur Auswirkungen auf die öffentliche Meinung hatte, sondern auch tatsächlich Spuren im unternehmerischen Selbstverständnis hinterließ, zeigen neuere Untersuchungen[65]. Dies äußerte sich in den 1950er Jahren vor allem in Vorbehalten traditioneller Unternehmer gegenüber „Managern", die in ihren spezifischen Wertmustern begründet lagen[66].

Für unsere Untersuchung benötigen wir hingegen einen präziseren Unternehmerbegriff. „Gäbe es einen Begriff des Unternehmers, der tatsächlich ‚allgemeine' Geltung hat, so erübrigt sich die Neudefinition"[67]. Da es jedoch einen solchen allgemeinen Begriff auch außerhalb der oben dargelegten ideologisch gefärbten Unternehmerdiskussion nicht gibt und wohl auch nicht geben kann, haben alle Studien, die sich mit Unternehmern beschäftigen, Probleme mit der zureichenden Definition ihres Erkenntnisobjektes[68]. Dabei zeigt es sich, daß eine Einigung über das Definitionskriterium für den Unternehmer ausgesprochen schwierig ist. Sicherlich hat das jeweilige Erkenntnisinteresse dabei eine hervorragende Bedeutung – entsprechend der weiter oben genannten Forderung nach dem Theoriebezug der jeweiligen Unternehmerdefinition. Als besonders schwierig erweist es sich, die Forderung nach Operationalisierbarkeit einzulösen. Interessant bleibt festzustellen, daß in der Forschungspraxis häufig genug zwar vorgegeben wird, sich an einem funktionalen Unternehmerbegriff zu orientieren, praktisch aber ein positionaler verwendet wird[69], weil man ungeprüft unterstellt, daß die strategischen Entscheidungen von den Inhabern bestimmter Positionen (definiert durch Berufsbezeichnung, Rechtsstellung etc.) getroffen werden.

Viele Arbeiten gehen explizite von funktionalen Unternehmerdefinitionen[70] (im Sinne des Treffens strategischer Entscheidungen u. ä.) aus und behaupten auch, daran festzuhalten, wenn sie empirisches Material erheben. Dazu wäre aber die Analyse der Leitungsorganisation der Betriebe, in denen die untersuchten Unternehmer tätig waren, nötig, um jene Personen zu identifizieren, die Entscheidungen trafen. Darüber hinaus wäre zu klären, etwa durch eine Analyse der Bewährung dieser Unternehmen am Markt, ob diese Entscheidungen tatsächlich strategischer Art waren. Dies ist jedoch gar nicht möglich, weil meist die dazu nötigen Informationen fehlen. Hingegen wird für die praktische Arbeit auf Berufsbezeichnungen[71] zurückgegriffen und *unterstellt*, daß die so bezeichneten Personen tatsächlich dem Definitionskriterium entsprechen (z.B. strategische Entscheidungen treffen). Vorgegebenes Auswahlprinzip und tatsächliche Auswahl entsprechen sich nicht. Dabei ist jedoch zu bedenken, daß in der Praxis ein hohes Maß an Übereinstimmung zwischen der funktional bestimmten Gruppe und der positional definierten bestehen dürfte – bei einigen Abweichungen im einzelnen.

Die Defizite der historischen Unternehmerforschung, die in den vorausgehenden Ausführungen diskutiert worden sind, erweisen sich im wesentlichen als Zurechnungs- und Definitionsprobleme. Ein weiteres Problem kann mit „Theoriemangel" umschrieben werden. Dabei handelt es sich um eine u.E. unzureichende Rezeption sozialwissenschaftlicher Theorieansätze innerhalb der historischen Arbeiten[72]. Aus diesen Defiziten erwachsen Folgeprobleme, die den Wert selbst der neueren Arbeiten stark relativieren: etwa die Unmöglichkeit bei einer großen Anzahl von Arbeiten, auch nur andeutungsweise Aussagen über den Grad der Repräsentativität der empirischen Ergebnisse zu machen[73]. Ebenso häufig gehen bestimmte Theorievorstellungen implizite in die Argumentation mit ein, ohne jedoch eine u.E. notwendige explizite Theoriereflexion folgen zu lassen. Dieser letztere Vorwurf soll an einigen exemplarischen Beispielen erhärtet werden, um dann Möglichkeiten seiner Ausräumung zu diskutieren.

2.1. Unternehmer-Typen

Der häufigste Ansatz innerhalb der historischen Unternehmerforschung, Merkmale von Unternehmern in einen allgemeinen sozialen Bezugsrahmen zu stellen, ist der Versuch, Unternehmer-„Typen" herauszuarbeiten[74]. Dies erfolgt zumeist im direkten Zugriff zur Realität, ohne „Typus" als theoretische Kategorie zu reflektieren. Dabei böte sich gerade hier der Webersche Idealtypus[75] als theoretischer Bezug an. Redlich[76] knüpft auch ausdrücklich daran an, mit dem Hinweis auf die Möglichkeit einer bedeutenden Abweichung des Idealtypus von der Wirklichkeit eben als das „... klare, logische, geläuterte Bild der Wirklichkeit ... eine Art Utopie"[77]. Der Unternehmertypus läßt sich je nach Art der Fragestellung verschieden bestimmen, wobei er immer nur Teil eines Ordnungsschemas, eine Abstraktion, bleibt, so daß etwa atypische Verhaltensformen kein Beweis gegen die Nützlichkeit einer solchen Abstraktion sind[78]. Leider ist diese sorgfältige Diskussion des theoretischen Bezugsrahmens der Typenbildung die Ausnahme unter den empirischen Arbeiten zu diesem Thema. Auch in der vielzitierten Arbeit von Friedrich Zunkel[79] – sicherlich die umfassendste und tiefstgehende Arbeit innerhalb der Versuche zur Bestimmung eines bestimmten Unternehmertypus – fehlt völlig auch nur der Versuch, den Bezug zur Weberschen Konstruktion herzustellen[80]. Andere Arbeiten entwickeln je nach Fragestellung andere Unternehmertypologien, wobei eine theoretische Reflexion ebenfalls fehlt, was dazu führt, daß es unklar bleibt, ob die dort entwickelten Typen Abbilder oder Abstraktionen der Realität sein sollen: ob sie Real- oder Idealtypen darstellen. Einige dieser Arbeiten versuchen, regional verschiedene Unternehmertypen zu identifizieren, etwa den rheinischen vom westfälischen Unternehmer zu unterscheiden[81] oder nationale Unternehmertypen aufzuzeigen[82]. Häufig werden auch die Eigenarten der Unternehmer nur einer Region herausgearbeitet[83], dabei dann manchmal auch nur die einer Branche dieser Region[84]. Damit wäre auch schon neben der „Region" die „Branche" als mögliches Typisierungskriterium genannt. Ebenso läßt die berufliche Herkunft bzw. der Karriereberuf eine Typisierung zu, etwa in Unternehmer mit kaufmännischem, handwerklichem und technischem Hintergrund[85]. Die Frage nach dem Wandel von Unternehmertypen stellt eine weitere sinnvolle Fragestellung im Bereich unternehmerischer Typenbildung dar und führt u.a. zur Analyse „historischer Unternehmertypen"[86]. Es läßt sich demnach eine Vielzahl von Typisierungsmöglichkeiten der Unternehmer aufzeigen, die je nach Fragestellung spezifische Kriterien für die Unterscheidung der Typen verwenden[87].

Für die Fragestellung dieser Arbeit, einen Beitrag zur Klärung des Anteils der Unternehmer am Erfolg ihrer Unternehmungen zu leisten, empfiehlt es sich nicht, Unternehmertypen herauszuarbeiten. Dies könnte erst in einem späteren Schritt erfolgen, wenn die erfolgsrelevanten Merkmale von Unternehmern näher bestimmbar sind. Es wäre dann sicherlich möglich und reizvoll, in idealtypischer Weise den „erfolgreichen" vom „erfolglosen" Unternehmer zu unterscheiden.

2.2. Unternehmer als Angehörige einer Schicht

Neben diesem Versuch, die Vielfalt innerhalb der Unternehmerschaft durch Typen sinnvoll und erkenntnisadäquat zu ordnen, steht ein zweiter Versuch, dies durch deren Stellung in der Sozialstruktur der zugehörigen Gesellschaft zu tun. Sozialstruktur wird dabei nicht im weiteren umfassenderen Sinne[88] verstanden, sondern im wesentlichen als vertikale Sozialstruktur: als soziale Schichtung. Diese Arbeiten haben die soziale Zusammensetzung der Unternehmerschaft, deren Stellung in einem Schichtungsmodell und die Veränderung dieser Stellung im Zeitverlauf zum Gegenstand. Der Bezug auf Sozialstruktur bzw. Schichtungsmodell erfolgt wieder nur implizit ohne Diskussion dieser theoretischen Konzepte[89]. Das hat u. E. zwei Nachteile: einmal besteht die Gefahr, diese Konzepte unkritisch ohne Berücksichtigung der ihnen anhaftenden Unvollkommenheiten zu verwenden, zum anderen verzichtet man unnötigerweise auf Vorarbeiten anderer Disziplinen, in diesem Fall der Soziologie, die sich ausführlich mit diesen Konzepten beschäftigt hat. So erscheint etwa die dauernde Betonung der Notwendigkeit einer Unterscheidung zwischen beruflicher und sozialer Herkunft[90], so nützlich sie im Rahmen konkreter Untersuchungen auch sein mag, aus der Perspektive der Schichtungstheorie[91] in einem anderen Licht. Beide sind Determinanten des sozialen Status (Schichtungszugehörigkeit)[92] und deshalb in einer Schichtungsanalyse kaum zu trennen. Bei einer Analyse der sozialen Mobilität[93] jedoch können soziale Herkunft (bestimmt durch Vaterberuf) und erworbener Beruf durchaus im Rahmen der Intergenerationsmobilität als Indikatoren für Herkunftsstratum bzw. Zugangsstratum verwandt werden. Ebenso können berufliche Herkunft (gemessen am erlernten Beruf) und erworbener Beruf in diesem Sinne als Indikatoren der Intragenerationsmobilität verwandt werden. Dabei bleibt es jedoch immer nötig, ein gesamtgesellschaftliches Schichtungssystem[94], fußend auf Berufszugehörigkeit[95], zu entwickeln, um damit eine eindeutige Verortung der untersuchten Personengruppen innerhalb dieses Modells zu ermöglichen[96]. Ebenso scheint es nötig, den sich wandelnden Inhalt der Berufsbezeichnung sowie die veränderte soziale Wertschätzung der Berufe im Zeitverlauf mit zu berücksichtigen, da geänderte Berufe und deren Wertschätzung zu Veränderungen in der Schichtungsstruktur einer Gesellschaft führen können, ohne daß sich individuelle Mobilitätsprozesse vollzogen haben[97].

Weiterhin muß man sich darüber im klaren sein, daß bei Verwendung eines Schichtungsmodells eine Untersuchung von Konflikten zwischen verschiedenen Bevölkerungsgruppen erschwert wird, weil die Schichtungsskala kontinuierlich ist, da sie ein homogenes Schichtungskriterium (z.B. soziale Wertschätzung von Berufsgruppen) aufweist. Eine dichotomische Gesellschaftsanalyse kann nicht auf die Theorie der sozialen Schichtung rekurrieren, sondern bedarf eines konkurrierenden Gesellschaftsmodells, z.B. des Klassenmodells[98]. Eine Anwendung des Schichtungsmodells innerhalb der historischen Unternehmerforschung müßte also alle Begrenzungen dieses Ansatzes mit berücksichtigen, könnte aber zugleich von den theoretischen und forschungspraktischen Vorarbeiten der soziologischen Mobilitäts- und Schichtungsanalyse profitieren[99].

Aber nicht nur eindeutige Schichtungskonzepte, sondern auch verwandte Formen der Analyse der vertikalen Sozialstruktur finden in der historischen Unternehmerforschung Anwendung: etwa Elitetheorien[100]. Für diese gilt das oben Gesagte in gleicher Weise, wobei zu bemerken bleibt, daß der Eliteberuf prinzipiell in zweierlei Hinsicht zu definieren ist. Einmal in der Tradition Paretos[101] dichotomisch zum Gegenbegriff Masse[102], oder auch in der

Tradition der Schichtungstheorie als Oberschicht, d. h. als Spitze der Schichtungspyramide[103].

Auch dieser theoretische Zugang zur Untersuchung der Unternehmerschaft zeigt sich für unsere Fragestellung ungeeignet. Uns interessiert die soziale Zusammensetzung der Unternehmer nicht in Hinblick auf die Gesamtgesellschaft, sondern nur insoweit sie Bedeutsamkeit für den Erfolg ihrer Unternehmen vermuten läßt. Deshalb werden wir eine Reihe sozialer Merkmale, für die sich eine Erfolgsrelevanz andeutet, zwar erheben, nicht jedoch im Rahmen einer Analyse der vertikalen Sozialstruktur Deutschlands im Untersuchungszeitraum auswerten.

2.3. Unternehmer als Träger einer Rolle

Ein weiterer Ansatz innerhalb der historischen Unternehmerforschung läßt sich finden, wenn etwa Redlich vorschlägt: „... die Handlungen und Motive moderner Unternehmer von ‚Sanktionen' ausgehend zu studieren."[104] Der dabei ständig erläuterte Analysezusammenhang erscheint u. E. als nichts anderes als eine Anwendung der soziologischen Rollentheorie auf einen historischen Fall, jedoch ohne den theoretischen Problemkreis mit zu reflektieren[105]. Dies beinhaltet wiederum die oben im Zusammenhang mit der Schichtungstheorie dargelegten Nachteile: Nichtberücksichtigung der einschränkenden Implikationen der theoretischen Konzeption und Verzicht auf theoretische und forschungspraktische Vorarbeiten[106]. So böte sich etwa für die gerade erwähnte Analyse Redlichs u. a. das Konzept des Rollenkonflikts und des Rollenwandels an[107]. Auch die „Theorie der Generationen" (Jugendreihe)[108] ließe sich mit dem Instrumentarium der Rollenanalyse u. E. vorzüglich interpretieren[109]. Dabei handelt es sich ja nicht um ein biologisches, sondern um ein soziologisches Konzept: „... a group of coevals cannot be understood from a biological viewpoint.«[110] Die Ähnlichkeit des Verhaltens einer Gruppe von Gleichaltrigen beruht auf ähnlichen Erfahrungen und Erziehungsinhalten in ihrer Jugend, d. h. in Begriffen der Rollentheorie: im Sozialisationsprozeß werden ihnen ähnliche Verhaltensmuster vermittelt, die ihre Rollen gleich definieren[111]. Zusätzlich enthält die Theorie der Generationsreihe noch einige andere Probleme, vor allem das der sinnvollen Abgrenzung der Generationen untereinander[112]. Die Abfolge der Generationen ist kontinuierlich, trotzdem bliebe die Aufgabe, einen Schnitt an einer Stelle zu machen, um zu einer Unterscheidung zwischen den Verhaltensweisen der verschiedenen Generationen zu kommen[113].

Inhalt und Weise des unternehmerischen Rollenverhaltens können ebenfalls kaum Hauptgegenstand dieser Untersuchung sein. Zwar sind wir an der Qualität seines Rollenspiels bezüglich seiner Rolle als Leiter eines Erwerbsunternehmens interessiert, verfügen jedoch weder über das Material, die Anforderungen an diese Rolle präzise zu beschreiben, noch darüber, wie die einzelnen Unternehmer diesen Erwartungen entsprochen haben. Wir werden letztlich „Erfolg" als unternehmerisches Verhalten interpretieren, das durch das Wirken des Marktes sanktioniert wird, und somit zu einer Qualifizierung des Rollenverhaltens der Unternehmer gelangen.

2.4. Der Unternehmer als „actor" und Funktionsträger

In den meisten historischen Arbeiten, die sich um eine Definition des Unternehmers bemühen, wird dessen Funktion als Definitionskriterium herangezogen. Dieser Ansatz hat eine lange Tradition, auch in der klassischen ökonomischen Theorie, die anders als ihre modernen Nachkommen durchaus nicht „unternehmerlos"[114] konzipiert war[115]. Schon die Autoren zu Beginn der kapitalistischen Entwicklung unterschieden den Risikoträger ohne sicheres Einkommen vom Lohnempfänger[116], kannten den Kapitalanwender[117] oder den Kombinator der Produktionsfaktoren[118]. Die letztgenannte Auffassung vom Unternehmer als Kombinator der Produktionsfaktoren hat in der älteren Literatur die meiste Verbreitung gefunden[119]. Eine größere Wirkung auf die wirtschaftshistorische Entwicklung dieser Fragestellung hat u. E. allerdings zweifellos die Konzeption Schumpeters ausgeübt[120]. Seine zentrale Bedeutung wird auch von Redlich gesehen: Schumpeters „... Theorie der wirtschaftlichen Entwicklung von 1912 stellt zum ersten Mal den Menschen in das Zentrum einer ökonomischen Theorie..."[121] und öffnet damit den Weg zur systematischen Unternehmerforschung. Der Ansatz Schumpeters hat sich im weiteren jedoch nicht bewährt, da er für eine empirische Untersuchung unter einem entscheidenden Mangel leidet: er ist nicht operational. Schumpeter definiert Unternehmer als „... die Wirtschaftssubjekte, deren Funktion die Durchsetzung neuer Kombinationen ist und die dabei das aktive Element sind". Diese Definition ist unter dem besonderen Erkenntnisinteresse Schumpeters, nämlich der Dynamisierung des bis dahin als statisch zu betrachtenden Ansatzes der Entwicklungstheorie, nützlich und verständlich. Jedoch wäre die Übertragung dieses Begriffs auf die Empirie eine Verkennung seines rein analytischen Charakters. Er stellt eine Abkehr von dem durch Sombart[122] geprägten Unternehmerbegriff als einer historisch-soziologischen Kategorie und eine Neudefinition in Form einer analytischen Kategorie dar[123], obwohl er den dynamischen Unternehmer durchaus als Typus – mehr jedoch als „Typus des Verhaltens" denn als „Typus von Leuten" – versteht[124]. Somit läßt sich feststellen, daß „... die Schumpetersche Definition [zwar] theoretisch... elegant, aber in der Praxis schwer operationalisierbar..."[125] ist. Dies wird auch von Schumpeter selbst gesehen, wenn er sagt, daß „... es keinen Sinn hat, ... zu fragen: ‚Wo fängt denn eigentlich der behauptete Typus an?'" Dies liegt nicht an der mangelnden Eindeutigkeit des Definitionskriteriums, sondern vielmehr an der praktischen Unmöglichkeit festzuhalten, welche Personen konkret Innovatoren[126] sind. Das zeigt sich daran, daß diese Personen durchaus auch außerhalb von Unternehmen wirken können, oder selbst wenn sie innerhalb von Unternehmen wirken, nur immer für den Zeitraum, in dem sie eine Neuerung einführen, als Innovatoren zu gelten haben. Der Unternehmer im Schumpeterschen Sinne beschreibt also keine Person, sondern eher eine gedankliche Konstruktion. Diese Definition läßt sich demnach als *extrem funktionale* Unternehmerdefinition klassifizieren.

In Anlehnung und Auseinandersetzung mit diesem Unternehmerbegriff entwickelt Redlich seine Konzeption. Redlich sucht ebenfalls nach einer Definition, die eine zureichende Beschreibung des unternehmerischen Handelns liefert. An der Schumpeterschen Theorie lehnt er ab, daß die dort analysierte Funktion auf die Gesamtwirtschaft (wirtschaftliche Entwicklung), und nicht auf das Unternehmen bezogen ist[127]. Er sucht hingegen, die Unternehmerfunktion im einzelnen Betrieb als Definitionskriterium zu verwenden. Diese ist für ihn das Treffen strategischer Entscheidungen: „In other words, the entrepreneur determines the business strategy, though not nesessarily the business tactics."[128] Damit wird es auch möglich – zumindest auf der Ebene des einzelnen Unternehmens – diejenigen Leute zu identifizieren, welche die strategischen Entscheidungen treffen[129]. „The entrepreneur is a living man such as we see in everyday life. He is not a theoretical abstraction, or fiction, an ‚Als-ob-Konstruktion', like the economic man."[130] Somit wird der Unternehmer auch empirischer Erforschung zugänglich, wobei das Problem der Operationalisierung damit u. E. allerdings noch nicht gelöst ist, denn:

> „The function of the entrepreneur, however, is not bound to any legal position; his function is not even bound to one single man... He can also be the president or a director of a corporation; or just as well the secretary, treasurer, the general manager, or a mere employee. The leading spirit of an enterprise may even hold a position entirely outside the enterprise in question; as for instance, if it is controlled by a bank... Hence the entrepreneur cannot be a legal conception."[131]

Wenn das zutrifft, wird eine Operationalisierung dieses Unternehmerbegriffs sehr schwer, denn es wäre nötig, für jedes Unternehmen zunächst eine sorgfältige Analyse der Entscheidungsstruktur vorzunehmen, ehe man eine Person als Unternehmer identifizieren könnte. Für Einzeluntersuchungen mag das noch angehen, was geschieht aber bei generalisierenden Untersuchungen, die Aussagen über mehrere hundert Unternehmer machen wollen? Diese gemäßigt funktionale Unternehmerdefinition scheint u. E. gleichermaßen der Forderung nach hinreichender Operationalisierung nicht zu genügen. Dazu tritt noch ein weiteres Problem: sie schränkt den möglichen Analysebereich unternehmerischen Handelns unnötig ein. Wenn „Treffen von strategischen Entscheidungen" als Definitionskriterium des Unternehmers gewählt wird, kann der Frage nach dem Inhalt des unternehmerischen Handelns (und seinen Veränderungen im Zeitablauf) nicht mehr nachgegangen werden. Eine solche Definition würde bei der hier zur Diskussion stehenden These über die Bedeutsamkeit des unternehmerischen Handelns zur Verletzung des Postulats der vom *„explicandum"* unabhängigen Testbarkeit des *„explicans"* führen und damit zu einer Zirkularität der Beweisführung[132]. Die Gefahr liegt nahe, das Tun der Unternehmer zu definieren und nicht zu problematisieren.

Eine weitere Schwierigkeit liegt u. E. darin, festzustellen, welche Entscheidungen „strategischer" und welche „taktischer" Art sind. Ist eine solche Unterscheidung *a priori* oder nur *a posteriori* möglich? Für historische Untersuchungen scheint dieses Problem von untergeordneter Bedeutung, denn aus einem gewissen zeitlichen Abstand heraus lassen sich Entscheidungen im obigen Sinne meist hinreichend unterscheiden. Dies gilt jedoch kaum für unternehmerbezogene Fragestellungen der zeitgenössischen empirischen Sozialforschung, so daß das gemäßigt funktionale Unternehmerkonzept immer nur als historisches zu verstehen wäre.

Neuere Arbeiten versuchen zumeist, den Beitrag der Unternehmerschaft zum wirtschaftlichen Wachstum zu messen und bedürfen daher eines anderen theoretischen Bezugsrahmens als jene Arbeiten, die Typus, soziale Stellung oder Rolle des Unternehmers untersuchen und daher eher einer Anlehnung an die soziologische als die ökonomische Theorie bedürfen. Dieser Bezug wird im ökonomischen Verhalten der Unternehmer gesucht[133] und kann in einer Reihe grundlegender Arbeiten über die Theorie des sozialen Handelns gefunden werden[134]. Wenn auch diese Theorie durchaus noch nicht endgültig formuliert und empirisch verifiziert ist, so bieten die darunter subsumierten Konzepte doch eine Reihe brauchbarer Ansätze, die zur Analyse des Verhaltens von Unternehmern hilfreich verwandt werden können[135]. Natürlich heißt das nicht, den einen oder den anderen Ansatz vollständig zu übernehmen, zumal die auf Parsons ruhende Soziologie selbst Gegenstand heftigster Kritik war und ist[136], sondern unter sorgfältiger Reflexion dieser Versuche einen eigenen Ansatz zu entwickeln.

Weiter oben war schon auf die Probleme einer funktionalen Unternehmerdefinition hingewiesen worden[137], hier geht es jedoch nicht darum, Unternehmer durch ihre ökonomische Funktion zu definieren, sondern darum, eine Gruppe von Personen operational und unabhängig von ihrer Funktion zu definieren (etwa im positionalen Sinne), um dann ihr ökonomisches Verhalten (Funktion) sinnvoll als Problem analysieren zu können.

Was aber ist ökonomisches Verhalten, und wodurch wird es determiniert? Die Modelle der ökonomischen Theorie reichen kaum, tatsächlich beobachtbares Entscheidungsverhalten zu erklären[138]. Das Entscheidungsproblem der klassischen ökonomischen Theorie ist präskriptiv formuliert und geht der normativen Fragestellung nach, wie entschieden werden sollte[139]. Diese Theorie beschäftigt sich also

„... mit dem Problem, welche Entscheidungen eine Person treffen soll, wenn ihr mehrere Entscheidungsmöglichkeiten offenstehen und wenn sie sich über die Beurteilung der Konsequenzen jeder Entscheidung klargeworden ist. Es handelt sich weder um das Problem, wie die Konsequenzen einer Entscheidung zu beurteilen sind... [Präferenztheorie], noch um die Untersuchung, welche Entscheidungen von Personen wirklich getroffen werden, wie sich also Menschen in Entscheidungssituationen wirklich verhalten [deskriptive Entscheidungstheorie]."[140]

Dieser Typ der Entscheidungstheorie wird zudem noch häufig auf mathematisierbare Entscheidungskalküle reduziert und dadurch sicherlich nicht „passender" für empirische Entscheidungssituationen[141].

Diese kritischen Anmerkungen sollen jedoch nicht zu dem Schluß verleiten, präskriptive Entscheidungsmodelle seien gänzlich unbrauchbar[142]. Vielmehr soll auf die Notwendigkeit hingewiesen werden,

„... eine wirklichkeitsnahe deskriptive Theorie des menschlichen Entscheidungsverhaltens, die den sozialen Kontext dieser Entscheidung systematisch berücksichtigt"[143],

zu entwickeln. Dazu wird es nötig sein, Ansätze aus dem weiten Spektrum sozialwissenschaftlicher Theorieansätze über „... individuelles Entscheidungs- und Problemlösungsverhalten"[144] zu übernehmen. Dabei wird die Annahme der geschlossenen Entscheidungsmodelle, daß die Entscheidungsprämissen als gegeben angenommen werden, fallen gelassen werden müssen. Nur die offenen Modelle berücksichtigen die Genetik dieser Prämissen und heben damit die Rationalitätsannahme[145] des Entscheidungskalküls auf.

Besonders wichtig erscheint unter der Fragestellung nach den Determinanten unternehmerischer Entscheidungen auch eine Verlagerung des individuellen Entscheidungsverhaltens auf die Ebene der Organisation[146]. Gerade bei der Analyse, „... wie Entscheidungsprozesse eines in der Organisation tätigen Individuums durch die soziale Umwelt beeinflußt werden"[147], lassen sich soziologische Theorieansätze besonders gut nutzen[148]. Hierher gehören auch die Ansätze der Managementtheorie[149].

In dieser Untersuchung wird im weiteren darauf verzichtet, eine größere Anzahl unternehmerischer Entscheidungen zu analysieren[150], um aufgrund gewisser Gemeinsamkeiten zu einem allgemeinen Erklärungsmodell zu gelangen. Vielmehr soll hier der umgekehrte Schluß unternommen werden, die Wirkung beobachtbarer sozialer Merkmale auf ökonomische Entscheidungen zu untersuchen. Das relevante ökonomische Verhalten wird hier als das Treffen von strategischen Entscheidungen bezeichnet. Es bleibt nun das Problem, strategische Entscheidungen zu identifizieren. Das ist u. E. nur möglich, wenn man die Unternehmung, auf die sich ja alle unternehmerischen Entscheidungen direkt oder indirekt beziehen, mit in den Analysezusammenhang einbezieht. Die Schwierigkeiten der Versuche, den Beitrag des Unternehmers zur wirtschaftlichen Entwicklung zu bestimmen, liegen häufig in dem Bestreben begründet, einen *direkten* Zusammenhang zwischen dem

Handeln des einzelnen Unternehmers und der gesamtwirtschaftlichen Entwicklung herzustellen. Man müßte vielmehr den *indirekten* Weg über die Wirkung seines Handelns auf sein Unternehmen und dessen Bewährung und Beitrag in der Gesamtwirtschaft gehen. Viele Ansätze versuchen, den Beitrag der Unternehmer ohne Rekurs auf dessen Handlungsobjekte zu analysieren[151]. Strategisch sind Entscheidungen in diesem Zusammenhang dann immer in bezug auf die Unternehmung und deren Bewährung am Markt. Welche der anstehenden Entscheidungen eines Unternehmers strategisch waren, läßt sich im nachhinein relativ einfach durch eine Analyse der Strategie der erfolgreichsten Unternehmen bestimmen[152]. Dabei ist es klar, daß diese Entscheidungen im Zeitverlauf Veränderungen unterliegen, ebenso wie es zu vermuten wäre, daß strategische Entscheidungen von Branche zu Branche, ja vielleicht auch von Region zu Region unterschiedlich sind.

3. Der Ansatz dieser Arbeit

3.1. Eine positionale Unternehmerdefinition

In den dargelegten Mängeln der Arbeiten auf dem Gebiet der historischen Unternehmerforschung liegen auch jene Unvollkommenheiten begründet, die von den verschiedenen Autoren immer wieder beklagt werden: mangelnde Differenzierung und fehlende Systematisierung[153]. Die Forderung nach weitergehender Differenzierung führt zur Unterscheidung zwischen den Unternehmern verschiedener Branchen, denn diese waren mit ganz unterschiedlichen Problemen beschäftigt und mußten folglich auch unterschiedliche Problemlösungsansätze produzieren; darüber hinaus führt sie auch zur Berücksichtigung regionaler Besonderheiten. Auch im Zeitverlauf wäre der Wandel der Problemstellung entsprechend zu berücksichtigen, sowohl aufgrund der Veränderung der allgemeinen Zeitumstände als auch wegen der internen Entwicklungssituation des Unternehmens oder der Branche[154]. Die Forderung nach Systematisierung beinhaltet den Anspruch auf eine umfassende Theorie, die die angebotenen Einzelansätze zu einem systematischen Zusammenhang integrieren kann. Ob dieser Anspruch nicht ein wenig zu hoch gegriffen ist, kann zum gegenwärtigen Zeitpunkt nicht beurteilt werden. Zweifel sind jedoch erlaubt[155]. Diese Zweifel bedeuten jedoch nicht: Verzicht auf jegliche Systematisierung. Vielmehr sollte bei den konkreten Fragestellungen immer der Bezug zu einer passenden Theorie gesucht und auch auf „systematische Evidenz“[156] nicht verzichtet werden.

Wenn die Vielfalt der Einsichten, die sich innerhalb der historischen Unternehmerforschung ergeben können, für die Wirtschafts- und Sozialgeschichte genutzt werden soll, wäre es nötig, ein Konzept zu entwickeln, das die Schwächen der bisherigen Ansätze vermeidet, ohne zugleich in esoterischen Formalismus zu verfallen. Gefordert wird ein Konzept, das operational, empirisch gehaltvoll und theoretisch relevant ist[157].

Die dementsprechenden Vorschläge zu einem Programm für die historische Unternehmerforschung müßten diese Forderungen methodologischer Art weitaus stärker berücksichtigen. Sie beschränken sich hingegen zumeist auf die Diskussion inhaltlicher Fragestellungen[158], wobei etwa Redlichs Unterscheidung zwischen den beiden Perspektiven der Unternehmerforschung[159], der Erforschung der Handlungen von Unternehmern (vor allem etwa der Beitrag zur Entwicklung durch das Treffen strategischer Entscheidungen) und der handelnden Personen (soziale Stellung, Typus, Rolle des Unternehmers als Einflußfaktoren seines Handelns) wichtig und ausbaufähig ist. Unter Berücksichtigung der oben dargelegten Mängel scheinen uns folgende methodologische Forderungen notwendige Punkte eines Programms für historische Unternehmerforschung zu sein:

1. Eine operationale Definition des Unternehmers, die auch einer quantifizierenden Analyse zugänglich ist.
2. Eine Aussage über die Repräsentativität, wenn möglich im stochastischen Sinne, der Auswahl von untersuchten Unternehmern und damit der entwickelten Argumente.
3. Die Unternehmen, in denen die Unternehmer tätig waren, müssen mit ihren Problemen explizit mit in die Analyse einbezogen werden.
4. Die Besonderheiten der jeweiligen Branche müssen berücksichtigt werden. Dies sollte um so leichter möglich sein, als diese Besonderheiten ja konkret in den einzelnen Unternehmen der Branche deutlich werden.
5. Der Zusammenhang zwischen dem Handeln des Unternehmers und seinem Niederschlag im Unternehmen sollte operationalisiert werden.
6. Diese Operationalisierung sollte unter Hinzuziehung und Reflexion „passender" Theorieansätze erfolgen.
7. Weitere Besonderheiten (der Region, der historischen Situation) sollten, soweit sie von Belang sind, mit in den Analysezusammenhang aufgenommen werden.

Die folgende Arbeit stellt einen Versuch dar, den methodologischen Anforderungen dieses Programms gerecht zu werden. Eine Neudefinition des „Unternehmers" scheint damit unumgänglich. Einen solchen Versuch stellt die *positionale Unternehmerdefinition* dar. Dieser Begriff setzt am Weberschen Bürokratiebegriff[160] an. Dabei soll nicht sosehr auf den Idealtypus „Bürokratie" als reinsten Typus legaler Herrschaft, als „idealtypisches Paradigma zieleffizienter Organisation..."[161] rekurriert werden, sondern vielmehr auf dessen Komplement, den „Dienstherrn", als unbürokratische Spitze der bürokratischen Organisatien. Es geht also nicht um eine organisationssoziologische Analyse des Industriebetriebs[162], sondern darum, die Erkenntnis Webers zu nutzen, daß selbst innerhalb der Bürokratie als reinstem Typus legaler (rationaler) Herrschaft, eine nichtrationale Spitze besteht, die außerhalb der Rationalität der Organisation steht. Der Leiter vermag Ziele zu setzen, die von der Organisation angestrebt werden sollen. „Der ‚Leiter' der Bürokratie ist nicht eine systemexterne Instanz, die sich darauf beschränkt, den bürokratischen Apparat gleichsam von außen auf bestimmte Ziele hin festzulegen..."[163] Er wirkt vielmehr innerhalb der Organisation mit all den damit verbundenen Problemen der Kompetenz und Autorität, wobei alle Sachzwänge die Herrschaftsposition der hierarchischen Spitze nicht aufheben. Angelehnt an diese Vorstellung einer hierarchischen Bürokratie und durch Übertragung dieser Vorstellung auf die betriebliche Organisation innerhalb der Wirtschaft läßt sich dann als Unternehmer jene Person definieren, „... die in... einem Unternehmen... die mit der höchsten formalen Autorität versehene Position innehat", d.h. die die hierarchische Spitze bildet[164]. Diese Definition verwendet als Kriterium also nicht die Funktion eines Unternehmers, sondern dessen Position innerhalb der betrieblichen Organisation[165]. Dieser positionale Unternehmerbegriff hat u. E. zwei Vorteile: einmal ist er relativ leicht zu operationalisieren, da schon aus juristischen Gründen eine Identifizierbarkeit dieser Personen in der Regel gefordert wird[166]. Andererseits kann der Frage nach dem eigentlichen Handeln dieser so identifizierten Personen so besser nachgegangen werden; Probleme der konkurrierenden Konzepte können vermieden werden.

3.2. Vorgehensweise und Untersuchungsgegenstand

Anhand des oben erläuterten Forderungskatalogs sollen nun die Besonderheiten des hier verfolgten Ansatzes dargelegt werden.

Als operationale Unternehmerdefinition wird auf den positionalen Ansatz rekurriert, der die Personen, die in der Betriebshierarchie die Position mit der höchsten formalen Autorität innehaben, als Unternehmer definiert[167]. Wer diese Position einnimmt, wird je nach Gesellschaftsform des betreffenden Unternehmens unterschiedlich bezeichnet. In unserer Untersuchung handelt es sich dabei konkret um die Geschäftsführer der Privatunternehmen sowie um die Direktoren der Kapitalgesellschaften und der bergrechtlichen Gewerkschaften[168]. Da die Kapitalgesellschaften und bergrechtlichen Gewerkschaften neben der Leitungsposition „Direktion" noch ein Kontrollinstrument (Verwaltungs- bzw. Aufsichtsrat bei Aktiengesellschaften, Grubenvorstand bzw. Repräsentant bei bergrechtlichen Gewerkschaften) kennen, haben wir zwar auch die Vorsitzenden dieser Kontrollgremien mit in die Erhebung einbezogen und führen sie auch in den Tabellen des Kapitels II auf, werden aber bei der weiteren Analyse im Kapitel IV nur die „Leiter" der Unternehmen berücksichtigen. Gemäß dieser engen Unternehmerdefinition wurden die westfälischen Schwerindustriellen ausgewählt[169]. Als Untersuchungsregion dient das „westfälische Ruhrgebiet". Darunter werden die Ruhrgebietskreise[170] des Reg.Bez. Arnsberg in den Grenzen von 1843 verstanden. Diese Kreise Bochum, Dortmund und Hamm/Unna gliedern sich im wesentlichen auf in die Kreise Bochum Stadt und Land, Gelsenkirchen, Hattingen, Dortmund Stadt und Land, Hörde und den unveränderten Kreis Hamm. Die Untersuchungsbranche „Schwerindustrie" deckt im wesentlichen die Kategorie „Bergbau, Hütten- und Salinenwesen" der amtlichen Statistik[171] ab. Es entfallen damit in diese Branche also im wesentlichen Bergwerke und Eisen- und Stahlwerke. Dabei wären die Betriebe des Bergbaus und die der eisenschaffenden Industrie u. U. als zwei separate Branchen zu interpretieren; hinzu kommen noch die gemischten Werke, die beide Betriebsarten in sich vereinen.

Von den so definierten Unternehmern (westfälische Schwerindustrielle) konnten 857 Personen, die in dem Zeitraum von 1852 bis 1913 tätig waren, namentlich ermittelt werden[172]. Da für einen großen Teil dieser Personen nur lückenhafte Daten aufgefunden werden konnten, wurde die Untersuchungsgesamtheit auf jene Unternehmer beschränkt, für die ein relativ vollständiger Lebenslauf[173] vorliegt. Deren Anzahl beträgt 248.

Im weiteren wäre zunächst zu klären, inwieweit diese 248 Merkmalsträger als repräsentativ für die Grundgesamtheit der westfälischen Schwerindustriellen gelten können. Der genaue Umfang dieser Grundgesamtheit ist unbekannt. Bekannt ist lediglich die Anzahl der in diesem Zeitraum in dieser Region existierenden Unternehmen der Schwerindustrie, nämlich 154[174]. Einige dieser Unternehmen existierten nicht einmal während der gesamten Epoche, so daß durchschnittlich nur 100 Unternehmen dieser Branche in der Region vorhanden waren[175]. Unterstellt man, daß in jeder dieser Firmen dauernd drei Unternehmer im positionalen Sinne tätig (2 Direktoren, 1 Aufsichtsratsvorsitzender) und diese durchschnittlich fünfzehn Jahre im Amt waren[176], so würde sich die Grundgesamtheit der Unternehmer auf etwa 1200 belaufen. Die ermittelten 857 Namen repräsentierten dann etwa 72 %, und die 248 Namen, für die ein relativ vollständiger Lebenslauf ermittelt werden konnte, etwa 21 % der Untersuchungsgesamtheit. Diese Überlegungen weisen natürlich keine Repräsentativität im strengen statistischen Sinne nach, da über die „Zufälligkeit" der Auswahl keine Aussagen gemacht werden können[177]. Sie zeigen aber, daß zumindest vom Umfang der Stichprobe her eine gewisse Plausibilität für die Möglichkeit des Rückschlusses von den Ergebnissen der Stichprobe auf die Grundgesamtheit besteht.

Diese Kalkulation über den Grad der Repräsentativität beruht auf der Annahme, daß es sich bei den 154 erfaßten Unternehmen um eine Totalerhebung aller Firmen der Schwerindustrie in der Untersuchungsregion handelt. Diese Annahme scheint u. E. gerechtfertigt, da diese Grundgesamtheit bekannt ist. Der Umfang der Erfassung der Bergwerke läßt sich durch eine Überprüfung anhand der Felderkarte[178] über den Bergwerksbesitz feststellen. Die Karten der untersuchten Kreise zeigen, daß praktisch alle Bergwerke der betreffenden Region erfaßt sind. Die Ermittlung der Grundgesamtheit der Eisen- und Stahlwerke erwies sich als etwas schwieriger, da entsprechende Hüttenkarten nur eine Totalerhebung eines Zeitpunktes darstellen, während der Umfang der gesamten Kohlefelder unveränderlich – wenn auch verschieden unterteilbar – ist. Eine vollständige Erfassung aller entsprechenden Werke ist jedoch durch die Auswertung der gewerblichen Adreßbücher möglich. Diese Angaben lassen sich für die Zwischenzeitpunkte erweitern und ergänzen durch weitere Angaben in einer Vielzahl sektoraler und regionaler Monographien über die Schwerindustrie des Ruhrgebietes. Eine Schwierigkeit ergibt sich allerdings bei der Verwendung all dieser Arbeiten: sie definieren die Branche „Schwerindustrie" nicht in unserem oben S. 25 dargelegten Sinne, so daß in jedem Fall eine sorgfältige Prüfung jedes einzelnen der genannten Unternehmen daraufhin nötig war, ob es sich dabei um eines der Schwerindustrie in unserem Sinne handelt. Ein Adreßbuch von 1857[179] nennt für die von uns untersuchte Region drei Eisen- und Stahlwerke, neun Puddel-Werke, zwei Werke mit Zementstahl-Öfen und zwei Gußstahlfabriken. Zwei der sechzehn Werke (Fa. Ad. Schmedding u. Söhne zu Münster, Dahlhausen bei Hattingen, Puddel-Werk und Gewerkschaft St. Johannes, Dortmund, Cementstahl-Ofen-Werk) sind in unseren 174 Firmen nicht erfaßt. Von den 1897 erwähnten zwanzig Hüttenwerken fehlen ebenfalls zwei[180]. Es erscheint deshalb nicht unberechtigt, anzunehmen, daß die erfaßten Firmen tatsächlich im großen und ganzen die Gesamtheit aller Unternehmen der Schwerindustrie der Untersuchungsregion darstellen. Unter diesen Unternehmen befinden sich auch eine ganze Reihe gescheiterter Unternehmen, so daß der „bias" gegenüber erfolgreichen Unternehmen, der bei der Analyse der Entwicklung von Unternehmen häufig auftritt[181], in dieser Untersuchung vermieden werden kann.

Die Entwicklung dieser Unternehmen soll untersucht werden sowohl für jedes Unternehmen allein als auch für deren Summe: die Branche. Dabei sollen deren Besonderheiten deutlich werden. Diese Besonderheiten zeigen sich in unternehmens- bzw. brancheninternen Problemen[182], die durch entsprechendes unternehmerisches Handeln gelöst werden können. Dies wäre der Versuch der Operationalisierung des Zusammenhanges zwischen dem unternehmerischen Handeln und seiner Wirkung auf die Entwicklung des Unternehmens. In diesem Sinne würde eine „passende" Theorie des Unternehmers in ihm diejenige Person sehen, die die strategischen Entscheidungen im Unternehmen trifft[183]. Diese strategischen Entscheidungen ließen sich für die Unternehmen anhand der Probleme ihrer Entwicklung identifizieren. Ihre Lösung müßte den erfolgreichen Unternehmen gelungen sein und den weniger erfolgreichen nicht bzw. dem einen mehr, dem anderen weniger. Die Analyse der Einflußfaktoren auf diese strategischen Entscheidungen stellt den Kernpunkt dieser Arbeit dar und soll, wie schon in den Vorbemerkungen auch anhand einer Skizze kurz dargelegt, sowohl ökonomische als auch soziale Variablen mit berücksichtigen. Diese Analyse erfolgt prinzipiell auf der Ebene der Unternehmen, läßt sich aber, da eine Totalerhebung aller Firmen erfolgt, für die Branche der Untersuchungsregion aggregieren. Deshalb umgeht dieser Ansatz auch das „Aggregationsproblem“[184], d.h. das Fehlen eindeutiger Übersetzungsregeln von mikroökonomischen Relationen in Makrorelationen ohne Informationsverlust über die Struktur der Mikrorelationen vieler generalisierender Untersuchungen und vermeidet den Gegensatz zwischen betrieblicher (mikroökonomischer) und gesamtwirtschaftlicher (makroökonomischer) Betrachtung[185].

Natürlich, das sei abschließend festgehalten, bedarf diese Analyse einer Einbettung in den historischen Kontext. Die Besonderheiten der historischen Situation wirken sowohl über die sozialen als auch die ökonomischen Variablen auf die betrieblichen Entscheidungen ein. Ja der Stellenwert der Variablen selbst, z.B. Ausbildung der Unternehmer, läßt sich ohne Rekurs auf die historische Situation, in diesem Falle etwa Struktur des Bildungssystems, gar nicht bestimmen.

Insgesamt, so glauben wir, kann der hier zugrunde gelegte Ansatz folgendes leisten:

1. Er bietet ein alternatives Modell für die historische Unternehmerforschung, indem er
   a) methodologische Schwächen traditioneller Ansätze zu vermeiden trachtet und
   b) die Mehrdimensionalität der Determinanten des unternehmerischen Handelns explizit zu beachten sucht.
2. Er soll neues Material systematisch zugänglich machen
   a) bezüglich der Struktur der betreffenden Unternehmerschaft,
   b) bezüglich der Branche und deren besonderen Entwicklungsprobleme,
   c) bezüglich der Region und deren regionalen Wachstumsdifferenzen.
3. Er soll neue Aussagen über die Bestimmungsgründe unternehmerischen Handelns anbieten.
4. Er kann vielleicht auch einen Beitrag zur Versachlichung der aktuellen Unternehmerdiskussion leisten, indem er ermöglicht, ideologische von empirischen Aussagen über das Handeln der Unternehmer zu trennen.

Kapitel II

Die soziale Struktur der westfälischen Schwerindustriellen, 1852–1913

1. Vorbemerkungen

In diesem Kapitel soll versucht werden, ein möglichst umfassendes Bild der westfälischen Schwerindustriellen mit Hilfe unseres empirischen Materials zu zeichnen. Als Indikator ihrer beruflichen und sozialen Situation und ihres betrieblichen und öffentlichen Handelns dienen dabei Altersstruktur, Herkunft, Ausbildung, Karriereverlauf und öffentliches Wirken.

Ein solches Bild bleibt relativ unbestimmt, wenn es nicht gelingt, einen Bezugsrahmen zur Verdeutlichung der Besonderheiten der untersuchten Personengruppe zu finden. Wir sind also gehalten, die soziale Struktur der westfälischen Schwerindustriellen vor dem Hintergrund der deutschen Gesellschaft seit der Mitte des 19. Jahrhunderts zu sehen. Dabei ergeben sich Probleme zweifacher Art. Erstens auf der methodologischen Ebene die Frage nach der adäquaten Auswahl der zu untersuchenden Elemente zur Charakterisierung ihrer Stellung in der Sozialstruktur[1]. Wir beschränken uns dabei im wesentlichen auf zwei Variablenkomplexe[2]: Herkunft und Ausbildung, wie das auch schon in der formalisierten Darstellung im Modell oben S. 2 angedeutet wurde[3]. Diese beiden Variablenkomplexe sollen dazu dienen, die Stellung der westfälischen Schwerindustriellen in der Gesellschaft Preußens bzw. des Deutschen Reiches aufzuzeigen und es zu ermöglichen, eine Würdigung ihres betrieblichen und öffentlichen Wirkens vorzunehmen. Dabei wird sofort das zweite Problem eines solchen Unterfangens deutlich, ein Problem auf der empirischen Ebene, nämlich die Schwierigkeit des Vergleichs der eigenen empirischen Ergebnisse mit entsprechenden anderer Arbeiten. Wenn hier im folgenden Daten über die soziale Struktur der westfälischen Schwerindustriellen vorgelegt werden, so bedürfen diese eines zweifachen Bezuges: einmal den zu anderer Gruppen jener Gesellschaft und zum anderen den zur restlichen Unternehmerschaft. Einen solchen Bezug systematisch herzustellen ist im Vergleich zu anderen Sozialgruppen gänzlich unmöglich[4] und für die restliche Unternehmerschaft nur partiell erreichbar[5]. Trotzdem soll auf den Versuch einer solchen Einordnung im weiteren nicht ganz verzichtet werden. Wir werden uns dabei an Arbeiten orientieren, die zwar keine exakten quantitativen Aussagen über die Verteilung der Soziallagen in der Gesamtgesellschaft bzw. in der gesamten Unternehmerschaft ermöglichen, jedoch ein hinreichendes Bild der sozialen Struktur der Bezugsbereiche vermitteln[6]. Daß es sich dabei häufig nur um qualitative, schwer testbare Aussagen handelt, darf uns weiter nicht stören. Diese problematische Datenlage zeigt sich im wesentlichen nur bei den Gesamtdarstellungen zur Struktur und zum Wandel der deutschen Gesellschaft. Für die einzelnen Bereiche und deren besondere Probleme liegen z. T. umfangreiche Einzeluntersuchungen vor. So etwa für das Bildungssystem[7] oder das politische Wirken der Unternehmer[8]. Auf diese Arbeiten wird an entsprechender Stelle noch ausführlich zurückzukommen sein.

1.1. Die Differenzierung der Untersuchungsgesamtheit

Bevor wir im folgenden die Ergebnisse unserer Untersuchung darlegen, noch einige Ausführungen zur Untersuchungsgesamtheit. Bei der im weiteren näher untersuchten Personengruppe handelt es sich um 248 Personen, die unserer oben erläuterten[9] dreifachen Beschränkung unterliegen: 1. sie sind Unternehmer im positionalen Sinne, 2. sie wirken in Unternehmen der Schwerindustrie (Bergbau und Eisenindustrie) und 3. ihre Firmen haben ihren Standort im westfälischen Ruhrgebiet[10]. Diese Untersuchungsgesamtheit von 248 Unternehmern differenziert sich nach verschiedenen Merkmalen, deren Verteilung im folgenden dargelegt werden soll.

Zu den Zwecken der folgenden Analyse wird die Gruppe der Unternehmer nochmals nach ihrer betrieblichen Position differenziert. Dabei wird unterschieden zwischen „Leitern“ (Direktoren und Geschäftsleiter), „Aufsichtsräten“ (Aufsichtsratsvorsitzende, Repräsentanten und Gruppenvorstände) und „Gründern“, die entweder außerhalb der Unternehmung verblieben oder später eine der beiden Positionen einnahmen[11]. Die Anteile verteilen sich wie folgt:

Tabelle 1: Verteilung der westfälischen Schwerindustriellen nach Betriebspositionen

Betriebsposition	Anzahl	Anteil in %
Leiter	163	66
Aufsichtsräte	46	18
Gründer	39	16
außerhalb	(15)	(6)
Leiter	(12)	(5)
Aufsichtsräte	(12)	(5)
insgesamt	248	100

Die Inhaber aller drei angeführten Betriebspositionen gelten auch im positionalen Sinne als Unternehmer. Dabei sollte jedoch bewußt bleiben, daß die direkte Führungsautorität allein bei den Leitern liegt. Die Gruppe der Aufsichtsräte wurde als Kontrastgruppe für die Leiter mit in die Untersuchung der sozialen Struktur der westfälischen Schwerindustriellen aufgenommen. Später, bei der Analyse der Unternehmensentscheidungen und ihrer Bedeutung für den Betriebserfolg sowie bei der Zurechnung des Erfolges auf bestimmte Merkmale der Unternehmerschaft, wird allein auf die Gruppe der Leiter Bezug genommen.

Leiter und Aufsichtsräte besetzen Positionen mit höchster formaler Autorität[12], und auch die Gründer taten dies, solange noch keine ausgeprägte Autoritätsstruktur entstanden war. Darüber hinaus fügten sie sich nach deren Entstehen überwiegend auch formal darin ein[13]. Gründer, die später zugleich als Leiter tätig waren, finden sich fast ausschließlich in den privaten Werken der Eisenindustrie (8 von 12), während sich die als Aufsichtsräte tätigen Gründer und die außerhalb bleibenden gleichmäßig auf Bergbau, Eisenindustrie und gemischte Werke verteilen.

Obwohl die untersuchten Firmen alle einer einzigen Branche, der Schwerindustrie, zuzurechnen sind, wird diese für unsere Zwecke noch in drei Subbranchen unterteilt. Die Unterscheidung zwischen Bergbau, Eisenindustrie und gemischten Werken läßt sich aus verschiedenen Gründen rechtfertigen. Ganz allgemein scheint eine „Branche" Schwerindustrie, die den Abbau von Rohstoffen (Kohle und Erz) als Teil des primären Sektors und deren Weiterverarbeitung im gewerblichen (sekundären) Sektor umfaßt[14], von der Heterogenität der Produkte her sich nur schwerlich als homogene Branche interpretieren zu lassen[15]. Aber nicht nur die Heterogenität der Produkte, auch die Unterschiede der Technologie und der Marktbedingungen erfordern eine differenziertere Betrachtung der Schwerindustrie. So war es für die Bergbauunternehmer gegen Ende des 19. Jahrhunderts möglich, ihre Absatzverhältnisse durch Kartelle zu regulieren, da alle Unternehmen ein relativ homogenes Gut vertrieben, während in der Eisenindustrie solche Regulierungen nur schwer durchsetzbar waren und bestenfalls nur für bestimmte Teilmärkte erreicht wurden[16]. Auch für die gemischten Werke, die sowohl Betriebe der Eisenindustrie als auch des Bergbaus in sich vereinigten, ergaben sich besondere Probleme[17]. Auf all diese besonderen Unternehmensprobleme und den daraus resultierenden Anforderungen an das Führungspersonal wird im 3. und 4. Kapitel dieser Arbeit noch ausführlich einzugehen sein. Hier sollen einige Vorüberlegungen dazu nur die Plausibilität der weiteren Unterteilung der Schwerindustrie in die Subbranchen Bergbau, Eisenindustrie und gemischte Werke verdeutlichen.

Die von uns im weiteren untersuchten westfälischen Schwerindustriellen verteilen sich auf diese Branchen wie folgt:

Gründer finden sich kaum bei den gemischten Werken. Diese wurden ja auch in der Regel nicht als solche gegründet, sondern entstanden aus kleineren Anfängen durch Umgründungen oder Fusionen. Die geringe Zahl der Aufsichtsräte in der Eisenindustrie erklärt sich aus der Tatsache, daß es sich

Tabelle 2: Verteilung der westfälischen Schwerindustriellen auf Branchen

Branchen	Gründer	Aufsichtsräte	Leiter	insgesamt
Bergbau	16	34	57	107
Eisenindustrie	18	5	45	68
gemischte Werke	5	7	61	73
insgesamt	39	46	163	248

bei den Firmen der Eisenindustrie zumeist um Einzelunternehmen handelte, die i.d.R. eine Institution „Aufsichtsrat" nicht kannten. Dazu mehr unter den nächsten Punkten.

Prinzipiell waren nach der Liberalisierung des preußischen Berg- und Aktienrechts[18] für die Unternehmen der Schwerindustrie alle denkbaren Rechtsformen möglich. Es lassen sich jedoch für die drei Branchen und damit auch für die in ihnen tätigen Unternehmer bevorzugte Rechtsformen aufzeigen.

Tabelle 3: Verteilung der westfälischen Schwerindustriellen nach Rechtsformen

Rechtsform	Gründer	Aufsichtsräte	Leiter	insgesamt
Aktiengesellschaft	18	19	103	140
bergrechtliche Gewerkschaft	4	25	30	59
Einzelunternehmen	15	2	26	43
sonstige[a]	2		4	6
insgesamt	39	46	163	248

[a] Gesellschaft mit beschränkter Haftung (GmbH), Kommandit Gesellschaft (KG) oder Verwaltungsabteilung eines außerhalb der Region liegenden Konzerns.

Diese Verteilung der Personen gibt allein noch keinen Hinweis auf die bevorzugten Rechtsformen der Unternehmen. Dazu muß sie noch um die Verteilung der Rechtsformen in der Gesamtheit der untersuchten Firmen ergänzt werden. Bevor dieser Zusammenhang jedoch hergestellt wird, noch einige Überlegungen zur Differenzierung der Untersuchungsgesamtheit in Subperioden.

Die Periode von 1852–1913 umfaßt innerhalb der deutschen Wirtschaftsgeschichte den Zeitraum vom Aufbruch zur Industriewirtschaft bis zur erfolgreichen Etablierung dieses Systems[19]. Diese Entwicklung vollzog sich jedoch nicht als ein kontinuierlicher Wachstumsprozeß, sondern in Sprüngen und Umbrüchen[20], so daß sich eine entsprechende Untergliederung unseres Untersuchungszeitraumes empfiehlt. Dabei orientieren wir uns an den in der Literatur gängigen drei Trendperioden dieses Zeitraumes[21]. Danach umfaßt die Zeit von 1852 bis zur Gründerkrise 1872/1873 eine erste Aufschwungphase mit den beiden Gründerperioden 1851–1856 und 1868–1872. Dazwischen liegt die Weltwirtschaftskrise 1857–1859 mit den sich daran anschließenden relativ ruhigen frühen 60er Jahren[22], die allerdings auch durch eine Reihe kriegerischer Ereignisse geprägt waren[23]. Mit der Gründerkrise von 1872/1873 begann eine längere Abschwungphase, die häufig auch als „Große Depression" – neuerdings in einer partiellen Revidierung dieser Kategorie als „Große Deflation" – bezeichnet wird und sich als Verlangsamung des ökonomischen Wachstums niederschlug[24]. Diese Abschwungphase fand ihr Ende in der erneut beschleunigten ökonomischen Expansion zu Beginn der 90er Jahre. Diese Expansionsphase dauerte mit den beiden Einbrüchen von 1900–02 und 1907–08 bis 1913 an[25].

Angelehnt an diese Charakterisierung der Zeitperiode von 1852 bis 1913 haben wir unseren Untersuchungszeitraum in drei Subperioden untergliedert. Dabei spielt die Vermutung eine Rolle, daß die veränderten ökonomischen Aktivitäten in diesen drei Trendperioden auch Variationen innerhalb der Merkmale der westfälischen Schwerindustriellen bewirkten, ganz sicher aber innerhalb deren Unternehmen. Als Subperioden wählten wir Periode 1: 1852–1872, Periode 2: 1873–1892 und Periode 3: 1893–1913. Diese Periodenwahl wurde uns auch deshalb erleichtert, da alle drei Perioden etwa die gleiche Dauer haben (21, 20 und nochmals 21 Jahre).

Tabelle 4: Verteilung der westfälischen Schwerindustriellen nach Perioden

Periode	Gründer	Aufsichtsräte	Leiter	insgesamt
1: 1852–1872	30	8	23	61
2: 1873–1892	10	20	58	88
3: 1893–1913	3	29	111	143
insgesamt*	43	57	192	292
N	39	46	163	248

* In der Tabelle 4 sind einige Doppelzählungen enthalten, da einige Unternehmer in mehr als einer Periode in einer Firma der westfälischen Schwerindustrie tätig waren. Insgesamt waren zwei Personen in allen drei Perioden tätig, d. h. mindestens drei Jahre in jeder Periode und neunzehn in zwei Perioden. Diese Möglichkeit der Doppelzählung gilt für alle folgenden Tabellen, in denen nach Perioden ausgezählt wird, da es sich immer um Perioden der Geschäftstätigkeit handelt.

Die von uns im weiteren untersuchten westfälischen Schwerindustriellen verteilen sich gemäß Tabelle 4 auf diese drei Perioden.

Aus dieser Tabelle geht deutlich ein sinkender Anteil von Gründern im Zeitverlauf hervor. Gründungen wurden offensichtlich immer schwieriger. Das mag sicherlich ein Spiegelbild der Verfestigung der Branchenstrukturen sein, die neuen Unternehmen eine immer geringere Chance für den Marktzutritt gab. Innerhalb der verfestigten Branche expandierten die etablierten Unternehmen stärker und entwickelten einen entsprechenden Bedarf an Leitungspersonal, was in der Zunahme der Leiter im Zeitverlauf seinen Ausdruck findet. Die Zunahme der Aufsichtsräte, verbunden mit der Etablierung der Aktiengesellschaften, unterstreicht diese Entwicklung.

1.2. Die Repräsentativität der Untersuchungsgesamtheit

Aus den obigen Tabellen werden bestimmte Schwerpunkte in der Verteilung der Merkmale unserer untersuchten Personengruppe deutlich, die vor allem für den Vergleich mit den Merkmalen der Gesamtheit jener Firmen, aus denen diese Personen stammen, bedeutsam sind. Konkret lautet die Frage: sind die Schwerpunkte der Verteilung der Merkmale in den Tabellen für die westfälischen Schwerindustriellen kompatibel mit den Merkmalen der Schwerindustrie? Ist das nicht der Fall, so muß die Auswahl der Personen für die Branche als nicht repräsentativ angesehen werden. Die Überlegungen hinsichtlich der Repräsentativität der Auswahl weiter oben auf S. 25 wären hinfällig.

Es gilt also, die Übereinstimmung der Merkmale Rechtsform, Branchen- und Periodenzugehörigkeit zwischen den Unternehmern und den untersuchten Firmen nachzuweisen, um damit indirekt die Repräsentativität der von uns im weiteren untersuchten Unternehmer für die Branche nahezulegen. Wie wir weiter oben schon dargelegt haben, handelt es sich bei den von uns untersuchten 154 Unternehmen praktisch um eine Totalerhebung aller im Untersuchungszeitraum in der westfälischen Schwerindustrie tätigen Firmen. Die 248 Unternehmer stellen jedoch nur eine Auswahl aller Schwerindustriellen dar. Stimmen die firmenbezogenen Merkmale der Unternehmer mit denen der Unternehmen überein, so können sie in Hinblick auf diese Merkmale als repräsentativ für die gesamte Branche und deren Unternehmer gelten. Als analoger Schluß liegt dann nahe, auch die Verteilung der anderen von uns untersuchten Merkmale als repräsentativ für alle westfälischen Schwerindustriellen anzunehmen.

Hinsichtlich der Verteilung der Personen und Firmen auf die Subbranchen ergibt sich folgendes Bild.

Gemessen an dem Anteil der gemischten Werke an der Gesamtheit aller Firmen der westfälischen Schwerindustrie waren die Unternehmer aus den gemischten Werken stark überrepräsentiert, und zwar auf Kosten der Berg-

Tabelle 5: Verteilung der Branchenzugehörigkeit bei Personen und Firmen

Branche	Personen		Firmen	
	Anzahl	Anteil in %	Anzahl	Anteil in %
Bergbau	109	45	107	70
Eisenindustrie	66	25	37	24
gemischte Werke	73	30	10	6
insgesamt	248	100	154	100

bauunternehmer. 30 % der Industriellen entstammten den gemischten Werken, obwohl diese nur 6 % der gesamten Unternehmen ausmachten, während die Bergbauunternehmen 70 % der Gesamtheit aller Firmen umfaßten und die Unternehmer des Bergbaus nur 45 %. Ursache dieser Überrepräsentation von Unternehmern der gemischten Werke war sicherlich auch die überdurchschnittliche Größe dieser Werke[26] im Vergleich zu den Bergbaubetrieben und auch den Betrieben der Eisenindustrie. Für einen genaueren Vergleich müßte man daher die Anzahl der Betriebe in den drei Subbranchen der Schwerindustrie mit den jeweiligen Beschäftigungszahlen gewichten[27]. Jedoch auch ohne diese zusätzliche umfangreiche Rechenoperation zeigt sich eine gewisse Symmetrie in den Strukturen der Verteilung der anderen Merkmale von Personen und Firmen. So zeigt sich für die Rechtsform folgendes Bild.

Tabelle 6: Verteilung der Rechtsformen bei Personen und Firmen

Rechtsform	Bergbau		Eisenindustrie		gemischte Werke		insgesamt	
	Personen	Firmen	Personen	Firmen	Personen	Firmen	Personen	Firmen
Aktiengesellschaft	48	25	19	13	73	8	140	46
bergrechtliche Gewerkschaft	55	75	4	3	–	–	59	78
Einzelunternehmen	–	–	43	17	–	1	43	18
Sonstige[a]	6	7	–	4	–	1	6	12
insgesamt	109	107	66	37	73	10	248	154

[a] GmbH, KG oder Verwaltungsabteilung eines ortsfremden Konzerns.

Die Verteilung des Merkmals Rechtsform[28] zeigt eine Symmetrie zwischen Personen und Firmen. Im Bergbau konzentrierte sich die Verteilung für beide auf die Rechtsform „Aktiengesellschaft" und „bergrechtliche Gewerkschaft", und zwar mit einem Überwiegen der letzteren. In der Eisenindustrie dominierten die Einzelunternehmen, und auch die meisten Industriellen entstammten hier diesen. Alle Unternehmer der gemischten Werke waren in Aktiengesellschaften tätig, bis auf zwei Werke waren dort auch alle Firmen in dieser Rechtsform organisiert. Für das Merkmal „Rechtsform" und – unter Berücksichtigung der durchschnittlichen Beschäftigungszahlen – auch für das Merkmal „Branchenzugehörigkeit" läßt sich eine Entsprechung zwischen den Strukturen der untersuchten Personen und Firmen konstatieren. Dies ist ein weiteres Argument für die Annahme, daß die Grundgesamtheit „westfälische Schwerindustrielle" durch die hier weiter ausgewertete Auswahl von Personen hinreichend repräsentiert wird. Dieses Argument wird auch noch dadurch erhärtet, daß es sich bei den untersuchten Unternehmern nicht um solche handelt, die aus einigen wenigen Unternehmen stammen. Vielmehr streut ihre betriebliche Herkunft nicht nur, wie Tabelle 5 zeigt, über alle Branchen, sondern auch über die Mehrzahl der erfaßten Unternehmen[29].

2. Die sozialen Merkmale der Untersuchungsgesamtheit

2.1. Die Altersstruktur der westfälischen Schwerindustriellen

Die Bevölkerungsexpansion in Deutschland während der industriellen Anlaufperiode bis 1850 ist wohlbekannt[30]. Dieses Bevölkerungswachstum ist dabei weniger auf eine enorme Zunahme der Geburtenrate als vielmehr auf ein deutliches Sinken der Sterberate zurückzuführen[31]. Das gilt auch für das weitere Wachstum der Bevölkerung von 1850 bis etwa 1900[32]. In diese Entwicklungsperiode fallen auch die Geburtenjahrgänge der von uns untersuchten Unternehmer. Lediglich einige Gründer sowie je ein Aufsichtsrat und Leiter wurden schon vor 1800 geboren; die Geburtsjahre aller anderen Personen fallen in die Jahre zwischen 1800 und 1890. Diese Verteilung steht natürlich in einem Zusammenhang mit den Jahren ihrer Geschäftstätigkeit. Nach 1890 kann eigentlich niemand mehr geboren worden sein, der in unserer Untersuchungsperiode bis 1913 noch eine leitende Stellung in der Schwerindustrie einnehmen konnte. Selbst für Personen, die in den 80er Jahren geboren wurden, ist dies nur in Ausnahmen möglich (3 Fälle). Die Verteilung der Geburtsjahrgänge unserer Untersuchungsgesamtheit zeigt die Tabelle 7.

Der Schwerpunkt der Geburtsjahre liegt in den sechs Jahrzehnten zwischen 1820 und 1880. Diese Verteilung auf einen relativ langen Zeitraum von ca. zwei Generationen gewährleistet, daß es sich bei den untersuchten Personen nicht um eine relativ homogene Jugendreihe[33] handelt, die durch einige

Tabelle 7: Verteilung der Geburtsjahre der westfälischen Schwerindustriellen

	Gründer	Aufsichtsräte	Leiter	insgesamt
vor 1800	8	1	1	10
1800–1809	5	1	1	7
1810–1819	6	3	5	14
1820–1829	13	5	12	30
1830–1839	3	8	32	43
1840–1849	2	6	28	36
1850–1859	1	9	24	34
1860–1869	–	5	25	30
1870–1879	–	2	29	31
1880–1889	–	–	3	3
insgesamt	38	40	160	238
N	39	46	163	248

wenige gemeinsame Schlüsselerlebnisse geprägt ist und deren Verhalten dadurch eine gewisse Konformität erhält. Vielmehr sind die verschiedenen historischen Erfahrungen dieser Personen mit den sich wandelnden sozioökonomischen Bedingungen ein Garant für die Vielfalt der Möglichkeiten, mit denen die verschiedenen Unternehmer auf betriebliche Probleme zu reagieren vermögen.

Insgesamt stimmt die Verteilung der Geburtsjahrgänge mit der demographischen Entwicklung der Gesamtgesellschaft überein, die von 1820 an durch leicht sinkende Geburtenraten gekennzeichnet ist[34]. Es werden in dieser Zeit also nicht aus irgendwelchen unerfindlichen Gründen zunehmend mehr unternehmerische Talente als sonst geboren – ausgedrückt durch steigende Geburtenraten –, sondern die Wirtschaftsentwicklung schuf mehr Unternehmerpositionen. Die Häufung der Geburtsjahre zwischen 1820 und 1880 erklärt sich aus der Wahl der Untersuchungsperiode 1852–1913 und der entsprechenden Verschiebung zwischen Geburt und Eintritt ins Geschäftsleben. Geht man davon aus, daß etwa zwischen dem 20. und 30. Lebensjahr der Eintritt in das Geschäftsleben erfolgt, so müßte die Verteilung der Geschäftsperioden gegenüber der Verteilung der Geburtsjahrgänge eine Verzögerung von 20–30 Jahren aufweisen[35]. Tatsächlich zeigt sich auch 20 bis 30 Jahre vor den Perioden 1 und 2 eine deutliche Häufung der Geburtsjahrgänge.

Eine Betrachtung der Altersstruktur der westfälischen Schwerindustriellen bliebe unvollständig ohne eine entsprechende Berücksichtigung der natürlichen Abgänge durch den Tod.

Tabelle 8: Verteilung der Todesjahre der westfälischen Schwerindustriellen

	Gründer	Aufsichträte	Leiter	insgesamt
1850–1859	2	–	1	3
1860–1869	2	1	1	4
1870–1879	12	–	5	17
1880–1889	9	1	8	18
1890–1899	3	6	8	17
1900–1909	8	7	26	41
1910–1919	–	6	30	36
1920–1929	–	6	25	31
1930–1939	–	4	27	31
1940–1949	–	–	7	7
insgesamt	36	31	138	205
N	39	46	163	248

Insgesamt geben die Daten zur Altersstruktur der westfälischen Schwerindustriellen noch keinen Einblick in das soziale und betriebliche Beziehungsgefüge der westfälischen Schwerindustrie. Sie vermitteln allenfalls Informationen über die sozialbiologische Grundgliederung der Untersuchungsgesamtheit als Basis für die weitere Analyse[36]

2.2. Die Herkunft der westfälischen Schwerindustriellen

Zentrale Kategorie der Vorstellungen über Unternehmer in der Industrialisierung ist die der sozialen Mobilität[37]. Zugrunde liegt die Annahme, daß eine zunehmende Dynamisierung des ökonomischen Systems nicht ohne Rückwirkung auf das soziale System bleiben kann. Diese Rückwirkungen zeigen sich in vielfältigen Formen: in einer ausgedehnten Wanderungsbewegung sowohl innerhalb der Staaten als auch ins Ausland, in einer steigenden beruflichen Mobilität und auch teilweise in einer höheren sozialen Mobilität. Häufig wird der Aspekt der Dynamisierung des sozialen Systems allein auf den Punkt der gestiegenen sozialen Mobilität reduziert[38], wobei darunter eine Veränderung individueller Positionen im sozialen Schichtungssystem verstanden wird. Die Analyse der Herkunft der westfälischen Schwerindustriellen soll hingegen alle drei Formen der Mobilität einschließen. Als Indikator werden verwandt: für die regionale Mobilität der Geburtsort, für die berufliche Mobilität der erlernte Beruf und für die soziale Mobilität der Beruf des Vaters und des Schwiegervaters als die Hauptdeterminante für den sozialen Status der Herkunfts- bzw. Hinkunftsfamilie[39].

Diese Analyse der westfälischen Schwerindustriellen wird unternommen vor dem Hintergrund der deutschen Gesellschaft in der Untersuchungsperiode. Dabei sind wir bezüglich der Charakterisierung der gesellschaftlichen Entwicklung aus theoretischen wie empirischen Gründen[40] auf eine bloß kursorische Darstellung der Verhältnisse verwiesen. Die gesamtgesellschaftliche Entwicklung läßt sich mit kurzen Worten wie folgt umreißen[41].

Um die Mitte des 19. Jahrhunderts hatte weiterhin der Adel – neben der staatlichen Bürokratie – die dominierende gesellschaftliche Stellung inne. Zwar hatte sich als Folge der Rechtsveränderungen seit 1807 die Machtbasis von der politischen Herrschaftsposition aufgrund des adeligen Erbstandes auf das umfangreiche Bodeneigentum verschoben, das wiederum in steigendem Maße auch für wohlhabende Bürger zugänglich wurde[42], seine gesellschaftliche Bedeutung blieb davon unbetroffen. „So genoß der Adel nach wie vor einen erheblichen Geltungsvorrang, obwohl er seine alten Privilegien rechtlich fast völlig verloren hatte.“[43] Das städtische Bürgertum und die sich langsam formierende Arbeiterschaft blieben vor 1850 für die gesellschaftliche Entwicklung von untergeordneter Bedeutung[44]. Erst nach 1850 entwickelten sich Bürgertum und Arbeiterschaft zu den dynamischen Klassen, die die gesellschaftliche Entwicklung in wachsendem Maße mitbestimmten. Diese hatten sich auseinanderzusetzen mit den bislang dominierenden Gruppen der meist adeligen Großagrarier, die sich jedoch erfolgreich zu Wehr setzen konnten, bzw. im spannungsreichen Bündnis mit Teilen des Wirtschaftsbürgertums ihren gesellschaftlich-politischen Einfluß zu konservieren verstanden.

Aber auch innerhalb des Bürgertums blieben Spannungen und Gegensätze bestehen, die sich vor allem an den beiden unterschiedlichen Legitimationsgründen bürgerlicher Existenz entwickelten: Bildung und Besitz. „Besitzbürger und Bildungsbürger waren niemals und auch nicht zwischen 1870 und 1914 identisch ...“[45] Vielmehr blieb det „äußerst heterogene Charakter des Bürgertums“ im ganzen 19. Jahrhundert erhalten. Diese Heterogenität wirkte sich auch auf das Verhältnis des Bürgertums zu Staat und Gesellschaft aus.

Für die gesellschaftliche Bedeutung des Bürgertums hatte vor allem der „Widerspruch von Anspruch und Realität der bürgerlichen Gesellschaft“[46] einiges Gewicht. Ihr Idealtyp orientierte sich an bestimmten Verhaltensweisen und kulturellen Mustern, die weitgehend durch individuelles Leistungsstreben und Unternehmungsgeist einerseits sowie andererseits durch eine spezifische Vorstellung von „Kultur“ und „Geist“ geprägt waren. Die Realität der Gesellschaft des Kaiserreiches wurde jedoch viel eher durch einen „Mangel an Bürgerlichkeit“ und das Vorherrschen feudaler Muster geprägt[47]. Das wachsende ökonomische Gewicht bürgerlicher Gruppen im Zuge der kapitalistischen Industrialisierung führte nicht automatisch zur bürgerlichen Prägung von sozialem Leben und Staat. Vielmehr blieben die Bemühungen „um gesellschaftlichen Aufstieg und soziale Emanzipation" begrenzt[48], sie endeten im Kaiserreich auf halbem Wege mit der „Unterwerfung unter das politische System der autoritären Monarchie"[49]. An der Spitze der sozialen Pyramide fand ein widersprüchlicher Prozeß statt, der als „Feudalisierung des Großbürgertums" bezeichnet worden ist, verdeutlicht in den verbreiteten Nobilitierungen und dem Gutsherrenstil mancher Großindustrieller[50].

Diese gesellschaftlichen Prozesse hatten ihre Entsprechung im politischen Bereich. Dort entwickelte sich eine Machtprobe zwischen dem sich neu formierenden bürgerlichen Parlamentarismus und dem autoritären preußischen Militärstaat, die im preußischen „Verfassungskonflikt" der 60er Jahre zugunsten des letzteren entschieden wurde[51], mit der Folge der politischen Schwächung bürgerlich-parlamentarischer Prinzipien bis 1918[52]. Militär und Bürokratie kooperierten mit den viel von ihrer Macht rettenden adeligen Gruppen und schufen so ein „konservatives Führungskartell"[53], das bald noch ergänzt wurde durch die mächtige Fraktion der Großindustriellen, deren Interessen sich jedoch von anderen Gruppen gewerblichen Wirtschaft deutlich abhoben[54].

Die sich seit den 60er Jahren selbständig formierende Fabrikarbeiterschaft trat in wachsenden Gegensatz zu jenen adelig-bürgerlich-militärischen Führungsgruppen, bestärkte deren Kooperation und fand sich durch diese ins Abseits gedrängt. Die Spannungen und Konflikte einer kapitalistisch-bürgerlichen Klassengesellschaft prägten in zunehmendem Maße die Wirklichkeit des Kaiserreiches und wurden durch die vorbürgerlichen Elemente dieses System verschärft und spezifisch eingefärbt[55]. Immer mehr trat für die große Mehrheit der Unternehmer der Gegensatz zu Adel und Großgrundbesitz in den Hintergrund und wurde von dem hervortretenden Gegensatz zur sich organisierenden Arbeiterschaft überdeckt. Diesem sozialen Kollektiv wollen wir uns nun am Beispiel der westfälischen Schwerindustriellen näher zuwenden.

2.2.1. Regionale Herkunft

Eine der häufigsten Formen der Mobilität ist die regionale Mobilität oder Wanderung. In den Sozialwissenschaften versteht man unter Wanderung genauer den permanenten Wechsel des Wohnsitzes, verbunden mit einer Veränderung des physischen und sozialen Raumes[56]. Solche Wanderungsbewegungen treten in der Geschichte immer wieder auf und sind zumeist verbunden mit einem fundamentalen Wandel der ökonomischen Struktur. Für den Prozeß der Industrialisierung läßt sich deshalb auch eine umfangreiche Wanderungsbewegung feststellen, wobei üblicherweise zwischen Binnenwanderung, unterteilt in Nah- und Fernwanderung, und Auswanderung unterschieden wird[57].

In Deutschland läßt sich schon vor 1850 eine umfangreiche Auswanderung feststellen, vor allem aus Süddeutschland und vorwiegend nach Amerika[58]. Erst nach der Jahrhundertmitte wurden auch die nördlichen und westlichen Regionen Deutschlands in starkem Maße davon betroffen. Im Inneren überwog zunächst die Nahwanderung aus dem Umland in die wachsenden Städte. Seit den 70/80er Jahren gewann die Fernwanderung an Bedeutung, vor allem aus den ländlichen preußischen Ostprovinzen in die mittel- und westdeutschen Industriegebiete[59]. Insgesamt läßt sich im Industrialisierungsprozeß eine erhöhte regionale Mobilität der Bevölkerung beobachten.

Für die westfälischen Schwerindustriellen läßt sich anhand der Geburtsorte deren regionale Herkunft bestimmen und damit ein Maß für den Umfang ihrer regionalen Mobilität.

Tabelle 9: Die regionale Herkunft der westfälischen Schwerindustriellen

	Gründer	Aufsichtsräte	Leiter	insgesamt
Ruhrgebiet	11	10	33	54
westfälisch[a]	(8)	(5)	(27)	(40)
rheinisch[b]	(3)	(5)	(6)	(14)
restl. Provinzen Rheinland und Westfalen	6	16	47	69
Rheinland	(1)	(11)	(19)	(31)
Westfalen	(5)	(5)	(28)	(38)
restliches Deutschland	5	8	52	65
Norddeutschl.[c]	(1)	(1)	(3)	(5)
Süddeutschl.[d]	(1)	(1)	(21)	(23)
Mitteldeutschl.[e]	(2)	(1)	(14)	(17)
Ostdeutschl.[f]	(1)	(5)	(14)	(20)
Ausland	5	1	8	14
insgesamt	27	35	140	202
keine Informationen	12	11	23	46
N	39	46	163	248

[a] Kreise Bochum, Dortmund und Hamm in den Grenzen von 1843.
[b] Kreis Essen, Mülheim, Duisburg und Oberhausen.
[c] Hannover, Hansestädte, Holstein, Mecklenburg.
[d] Württemberg, Bayern, Baden.
[e] Provinz Sachsen, Königreich Sachsen, Thüringen, Hessen-Nassau, Brandenburg, Pommern.
[f] Ostpreußen, Schlesien, Posen, Westpreußen.

Aus der Tabelle geht hervor, daß auch die westfälischen Schwerindustriellen dem allgemeinen Muster der regionalen Mobilität folgten[60]. Nur 54 (27 %) derjenigen Unternehmer, die später in der Untersuchungsregion tätig waren, sind auch dort geboren worden. Der Rest stammt jeweils etwa zur Hälfte aus der näheren Umgebung oder aus weiter entfernten deutschen Regionen; knapp 7 % sogar aus dem Ausland. Dieses Ergebnis steht auch in Übereinstimmung mit den Untersuchungen über die andere große Personengruppe, die am Aufbau der Ruhrindustrie beteiligt war. Für die Arbeiterschaft des Ruhrgebiets läßt sich ein eher noch höheres Maß an regionaler Mobilität nachweisen[61]. Aber auch andere Untersuchungen über Unternehmer weisen auf einen großen Umfang regionaler Mobilität innerhalb dieser Gruppe hin. Die folgende Tabelle stellt einige dieser Ergebnisse gegenüber.

Tabelle 10: Die regionale Herkunft der Unternehmer nach verschiedenen Untersuchungen (in %)

	Berliner Unternehmer 1835–1870[a]	Britische Stahlindustrielle 1865–1895[b]	Westfälische Schwerindustrielle 1850–1913[c]
direkt aus der Gegend	40	59	27
nähere Umgebung	13		34
weitere Umgebung	45	37	32
Ausland	2	4	7
insgesamt	100	100	100
N	157	249	202

[a] *H. Kaelble,* Berliner Unternehmer, S. 20, Tabelle 1.
[b] Errechnet aus Tabellen 8 und 9 auf S. 26 bei: *Ch. Erickson,* British Industrialists.
[c] Prozentzahlen der Tabelle 9 auf S. 40.

Für alle Untersuchungen bestätigt sich, wenn auch in unterschiedlichem Maße, eine relativ umfassende regionale Mobilität innerhalb der Unternehmerschaft[62]. Die Abweichungen mögen z. T. auf regionalen, branchenspezifischen und zeitlichen Besonderheiten beruhen, z. T. aber auch durch die unterschiedlichen Erhebungs- und Klassifizierungsverfahren der deshalb nur bedingt vergleichbaren Untersuchungen erklärt werden[63]. Eindeutig bleibt eines: Die untersuchten Unternehmergruppen rekrutierten sich jeweils sehr stark aus anderen Regionen. Dieses Ergebnis wird auch durch verschiedene Äußerungen in der Literatur bestätigt[64].

Für die Ursachen von regionaler Mobilität und Immobilität sind wir weitgehend auf Vermutungen angewiesen[65]. Ganz sicherlich aber ist die Hauptursache in den besseren ökonomischen Chancen der Zuzugsregion zu sehen, wie ja „freiwillige Wanderungen in der modernen Gesellschaft zumeist aus zivilisatorisch rückständigen in zivilisatorisch fortgeschrittene Gebiete“[66] erfolgen. Der stattliche Anteil der westfälischen Schwerindustriellen, die direkt aus der Gegend stammten (27 %) oder aus der näheren Umgebung zugewandert waren (34 %), erklärt sich aus dem engen Zusammenhang zwischen Unternehmerkarriere und Eigentum. Zumindest in der frühen Zeit und für Bergwerksunternehmen spielten Grund- und Bodenbesitz sowie Ortskenntnisse eine große Rolle bei der Abschätzung der Profitabilität einer Zechengründung. So werden bei den Zechengründungen vor 1850 häufig Gutsbesitzer u. ä. als Mitgewerke aufgeführt[67]. Die besondere Bedeutung des Eigentums galt aber auch für die Unternehmen der Eisenindustrie, die ja meist als kleine private Einzelunternehmen gegründet wurden. Auf die besondere Bedeutung des Eigentums weist auch die Tatsache hin, daß verhältnismäßig mehr Gründer (63 %) und Aufsichtsräte (74 %), die eher als Vertreter von Eigentümerinteressen zu gelten haben, als Leiter (57 %) aus Rheinland und Westfalen stammten. Aber auch für die Leiter war eine gewisse Vertrautheit mit den praktischen Belangen vor allem des Bergbaus unerläßlich; deren Rekrutierung aus der näheren Umgebung könnte sich aus dieser sachlichen Notwendigkeit erklären. Solche praktisch-technischen Kenntnisse ließen sich aber auch an anderen Orten Deutschlands sammeln, was dadurch bestätigt zu werden scheint, daß es sich bei 80 % aller aus dem restlichen Deutschland stammenden Unternehmer um Leiter handelte.

Landflucht als Ursache dieser Wanderungsbewegung entfällt, sicherlich, denn die Mehrzahl der Nahwanderer kam aus Städten, wie Tabelle 11 zeigt[68].

Tabelle 11: Regionale Herkunft der westfälischen Schwerindustriellen nach Stadt / Land

	Geburtsort im Ruhrgebiet		Geburtsort im restlichen Rheinland und Westfalen	
	aus Stadt	aus Landgemeinde	aus Stadt	aus Landgemeinde
Gründer	7	4	2	4
Aufsichtsräte	8	2	12	4
Leiter	21	12	25	22
insgesamt	36	18	39	30

Diese starke Zuwanderung in ökonomisch expandierende Regionen vor allem aus Städten läßt sich auch andernorts beobachten[69] und erklärt sich aus der Tatsache, daß Stadtbürger nicht durch agrarischen Bodenbesitz gebunden waren und die städtische Umwelt nicht nur einen insgesamt mobileren Lebensstil hervorbrachte, sondern auch den Erwerb einschlägiger Kenntnisse erleichterte[70].

2.2.2. Soziale Herkunft

Die soziale Herkunft einer Personengruppe zu bestimmen, ist ein schwieriges Unterfangen. Selten nur sind genügend Merkmale festzustellen, um sie etwa im Sinne eines präzisen Schichtungsmodells zu verorten. Viel weniger noch gibt es Angaben über eine mögliche Selbsteinschätzung der Betroffenen innerhalb der vertikalen Sozialstruktur[71]. Deshalb bleibt meist nichts anderes übrig, als auf den Beruf des Vaters als Indikator der sozialen Herkunftsschicht zu blicken. Dabei bleibt zu berücksichtigen, daß eine allgemeine Berufsbezeichnung nur ein unvollkommener Indikator zur Messung des sozialen Status der Herkunftsfamilie ist, weil dieser ebenso durch eine Reihe weiterer Faktoren bestimmt wird (Vermögen, Dauer der Ortsansässigkeit etc.), zudem Berufsgruppen in sich ausgesprochen differenziert sein können und die Berufsbezeichnung einen Sachverhalt mit sich wandelndem Inhalt bezeichnet[72]. Trotzdem glauben wir aber, daß eine aufgeschlüsselte Darstellung der Väterberufe der untersuchten Personen einen hinreichenden Eindruck über deren soziale Herkunft vermittelt. Für die westfälischen Schwerindustriellen ergibt sich ein Herkunftsmuster, das in Tab. 12 dargestellt wird.

Die in älteren ökonomischen Lehrbüchern und anderen Werken häufig geäußerte Vermutung, daß die Unternehmer des 19. Jahrhunderts zu einem erheblichen Teil aus niedrigeren sozialen Schichten stammten, wird auch für die westfälischen Schwerindustriellen gründlich widerlegt. Wenn wir auch noch nicht über eine umfassende Beschreibung der beruflich-sozialen Schichtung der deutschen Gesellschaft im 19. Jahrhundert zu Vergleichszwecken verfügen, so kann für die Tabelle 12 doch mit Sicherheit gesagt werden, daß die dort auftretenden Häufigkeiten nicht typisch für die Gesamtgesellschaft sind[73]. Die Unterschichten sind dort als Herkunftsschicht der Unternehmer überhaupt nicht vertreten und auch Berufsbezeichnungen, die man dem Mittelstand[74] zuordnet, erscheinen nur selten. Es dominieren vor allem Väterberufe, die bereits einen unternehmerischen Hintergrund vermuten lassen. Die traditionellen Berufe, die eine gewisse Identität der Interessen mit den herrschenden Eliten vermuten lassen, sind ebenfalls sehr stark vertreten. Auch die Gruppe von Unternehmern aus einem eher technisch geprägten Milieu ist relativ klein. Insgesamt entstammen die westfälischen Schwerindustriellen dem gehobenen Bürgertum, vor allem dem mit einer ökonomischen Orientierung, d. h. die Aufstiegsmobilität ist gering und die Rekrutierung erfolgt im wesentlichen aus der eigenen sozialen Schicht.

Dieser enge Bereich der sozialen Herkunft der ökonomischen Führungsgruppe in der Industrialisierung wird auch von einer Reihe anderer Einzeluntersuchungen bestätigt. So sehen viele Autoren die soziale Basis der Unternehmerschaft vor allem im Bereich des Handels und des Gewerbes. Das gilt vor allem für die Arbeiten von Philipps, Sachtler und Visser[75]. Auch die umfassenderen empirischen Arbeiten weisen immer wieder auf diesen Sachverhalt hin. So versucht Wilhelm Stahl die soziale Herkunft der Unternehmer

Tabelle 12: Soziale Herkunft der westfälischen Schwerindustriellen (Vaterberuf)

	Gründer	Aufsichtsräte	Leiter	insgesamt
unternehmerische Berufe	14	26	53	93
Kaufmann/Händler	7	3	8	18
Fabrikant	3	5	10	18
Industrieller	3	5	14	22
Gewrke	–	4	1	5
Bankier	1	6	–	7
Direktor	–	1	15	16
Sonstige[a]	–	2	5	7
traditionelle Berufe	3	8	36	47
Gutsherr	1	7	4	12
Offizier	–	–	2	2
Beamter	2	–	26	28
Bergbeamter	–	1	4	5
technische Berufe	2	1	7	10
Ingenieur/Mechaniker	–	–	4	4
Handwerker	2	1	3	6
Landwirt/Gastwirt	6	1	3	10
akademische Berufe[b]	1	1	10	12
sonstige Berufe[c]	–	–	3	3
insgesamt	26	37	112	175
keine Information	13	9	51	73
N	39	46	163	248

[a] Bauunternehmer, Reeder, Betriebsführer.
[b] Pfarrer, Arzt, Rechtsanwalt, Notar, Apotheker, Pastor, Architekt.
[c] Rendant, Dichter, Steiger.

des deutschsprachigen Raumes im 18. und 19. Jahrhundert anhand eines Schichtungsmodells zu verdeutlichen. Er zeigt, daß für Eigentümer-Unternehmer wie Angestellten-Unternehmer sowohl in der 1. Generation (Vaterberuf) als auch in der 2. Generation (Beruf des Großvaters) eine überwiegend höhere soziale Herkunft festzustellen ist[76]. Auch für den Berliner Raum weist Kaelble eine überwiegende soziale Herkunft aus den Gruppen von Bankiers, Kaufleuten und Industriellen nach[77]. Allerdings ist sehr fraglich, ob sich damit Deutschland von anderen vergleichbaren Gesellschaften wie England und Frankreich merklich unterschied. Auch kann hier nicht der

Frage nachgegangen werden, wie häufig Aufstiege in mehreren kleinen Schritten über zwei oder drei Generationen hinweg stattfanden[78], und wie häufig Aufstiegs- und Abstiegsprozesse innerhalb der Arbeiterschaft oder innerhalb des Bürgertums abliefen, also innerhalb der in sich ja äußerst differenzierten Gruppierungen, die von Studien über vertikale Mobilität meist als Einheiten aufgefaßt werden[79].

Neben dem Vergleich von Vaterberuf und Sohnberuf zur Abschätzung des Maßes der intergenerationellen (sozialen) Mobilität ist der Vergleich zwischen dem Beruf des (heiratenden) Mannes und dem des Schwiegervaters geeignet, Einsichten in andere Dimensionen sozialer Aufstiegs- und Abstiegsprozesse und in das Maß der Abschottung der sozialen Klassen und Schichten gegeneinander zu vermitteln. Dabei wird deutlich zwischen der Einheirat eines Mannes in eine ökonomisch besser gestellte Gruppe und seine Einheirat in eine der sozialen Wertschätzung, dem sozialen Status nach höhere Schicht, unterschieden werden müssen. Gerade unter den vorher zitierten preußischen Verhältnissen, in denen ökonomische Macht und Reichtum einerseits, Status und politische Macht andererseits so wenig kongruent waren, wird man erwarten dürfen, daß „nach oben" heiratende Unternehmer gern Töchter aus traditionell hochbewerteten, aber nicht unbedingt ökonomisch ausgezeichneten Berufsgruppen freiten[80].

Für unsere Untersuchungsgruppe ergibt sich folgendes Bild:

Tabelle 13: Die Berufe der Schwiegerväter der westfälischen Schwerindustriellen[81]

	Gründer	Aufsichtsräte	Leiter	insgesamt
unternehmerische Berufe	8	8	12	28
traditionelle Berufe	4	4	7	15
technische Berufe	3	–	–	3
Ernährung/ Landwirtschaft	3	–	2	5
akademische Berufe	–	–	4	4
sonstige Berufe	–	–	1	1
insgesamt	18	12	26	56

Die Berufsstruktur der Schwiegerväter der westfälischen Schwerindustriellen deckt sich jedoch weitgehend mit der ihrer Väter. Es überwiegt das Heiraten *innerhalb* unternehmerisch-wirtschaftsbürgerlicher Kreise. Die Vermutung einer verstärkten Einheirat von Unternehmern in traditionelle

Eliteberufe für die westfälischen Schwerindustriellen bestätigt sich nicht. Vielmehr zeigen sich starke Tendenzen zur schichtungsspezifischen Endogamie. Als Gründe dafür könnten gelten: 1. die größere Bedeutung des Zugangs zu den ökonomischen Ressourcen – Kapital des Handels und der Banken, Kenntnisse der traditionellen Bergmannsfamilie in dieser Region; 2. eine relative Distanz zwischen der Unternehmerschaft und der traditionellen oberen Mittelschicht und Oberschicht in Preußen allgemein[82].

2.2.3. Berufliche Herkunft

Zur Charakterisierung der Besonderheiten der beruflichen Herkunft wäre es zunächst nötig, die Berufsstruktur der Region in dem Untersuchungszeitraum als Vergleichsgröße darzulegen. Dies ist für eine so kleine Region wie der unseren ein nahezu vergebliches Unterfangen, da entsprechende Statistiken nicht existieren. Eine Zusammenstellung aus regionalen Monographien scheint u. E. ebenfalls nicht möglich, da entsprechende Daten nicht aufzufinden sind. Es gibt allenfalls kurze qualitative Hinweise in diesen Arbeiten für einzelne Städte und Regionen, so etwa, daß neben Bergbau und Eisenindustrie für Dortmund vor 1850 noch eine dritte Industrie, die Brauindustrie, einige Bedeutung hatte und daneben etwas Leineweberei, als Hausindustrie betrieben, existierte[83]. Angaben über die Gewerbestruktur[84] lassen sich noch am ehesten finden oder auch aus der offiziellen Statistik[85] rekonstruieren, eine umfassende Beschreibung der Berufsstruktur unter Berücksichtigung auch der Beschäftigten außerhalb des Gewerbes scheint uns hier unmöglich.

Was nun den Umfang der beruflichen Mobilität anbetrifft, so waren früher die Vorstellungen über einen Aufstieg der Unternehmer während der Industrialisierung aus handwerklich, vorunternehmerischen Tätigkeiten in seine Unternehmerposition ebenso verbreitet wie die über seine weitgefächerte soziale Rekrutierung. Daß es sich bei der neuen Unternehmerschicht um „emporgekommene Handwerksmeister“ handelte, war ein verbreitetes Klischee[86], das mit der Wirklichkeit allerdings nicht übereinstimmte. Vielmehr gilt auch hier, daß der Umfang der individuellen Aufstiegsmobilität begrenzt war und nur solche Personen als Unternehmer in der westfälischen Schwerindustrie aktiv wurden, die zuvor eine verwandte oder zumindest weitgehend sozial gleichrangige Berufstätigkeit ausgeübt hatten. Für die berufliche Herkunft der westfälischen Schwerindustriellen ergibt sich – wie Tabelle 14 zeigt – ein relativ enges Rekrutierungsfeld. In diese Tabelle wurde nur die berufliche Herkunft der Gründer und Aufsichtsräte der Schwerindustrie mit aufgenommen, da Leiter i. d. R. eine spezifische Berufsausbildung für ihre Leistungsaufgaben im Unternehmen durchliefen[87], so daß berufliche Mobilität im Sinne von Berufswechsel bei ihnen nicht feststellbar war.

Aus der Tabelle geht hervor, daß der überwiegende Teil dieser Unternehmer aus ökonomischen Berufen stammte. Dabei sind deutlich zwei Häufun-

Tabelle 14: Ausgangsberufe der westfälischen Schwerindustriellen (Gründer und Aufsichtsräte)

	Gründer		Aufsichtsräte		insgesamt	
unternehmerische Berufe	25		37		62	
Kaufmann/Händler		13		3		16
Fabrikant		2		6		8
Industrieller		2		6		8
Gewerke		2		7		9
Bankier		4		10		14
Direktor		1		5		6
sonstige Unternehmen		1		–		1
traditionelle Berufe	4		9		13	
Bergbeamter		1		3		4
Gutsherr		1		–		1
Beamter		2		6		8
technische Berufe	4		–		4	
akademische Berufe	3		–		3	
insgesamt:	36		46		82	
keine Information	3		0		3	
N	39		46		85	

gen festzustellen: 1. Gründer waren am häufigsten Kaufleute oder Händler, was den Rückschluß zuläßt, daß es sich bei Gründungskapital vielfach um anlagesuchendes Handelskapital handelte[88]. 2. Bei den Aufsichtsräten handelte es sich häufig um Bankiers, wodurch möglicherweise die These von der Kontrolle der Aktiengesellschaften durch die Banken über das Instrument des Aufsichtsrates eine gewisse Bestätigung erfährt, obwohl die Häufigkeit der Besetzung des Aufsichtsrats durch Bankenvertreter noch nichts über den faktischen Einfluß der Banken aussagt[89].

Die Ergebnisse über die westfälischen Schwerindustriellen stehen auch hier wieder in Übereinstimmung mit den Ergebnissen von Untersuchungen mit anderen Unternehmergesamtheiten. Kaelble weist für Berlin ebenfalls eine starke berufliche Herkunft aus dem kaufmännischen Bereich nach, wenn auch dort daneben die aus dem Handwerk kommenden Unternehmer traten[90]. Dieser Unterschied zu unseren Ergebnissen erklärt sich aus dem z. T. kleingewerblichen Tätigkeitsbereich der Berliner Unternehmer und aus der Vernachlässigung der Leiter in unserer Zusammenstellung[91]. Andere Autoren betonen ebenfalls diesen kleingewerblichen beruflichen Hintergrund der Unternehmerschaft[92].

Den adäquaten Hintergrund zur Analyse der Ausbildungswege der westfälischen Schwerindustriellen bildet das preußische Bildungssystem, dessen Struktur, Umfang und Inhalt das Angebot an Bildungs- und Ausbildungsmöglichkeiten für alle preußischen Bürger und damit auch für die untersuchten Personen bestimmte[93]. Bevor also auf die Besonderheiten bei der Ausbildung der Unternehmer eingegangen werden kann, müssen die Grundzüge dieses Bildungssystems in der zweiten Hälfte des 19. Jahrhunderts kurz dargelegt werden[94].

Ein grundsätzliches Problem muß an dieser Stelle noch erwähnt werden. Bei Untersuchungen über Bildungsinvestitionen fällt es häufig schwer, Angebot und Nachfrage zu isolieren[95]. Dies erscheint gänzlich unmöglich, wenn für beide Größen der gleiche Indikator, nämlich Schüler- oder Studentenzahlen, benutzt wird. Diese Gefahr besteht auch bei Untersuchungen über die Ausbildung von Unternehmern, wenn man von vorgefundenen Ausbildungsbeständen auf entsprechende „Anforderungen" der ökonomischen Entwicklung, d.h. von einem gegebenen Angebot auf eine entsprechende Nachfrage rückschließt[96]. In den folgenden Ausführungen soll dieser Fehlschluß dadurch vermieden werden, daß die Nachfrage nach besser ausgebildeten Unternehmern durch eine sorgfältige Analyse betrieblicher Probleme im Kapitel III bestimmt wird, während das Angebot durch Art und Umfang der Ausbildung der untersuchten Unternehmer gegeben ist. Inwieweit Angebot und Nachfrage übereinstimmen, wird im Kapitel IV u.a. zu klären sein.

2.3.1. Das preußische Bildungssystem

Schon ab 1717 galt für Preußen die allgemeine Schulpflicht, die allerdings bis zum Beginn des 19. Jahrhunderts durchaus nicht umfassend war und selbst im 19. Jahrhundert lange noch nur sehr unvollkommen durchgeführt wurde[97].

Die Situation in den Volksschulen war um 1850 noch gekennzeichnet von hohen Klassenfrequenzen[98], kurzen Schulzeiten[99] und geringer Qualität des Schulunterrichts[100]. Die Rolle der Volksschulen im Industrialisierungsprozeß war deshalb auch weniger in der Wissensvermittlung zu suchen, sie vermittelte allenfalls nur Elementarwissen, sondern vielmehr in ihrem Beitrag zur Disziplinierung der Schüler im Hinblick auf die Anforderungen der Industriegesellschaft[101]. Damit dienten sie zugleich der „Perpetuierung der Sozialstruktur und der gesellschaftlichen Machtverhältnisse"[102].

Neben der Volksschule wurden die Sonntagsschulen und Fortbildungsschulen als Ergänzung des Elementarunterrichts ab der Mitte des 19. Jahrhunderts bedeutend[103]. Aus diesem Schultyp entwickelten sich auch die gewerblichen und kaufmännischen Fortbildungsschulen und die Fachschulen, welche neben der Disziplin auch noch die „produktiven Qualifikationen", d. h. Fachwissen, für den industriellen Bedarf vermitteln sollten[104]. Auffällig bleibt hierbei, daß vor allem technisches Wissen vermittelt wurde, während sich zur Vermittlung der kaufmännischen Kenntnisse nur zögernd entsprechende Fortbildungsschulen etablierten und auch der preußische Staat sich dabei sehr zurückhielt[105].

Eine neue Schulform entstand erst im 19. Jahrhundert: die Realschule. Häufig im Gegensatz zu den klassischen Gymnasien konzipiert, sollte sie in erster Linie praktisch verwertbares Wissen vermitteln, was auch in den Lehrplänen ihren Ausdruck fand[106]. Diese Schulform differenzierte sich später (1882) in Realgymnasien und Oberrealschulen mit neun Schuljahren einerseits, deren Absolvierung mit der Reifeprüfung endete, und den Realschulen mit sechs Schuljahren andererseits, die mit dem sogenannten „Einjährigen" abschlossen[107]. Allerdings schied auch eine große Zahl von Schülern der Gymnasien schon nach sechs Schuljahren aus und eröffnete sich damit die Chance zum bevorrechtigten einjährigen Militärdienst als auch zur mittleren Beamtenlaufbahn[108].

Das klassische Gymnasium in Preußen mit seiner starken humanistischen Orientierung änderte sich im 19. Jahrhundert kaum[109]. Dieser Schultyp blieb im wesentlichen der Oberschicht vorbehalten[110], bildete eine Einbahnstraße hin zur Universität, und sein Lehrplan blieb von dem tiefgreifenden wirtschaftlichen und sozialen Wandel des 19. Jahrhunderts vergleichsweise unberührt. Die quantitative Verteilung der Schüler auf die Schultypen des höheren Schulsystems zeigt Tabelle 15.

Tabelle 15: Schüler pro 10 000 Einwohner in Preußen nach Schultypen 1860, 1880, 1900

	1860	1880	1900
Gymnasien	21	27	16
Realgymnasium und Oberrealschulen	6	10,6	10
Realschulen	3	2	9

Quelle: H. v. Laer, Industrialisierung, S. 305, Tabelle 39.

Eine deutliche, sich im Zeitverlauf jedoch abschwächende Dominanz des Gymnasiums ist unübersehbar.

Eine ähnliche Orientierung am klassischen Bildungsideal läßt sich – wie für die Gymnasien – auch für die Universitäten nachweisen. Auch dies, verbunden mit sinkenden Studentenzahlen vor 1860, läßt die Vermutung auf ihre relative Unbedeutsamkeit für die Industrialisierung gerechtfertigt erscheinen[111]. Jedoch sollte nicht unerwähnt bleiben, daß einige wenige Universitätsstudiengänge (Chemie, Physik) auch für die Industrialisierung einen positiven Beitrag geleistet haben[112]. Die soziale Herkunft der Universitätsstudenten ist ebenfalls eindeutig. Sie stammten – außer in den katholisch theologischen Fakultäten – überwiegend aus dem akademisch gebildeten Bürger- und Beamtentum und zeigten im Vergleich zur Bevölkerungszahl eine hohe Überrepräsentation der privilegierten Schichten[113]. Unter 1000 Studenten hatte sich noch 1890 höchstens ein Arbeitersohn verirrt[114].

Ganz anders die Technischen Hochschulen, die, entstanden aus den Gewerbeschulen, trotz der steigenden Verwissenschaftlichung immer die Verbindung mit der beruflichen Praxis wahrten[115]. „Die Technischen Hochschulen waren die Hochschulen des gewerbetreibenden oberen Bürgertums, der oberen Mittelschicht, und zwar sowohl bei den Lehrenden als auch bei den Lernenden"[116]. Sie spielten für die Industrialisierung Preußens eine bedeutende Rolle[117]. Der Arbeitersohn blieb jedoch auch dort Exote.

Die quantitative Dimension des Hochschulsystems wird in den Studentenzahlen der folgenden Tabelle deutlich.

Tabelle 16: Studenten pro 10 000 Einwohner in Preußen nach Hochschultypen 1860, 1880, 1900

	1860	1880	1900
Universität	2,9	4,0	4,9
Technische Hochschulen	–	0,6	1,9

Quelle: H. v. Laer, Industrialisierung, S. 328, Tabelle 43.

Bemerkenswert ist eine starke Zunahme der Studenten an den Technischen Hochschulen bis zur Jahrhundertwende[118] und eine nicht ganz so große Zunahme der Universitätsstudenten.

2.3.2. Die Vorbildung der westfälischen Schwerindustriellen

Die vorausgehenden allgemeinen Ausführungen zu dem preußischen Schul- und Hochschulsystem geben einen Überblick über das Angebot der Bildungsmöglichkeiten, das den westfälischen Schwerindustriellen zur Verfügung stand. Es wäre nun zu fragen, ob dieses Angebot von ihnen in spezifischer Weise in Anspruch genommen wurde, und ob sich diese Inanspruchnahme im Zeitverlauf veränderte.

2.3.2.1. *Schulbildung*

Insgesamt läßt sich für die schulische Bildung der westfälischen Schwerindustriellen feststellen, daß sie überdurchschnittlich hoch war[119]. 141 Personen hatten Abitur, das sind 72 % der Personen, über die Informationen bezüglich ihres Schulabschlusses zu mobilisieren waren. Diese hohe Abiturientenquote muß gesehen werden vor dem Hintergrund, daß in der Gesamtbevölkerung 1880 nur etwa 0,4 %[120] überhaupt ein Gymnasium oder eine Oberschule besuchten[121] und diese Schüler bei weitem nicht alle die Reifeprüfung ablegten. Der Anteil derjenigen, die diese Schulen vorzeitig verließen, lag sicherlich über 50 %[122], so daß für die Gesamtbevölkerung bestenfalls eine Abiturientenquote von 0,2 % zu errechnen wäre.

Tabelle 17: Schulabschlüsse der westfälischen Schwerindustriellen nach Betriebspositionen[a]

	Gründer		Aufsichtsräte		Leiter		insgesamt	
gehobene Schulbildung ohne Reifeprüfung	–		5		17		22	
Progymnasium		–		–		1		1
Realschule		–		1		9		10
höhere Bürgerschule		–		2		2		4
Rektoratsschule		–		1		3		4
Gymnasium ohne Abschluß		–		1		2		3
mit Reifeprüfung	9		28		104		141	
Gymnasium		2		10		52		64
Realgymnasium		–		5		18		23
Oberrealschule		–		1		3		4
nicht einordbar		7		12		31		50
gewerbliche Schulbildung	3		2		27		32	
Technikum u. ä.[b]		–		–		8		8
Gewerbeschule		3		2		18		23
Webschule		–		–		1		1
Handelsschule	–		2		2		4	
insgesamt	12		37		150		199	
keine Information	27		9		13		49	
N	39		46		163		248	

[a] Unternehmer allein mit Volksschulabschluß lassen sich nur im Umfang der Differenz zwischen der Gesamtzahl der untersuchten Personen (N) und den insgesamt ermittelten Überschüssen vermuten, also maximal 49.

[b] Maschinenbauschule, Bergschule, Hüttenschule.

Diese Beobachtungen einer hohen formalen Bildung der westfälischen Schwerindustriellen wird auch durch andere Untersuchungen deutscher Unternehmer bestätigt[123]. Beau konstatiert für die Periode 1850–1870 bei ca. 81 % der von ihm erfaßten Unternehmer eine gehobene Schulbildung[124]. Auch Stahl stellt für das 19. Jahrhundert im deutschen Sprachraum bei den Eigentümer-Unternehmern eine Abiturientenquote von über 25 % fest[125]. Bei den Angestellten-Unternehmern liegt diese noch erheblich höher[126]. Für die Schwerindustriellen verteilen sich die Schulabschlüsse auf die einzelnen Schulformen wie aus Tabelle 17 zu entnehmen.

Das klassische Gymnasium bildete immer noch den zentralen Punkt im Bildungssystem auch der gewerblichen Schichten: 70 % aller identifizierbaren Reifeprüfungen wurden dort abgelegt. Realgymnasium und Oberrealschulen bildeten nur eine Ergänzung dazu. Dabei bleibt natürlich zu berücksichtigen, daß die meisten Schulabschlüsse schon aus der Zeit vor den 80er Jahren des 19. Jahrhunderts datieren und damit den Ausbau des „realen" Bil-

Tabelle 18: Schulabschlüsse der westfälischen Schwerindustriellen nach Perioden

	Periode 1 1852–1872		Periode 2 1873–1892		Periode 3 1893–1913		insgesamt	
gehobene Schulbildung ohne Reifeprüfung	8		11		12		31	
Progymnasium		1		–		–		1
Realschule		–		5		6		11
höhere Bürgerschule		2		3		2		17
Rektoratsschule		1		1		2		4
Gymnasium ohne Abschluß		4		2		2		8
höhere Schulbildung mit Reifeprüfung	17		45		97		159	
Gymnasium		11		24		40		75
Realgymnasium		–		2		21		23
Oberrealschule		–		2		3		5
nicht einordbar		6		17		33		56
gewerbliche Schulbildung	4		11		20		35	
Technikum u. ä.		–		1		7		8
Gewerbeschule		4		9		12		25
Webschule		–		1		1		2
Handelsschule	–		2		2		4	
insgesamt	29		69		131		229	
keine Information	32		19		12		63	
N	61		88		143		292	

dungssystems noch nicht widerspiegeln. Andererseits weist dies darauf hin, daß dieser Ausbau insgesamt erst spät für die Industrie wirksam wurde. Tabelle 18 zeigt das hier für die Schwerindustrie.

Das gilt für die anderen Branchen wahrscheinlich ebenso, denn die Absolventen dieser Schultypen brauchten nach dem Schulabschluß ja noch einige Zeit, um in Unternehmerpositionen vorzurücken. Es scheint also, daß die Etablierung des industriellen Systems in Deutschland bis 1913 weitgehend mit einem Führungspersonal durchgeführt wurde, das noch deutlich durch das klassische Sekundarschulsystem geprägt wurde. Die bildungspolitischen Innovationen im Sekundarschulbereich gegen Ende des 19. Jahrhunderts wurden größtenteils erst nach 1913 wirksam. Diese Vermutung wird bestätigt durch die Tabelle 18, die auch im Zeitverlauf einen relativ konstanten Anteil von Gymnasiasten zeigt.

Insgesamt zeigt sich eine allgemeine Verbesserung der Schulausbildung der westfälischen Schwerindustriellen auf allen Ebenen des Bildungssystems. Das ist auch nicht verwunderlich, wenn man bedenkt, daß das gesamte Bildungssystem in diesen Jahren stark expandierte und einige Schultypen neu entstanden[127]. Wichtig bleibt festzustellen, daß sowohl die höhere als auch die gewerbliche Schulbildung mit annähernd gleichen Raten expandierte: von Periode 1 auf Periode 2 verdoppelte sich die entsprechende Schulbildung bei den Schwerindustriellen und von Periode 2 auf Periode 3 nochmals.

Das gewerbliche Schulsystem spielte also bereits eine gewisse Rolle und expandierte sogar[128]. Diese Expansion war jedoch nicht überdurchschnittlich groß, so daß die Dominanz der klassischen Bildungswege bei den westfälischen Schwerindustriellen insgesamt noch nicht bedroht war. Für die einzelnen Branchen der Schwerindustrie zeigt sich ein differenziertes Bild.

Hier wird deutlich, daß die Bergbauindustriellen vorwiegend im gymnasialen Bereich des Bildungssystems ihre Ausbildung erhielten, während die Industriellen der Eisenindustrie sehr häufig von Gewerbeschulen stammten. Dieser Schultyp hatte schon vor dem Ausbau des „realen" Schulsystems nach 1880 eine lange Tradition[129] und stand weiten Kreisen der Bevölkerung offen. Die Absolventen der Gewerbeschulen stammten häufig aus Handwerkerfamilien und verfügten nur über Elementarschulbildung[130]. Sie verblieben darüber hinaus zumeist auch in mittleren betrieblichen Positionen[131], so daß der hohe Anteil der Absolventen von Gewerbeschulen in der Eisenindustrie auf eine für die Schwerindustrie überdurchschnittliche Mobilität, sowohl beruflicher als auch sozialer Art, schließen läßt. Diese Besonderheiten bestätigen sich auch im weiteren Verlauf der Ausbildungs- und Karrieremuster der westfälischen Schwerindustriellen; jedoch dazu weiter unten ausführlicher. Für das Führungspersonal der gemischten Werke läßt sich eine starke Ähnlichkeit mit den Bergbauunternehmern feststellen.

Tabelle 19: Schulabschlüsse der westfälischen Schwerindustriellen nach Branchen

	Bergbau	Eisen-industrie	gemischte Werke	insgesamt
gehobene Schulbildung ohne Reifeprüfung	6	5	11	22
Progymnasium	–	1	–	1
Realschule	3	4	3	10
höhere Bürgerschule	2	–	2	4
Rektoratsschule	1	–	3	4
Gymnasium ohne Abschluß	–	–	3	3
höhere Schulbildung mit Reifeprüfung	75	21	45	141
Gymnasium	35	9	20	64
Realgymnasium	11	5	7	23
Oberrealschule	1	–	3	4
nicht einordbar	28	7	15	50
gewerbliche Schulbildung	7	16	9	32
Technikum	3	1	4	8
Gewerbeschule	3	15	5	23
Webschule	1	–	–	1
Handelsschule	1	1	2	4
insgesamt	89	43	67	199
keine Information	18	25	6	49
N	107	68	73	248

2.3.2.2. *Praktische Weiterbildung*

Für eine erfolgreiche Berufskarriere war nicht so sehr eine entsprechende allgemeine Schulausbildung, sondern vielmehr eine spezifische Weiterbildung im Hinblick auf die erforderliche Berufsqualifikation wichtig. Dies um so mehr, als die Inhalte der Schulausbildung nur in einer sehr indirekten Beziehung zur beruflichen Praxis standen. Dies galt auch für Absolventen von Gewerbeschulen und anderen gewerblichen Schultypen[132]. Grundsätzlich standen den Absolventen der Schulen zwei Wege offen, beruflich verwertbare Kenntnisse und Fähigkeiten zu erwerben: in einer praktisch orientierten Lehre oder einem Praktikum oder in einem fachspezifischen Hochschulstudium. Ergänzt wurde die praktische Ausbildung manchmal durch einen Auslandsaufenthalt[133]. Diese Ergänzung der praktischen Weiterbildung wurde auch von den westfälischen Schwerindustriellen wahrgenommen. Insgesamt unternahmen 27 Personen eine Ausbildungsreise ins Ausland oder waren dort beruflich tätig[134].

Die Personen mit Auslandserfahrung verteilen sich wie folgt:

Tabelle 20: Auslandserfahrungen der westfälischen Schwerindustriellen nach Betriebspositionen

Art der Auslandserfahrung	Gründer	Aufsichtsräte	Leiter
Studienreise	–	3	5
Auslandstätigkeit	2	3	14
praktische Weiterbildung im Ausland insgesamt	2	6	19
dazu kommen:			
Auslandsstudium	2	3	8
Ausländer	5	1	8
Auslandserfahrung insgesamt	9	10	35
N	39	46	163

Fast jeder vierte westfälische Schwerindustrielle verfügte demnach über persönliche Auslandserfahrungen[135]. Allerdings waren dabei ausgesprochene Studienreisen relativ selten. Vielmehr stand die praktische Arbeit im Ausland im Vordergrund. Bei den Gründern fällt der hohe Anteil der Ausländer auf, der auf einen besonders starken ausländischen Einfluß in der Gründungsphase der Schwerindustrie hinweist[136].

Die Mehrzahl der westfälischen Schwerindustriellen jedoch beschränkte sich auf die beiden oben genannten Formen der praktischen Weiterbildung: Lehre oder Praktikum. Dabei zeigt sich folgendes Bild:

Der Schwerpunkt der Weiterbildung lag danach ganz eindeutig nicht im handwerklichen, sondern im kaufmännischen und technischen Bereich. Es erfolgte eine gezielte Vorbereitung auf die vermuteten erforderlichen Kenntnisse und Fertigkeiten in den Unternehmerpositionen. Unterstützt wurde diese spezifische Vorbereitung durch die große Bedeutung der staatlichen Bergbauausbildung; daher die große Zahl der Bergbaubeflissenen. Handwerker u.ä. wechselten praktisch gar nicht in diese Führungspositionen. Die technische Weiterbildung dominierte die kaufmännische. Diese hervorragende Bedeutung einer technischen praktischen Weiterbildung bestätigt sich für den gesamten Untersuchungszeitraum.

Deutlich wird die enorme Expansion der technischen Weiterbildung und dabei eine zunehmende Bedeutung der Bergbaubeflissenen innerhalb dieses Zweiges der Weiterbildung. Tabelle 21 zeigt, daß insgesamt 50 Personen diese Vorstufe der staatlichen Bergreferendarausbildung durchlaufen hatten;

Tabelle 21: Praktische Weiterbildung der westfälischen Schwerindustriellen nach Betriebspositionen

	Gründer		Aufsichtsräte		Leiter		insgesamt	
kaufmännische Weiterbildung	8		11		13		32	
kaufm. Lehre		8		8		11		27
Banklehre		–		3		2		5
technische Weiterbildung	1		7		88		96	
praktische Bergmannstätigkeit		–		–		11		11
Bergbaubeflissener[a]		–		5		45		50
Hüttenlehre oder Praktikum		1		2		32		35
Handwerkslehre	4		–		7		11	
Metallbranche		2		–		4		6
Baubranche		1		–		3		4
Sonstige		1		–		–		1
Berufsoffizier	–		1		–		1	
insgesamt	13		19		108		140	
keine Information	26		27		55		108	
N	39		46		163		248	

[a] Bergbaubeflissene sind Anwärter für den staatlichen Bergdienst, die ihre erste, praktische Ausbildungsstufe durchlaufen. Vergl. dazu die Ausführungen weiter unten, auf S. 00.

45 davon waren später als Leiter tätig. Die Bedeutung der preußischen Bergbaubeamten, die ihren Dienst quittierten und dann in den Privatdienst traten, ist kaum zu überschätzen. 41 der 50 Personen, die als Bergbaubeflissene diese Ausbildung begannen, waren ja auch im Bergbau tätig. Ihre Bedeutung für den Ruhrbergbau nimmt im Zeitverlauf zu, nicht ab, wie man vielleicht vermuten würde, wenn man unterstellt, daß nach der völligen Privatisierung des Ruhrbergbaus 1865 viele Beamte Unterschlupf in der Privatindustrie suchten. Vielmehr war es die Privatindustrie, die den Staatsdienst mit seiner hervorragenden praktischen und theoretischen Ausbildung als Reservoir zur Rekrutierung ihrer Führungskräfte betrachtete. Diese Ausbildung war in Inhalt und Umfang konkurrenzlos. Als Eingangsvoraussetzung galt die Reifeprüfung[137]. Die Ausbildung selbst gliederte sich in drei Teile: 1. die Erlernung der praktischen Handarbeiten als Bergbaubeflissener von mindestens einjähriger Dauer (§ 7), 2. eine theoretische Ausbildung in Form eines dreijährigen Universitätsstudiums (§ 8) mit abschließender Elevenprüfung (§ 11) und 3. eine weitere technische und geschäftliche Ausbildung von zusammen mindestens drei Jahren (§§ 16 und 17), die mit der umfangreichen schriftli-

Tabelle 22: Praktische Weiterbildung der westfälischen Schwerindustriellen nach Perioden

	Periode 1 1852–1872		Periode 2 1873–1892		Periode 3 1893–1913		insgesamt	
kaufmännische Weiterbildung	11		12		17		40	
kaufm. Lehre		11		11		12		34
Banklehre		–		1		5		6
technische Weiterbildung	12		37		71		120	
praktische Bergmannstätigkeit		2		5		8		15
Bergbaubeflissener		6		16		38		60
Hüttenlehre oder Praktikum		4		16		25		45
Handwerkslehre	4		3		6		13	
Metallbranche		2		1		4		7
Baubranche		1		2		2		5
Sonstige		1		–		–		1
Berufsoffizier		–	1		1		2	
insgesamt	27		53		95		175	
keine Information	34		35		48		117	
N	61		88		143		292	

Tabelle 23: Bergbaubeamte[a] in der westfälischen Schwerindustrie

	Periode 1 1852–1872		Periode 2 1873–1892		Periode 3 1893–1913		insgesamt
Bergbau	9		21		42		72
Bergreferendare		6		13		25	
andere		3		8		17	
gemischte Werke	7		20		45		72
Bergreferendare		1		1		9	
andere		6		19		36	
insgesamt	16		41		88		145

[a] Als Bergbaubeamte wurden all jene Personen erfaßt, die die Bergreferendarprüfung absolviert hatten, welche eine gewisse Zeit der Beamtentätigkeit voraussetzte.

chen und mündlichen Referendarprüfung abschloß. Nach mindestens weiteren zwei Jahren im Dienst der Bergbauverwaltung konnte sich der Beamte einer nicht weniger umfangreichen Assessorprüfung unterziehen (§ 34).

Die Rekrutierung des Führungspersonals aus der Bergbauverwaltung gilt für den Bergbau für den gesamten Untersuchungszeitraum[138] und für die gemischten Werke in zunehmenden Maße.

Bei den gemischten Werken erreichten die Bergreferendare erst nach 1890, nach den großen Fusionen zwischen Hütten und Zechen, eine gewisse Bedeutung. Die Eisenindustriellen erwarben ihre praktische Weiterbildung ebenfalls vorwiegend im technischen Bereich, nicht aber auf dem Weg über die staatliche Beamtenausbildung. Bei ihnen spielte auch die Handwerkslehre noch eine gewisse Rolle.

Tabelle 24: Praktische Weiterbildung der westfälischen Schwerindustriellen nach Branchen

	Bergbau		Eisenindustrie		gemischte Werke		insgesamt	
kaufmännische Weiterbildung	17		7		8		32	
kaufm. Lehre		13		7		7		27
Banklehre		4		–		1		5
technische Weiterbildung	52		16		28		96	
praktische Bergmannstätigkeit		8		–		3		11
Bergbaubeflissener		41		–		9		50
Hüttenlehre der Praktikum		3		16		16		35
Handwerkslehre	2		5		4		11	
Metallbranche		–		3		3		6
Baubranche		1		2		1		4
Sonstige		1		–		–		1
Berufsoffizier	1		–		–		1	
insgesamt	72		28		40		140	
keine Information	35		40		33		108	
N	107		68		73		248	

Insgesamt ergibt sich für die praktische Weiterbildung der Bergbauunternehmer ein deutlicher Schwerpunkt bei den Bergbaubeflissenen und für die Eisenindustriellen im Bereich der praktischen Hüttentätigkeiten. Das weist darauf hin, daß die eher am klassischen Bildungsideal orientierte Schulausbildung bei der Mehrzahl der Schwerindustriellen durch eine praktische Weiterbildung ergänzt wurde, die sehr präzise auf die spätere Unternehmertätigkeit bezogen war[139]. Man kann somit die Feststellung treffen, daß die deutlichen Mängel des allgemeinen Schulsystems mit den entsprechenden funktionalen Mängeln bezüglich der Anforderungen von Unternehmerpositionen durch ein weitgefächertes System der praktischen Weiterbildung weitestgehend behoben wurden. Der spezifische Bezug der praktischen Weiterbildung wurde im Bergbau und in der Eisenindustrie besonders deutlich und lag vorwiegend im technischen Bereich. Der kaufmännische Bereich spielte dabei eine untergeordnete Rolle[140]. Die Unternehmer der gemischten Werke bevorzugten ebenfalls eine technische praktische Weiterbildung, allerdings sowohl im Bergbau als auch im Hüttenbereich.

2.3.2.3. *Hochschulstudium*

Eine zweite Stufe der Weiterbildung bestand in der Möglichkeit eines Hochschulstudiums mit dem entsprechenden Erwerb theoretischer Kenntnisse für die spätere Berufstätigkeit. In der staatlichen Bergreferendarausbildung war diese mit der praktischen Weiterbildung gekoppelt[141]. Aber auch das technische Hochschulwesen suchte und fand immer wieder den Kontakt zur Praxis, z. T. durch Praktika, die während des Studiums von den Studenten zu absolvieren waren[142]. So läßt sich für alle Absolventen eines technischen Studiums auch eine gewisse praktische Orientierung annehmen. Allgemein läßt sich für Preußen jedoch auch im Hochschulbereich für unseren Untersuchungszeitraum eine dominierende Stellung der Universitäten gegenüber den Technischen Hochschulen feststellen[143]. In den Universitäten behaupteten die klassischen Fächer der philosophischen, theologischen, juristischen und medizinischen Fakultäten ihre hervorragende Stellung[144]. Der Ausbau des für die praktische Wirtschaftstätigkeit nutzbaren Hochschulbereichs beschränkte sich im wesentlichen auf das technische Hochschulwesen; die Entwicklung eines handelswissenschaftlichen Bereichs begann erst zögernd um die Jahrhundertwende[145]. Die akademische Ausbildung der westfälischen Schwerindustriellen zeigt gemessen an dem preußischen Hochschulsystem deshalb ein untypisches Bild.

Die technischen Studiengänge dominierten ganz eindeutig. Sie bildeten eine Möglichkeit der spezifischen Vorbereitung auf die Unternehmertätigkeit. Der Anteil der Hochschulabsolventen bei den Leitern und Aufsichtsräten war besonders hoch. Gründer hatten häufiger kein Studium. Insgesamt fällt auch der hohe Anteil an Personen mit Hochschulstudium überhaupt auf. Der Anteil der Leiter ohne Studium betrug nur 22 %, d. h. 78 % hatten ein Hochschulstudium und immerhin 69 % sogar ein technisches. Im Zeitverlauf nahm die Bedeutung des Hochschulstudiums als Zugangsvoraussetzung für die Unternehmerposition noch zu[146]. In Periode 1 hatten 35 % der westfälischen Schwerindustriellen ein Hochschulstudium, in Periode 2 schon 55 % und in Periode 3 sogar 71 %. Zugleich läßt sich anhand der immer stärker werdenden Bevorzugung technischer Studiengänge eine zunehmende Orientierung auf Studieninhalte hin vermuten, die sich auf die Aufgaben der Inhaber von Unternehmerpositionen bezogen. Besonders auffällig ist auch das

Tabelle 25: Studienfächer der westfälischen Schwerindustrie nach Betriebspositionen

	Gründer	Aufsichtsräte	Leiter	insgesamt
technisches Studium	5	12	105	122
Hüttenfach	2	3	32	37
Bergfach	2	6	50	58
Ingenieurwissenschaft	1	3	22	26
Textilhochschule	–	–	1	1
naturwissenschaftliches Studium	–	1	4	5
Chemie	–	1	3	4
Pharmazie	–	–	1	1
Handelswissenschaften	–	1	–	1
sonstiges Studium	3	9	5	17
Geschichte	–	2	–	2
Medizin	1	–	–	1
Mathematik	–	–	2	2
Jura	2	7	3	12
Studium ohne Abschluß	1	1	4	6
kein Studium	9	12	34	55
insgesamt	18	36	152	206
keine Information	21	10	11	42
N	39	46	163	248

gänzliche Fehlen eines kaufmännischen Zweiges der Hochschulausbildung. Hier fehlte ein entsprechendes Angebot im Hochschulsystem, weshalb die Schwerindustriellen im wesentlichen auf eine praktische kaufmännische Ausbildung verwiesen waren[147].

Der Grad der akademischen Ausbildung war am höchsten im Bergbau und nur etwa halb so groß in der Eisenindustrie. Auch der Umfang der spezifisch fachlichen Vorbildung war mit 71 % im Bergbau (47 Personen aller 66 mit einem erfolgreichen Hochschulstudium haben dort das Bergfach studiert) erheblich höher als in der Eisenindustrie mit 50 % und bei den gemischten Werken mit 58 %.

Für die gesamte Schwerindustrie läßt sich damit eine zunehmende formale Qualifikation des Führungspersonals feststellen. Diese Beobachtung gilt generell auch für die anderen Gruppen der Unternehmerschaft in Deutschland während der Industrialisierung[148]. Der verstärkte Besuch von Bildungsinstitutionen muß als Versuch interpretiert werden, durch eine verbesserte formale Ausbildung die Qualifikation zum Unternehmer zu verbessern. Zugleich bedeutete eine gehobene allgemeine Bildung auch einen Statusgewinn in einer Gesellschaft, in der bildungsbürgerliche Vorstellungen im Bürgertum dominierten[149]. In Deutschland hat die Akademisierung der Unternehmerschaft deshalb zugleich einen funktionalen und sozialen Aspekt. Vor allem wegen des gleichzeitigen Ausbaus des technischen Hochschulwesens und der weitgehenden Nutzung dieses Studienzweiges durch den unternehmerischen Nachwuchs erwarb dieser durch das Studium eine funktional bedeutsame Qualifikation und verbesserte zugleich seinen sozialen Status – anders als in Großbritannien, wo ein akademischer Abschluß wegen seiner mangelnden funktionalen Äquivalenz zu der Unternehmerposition eher als hinderlich für die Übernahme einer ökonomischen Führungsposition angesehen wurde[150].

2.4. Das öffentliche Wirken der westfälischen Schwerindustriellen

Mit der Vorstellung der besonderen ökonomischen Bedeutung von Unternehmern verbindet sich zugleich auch die Auffassung von der hervorragenden politischen Wirksamkeit dieser Personengruppe[151]. Eine systematische empirische Überprüfung dieser Unterstellung trifft auf eine ganze Reihe von Problemen und gestaltet sich deshalb schwierig. Die Diskussion von einzelnen Fällen unternehmerischer Einflußnahme auf Politik soll ersetzt werden durch eine systematische Überprüfung der These[152]. Darüber hinaus ist es schwierig, die Ebenen der politischen Einflußnahme von Unternehmern zu identifizieren. So vernachlässigt etwa eine Untersuchung über ihre Einflußnahme auf Parlamente und Parteien die Bedeutung der Kommunalpolitik für die Unternehmenspolitik, z. B. bezüglich Grunderwerb etc., ebenso wie die Einflußnahme auf die verschiedensten Verbände[153].

Für unsere Untersuchung soll zunächst der Versuch gemacht werden, die öffentlichen Aktivitäten der Personen der Untersuchungsgesamtheit aufzuzeigen und sie dann vor dem Hintergrund der Schwerpunkte des politischen Systems zu bewerten. Das öffentliche Wirken der Unternehmer in der Untersuchungsperiode vollzog sich in drei Bereichen: in der Kommunalpolitik, in der Politik auf der Ebene des Staates und des Reiches und in einer vielfältigen Verbandstätigkeit. Natürlich ist der hier gewählte Indikator für öffentliches Wirken – Mitgliedschaft in einer öffentlichen Institution – nicht identisch mit Einflußnahme selbst, jedoch scheint er u. E. einen ausreichenden Hinweis auf die Schwerpunkte unternehmerischer Einflußnahme zu geben. Die Summe der öffentlichen Aktivitäten der westfälischen Schwerindustriellen verteilt sich wie in der Tabelle 26 dargestellt.

Die Zahlen der Tabelle 26 enthalten ein ähnliches Problem, wie schon bei Tabelle 20 erwähnt. Die Verteilung des öffentlichen Wirkens der westfälischen Schwerindustriellen beruht auf Daten von 155 Personen, über die Informationen zu beschaffen waren. Von 93 Personen besitzen wir keine diesbezüglichen Informationen. Das bedeutet nun nicht, daß alle diese Personen

Tabelle 26: Ebenen des öffentlichen Wirkens der westfälischen Schwerindustriellen

	Anzahl	Anteil (in %)
überregionale Politik	65	19
Kommunalpolitik	78	22
Verbandstätigkeit	205	59
insgesamt	348[a]	100
keine Information	93[b]	
N	248	

[a] Die Gesamtzahl enthält Doppelzählungen, da eine Reihe von Unternehmern auf mehreren Ebenen öffentlich tätig war. Es handelt sich jedoch ausschließlich um persönliche Mitgliedschaften in den entsprechenden Institutionen des öffentlichen Lebens.

[b] Anzahl der Personen, von denen keine Informationen über ihr öffentliches Wirken zu mobilisieren waren. Davon waren 24 Gründer, 20 Aufsichtsräte und 49 Leiter.

sich nicht öffentlich betätigten. Für unsere weitere Argumentation ist diese Informationslücke jedoch unerheblich, zeigen die Zahlen der Tabelle 26 doch, daß die untersuchten Unternehmer sich überwiegend öffentlich betätigten und auf welche Weise sie dies taten[154].

Der Schwerpunkt des öffentlichen Wirkens der westfälischen Schwerindustriellen lag ganz eindeutig in der Verbandstätigkeit; von den eingenommenen Positionen befanden sich nur 41 % im politischen Bereich, und diese zudem noch vorwiegend in der Kommunalpolitik (22 %). Der Einfluß der Unternehmer auf die ‚große Politik' stellte deshalb kaum den Schwerpunkt des öffentlichen Wirkens des durchschnittlichen Unternehmers dar, sondern blieb eher der Elite der Unternehmer vorbehalten[155]. Diese drei Ebenen des unternehmerischen Wirkens der westfälischen Schwerindustriellen sollen im weiteren genauer untersucht werden.

2.4.1. Verbandstätigkeit

Wie oben dargelegt, bildete dieser Bereich den Schwerpunkt des öffentlichen Wirkens der untersuchten Personengruppe. Die Vielfalt des deutschen Verbandswesens der Untersuchungsperiode wird auch in der Verteilung auf die einzelnen Verbände deutlich:

Es würde zu weit führen, entsprechend den Kategorien der Tabelle 27 hier einen vollständigen Überblick über die Struktur des Verbandswesens in Preußen von 1852 bis 1913 geben zu wollen[156]. Eine kurze Charakterisierung der einzelnen Verbandstypen scheint jedoch unumgänglich, um die besonderen Verbandsaktivitäten der westfälischen Schwerindustriellen zu würdigen.

Tabelle 27: Verbandsmitglied der westfälischen Schwerindustriellen nach Betriebspositionen

	Gründer	Aufsichtsräte	Leiter	insgesamt
Branchenvereine	5	8	46	59
Verein für die bergb. Interessen ...[a]	3	3	17	23
Eisenhüttenleute[b]	2	4	26	32
sonstige techn Ver.[c]	–	1	3	4
ökonomische Interessenverbände[d]	3	4	37	44
Sozialverbände[e]	–	7	24	31
Verkehrs- und Regionalverbände[f]	–	–	10	10
Handelskammern	6	8	43	57
sonstige Verbände[g]	1	1	2	4
insgesamt	15	28	162	205

[a] Verein zur Wahrung der bergbaulichen Interessen im Oberbergamtsbezirk Dortmund.

[b] Verein deutscher Eisenhüttenleute, 1860 gegründet als technischer Verein für das Eisenhüttenwesen, 1880 Umbenennung.

[c] Berg- und Hüttenmännischer Verein, Verein der technischen Grubenbeamten.

[d] Dazu zählen zwei Gruppen von Verbänden: einmal die Interessenverbände, die unter der Führung eines Spitzenverbandes – dem Centralverband Deutscher Industrieller – sich direkt um Einfluß auf die politische Sphäre bemühten, und jene Interessenverbände, die über die Fachverbände die Sicherung ihres ökonomischen Erfolges anstrebten.

[e] Knappschaft, Berufsgenossenschaft, Bergwerkskasse.

[f] Ruhrsiedlungsverband, Lippe-Verband, Emscher Genossenschaft.

[g] Kriegerverband, Kolonialverein, Flottenverein, Bürgerverein.

In den Branchenvereinen standen vor allem technische und organisatorische Probleme im Vordergrund des Interesses. Sie zielten u. a. auf Sammlung und Vermittlung technischen Wissens und dessen Umsetzung in die betriebliche Nutzung, aber auch auf Wahrnehmung von Brancheninteressen gegenüber Behörden und Öffentlichkeit. Dies galt vor allem für den Verein Deutscher Eisenhüttenleute[157], weniger für den Verein für die bergbaulichen Interessen im Oberbergamtsbezirk Dortmund, der auch mit weitergehenden ökonomischen Problemen befaßt war[158]. Insgesamt läßt sich für diese Gruppe von Verbänden feststellen, daß ihre Organisation auf Branchenebene deutlich zu einer Betonung branchenspezifischer Probleme führte und gesamtwirtschaftliche Fragen etwas in den Hintergrund drängte.

Die Gruppe der ökonomischen Interessenverbände muß nochmals unterteilt werden in die Gruppe der Branchenkartelle[159] und die Gruppe der politisch wirkenden Interessenverbände, bestehend im wesentlichen aus dem

Zentralverband Deutscher Industrieller und dem Bund der Industriellen. Ein weiterer Unterschied zwischen diesen beiden Gruppen ökonomischer Interessenverbände war noch der, daß die westfälischen Schwerindustriellen den Branchenkartellen nur indirekt angehören konnten. Mitglieder waren die Firmen, nicht die Unternehmer selbst, die jedoch in der Organisation der Kartelle wirken konnten; bei der anderen Gruppe der ökonomischen Interessenverbände, den politisch wirkenden Interessenverbänden, gab es neben der korporativen auch die persönliche Mitgliedschaft. Insgesamt waren die wirtschaftlichen Fachverbände jedoch häufig eng mit den Kartellen liiert und übernahmen in der Frühzeit oft Kartellfunktionen oder gründeten selbst Kartelle[160].

Die Gruppe der Sozialverbände bestand aus Verbänden, die in der langen Tradition bergmännischer Solidarisierungen die Aufgaben der Sozialversicherung für den Bergbau oder die anderen Betriebe der Schwerindustrie wahrnahmen[161]. Die Mitgliedschaft in einem solchen Verband bedeutete für den Unternehmer eine Demonstration seines Verantwortungsbewußtseins für die sozialen Belange seiner Untergebenen. Zugleich erhielt er Kontrolle über das in Selbstverwaltung organisierte System der sozialen Sicherheit, was nicht zuletzt eine Einflußnahme auf die Kostenbelastung der Unternehmen durch dieses System beinhalten konnte.

Die Verkehrs- und Regionalverbände traten erst gegen Ende des 19. Jahrhunderts auf und befaßten sich mit den Verkehrs- und Umweltproblemen des Agglomerationsgebietes im Ruhrkohlenbezirk[162]. Die Mitwirkung der Unternehmer in diesen Verbänden betraf unmittelbar betriebliche Probleme, sei es den Umfang der Umweltbelastung oder die Struktur des Verkehrssystems etc.

Die Handelskammern haben eine lange Tradition in Deutschland. Bis zur Mitte des 19. Jahrhunderts war es jedoch strittig, ob darin auch Industrielle ihren Platz finden oder ob diese sich in gesonderten Kammern organisieren sollten, etwa in Gewerkenkammern für die Schwerindustrie[163]. Schließlich siegte jedoch das Prinzip der einheitlichen Selbstorganisation der Wirtschaft und führte zu einem spezifischen Modell der Kammern. Gegen Ende des Jahrhunderts wurden die Handelskammern dann zumindest in Westfalen eindeutig von der Industrie beherrscht[164]. Dies bedeutete Vorherrschaft der Schwerindustrie, wenn auch am Vorabend des Ersten Weltkrieges neue Industrien – wie Chemie und Elektrotechnik – diese Vorherrschaft bedrohten[165]. Die Ziele und Aufgaben der Handelskammern wurden durch den Dualismus ihres rechtlichen Status[166] geprägt, zugleich Organ der Staatsverwaltung und Interessenvertretung der Unternehmen zu sein. Die Zwitterstellung machte sie für eine effiziente Vertretung der Unternehmerinteressen ungeeignet[167]. Ihr Einfluß war begrenzt[168].

Vor dem Hintergrund dieser kurzen Charakteristik des Verbandswesens in Preußen bis 1913 wird es möglich, die Bedeutung der in Tabelle 27 dargestellten Verbandsaktivitäten der westfälischen Schwerindustriellen einzuschätzen. Es wird deutlich, daß die westfälischen Schwerindustriellen vor allem in technischen Vereinen und in den Handelskammern aktiv waren. Das läßt darauf schließen, daß sie durch ihre Verbandstätigkeit keinen allgemein-politischen Einfluß anstrebten, sondern eher an den besonderen Problemen ihrer Branche und ihres Unternehmens interessiert waren bzw. sich der Mitarbeit in der halbstaatlichen Selbstverwaltung nicht entzogen. Die Mitgliedschaft in ökonomischen Interessenverbänden bezog sich zudem noch häufig auf Mitwirkung in den Kartellen, so daß Verbände mit einer allgemeinpolitischen Orientierung kaum eine Rolle für das öffentliche Wirken der westfälischen Schwerindustriellen spielten. Auch die Mitgliedschaft in Sozialverbänden sowie in Verkehrs- und Regionalverbänden unterstreicht die relative Abstinenz der westfälischen Schwerindustriellen von allgemeinpolitischen Problemen innerhalb ihrer Verbandstätigkeit. Befaßten sich doch diese Verbände ebenfalls mit konkreten, betrieblich unmittelbar relevanten Sachverhalten. Verbandsmitgliedschaft stellte demnach für die westfälischen Schwerindustriellen kein adäquates Instrument dar, um allgemeinpolitische Interessen zu verfolgen.

Die Unternehmer der verschiedenen Branchen unterschieden sich in dieser Hinsicht nicht sehr stark. Allenfalls unterschieden sie sich bezüglich der Mitgliedschaft in dem entsprechenden branchenspezifischen technischen Verein. Am wenigsten waren die Unternehmer der Eisenindustrie in Verbänden organisiert, und zwar in allen Arten von Verbänden[169]. Die Industriellen des Bergbaus und der gemischten Werke zeigten eine relativ ähnliche Verteilung der Verbandsmitgliedschaften bis auf die Teilnahme an den Sozialverbänden. Dieser Unterschied beruhte auf der besonderen Bedeutung des Knappschaftswesens für den Bergbau[170], so daß deshalb viele Bergbauunternehmer Mitglied bei den Knappschaftskassen waren. Die Unternehmer des Bergbaus waren bei den technischen Vereinen logischerweise weitaus eher im Verein für die bergbaulichen Interessen... organisiert, während die der gemischten Werke eher dem Verein deutscher Eisenhüttenleute angehörten.

Der Umfang der Organisation in Verbänden nahm von Periode zu Periode zu. Während in der Periode 1 nur 36 Nennungen von Verbänden zu verzeichnen sind, lassen sich in Periode 2 bereits 78 und in Periode 3 sogar 126 Nennungen finden.

Es wäre sicherlich falsch, die absolute Expansion der Verbandsmitgliedschaften während der Zeitperioden als entsprechende Ausdehnung der Bereitschaft der Unternehmer zu deuten, sich in Verbänden zu organisieren. Erstens stieg die Anzahl der erfaßten Personen in diesem Zeitraum und zweitens nahm die Anzahl der Möglichkeiten, einem Verband beizutreten, durch die Neugründung verschiedener Verbände dauernd zu. Insgesamt ist jedoch zweifellos eine zunehmende Verbandsaktivität im Zeitverlauf zu konstatieren; weniger stark ausgeprägt bei den älteren technischen Vereinen und den Handelskammern, stärker ausgeprägt bei den ökonomischen Interessenverbänden und Sozialverbänden. Diese Entwicklung weist auf die zunehmende

Bedeutung ökonomischer und sozialer Fragen für die Unternehmerschaft hin und auch auf eine entsprechende Bereitschaft, sich mit ihnen auseinanderzusetzen.

2.4.2. Kommunalpolitik

Neben der Verbandsmitgliedschaft blieb als zweite Möglichkeit des öffentlichen Wirkens für die Unternehmer die Mitarbeit in den Institutionen der Kommunalpolitik. Insgesamt waren die westfälischen Schwerindustriellen in folgenden kommunalen Bereichen tätig:

Tabelle 28: Kommunalpolitische Aktivitäten der westfälischen Schwerindustriellen nach Betriebspositionen

	Gründer	Aufsichtsräte	Leiter	insgesamt
Stadtverordneter/-rat	6	5	38	49
Magistrat	1	–	10	11
Beigeordneter	1	–	4	5
Kreistag/-ausschuß	1	1	11	13
insgesamt	9	6	63	78

Die Mitglieder des Stadtrates bzw. die Stadtverordneten waren die gewählten Mitglieder der Gemeindeparlamente, auf deren Zusammensetzung das Wahlrecht einen starken Einfluß hatte; dieses war, wie für das preußische Abgeordnetenhaus, ein Dreiklassenwahlrecht[171]. Der Magistrat war die oberste kommunale Verwaltungsbehörde, die durch die Beigeordneten, die Wahlbeamten, bei der Ausübung ihrer Aufgaben unterstützt wurden[172].

Der Kreistag bildete die zweite, den Gemeinden übergeordnete Ebene der kommunalen Selbstverwaltung mit dem Kreisausschuß als dessen gewähltem Vorstand[173].

Welchen Stellenwert besaß nun die Mitwirkung der westfälischen Schwerindustriellen in den kommunalen Selbstverwaltungsinstitutionen? Dazu ist eine kurze Würdigung der Bedeutung der kommunalen Selbstverwaltung in Preußen nötig.

Die Steinsche Städteordnung von 1808 stellte einen Versuch dar, „das zusammengebrochene System der obrigkeitlichen Beamtenregierung durch Organisation eines national selfgovernment“ zu ersetzen[174]. Dieser Versuch ist allenfalls für die Städte gelungen, für die Landgemeinden blieb die feudal-patrimoniale Organisationsform – vor allem auf den ostdeutschen Rittergütern – bestehen, die erst mit der Kreisordnung vom 13. Dezember 1870 aufgehoben wurde[175]. Schon die Gemeindeordnung vom 11. März 1850 hatte versucht, diesen Unterschied zwischen Land- und Stadtgemeinden aufzuheben, war aber nur unvollständig ausgeführt worden und führte insgesamt zu einer eher antiurbanen Kommunalverfassung in Preußen[176]. Der ursprüngliche, in der Tradition der Steinschen Reformen liegende Gedanke der Dezentralisierung der Staatsgewalt durch kommunale Selbstverwaltung und einer damit verbundenen Selbstbeschränkung der staatlichen Rechte und Aufgaben wurde nicht realisiert[177]. Als Ergebnis dieser unzulänglichen Versuche zeigte sich vielmehr eine „Überfülle der Behörden, die unerträgliche Kasuistik ihrer Zugeständigkeitsgrenzen, die Schwerfälligkeit des unter ständigen Reibereien sich hinschleppenden Geschäftsganges... Der ganze Versuch war der: nicht Stellung der bürgerlichen Tätigkeit neben der des Staatsbeamten, sondern Ersatz des Staatsbeamten durch die freie Tätigkeit des Bürgers“[178]. Dieser Kompetenzwirrwarr zeigt sich auch in den konkreten Aufgabenbereichen, die den Gemeinden tatsächlich zufielen. Die beiden wichtigsten waren sicherlich das Polizei- und das Schulwesen[179]. Aus dem Bereich des Polizeiwesens fiel in den Zuständigkeitsbereich der Gemeinden nur die Verwaltungspolizei (Baupolizei, Feuerpolizei, Armenpolizei etc.), nicht die Sicherheitspolizei, und die Kompetenzen im Schulwesen waren ebenfalls umstritten[180].

Eingedenk dieser relativ geringen Möglichkeiten der Einflußnahme auf die kommunale Selbstverwaltung darf es nicht wundern, wenn die westfälischen Schwerindustriellen dieser Ebene des öffentlichen Wirkens eine Verbandstätigkeit vorzogen. Dennoch bleibt ein gehöriger Anteil kommunaler Aktivität festzuhalten. Dieser konzentrierte sich jedoch weitgehend auf das Gemeindeparlament. Zwei Gründe mögen dafür eine Rolle gespielt haben. Erstens bedeutete Mitgliedschaft in der Gemeindevertretung sicher nicht nur bewußtes politisches Engagement, sondern war vielfach nur Ausdruck der örtlichen Wertschätzung des Stadtverordneten durch seine Mitbürger. Dies stand ganz in der Tradition des liberalen Stadtbürgertums[181]. Zweitens war der Gemeinderat wohl noch das Instrument, durch welches den konkreten Unternehmerinteressen auf kommunaler Ebene am ehesten gedient werden konnte, sei es durch eine Initiative im Schulwesen[182] oder durch Einfluß auf die Baupolizei bei der Erweiterung von Fabrikanlagen[183]. Hinzu kam die Möglichkeit, die Höhe der Gemeindesteuern mitzubestimmen, die als Zuschläge zu den Staatssteuern erhoben wurden, jedoch der Genehmigung durch die Regierung bedurften[184].

Die kommunalpolitische Betätigung war für alle Branchen etwa gleich und auch mit deutlicher Priorität auf die Gemeindeparlamente konzentriert. Die kommunale Tätigkeit der westfälischen Schwerindustriellen nahm von Periode 1 auf Periode 2 kräftig zu. Die Zahl der Nennungen verdoppelte sich fast von 15 auf 33, während die Anzahl der Unternehmer, die in diesen beiden

Perioden tätig waren, nur von 61 auf 87 stieg. Danach stagnierte der Anteil der Unternehmer mit kommunalpolitischen Aktivitäten praktisch: in Periode 3 fanden sich 53 Nennungen bei 144 Personen in Geschäftstätigkeit[185].

2.4.3. Überregionale Politik

„Unternehmer in der deutschen Politik" sind vielfach untersucht worden. Dabei handelt es sich zumeist um Untersuchungen, die 1. sich hauptsächlich auf die „großen" Unternehmer beschränken und 2. die „große" Politik zum Gegenstand haben[186]. Wir wollen hier diese Begrenzungen vermeiden und den durchschnittlichen westfälischen Schwerindustriellen auf allen politischen Ebenen untersuchen, so auch auf der Ebene der „großen", der überregionalen Politik. Für diese drei Ebenen des föderalistischen Reichs – Provinz, Land, Reich – ergibt sich folgendes Bild:

Tabelle 29: Politisches Wirken der westfälischen Schwerindustriellen nach Betriebspositionen

	Gründer	Aufsichtsräte	Leiter	insgesamt
Reichstag	2	1	5	8
Preußen	2	8	6	16
Herrenhaus	–	4	–	4
Abgeordnetenhaus	2	4	6	12
Prov. Landtag	3	3	6	12
insgesamt	7	12	17	36

Insgesamt läßt sich nur eine geringe formalisierte Beteiligung der Unternehmer an der überregionalen Politik feststellen, das gilt für alle Ebenen und besonders für die „Leiter". Lediglich bei den Aufsichtsräten ist eine gewisse überregionale politische Aktivität festzustellen. Diese Gruppe der Aufsichtsräte deckte sich vermutlich auch weitgehend mit jenen „großen" Unternehmern, deren politisches Wirken häufig betrachtet wird[187]. Die Anwesenheit der Leiter im Betrieb war ja wohl auch am ehesten nötig. Die Schwierigkeiten eines politischen Mandats für einen Unternehmer[188], vor allem die häufige Abwesenheit vom Ort, darf man zudem nicht unterschätzen.

Berücksichtigt man diesen relativ geringen Grad der überregionalen politischen Aktivität unter den westfälischen Schwerindustriellen, so verwundert der hohe Anteil, den Unternehmer allgemein im Reichstag (27 % in der 8. bis 17,1 % in der 13. Legislaturperiode[189]) und auf den anderen Ebenen der überregionalen Politik ausmachten. Im preußischen Abgeordnetenhaus schwankte dieser Anteil zwischen 15,2 und 10,1 %[190], und im westfälischen Provinziallandtag wuchs er zwischen 1887 und 1917 sogar von 17,7 auf 31,2 %[191]. Offensichtlich waren die westfälischen Schwerindustriellen in der überregionalen Politik weitaus weniger aktiv als andere Unternehmergruppen. Bergwerksbesitzer und Großindustrielle sowie Magnaten aus Rheinland und Westfalen fanden sich im Reichstag zwischen 1890 und 1912 fünf von insgesamt 40 Unternehmern[192]. Auch Verbandsfunktionäre nahmen kaum die Vertretung dieser Unternehmensgruppe wahr. Einmal lassen sich in diesem Zeitraum insgesamt nur drei Verbandsvertreter im Reichstag auffinden, zum anderen stammte nur einer von ihnen aus Rheinland und Westfalen[193]. Für das preußische Abgeordnetenhaus gelten diese Ausführungen entsprechend[194]. Die Feststellungen über die relative Zurückhaltung in der überregionalen Politik bei den westfälischen Schwerindustriellen gelten für alle drei Sub-Branchen gleichermaßen. Eine zunehmende politische Aktivität im Zeitverlauf wäre zu vermuten[195], bestätigt sich aber nicht; der Anteil der Nennungen der politisch aktiven Unternehmer verharrte in allen drei Perioden bei knapp unter 20 % der Unternehmer in Geschäftstätigkeit.

Dies gilt auch für den Westfälischen Profinziallandtag, unter dessen Mitgliedern Jaeger eine zunehmende „Anzahl von Direktoren und Generaldirektoren vornehmlich der bedeutenden Werke des Ruhrgebiets" glaubt auffinden zu können[196].

Die ersten Kammern der deutschen Einzelstaaten wurden im wesentlichen durch die traditionelle Elite der konservativen Großgrundbesitzer geprägt[197]. Dies galt auch für das preußische Herrenhaus, das 1853 zu einer „Adelsdomäne" geworden war[198]. Die Unternehmer spielten darin deshalb nur eine untergeordnete Rolle. Von den 354 Mitgliedern des preußischen Herrenhauses waren 1911 noch 194 Personen Vertreter des Großgrundbesitzes und nur 15 Kaufleute, Industrielle oder Bankiers[199].

Das Ergebnis der relativen Abstinenz der westfälischen Schwerindustriellen deckt sich mit den Vermutungen verschiedener Autoren über die Rolle der Unternehmerschaft im Deutschen Reich bis 1913. „Das Unternehmertum verzichtete gewissermaßen auf die eigene politische Emanzipation, um die industrielle Entwicklung weiter voranzutreiben und die Emanzipation der Arbeiterklasse aufhalten zu können."[200] Dies vollzog sich entgegen den ursprünglichen liberalen Forderungen auch der Unternehmerschaft, die u. a. zum Freihandel und zum Abbau des staatlichen Direktionsprinzips im Bergbau geführt hatten. Nach dem weitgehenden Scheitern der bürgerlichen Revolution von 1848 gewährten die Regierungen doch den Unternehmern entscheidende wirtschaftliche Zugeständnisse, nicht zuletzt, um von politischen Forderungen abzulenken und durch erhöhte Gewinnchancen das Interesse an der Festigung der bestehenden Ordnung zu wecken[201]. Dies gelang auch weitestgehend, zumal auch in weiteren Machtproben zwischen liberalem Bürgertum und Staat, im Verfassungskonflikt der 1860er Jahre und in der Reichsgründungszeit, das Bürgertum politisch erneut nicht voll zum Zuge kam und damit seine politische Schwäche bis 1918 besiegelte[202]. Seit der Aussöhnung zwischen Bürgertum und Staat infolge des preußischen Sieges über Österreich 1866, seit der kleindeutsch-preußischen Reichsgründung „von oben“ und vor allem seit der Umorientierung der deutschen Innenpolitik in den späten 70er Jahren, schlossen sich „... unter gegenseitiger Anerkennung ihrer politischen und wirtschaftlichen Machtpositionen ... die herrschenden Gewalten zu einer gemeinsamen Abwehrfront gegen die sozialistischen Arbeitermassen zusammen...“[203]. Die eigentliche Interessenvertretung oblag den außerparlamentarischen Interessenverbänden.

Auch die unternehmerische Mitwirkung in den Parlamenten stand unter dem Hauptziel der Vertretung ihrer besonderen ökonomischen Interessen und war nicht bezogen auf ein allgemeinpolitisches Engagement. Dies wird auch deutlich in der Zusammensetzung der Kommissionen – etwa des Reichstags –, in denen Unternehmer überproportional vertreten waren, wenn sie wirtschaftliche Belange behandelten, wie etwa in der Budgetkommission des Reichstags[204]. Diese Orientierung der Unternehmer in Parlamenten, insbesondere auf ökonomische Interessen, läßt sich auch schon für die Zeit vor der Reichsgründung aufzeigen.

2.4.4. Weitere Möglichkeiten des öffentlichen Wirkens der westfälischen Schwerindustriellen

Neben den oben dargestellten Möglichkeiten des öffentlichen Wirkens der Unternehmer durch eine Verbandstätigkeit, in der kommunale Selbstverwaltung und in der überregionalen Politik gab es noch zwei weitere Bereiche, in denen der Unternehmer seine ökonomische Bedeutung politisch hätte umsetzen können. Zum einen war dies die Mitarbeit in einer politischen Partei und die Einflußnahme auf die Staatsbürokratie. Für die westfälischen Schwerindustriellen läßt sich nur geringe Neigung zur Mitgliedschaft in einer politischen Partei feststellen. Nur 15 Unternehmer der Untersuchungsgesamtheit waren Mitglieder einer politischen Partei, davon 7 in der Nationalliberalen Partei[205]. Zum anderen muß man an informelle Einflüsse auf die Staatsbürokratie und andere Entscheidungsträger denken; diese lassen sich jedoch anhand einer Analyse personalstatistischer Daten nicht feststellen.

Trotz des Mangels an ausreichendem empirischen Material aus unserer Untersuchungsgesamtheit seien einige prinzipielle Anmerkungen zu den Möglichkeiten des öffentlichen Wirkens für die westfälischen Schwerindustriellen in diesen beiden Bereichen angeführt.

Die deutschen Parteien waren im Gegensatz zum Staat entstanden, und die Nation hatte nicht nur ohne Parteien, sondern geradezu gegen diese 1871 zusammengefunden. Damit waren die Parteien „zum Symbol der Uneinigkeit abgestempelt“[206]. Gegenüber dem Prestige des Obrigkeitsstaates resignierten die politischen Parteien und verzichteten auf eine Fundamentaldemokratisierung, wie sie von den Linken in der 1848er Revolution gefordert wurde. Die Vorstellung vom überparteilichen Obrigkeitsstaat wurde auch in den Parteien selbst geteilt[207]. Politische Parteien waren von der Regierungsgewalt sowohl in Preußen als auch im Reich ausgeschlossen. Nicht nur in den Gesetzen, sondern sogar in der Geschäftsordnung des Reichstags wurden weder Parteien noch Fraktionen ausdrücklich erwähnt[208]. Allerdings nahmen sie trotzdem in vielen Einzelheiten auf die Gesetzgebung Einfluß; so konnten sie einzelne Gesetze auch durchaus verhindern.

Die politischen Parteien ähnelten spezifischen Interessenverbänden ohne eine gemeinsame politische Basis, die sie in die Lage versetzt hätte, gemeinsam eine Oppositionsfront gegen das autoritäre Regime zu bilden. Vielmehr gelang es der Regierung, mit Druck und politischen Zugeständnissen zu wechselnden Allianzen zu kommen, die es ihr ermöglichten, im Prinzip ohne das Parlament zu regieren. Dessen Tätigkeit beschränkte sich im wesentlichen auf die Mitwirkung bei den Gesetzesinitiativen der Regierung[209]. Die Vermutung, daß sich die politischen Parteien wegen ihrer Entwicklung in Richtung bloßer Interessenverbände mit ausgeprägtem ideologischen Überbau besonders gut zur Wahrnehmung unternehmerischer Interessen geeignet hätten, bestätigt sich allerdings nicht[210]. Vielleicht lag das u. a. daran, daß die großen bürgerlichen Parteien – so etwa auch die Nationalliberalen[211], die klassische Partei des deutschen Wirtschaftsbürgertums – mit starken ideologischen Elementen behaftet waren, die zu Flügelkämpfen innerhalb der Parteien führten und eine einheitliche Interessenpolitik erschwerten. Darüber hinaus mag es zweifelhaft sein, ob es überhaupt ein gesamtunternehmerisches Interesse jemals gegeben hat oder ob, je nach Branche, ein durchaus konträrer Standpunkt vertreten wurde[212]. Deshalb verwundert es auch nicht, wenn die Schwerindustrie schließlich in einer extremistischen Gruppe, der Vaterlandspartei, eine besondere Rolle spielte[213].

Auch über die Staatsbürokratie fanden die westfälischen Schwerindustriellen nur schwer die Möglichkeit zu einer öffentlichen Einflußnahme. Die Bürokratie stellte das harte Gerippe des preußischen Staatsapparates, mit dessen Eigengewicht Minister und Ministerpräsidenten zu rechnen hatten; „Parteipolitikern fühlte sich die höhere Beamtenschaft ohnehin überlegen“[214]. Dabei war die politische Orientierung alles andere als neutral, sondern auf „konservativ-autoritäre Maximen“ ausgerichtet[215]. Die Staatsbürokratie kooperierte aufs engste mit den herrschenden Schichten und leitete aus ihrer Fachkenntnis und der Orientierung am Gemeinwohl einen Anspruch auf Autonomie im politischen Entscheidungsprozeß ab[216]. Die westfälischen Schwerindustriellen waren jedoch zunächst kaum bereit, diesem Anspruch stattzugeben. Nach Übergang vom Direktions- zum Inspektionsprinzip im Ruhrbergbau entspannte sich das Verhältnis zwischen den Schwerindustriellen und der preußischen Staatsverwaltung[217]. Nach der Jahrhundertwende kam es jedoch erneut zu einer Konfrontation zwischen Ministerialbürokratie und den Schwerindustriellen und deren Kartellen[218].

Sowohl Unternehmer als auch deren Söhne fanden nur schwer Zugang zu den gehobenen Beamtenpositionen[219], die „seit 1852 ausdrücklich, von der Beamtenschaft im allgemeinen abgehoben, zu ‚politischen Beamten' gemacht..." worden waren[220]. Zudem erschwerten die Eingangsvoraussetzungen für den höheren Verwaltungsdienst mit Universitätsabschluß und staatlicher Vorbereitungszeit[221] den Zugang für praktische Unternehmer weiterhin. Mit Ausnahme der Berliner Ministerialbeamten war sowohl in den 1880er als auch in den 1890er Jahren die Mehrzahl der höheren Beamten (Oberpräsident, Regierungspräsidenten, Polizeidirektoren, Landräte) adeliger Abstammung[222]. Gleiches gilt auch für den diplomatischen Dienst[223]. Fraglich bleibt jedoch, ob die Unternehmerschaft eine Beamtenkarriere als Berufsalternative überhaupt in Frage zog. Es scheint vielmehr umgekehrt gewesen zu sein. Weiter oben haben wir gesehen, daß eine große Zahl ehemaliger Bergbaubeamter in den Privatdienst getreten war.

Insgesamt einschränkend zu der Analyse der unternehmerischen Einflußmöglichkeiten auf den politischen Bereich muß darauf hingewiesen werden, daß damit nicht alle Möglichkeiten erschöpfend diskutiert sind. Zumindest zwei weitere Bereiche wurden nicht berücksichtigt, der Komplex der Einflußnahme über informelle Kontakte zu Behörden und Entscheidungsträgern sowie eine gewisse strukturelle Abhängigkeit der politischen Instanzen vom Verhalten der Unternehmer. Aus Gründen der Systemerhaltung oder aus Gründen der politisch-militärischen Effizienz waren die Entscheidungsträger gezwungen, ein gewisses Maß an Rücksicht auf die Interessenpositionen der Unternehmer zu nehmen.

2.5. Die gesellschaftliche Anerkennung der westfälischen Schwerindustriellen

Die oben wiederholt aufgezeigte Diskrepanz zwischen der ökonomischen Bedeutung des Bürgertums und seiner politischen und gesellschaftlichen Stellung führte zu einer widersprüchlichen sozialpsychologischen Haltung, dem Ressentiment der Unterlegenen gegenüber der herrschenden Elite, verbunden mit dem Wunsch nach Identifikation mit ihr[224]. Die Unternehmer als Teil dieses Bürgertums unterlagen z. T. der Anziehungskraft der aristokratischen Lebensformen und Werthaltungen und paßten sich damit deutlich der angestrebten Schicht an, deren Überlegenheit sie damit indirekt anerkannten[225]. Das Ergebnis war eine weitgehende „Feudalisierung" des Bürgertums, die ihren Ausdruck im Korpsstudententum an den Universitäten und im militärischen Reserveoffizierswesen fand. „Promovierter Akademiker, Korpsstudent und Reserveoffizier zu sein – das bedeutete ... den Gipfel bürgerlicher Glückseligkeit erklommen zu haben."[226]

Auch für die westfälischen Schwerindustriellen zeigt unser Material eine Integration in die preußische Gesellschaft durch eine zunehmende, wenn auch zögernde Partizipation an den Institutionen des öffentlichen Lebens. Diese Partizipation läßt sich nicht nur als Ausdruck des Strebens nach Mitgestaltung der Gesellschaft und damit als Bedingungen der ökonomischen Expansion verstehen. Sie ist zugleich auch ein Maßstab für die steigende soziale Wertschätzung der Unternehmerschaft. Die Verbesserungen der sozialen Wertschätzung, des sozialen Status, läßt sich für die westfälischen Schwerindustriellen anhand zweier Indikatoren aufzeigen, der öffentlichen Ehrungen und des Aufstiegs im Militärdienst.

Insgesamt läßt sich ein weites Spektrum öffentlicher Ehrungen der westfälischen Schwerindustriellen aufzeigen; auch ihr Umfang ist beachtlich.

Tabelle 30: Öffentliche Ehrungen der westfälischen Schwerindustriellen nach Betriebspositionen

	Gründer	Aufsichtsräte	Leiter	insgesamt
öffentliche Ernennungen	6	23	35	64
Geh.-Berg- und Komm.-Rat	4	15	24	43
Konsul	–	3	2	5
Handelsrichter	–	1	7	8
Nobilitierung	–	3	–	3
städt. Ehrenbürger	2	1	2	5
universitäre Ernennungen	–	7	25	32
Ehrenpromotion	–	7	21	28
Ehrenbürger	–	–	4	4
Ordensverleihungen	3	19	49	71
Kronenorden	1	7	8	16
Roter Adlerorden	–	5	13	18
Kriegsorden	–	2	19	21
sonstige Orden	2	5	9	16
insgesamt	9	49	109	167

Aus der Tabelle wird deutlich, daß der Schwerpunkt der Ernennungen ganz eindeutig bei der Verleihung eines Ratstitels seitens des Staates und bei der Ehrenpromotion durch die Universitäten und Technischen Hochschulen lag. Darüber hinaus bleibt festzuhalten, daß Bergbauunternehmer und Unternehmer der gemischten Werke häufiger als Eisenindustrielle mit öffentlichen Ehrungen bedacht wurden.

Was die unterschiedliche Häufigkeit der öffentlichen Ehrungen der Inhaber der Betriebspositionen anbetrifft, so wird deutlich, daß Aufsichtsräte am häufigsten geehrt wurden, was die schon mehrfach geäußerte Vorstellung unterstützt, sie zählten zu den Honoratioren. Sie wurden auch hauptsächlich mit öffentlichen Ernennungen und Ordensverleihungen bedacht, was auf eine Unterstreichung ihrer öffentlichen und nicht so sehr fachlichen Wertschätzung – wie durch Ehrenpromotionen – hinweist. Leiter wurden fast ebenso stark durch Ehrenpromotionen geehrt, die, wie gesagt, als besonderer Ausdruck der Wertschätzung ihrer fachlichen und wissenschaftlichen Kenntnisse zu interpretieren sind. Der Schwerpunkt der öffentlichen Anerkennung der westfälischen Schwerindustriellen lag also je nach betrieblicher Position in unterschiedlichen Bereichen. Im Zeitverlauf nahm die Häufigkeit der öffentlichen Ehrungen der Unternehmer und damit deren soziale Anerkennung zu. Von größerem Umfange waren sie allerdings erst nach 1870, wobei eine Verlagerung von der Ernennung zum Rat auf die Ehrenpromotion festzustellen ist; was vor 1890 der Kommerzienrat war, wurde nach 1890 der Ehrendoktor[227].

Das Militär hielt nicht nur die Spitze der Prestigeskala und durchdrang mit seinen Wert- und Ehrenvorstellungen die ganze Gesellschaft, sondern stellte auch einen großen realen Machtfaktor in Preußen dar[228]. Deshalb kann als weiterer Indikator der sozialen Anerkennung der Unternehmer Art und Umfang ihrer militärischen Titel gelten. Dies um so mehr, als infolge des Verfassungskonfliktes eine Personalpolitik betrieben wurde, die es bürgerlichen Anwärtern nahezu unmöglich machte, in den Offiziersstand einzutreten[229].

Insgesamt spiegelte der militärische Dienstrang der westfälischen Schwer-

Tabelle 31: Militärischer Dienstrang der westfälischen Schwerindustriellen

	Bergbau		Eisenindustrie		gemischte Werke		insgesamt	
Offiziere	19		1		7		27	
Rittmeister		2		–		–		2
Leutnant		2		1		3		6
Oberleutnant		1		–		1		2
Hauptmann		7		–		1		8
Major		2		–		2		4
Kapitänleutnant		2		–		–		2
ohne genauen Rang		3		–		–		3
einjährige Freiwillige	14		10		7		31	
normal		7		9		6		22
bei der Garde		7		1		1		9
Unteroffiziere	–		–		1		1	
Mannschaftsdienstgarde	2		–		–		2	
insgesamt	35		11		15		61	

industriellen mit nur 27 Offizieren diese defensive Haltung des Militärs wider. Allerdings sind Unterschiede von Branche zu Branche beobachtbar.

In der Gruppe, die Zugang zur Offizierslaufbahn hatte, überwiegen die Bergbauunternehmer. Über die Hälfte der Bergbauunternehmer, für die sich ein militärischer Dienstgrad auffinden ließ, waren Offiziere. Und wenn diese nicht in die Offizierslaufbahn eingetreten waren, so hatten sie zumindest bei der Garde in Berlin gedient. Die Bergbauunternehmer standen, wie auch schon weiter oben dargelegt, von allen Unternehmergruppen der traditionellen Elite am nächsten.

Die anderen Industriellen leisteten ihren Militärdienst hauptsächlich nur in der Form des normalen einjährigen freiwilligen Dienstes ab. Dies wohl auch nicht aus Begeisterung am Militärdienst, sondern wegen der Möglichkeit der damit verbundenen verkürzten Dienstzeit. Die Verteilung der Kriegsteilnahme zeigt ein entsprechendes Bild:

Tabelle 32: Kriegsteilnahmen der westfälischen Schwerindustriellen

	Bergbau	Eisen-industrie	gemischte Werke	insgesamt
preuß. dän. Krieg 1864	5	1	–	6
preuß. österr. Krieg 1866	7	1	1	9
deutsch-franz. Krieg 1870/71	6	3	5	14
1. Weltkrieg 1914/18	6	–	3	9
andere Kriege[a]	1	1	1	3
insgesamt	25	6	10	41

[a] Napoleonische Freiheitskriege 1814/15, Badischer Aufstand 1849, österr.-ital. Krieg 1859.

Auch die Tabellen 31 und 32 zeigen wieder nur Minimalzahlen, da für einen großen Teil der untersuchten Personen keine Informationen über deren militärische Karriere gefunden werden konnten. Dies bedeutet nun nicht, daß alle anderen Personen über keinerlei militärische Erfahrung verfügten. Anzunehmen ist jedoch, daß ein Teil tatsächlich dem Militärdienst fern blieb, für den anderen Teil darüber hinaus eine Verteilung der militärischen Aktivitäten unterstellt werden kann, die der der bekannten Fälle nicht widerspricht. Dies kann solange vermutet werden, bis der Nachweis einer systematischen

Verzerrung wegen der Vernachlässigung der Personen ohne Informationen über ihre militärische Laufbahn erbracht ist, zumal dieser Mangel nicht den Kern unseres Themas treffen würde.

2.6. Das Karrieremuster der westfälischen Schwerindustriellen

In den vorausgehenden Ausführungen des 2. Kapitels wurden die westfälischen Schwerindustriellen in ihrem gesellschaftlichen Umfeld dargestellt. Es soll nun abschließend versucht werden, auch ihre betriebliche Position zu klären.

Dabei steht eine Untersuchung des Prozesses ihres betrieblichen Aufstiegs im Vordergrund. Das Muster dieses betrieblichen Aufstiegs stellt zugleich für die betreffenden Personen das Muster ihrer individuellen Berufskarriere dar. Individuelles Karrieremuster und innerbetriebliche Mobilität stellen zwei Seiten der gleichen Sache dar.

„Karrieremuster" als theoretisches Konzept wurde innerhalb der amerikanischen Arbeits- und Berufssoziologie entwickelt. Es diente vor allem als Instrument zur Klassifizierung regionaler Arbeitsmärkte. Dabei bedient man sich der Analyse repräsentativer individueller Berufsgeschichten, um daraus allgemeine Merkmale für den untersuchten Personenkreis zu gewinnen. Daraus lassen sich dann Schlußfolgerungen über bestimmte soziale Tatbestände ziehen, die für die untersuchten Personengruppen von großer Bedeutung sind, etwa bezüglich ihrer sozialen Sicherstellung[230] oder ihrer Mobilitätschancen[231]. In dieses Konzept des Karrieremusters gehen bestimmte Vorstellungen über die Dauer und Ausführung einer Berufstätigkeit, die Spezifizierung von Funktionen sowie einer beruflichen und betrieblichen Hierarchie ein[232]. An diesen Vorstellungen orientieren sich auch berechtigte Vorbehalte gegenüber diesem Konzept – vor allem derjenige, daß die genannten Elemente des Karrieremusters nur für sehr wenige Berufsgruppen eindeutig bestimmbar sind –, die aber dessen prinzipielle Brauchbarkeit – vor allem für die Analyse der von uns untersuchten Personengruppe – nicht in Frage zu stellen brauchen[233]. Nur eine Minderheit von Beschäftigten durchläuft tatsächlich eine komplette Berufskarriere, die Mehrzahl erfährt nur bestimmte Elemente einer solchen. Eine Berufskarriere schließt eine bestimmte Strukturierung des Berufes ein – mit Ausbildung, Eingangsvoraussetzungen, Durchlauf von Positionen und Austritt – sowie bestimmte Berufsnormen[234]. Sie enthält darüber hinaus abgrenzbare und identifizierbare Stadien und umschließt eine lebenslange Tätigkeit. Die Praxis des beruflichen Lebens kennt Berufe mit sehr präzise definierten Karrieremustern, z.B. den des Arztes, unpräzise definierten bei anderen Berufen, etwa bei Angestellten, und Berufe mit gänzlicher Abwesenheit von Karrieremustern, z.B. bei Gelegenheitsarbeitern. Allgemein formuliert beinhaltet eine Berufskarriere eine Folge miteinander inhaltlich verbundener Berufstätigkeiten, die hierarchisch geordnet sind. Berufe, bei denen diese Sequenz, sei es aufgrund rechtlicher und/oder sozialer Konventionen, genau fixiert ist, gibt es nicht häufig. Meist handelt es sich dabei um Eliteberufe, über die dann häufig auch entsprechende Untersuchungen vorliegen[235]. Diese Untersuchungen beschäftigen sich allerdings zumeist mit ökonomischen Führungskräften, wobei sie zudem häufig noch in den Fehler verfallen, daß sie nicht das aktuelle Verhalten dieser Personen beschreiben, sondern vielmehr, wie sie handeln sollten[236]. Neuere Untersuchungen vermeiden diese Unzulänglichkeiten, haben aber zumeist ein anderes Forschungsinteresse als das der Identifizierung eines Karrieremusters. Sie untersuchen vor allem im deutschen Sprachraum vielfach Teilgruppen der ökonomischen Führungselite, dies allerdings in einem weiter gefaßten Rahmen[237]. Bei diesen Arbeiten bilden Karriere und Karrieremuster nur untergeordnete Kategorien, finden jedoch Berücksichtigung.

Unter Anlehnung an das Konzept des Karrieremusters soll nun im folgenden versucht werden, Regelmäßigkeiten im Verlauf der Karriere der untersuchten Personen zu identifizieren. Vielleicht wird es so möglich sein, das typische Karrieremuster für den durchschnittlichen westfälischen Schwerindustriellen zu bestimmen.

Das Karrieremuster dieser Unternehmer soll Auskunft über den beruflichen und betrieblichen Aufstiegsprozeß der untersuchten Personen geben. Dazu wurden nur die Karrieredaten der „Leiter" herangezogen, da nur diese einem solchen Prozeß innerhalb der Untersuchungsbranchen unterlagen. „Aufsichtsräte" verblieben außerhalb des Betriebes als Kontrollinstanzen und blieben damit dem innerbetrieblichen Aufstieg fern. „Gründer" nehmen daran nur insofern teil, als sie später selbst zu „Leitern" wurden[238]. Diese Gruppe wurde jedoch in der weiteren Ausweitung nicht mit berücksichtigt, da ihre Anzahl gering ist und eine Miterfassung die Systematik der vorhergehenden Kapitel sprengen würde. Die „Leiter" verteilen sich auf Branchen und Perioden wie folgt[239]:

Tabelle 33: Die Verteilung der »Leiter« nach Branchen und Perioden[a]

	Anzahl	Anteil in %	Verteilung auf Periode 1 1852–1872	Periode 2 1873–1892	Periode 3 1893–1913
Branchenverteilung					
Bergbau	57	35	9	22	43
Eisenindustrie	43	26	10	16	22
gemischte Werke	63	39	4	20	46
insgesamt	163	100	23	58	111

[a] Die Verteilung auf Perioden enthält einige Doppelzählungen. Vgl. die Anmerkung zu Tabelle 4 auf S. 32.

Das Karrieremuster der westfälischen Schwerindustriellen läßt sich differenzieren nach seiner zeitlichen Struktur und nach den Bestimmungsgründen des Wechsels von Betriebspositionen.

2.6.1. Eintrittsalter, Austrittsalter, Karrieredauer

Die zeitliche Struktur des Karrieremusters wird durch die Merkmale Eintrittsalter, Austrittsalter und die sich daraus ergebende Karrieredauer bestimmt.

Das Eintrittsalter in die Branche verteilt sich für die westfälischen Schwerindustriellen nach dem folgenden Muster.

Tabelle 34: Das Eintrittsalter der westfälischen Schwerindustriellen

	Bergbau	Eisen-industrie	gemischte Werke	insgesamt
unter 20 Jahre	2	3	2	7
20–24 Jahre	6	14	25	45
25–29 Jahre	16	14	17	47
30–34 Jahre	14	4	7	25
35–40 Jahre	12	1	2	15
über 40 Jahre	2	1	2	5
insgesamt	52	37	55	144
keine Information	5	6	8	19
N	57	43	63	163

Ganz deutlich wird, daß das Eintrittsalter im Bergbau weit über dem der Eisenindustrie lag. Im Bergbau hatten bis zum 25. Lebensjahr ganze 15 % und bis zum 30. Lebensjahr nicht einmal die Hälfte (46 %) der Schwerindustriellen ihre Karriere begonnen, während es in der Eisenindustrie bis zum 25. Lebensjahr immerhin schon fast die Hälfte waren (46 %) und bis zum 30. Lebensjahr gar 84 %. Für die gemischten Werke gilt das gleiche wir für die Eisenindustrie, 49 bzw. 80 %. Der Unterschied erklärt sich im wesentlichen aus der Tatsache, daß im Bergbau der Anteil derjenigen Unternehmer, die eine Ausbildung in der staatlichen Bergbauverwaltung durchlaufen hatten, relativ hoch war[240]. Eine solche Ausbildung endete aber erst in einem Alter von knapp 30 Jahren. Noch deutlicher wird der Unterschied zwischen den Branchen im Eintrittsalter bei der Betrachtung des durchschnittlichen Eintrittsalters[241]. Dieses beträgt beim Bergbau 31 Jahre, bei den gemischten Werken 27 Jahre und in der Eisenindustrie 25 Jahre und korrespondiert mit den Anteilen der ehemaligen Bergbeamten in den jeweiligen Branchen. Das durchschnittliche Eintrittsalter in den Perioden lag bei Ende 20 (Periode 1: 29, Periode 2: 27, Periode 3: 28), was auf eine relative Konstanz dieser Branchenunterschiede im Zeitverlauf schließen läßt. Für alle Unternehmer zusammen errechnet sich ein durchschnittliches Eintrittsalter von 28 Jahren.

Dieser allgemein relativ späte Karrierebeginn der westfälischen Schwerindustriellen erklärt sich aus der Tatsache, daß es sich bei ihnen vorwiegend um Unternehmer handelte, die kein oder nur ein unbedeutendes Eigentum an den betreffenden Unternehmen hatten. Für diese sogenannten „Angestellten-Unternehmer" zeigt Stahl ein signifikant höheres Eintrittsalter (86 % nach dem 30. Lebensjahr) als für „Eigentümer-Unternehmer"[242]. Für die Stahlindustriellen Großbritanniens läßt sich ein eher noch höheres Eintrittsalter in eine Unternehmerposition feststellen[243].

Das Ende der Berufskarriere der westfälischen Schwerindustriellen war in der Regel mit dem Eintritt in den Ruhestand etwa um das 65. Lebensjahr gekommen. Häufig endete die Karriere aber auch eher, durch Rücktritt, vorzeitigen Ruhestand oder Tod. Das Austrittsalter zeigt daher folgende Verteilung:

Tabelle 35: Das Austrittsalter der westfälischen Schwerindustriellen

	Bergbau	Eisen-industrie	gemischte Werke	insgesamt
bis 50 Jahre	6	6	6	18
51–55 Jahre	5	2	8	15
56–60 Jahre	9	8	4	21
61–65 Jahre	16	7	15	38
66–70 Jahre	3	8	14	25
über 70 Jahre	2	4	4	10
insgesamt	41	35	51	127
keine Information	16	8	12	36
N	57	43	63	163

Auch beim Austrittsalter zeigen die Industriellen der Eisenindustrie Besonderheiten: Nach dem 65. Lebensjahr blieb von ihnen noch etwa ein Drittel (34 %) in ihrer Branche tätig, während es im Bergbau nur 12 % waren. Die Verteilung des Austrittsalters bei den Unternehmen der gemischten Werke gleicht hier wiederum der Verteilung in der Eisenindustrie: 35 % der Industriellen schieden erst nach dem 65. Lebensjahr aus der Unternehmerposition aus. Diese Unterschiede werden auch im durchschnittlichen Austrittsalter innerhalb dieser Branchen deutlich, wenn auch nur in geringerem Maße. Das durchschnittliche Austrittsalter betrug im Bergbau 59 Jahre, in der Eisenindustrie 60 Jahre und bei den gemischten Werken ebenfalls 60 Jahre. Das durchschnittliche Austrittsalter nahm in der Untersuchungsperiode insgesamt leicht zu: Periode 1 = 59, Periode 2 = 60 und Periode 3 = 61 Jahre. Es lag also etwa bei 60 Jahren insgesamt.

Die Reihe von Nicht-Kapitalgesellschaften in der Eisenindustrie, deren Leiter zugleich Eigentümer waren und sich damit einer bürokratischen Regelung des Unternehmeraustritts entziehen konnten, erklärt möglicherweise das spätere Karriereende. Der Bergbau ist jedoch – nicht zuletzt wegen seiner engen Kontakte zur staatlichen Bergbauverwaltung – stark bürokratisiert gewesen. Die Leiter der großen gemischten Werke identifizierten sich möglicherweise durch ihre dominierende Stellung in einem hohen Maße mit ihren Werken, so daß sie im Bewußtsein ihrer eigenen Unersetzbarkeit dazu neigten, ebenso wie die privaten Unternehmer der Eisenindustrie ihren Austrittszeitpunkt aus dem Unternehmen hinauszuzögern.

Auch britische Schwerindustrielle zeigten diese Neigung zu dem Verweilen in der Leitungsposition über das 65. Lebensjahr hinaus. Immerhin blieben dort sogar gut 30 % bis über das 70. Lebensjahr in einer Unternehmerposition[244].

Die Daten des Eintritts in das Geschäftsleben und des Austritts definieren die Karrieredauer. Nach den obigen Verteilungen dieser Variablen ist für den Bergbau mit einer relativ kurzen und für die Eisenindustrie mit einer relativ langen Karrieredauer zu rechnen, während für die gemischten Werke eine mittlere Karrieredauer erwartet werden kann.

Tabelle 36: Die Karrieredauer der westfälischen Schwerindustriellen

	Bergbau	Eisen-industrie	gemischte Werke	insgesamt
bis 10 Jahre	2	3	1	6
11–15 Jahre	5	–	2	7
16–20 Jahre	6	–	2	8
21–25 Jahre	4	5	3	12
26–30 Jahre	6	5	6	17
31–35 Jahre	9	6	12	27
36–40 Jahre	8	3	9	20
41–45 Jahre	2	9	10	21
über 45 Jahre	–	4	4	8
insgesamt	42	35	49	126
keine Information	15	8	14	37
N	57	43	63	163

Die reale Verteilung der Karrieredauer bestätigt diese Vermutung. 31 % der Bergbaubeamten durchliefen in der Schwerindustrie eine Karriere bis zu 20 Jahren Dauer; in der Eisenindustrie waren es nur knapp 9 % und bei den gemischten Werken 10 %. Die durchschnittliche Karrieredauer betrug im Bergbau 27 Jahre, in der Eisenindustrie 33 Jahre und bei den gemischten Werken 28 Jahre. Diese Unterschiede zwischen der Karrieredauer in den verschiedenen Branchen entsprechen auch denen der rechnerischen Differenz zwischen Eintritts- und Austrittsalter zwischen diesen Branchen: 30, 35 bzw. 33 Jahre. (Wegen der Durchschnittsbildung stimmen beide nicht überein[245].) Daß die relativ kurze Karrieredauer im Bergbau mit der Rekrutierung zunehmend qualifizierteren Führungspersonals vor allem aus der staatlichen Bergbauverwaltung in Zusammenhang steht, wird aus der sinkenden Karrieredauer innerhalb des Bergbaus im Zeitverlauf deutlich[246]. In der Eisenindustrie ist dagegen sogar noch eine zunehmende Karrieredauer festzustellen und bei den gemischten Werken ebenfalls, wenn auch in geringerem Maße.

Tabelle 37: Karrieredauer der westfälischen Schwerindustriellen nach Perioden

	Periode 1 1852–1872	Periode 2 1873–1892	Periode 3 1893–1913	insgesamt
Bergbau	35	29	27	27
Eisenindustrie	23	36	38	33
gem. Werke	32	33	35	28

Die Zunahme der Karrieredauer in der Eisenindustrie ist weniger durch einen früheren Eintritt in die Karriere als vielmehr durch ein längeres Verweilen in der Unternehmerposition zu erklären. Insgesamt war die Karrieredauer in der westfälischen Schwerindustrie wesentlich höher als in der britischen Stahlindustrie. Dort betrug diese 1865 22 Jahre und 1875–95 20 Jahre[247].

2.6.2. Karrieremuster

Die Möglichkeit des Erwerbs einer Unternehmerposition bestand für die westfälischen Schwerindustriellen im wesentlichen nur über den innerbetrieblichen Aufstieg innerhalb einer bestehenden Unternehmerorganisation. Die Chancen, als „Gründer" oder „Betriebserbe" eine solche Position einzunehmen, waren, gemessen an den Möglichkeiten der Unternehmer anderer Branchen, relativ gering[248]. Das lag vor allem am hohen Kapitalbedarf, der für die Gründung eines Unternehmens der Schwerindustrie benötigt wurde. Kaum ein individueller Unternehmer war deshalb in der Lage, allein eine solche Firma zu gründen, sondern war auf die Mitwirkung des weiteren Publikums angewiesen. Dies bedingte in der Regel zugleich auch eine gewisse Form der bürokratischen Organisation.

2.6.2.1. *Eintritt*

Eine Ursache für die branchenspezifischen Unterschiede im Eintrittsalter ist sicherlich auch der Unterschied im Karrierezugang innerhalb der Branchen. Die Bergbauunternehmer traten nicht direkt nach einer gewissen Fachausbildung in die Unternehmungen ein, sondern durchliefen die normale Bergbeamtenlaufbahn bis zum Bergreferendar, häufig sogar bis zum Bergassessor mit einigen weiteren Berufsjahren, während die Industriellen der Eisenindustrie direkt nach ihrer Fach- bzw. Hochschulausbildung oder einer praktischen Vorbildung in den Beruf eintraten. Für die Schwerindustriellen der gemischten Werke waren beide Karrierezugänge möglich, wenn auch mit Bevorzugung des direkten Eintritts.

Tabelle 38: Eintrittsvoraussetzungen der westfälischen Schwerindustriellen

Eintritts-voraussetzung	Bergbau	Eisen-industrie	gemischte Werke	insgesamt
direkt aus der Ausbildung	12	33	37	82
über den Staatsdienst	35	3	11	49
aus anderer Tätigkeit	9	5	15	29
Eisenbahn	1	1	5	7
Bank, kaufm. Tätigk.	3	2	3	8
Maschinenfabrik	–		4	4
sonst. Unternehmen[a]	5	2	3	10
insgesamt	56	41	63	160
keine Information	1	2	0	3
N	57	43	63	163

[a] Glasfabrik, Paraffinfabrik, Nickelwerk, Schiffahrtsunternehmen, Apotheke, Verband.

Für die Unternehmer der Eisenindustrie bestätigt sich der direkte Einstieg in die Karriere auch am Beispiel Großbritanniens, da auch für die britischen Stahlindustriellen festgestellt werden kann, daß sie direkt als Ingenieure in die Branche eintraten[249].

Die Fluktuation zwischen den Branchen war gering. Nur ein kleiner Teil der Personen, die im Bergbau bzw. in der Eisenindustrie eine unternehmerische Stellung einnahmen, hatte seine Karriere innerhalb der Schwerindustrie nicht auch in der entsprechenden Branche begonnen: Bergbau 4 von 57 = 7 %, Eisenindustrie 5 von 43 = 12 %.

Tabelle 39: Eintrittsbranche der westfälischen Schwerindustriellen

Eintrittsbranche	Bergbau	Eisen-industrie	gemischte Werke	insgesamt
im Bergbau	53	3	1	57
in der Eisenindustrie	2	38	3	43
in gemischten Werken	11	36	16	63
insgesamt	66	77	20	163

Auffällig ist allerdings, daß sehr viel mehr Personen ihre Karriere in der Eisenindustrie begannen als dort eine Unternehmerposition erreichten. 38 Personen von den 77, die die Eisenindustrie als Einstiegsbranche in die Schwerindustrie benutzt hatten, erreichten dort eine Unternehmerposition (49 %). Die Abwanderung zu den gemischten Werken war sehr hoch: etwa die Hälfte der Leiter der gemischten Werke (57 %) hatte die Karriere in der Eisenindustrie begonnen.

Die Fluktuation zwischen den Branchen war jedoch abgesehen von diesem Übergang gering. Nur die Beschäftigten in der Eisenindustrie stellten ein Reservoir für die Führungskräfte der gemischten Werke dar. Die Vermutung einer geringen Fluktuation wird noch gestützt durch die Tatsache, daß der Eintritt in die Schwerindustrie auch überwiegend in Firmen erfolgte (zu 60 %), die ihren Sitz im westfälischen Ruhrgebiet hatten. Die regionale Rekrutierung von Schwerindustriellen war auf wenige Gebiete begrenzt, da nur dort dieser Industriezweig vertreten war. Ihre Anteile zeigen folgendes Bild:

Tabelle 40: Eintrittsregion der westfälischen Schwerindustriellen

Eintrittsregion	Bergbau	Eisen-industrie	gemischte Werke	insgesamt
innerhalb der Untersuchungsregion	42	20	35	97
außerhalb der Untersuchungsregion	15	23	28	66
insgesamt	57	43	63	163

Lediglich für die Eisenindustriellen ist festzustellen, daß mehr Personen ihre Karriere außerhalb als innerhalb des westfälischen Ruhrgebiets begonnen haben. Die regionale Mobilität innerhalb des Ruhrgebiets war ebenfalls gering.

Das Eintrittsniveau der Schwerindustriellen gibt Auskunft über das Ausmaß des betrieblichen Aufstiegs, den sie seitdem durchlaufen haben. Je tiefer die durchschnittliche Eintrittsebene in der Betriebshierarchie einer Branche, um so höher das Maß der möglichen betrieblichen Aufstiegsmobilität. Es lassen sich bei den untersuchten Branchen drei Eintrittsebenen[250] für die schwerindustriellen Leiter unterscheiden. Die höchste ist die Ebene der Direktion, ein möglicher weiterer Aufstieg ist dabei nicht gegeben. Die mittlere Eintrittsebene ist die des Leiters eines einzelnen Betriebes innerhalb eines Gesamtkonzerns, ein Aufstieg in die Konzernleitung bleibt möglich. Die dritte Ebene ist die Eintrittsebene unterhalb des Betriebsleiters. Sie umfaßt eine Vielzahl betrieblicher Positionen vom Angestellten über den Konstrukteur und Meister bis hin zum Rechnungsführer und ermöglicht einen zweistufigen Aufstieg. Die Eintrittsebene der untersuchten Leiter der Schwerindustrie verteilen sich wie folgt:

Tabelle 41: Eintrittsebene der westfälischen Schwerindustriellen

Eintrittsebene	Bergbau	Eisen-industrie	gemischte Werke	insgesamt
obere Ebene	40	6	9	55
mittlere Ebene	6	2	6	14
untere Ebene	11	35	48	94
insgesamt	57	43	63	163

Insgesamt läßt sich ein ansehnliches Maß an betrieblicher Mobilität feststellen: 94 Schwerindustrielle (58 %) begannen ihre Karriere auf der unteren Ebene der betrieblichen Hierarchie. Auffallend bleibt, daß diese Personen fast ausschließlich außerhalb des Bergbaus Karriere machten. Für den Bergbau gilt, daß 70 % aller Bergbauunternehmer schon auf der Ebene der Direktion ihre Karriere begannen. Der auffällige geringe Umfang eines Karrierestarts auf der mittleren Ebene mag daran liegen, daß nicht alle untersuchten Firmen separate Betriebsführungen unterhalb der Gesamtleitung hatten – dies gilt besonders für die Eisenindustrie –, aber auch an der geringen Attraktivität dieser Positionen für Personen mit den besonderen Eintrittsvoraussetzungen der Schwerindustrie.

2.6.2.2. Austritt

Die westfälischen Schwerindustriellen beendeten im wesentlichen ihre Karriere auch in der Branche, in der sie eine Unternehmerposition erreicht hatten. Ein Wechsel auf der Ebene der Unternehmensleitung zwischen den Branchen war kaum üblich[251].

Tabelle 42: Austrittsbranche der westfälischen Schwerindustriellen

Karriereende	Bergbau	Eisen-industrie	gemischte Werke	insgesamt
im Bergbau	41	–	–	41
in der Eisenindustrie	3	33	15	51
in gemischten Werken	5	1	40	46
außerhalb der Schwerindustrie	7	8	6	21
insgesamt	56	42	61	159

Ein gewisser Grad an regionaler Mobilität bestand allerdings zwischen den Unternehmen innerhalb einer Branche, denn immerhin 31 % der Leiter der westfälischen Schwerindustrie beendeten ihre Karriere außerhalb dieser Region, d. h. sie wechselten auf der oberen Ebene zu einer Firma außerhalb des westfälischen Ruhrgebiets[252]. Die Wechsel zwischen den Firmen innerhalb der Untersuchungsregion sind damit noch nicht erfaßt[253].

Tabelle 43: Austrittsregion der westfälischen Schwerindustriellen

Karriereende	Bergbau	Eisen-industrie	gemischte Werke	insgesamt
innerhalb der Region	38	20	38	96
außerhalb der Region	11	15	17	43
insgesamt	49	35	55	139

Die Bergbauunternehmer beendeten ihre Karriere wesentlich seltener außerhalb des westfälischen Ruhrgebiets: 22 % gegenüber 43 % der Eisenindustriellen und 31 % der Leiter der gemischten Werke. Das mag am Angebot an entsprechenden Positionen außerhalb des Untersuchungsgebietes gelegen haben, das für Bergbauunternehmer sicherlich geringer war als für die anderen Leiter. Ein beruflicher Abstieg war kaum festzustellen, nahezu alle Unternehmer beendeten ihre Karriere auch auf der Direktionsebene, wenn sie innerhalb der Schwerindustrie verblieben. Lediglich eine Person beendete die Karriere, nachdem sie die Direktionsebene erreicht hatte, in untergeordneter Stellung, und ein Leiter verließ die Direktionsebene, um in den Aufsichtsrat einzurücken. Über den Verbleib der Personen, die die Schwerindustrie verließen, gibt die Tabelle 45 Auskunft. Auch in diesen Angaben läßt sich ein beruflicher Abstieg nicht feststellen.

Aufschluß über die Ursachen der Unterschiede im Austrittsalter zwischen den verschiedenen Branchen gibt eine Untersuchung der Gründe des Austritts. Diese stellen sich wie folgt dar:

Tabelle 44: Austrittsgründe der westfälischen Schwerindustriellen

	Bergbau	Eisen-industrie	gemischte Werke	insgesamt
Ruhestand	17	17	28	62
Tod	24	13	19	56
Tätigkeit außerhalb der Schwerindustrie	6	7	5	18
insgesamt	47	37	52	136

Nur ein geringer Teil der Unternehmer in der westfälischen Schwerindustrie verließ die Branche vor Beendigung der Berufskarriere (13 %), d.h. suchte eine Tätigkeit in anderen Wirtschaftszweigen. Der überwiegende Teil verblieb in der Branche, d.h. die Fluktuation war relativ gering. Nur etwa die Hälfte der westfälischen Schwerindustriellen, die ihre Karriere auch in dieser Branche beendeten, erreichte den Ruhestand, die andere Hälfte verstarb zuvor. Diejenigen Unternehmer, die aus der Branche ausschieden, gingen anschließend Beschäftigungen nach, die in Tabelle 45 angeführt sind.

2.6.2.3. *Firmenwechsel*

Auskunft über die Mobilität innerhalb einer Branche gibt die Häufigkeit des Wechsels zwischen den Firmen, welche die Leiter der Schwerindustrie innerhalb ihrer Berufskarriere unternahmen. Die Übersicht über die Anzahl der Firmen, in denen die Leiter der westfälischen Schwerindustrie während ihrer Berufskarriere tätig waren[254], gibt Tabelle 46.

Tabelle 45: Tätigkeiten nach Branchenaustritt der westfälischen Schwerindustriellen

	Bergbau	Eisen-industrie	gemischte Werke	insgesamt
Tätigkeit in eigener Firma anderer Branche	–	1	1	2
Zivilingenieur/ Gutachter	1	1	3	5
Lehrtätigkeit/ Wissenschaftl. Tätigkeit	1	3	–	4
Verbandstätigkeit	1	–	1	2
Rechtsanwalt	–	1	–	1
Handelsvertreter	–	1	–	1
keine neue Tätigkeit	3	–	–	3
nach Rücktritt	2	–	–	2
nach Entlassung	1	–	–	1
insgesamt	6	7	5	18

Tabelle 46: Häufigkeit des Firmenwechsels der westfälischen Schwerindustriellen

Anzahl der Firmen	Bergbau	Eisen-industrie	gemischte Werke	insgesamt
1	17	11	11	39
2	16	5	5	26
3	14	5	13	32
4	5	5	6	16
5	4	7	16	27
6	1	1	5	7
7	–	2	3	5
8	–	1	4	5
9	–	1	–	1
insgesamt	57	38	63	158

Auch die Häufigkeit des Firmenwechsels weist auf eine geringere Mobilität innerhalb des Bergbaus hin: 82 % der Bergbauleiter waren in höchstens drei Firmen während ihrer Berufskarriere beschäftigt, in der Eisenindustrie 44 % und bei den gemischten Werken 46 %. Für die Eisenindustrie ist dabei noch zu bedenken, daß es sich bei den Personen, die keinen Firmenwechsel vornahmen, hauptsächlich um die Eigentümer privater Hüttenwerke etc. handelte, die nicht die gleichen Bedingungen wie die Leiter ohne Besitzanteile für einen Firmenwechsel vorfanden. Die Unterschiede zwischen den Branchen bestätigen sich auch beim Vergleich der durchschnittlichen Anzahl der Firmen, in denen die Leiter der Schwerindustrie tätig waren. Dieser Durchschnitt beträgt für den Bergbau 2,4, für die Eisenindustrie 3,6 und für die gemischten Werke 3,9; für die Gesamtheit aller Leiter 3,3. Bemerkenswert bleibt auch die Verteilung der durchschnittlich durchlaufenen Firmen im Zeitverlauf:

Tabelle 47: Häufigkeit des Firmenwechsels der westfälischen Schwerindustriellen nach Perioden

	Periode 1 1852–1872	Periode 2 1873–1892	Periode 3 1893–1913	insgesamt
Bergbau	2,6	2,3	2,5	2,4
Eisenindustrie	2,8	4,4	3,2	3,6
gem. Werke	2,8	4,0	3,8	3,9
insgesamt	2,7	3,5	3,7	

Die Periode 2 ist von einer deutlichen Zunahme der durchschnittlich von einem Leiter durchlaufenen Firmen gekennzeichnet. Es wäre zu vermuten, daß zwischen 1870 und 1890 auch für den Faktor unternehmerische Dienstleistungen ein Markt entstand und die Leiter der Schwerindustrie diesen Markt zu nutzen verstanden. Vor 1870 war der Markt noch zu klein und zu wenig transparent, um ein häufigeres Wechseln der Firma zuzulassen, während nach 1890 die Kartellierung und Konzentration innerhalb der Schwerindustrie ein entsprechendes Markthemmnis darstellte. Für diese Interpretation spricht auch die Sonderbewegung der durchschnittlich pro Leiter durchlaufenen Firmen innerhalb des Bergbaus. Dort haben wegen der Nähe zur staatlichen Bergbaugehörde wahrscheinlich nie marktähnliche Zugangsbedingungen für Führungskräfte geherrscht.

Kapitel III

Die Struktur der betrieblichen Probleme in der westfälischen Schwerindustrie, 1852–1913

1. Vorbemerkungen

Innerhalb der von uns weiter oben räumlich und inhaltlich abgegrenzten Unternehmen der westfälischen Schwerindustrie soll nun in diesem Kapitel versucht werden, anhand der Variablenkomplexe Technologie und Markt die betrieblichen Probleme der einzelnen Firmen zu strukturieren, um diese dann im weiteren mit dem Firmen-„Erfolg" in Zusammenhang zu setzen. Die Umsetzung der betrieblichen Herausforderung in erfolgreiche Operationen erfolgte durch die strategischen Entscheidungen der von uns im vorausgehenden Kapitel analysierten Unternehmerschaft. Letztlich wird deshalb zu fragen bleiben, in welchem Zusammenhang die erfolgreiche Problemlösung mit den sozialen Merkmalen der Unternehmer stand. Die betrieblichen Probleme innerhalb der Schwerindustrie müssen in dreifacher Hinsicht differenziert werden. Zunächst einmal wäre deutlich zu machen, daß allgemeine Herausforderungen an die Schwerindustrie in den drei von uns gebildeten Subbranchen „Bergbau", „Eisenindustrie" und „gemischte Werke" unterschiedlich ausgeprägt sind. Weiterhin betreffen diese Probleme sachlich mindestens zwei unterschiedliche Bereiche, den der technologischen Bedingungen und den der Marktverhältnisse. Darüber hinaus muß vermutet werden, daß die Betriebsprobleme auch zeitlich variieren und deshalb in der historischen Entwicklung einem Wandel unterliegen. Abgesehen von der besonderen Ausprägung für die drei Subbranchen lassen sich für die westfälische Schwerindustrie im Zeitverlauf die generellen Probleme in einer Skizze veranschaulichen (vgl. Skizze III).

In dieser sehr schematischen Klassifikation sind natürlich nicht alle Probleme erfaßt, mit denen sich die Unternehmer der westfälischen Schwerindustrie im Untersuchungszeitraum zu befassen hatten. So finden z. B. die externen und internen Auseinandersetzungen mit der Arbeiterschaft darin keinen Platz, obwohl sie sicherlich gerade in dieser Periode zunehmend an Bedeutung gewannen[1]. Auch die Probleme der inneren Unternehmens- und Konzernorganisation werden hier nur am Rande untersucht werden können[2].

Skizze III: Generelle Betriebsprobleme der westfälischen Schwerindustrie, 1852–1913

	1. Periode 1852–1873	2. Periode 1874–1892	3. Periode 1893–1913
Markt	Gründungsfinanzierung	Absatzstabilisierung	Rohstoff- und Weiterverarbeitungssicherung
Technologie	Basis-Innovationen	Folge-Innovationen	Rationalisierungen

Darüber hinaus trifft die scheinbare Regelmäßigkeit in einer stufenartigen Abfolge verschiedenartiger Betriebsprobleme nicht exakt die Realität. So gibt es für jedes Unternehmen zu jeder Zeit die Frage nach der optimalen Technologie und der angemessenen Finanzierung. Es scheint uns jedoch für den untersuchten Zeitraum möglich und sinnvoll, in der oben vorgenommenen Weise eine Klassifizierung der von uns eingehender untersuchten Betriebsprobleme vorzunehmen. Sie stehen in deutlichem Zusammenhang sowohl mit konjunkturellen Schwankungen als auch mit Phasen der Entwicklung der Branche, wie im weiteren noch zu zeigen sein wird.

Bevor nun mit der ausführlichen Untersuchung dieser Probleme begonnen wird, sollte noch darauf hingewiesen werden, daß durchaus auch andere Möglichkeiten der Operationalisierung der Betriebsprobleme und damit der Unternehmensentscheidungen bestehen. So läßt sich etwa über die Kostenstrukturen verschiedener technologischer Verfahren deren Beitrag zum Unternehmensergebnis kalkulieren[3]. Für unsere Untersuchung erscheint diese Vorgehensweise jedoch wenig erfolgversprechend, da für die meisten technologischen Verfahren entsprechende Kosteninformationen nicht zu mobilisieren sind, die Vielzahl der Verfahren darüber hinaus kaum Kostenkalkulation im Rahmen einer einzelnen Untersuchung sinnvoll erscheinen läßt, eine Reihe von Betriebsproblemen – etwa die des Marktes – gar nicht oder nur mit einer ganzen Reihe zusätzlicher Annahmen durch Kosten auszudrücken wären und schließlich eine generalisierende Untersuchung einer Branche über einen längeren Zeitraum gänzlich andere Operationalisierungskriterien erfordert.

Wenig problematisch erscheint in diesem Zusammenhang die Behandlung der betrieblichen Probleme, die mit den veränderten Marktbedingungen verbunden sind. Diese sind in vielfältiger Weise zum Gegenstand wirtschaftshistorischer Erörterungen erhoben worden[4]. Für die Diskussion technologischer Innovationsprozesse liegen dagegen weitaus weniger Vorarbeiten vor. Dieser Mangel an entsprechenden Arbeiten läßt sich nicht nur für die Analyse historischer Entwicklungen konstatieren, sondern findet sich auch bezüglich des aktuellen ökonomischen Wachstums[5].

Bei unserer Erörterung der technologischen Innovation innerhalb der westfälischen Schwerindustrie wird zwischen Basisinnovationen, Folgeinnovationen und Rationalisierungen unterschieden. Dabei gehen wir von einem Innovationsmodell aus, das für die Form der Durchsetzung einer Innovation eine logistische Kurve unterstellt[6]. Zunächst erfolgt eine durchgreifende Neuerung, die über den rein betrieblichen Rahmen hinausgeht und zu sozialen und politischen Konsequenzen führt, und die sich nach anfänglichem Zögern schnell durchsetzt[7]. Es folgt eine Phase, in der ergänzende Verbesserungen an den ursprünglichen Innovationen durchgeführt werden, die im wesentlichen in der Hand einzelner Betriebe liegen. Schließlich ist die neue Technologie ausgereift, und für die Betriebe, die diese Technologie weiter anwenden, läßt sich eine weitere Rentabilitätssteigerung nicht mehr über technische Veränderungen, sondern nur noch durch Rationalisierungen erzielen, d.h. durch effizientere Nutzung der vorhandenen Ressourcen. Diesen drei Phasen des Innovationszyklus werden innerhalb unserer Untersuchung der westfälischen Schwerindustrie die drei Perioden ihrer Entwicklung zugeordnet[8].

Bei unserer Erörterung der Innovationen innerhalb der westfälischen Schwerindustrie handelt es sich jedoch nicht um den Versuch, ein umfassendes Modell innovativer Prozesse in der westfälischen Schwerindustrie vorzulegen[9]. Dies würde den Rahmen dieser Arbeit sprengen. Vielmehr soll uns diese Klassifikation ein Gliederungsschema für die technologischen Anforderungen an die Entscheidungsfähigkeit der westfälischen Schwerindustriellen liefern. Ursachen und Diffusion der Innovationen bleiben zweitrangig.

Die Untersuchungsgesamtheit, an der die betrieblichen Probleme exemplifiziert werden sollen, bilden die Unternehmen der westfälischen Schwerindustrie, auf deren Strukturmerkmale schon in den Vorbemerkungen zum Kapitel II eingegangen wurde. Es handelt sich bei unserem Sample um eine Totalerhebung aller betreffenden Firmen der Region im Untersuchungszeitraum[10]. Erfaßt werden darin 107 Bergwerksunternehmen, 37 Unternehmen der Eisenindustrie und 10 gemischte Werke, also insgesamt 154 Firmen.

Vor 1850 gab es zwar im Untersuchungsgebiet schon eine gewisse vorindustrielle Tradition. Bei den Bergbauunternehmen handelte es sich um Unternehmen in der Rechtsform der Gewerkschaft alten Rechts[11], die an den Ufern der Ruhr kleinere Stollenzechen betrieben, und die vorhandenen Eisenhütten verdienten den Namen „Hütten" im wahrsten Sinne des Wortes.

Die Bedeutung der Kohlenzechen war gering, zumal sie für den Absatz ihrer Produkte auf den langsamen und mühsamen Transport über die Ruhr angewiesen waren, die in den frühen 50er Jahren zwischen 40 und 120 Tagen im Jahr nicht einmal schiffbar war und insgesamt nur gut 600000 t jährlich zu transportieren zuließ[12]. Die Möglichkeit, auch die nördlichen Felder zu erschließen, ergab sich erst, nachdem es 1837 gelungen war, die Mergeldecke zu durchstoßen[13]. Bis dahin wurden die Bergwerksunternehmen in Betriebseinheiten mit entsprechend geringer Produktion betrieben[14], die sich an den Ufern der Ruhr aneinanderreihten[15].

Die Eisenindustrie war vor 1850 ebenfalls noch nicht durch große Betriebseinheiten geprägt und insgesamt von geringem Umfang. Für 1845 lassen sich in der Untersuchungsregion ganze drei Puddlingwerke auffinden mit insgesamt 276 (8, 95 und 173) Beschäftigten und zusammen knapp 2000 t Produktion jährlich[16]. Hochofenwerke fanden sich nur sehr wenige; im märkischen Bergamt drei, von denen nur eines, die Eisenhütte Westfalia mit 2 Hochöfen, 220 Beschäftigten und 585 t Jahresproduktion in unsere Untersuchungsregion fällt[17]. Die relative Unbedeutsamkeit der Eisenindustrie des Ruhrgebiets gegenüber deren traditionellen Zentren in der Eifel, dem Bergischen Land, dem Lahn-Dill-Gebiet und dem Saarrevier vor 1850 wird häufig betont[18], ebenso wie die – für den nördlichen Teil noch spät in das 19. Jahrhundert hineinreichende – starke Prägung des Ruhrgebietes durch die Landwirtschaft[19].

Erst mit dem Beginn der Untersuchungsperiode läßt sich für das westfälische Ruhrgebiet eine industrielle Entwicklung konstatieren, deren Entstehung, aus der Perspektive der betrieblichen Probleme der beteiligten Unternehmen betrachtet, der Gegenstand des nächsten Abschnittes sein soll. Dabei handelt es sich konkret um die mit der Gründung verbundenen technischen und finanziellen Probleme.

2. Die betrieblichen Probleme der Gründerperiode, 1852–1873

Häufig werden die Jahre um 1870 als „Gründerjahre“ bezeichnet. Dies gilt für die Fachliteratur wie auch für die weitere literarische Produktion[20].

Richtigerweise müßte man jedoch – zumindest für die westfälische Schwerindustrie – von zwei Gründungsphasen nach 1850 sprechen, den ersten Gründerjahren um die Mitte der 1850er Jahre und den zweiten Gründerjahren nach 1870[21]. In diesen beiden Gründungsperioden standen in der westfälischen Schwerindustrie die mit der Gründung verbundenen Betriebsprobleme im Vordergrund. Für den Bergbau stellten sich konkret die technischen Probleme bei der Einführung des Tiefbaus, und in der Eisenindustrie vollzog sich der Übergang vom Holzkohle- zum Kokshochofen und die Übernahme des Puddelverfahrens sowie später die Einführung eines neuen Verfahrens der Stahlgewinnung, des Bessemerverfahrens. Diese technischen Innovationen waren verbunden mit dem Übergang zu größeren Betriebseinheiten, so daß als erstes kaufmännisches Problem die Notwendigkeit der Mobilisierung umfangreicher finanzieller Mittel zur Finanzierung der Investitionen auftrat.

2.1. Die Unternehmensgründungen in der westfälischen Schwerindustrie

Folgt man der oben erläuterten Periodisierung, so ergibt sich für die westfälische Schwerindustrie folgende Verteilung der Gründungen:

Tabelle 48: Gründungsjahre der Unternehmen der westfälischen Schwerindustrie[a]

	Bergbau	Eisen-industrie	gemischte Werke	insgesamt
bis 1851	25	6	–	31
1852–1873	63	23	9	95
davon in 1. Gründungsperiode 1852–1857	22	9	4	35
davon in 2. Gründungsperiode 1870–1873	24	9	4	37
1874–1892	8	7	–	15
1893–1913	11	1	1	13
insgesamt	107	37	10	154
N	107	37	10	154

[a] Ein detaillierter Nachweis der Quellen für jede einzelne der Zahlen dieser, wie auch der folgenden Tabellen mit Angaben über die Unternehmen der westfälischen Schwerindustrie kann nicht erfolgen. Eine Liste aller untersuchten Unternehmen findet sich im Anhang. Die Repräsentativität der darin aufgeführten 154 Unternehmen für die gesamte westfälische Schwerindustrie wurde auf S. 25/26 diskutiert. Aussagen über die Qualität und den Umfang der Quellen sowie über die Art ihrer Aufbereitung enthält die Quellendiskussion auf S. 171 bis 179. Damit läßt sich die Zuverlässigkeit der Daten dieser und der folgenden Tabellen abschätzen.

Deutlich wird eine sich im Zeitverlauf insgesamt abschwächende Gründungstendenz mit deutlichen Höhepunkten innerhalb der beiden Gründungsperioden 1852–57 und 1870–73.

72 (47 %) aller 154 Unternehmen der Schwerindustrie wurden in diesen beiden Gründungsphasen gegründet. Dieses Bild wird noch deutlicher, wenn man bedenkt, daß 25 Bergbauunternehmen und 6 Unternehmen der Eisenindustrie schon vor 1852 gegründet worden waren, so daß 56 % aller Gründungen im Untersuchungszeitraum auf diese beiden Gründungsperioden entfielen[22]. Ebenso handelte es sich dabei fast ausschließlich um Neu-

gründungen und weniger um Umgründungen bestehender Unternehmen[23], die erst später einige Bedeutung erlangten.

Tabelle 49: Neu- und Umgründungen in der westfälischen Schwerindustrie[a]

	Bergbau		Eisen-industrie		gemischte Werke[b]		insgesamt	
	Neugr.	Umgr.	Neugr.	Umgr.	Neugr.	Umgr.	Neugr.	Umgr.
bis 1851	24	1	6	–	–	–	30	1
1852–1873	60	3	15	8	4	5	79	16
davon in 1. Gründungsperiode	21	1	9	–	2	2	32	3
davon in 2. Gründungsperiode	23	1	3	6	2	1	28	8
1874–1892	7	1	2	4	–	1	9	6
1893–1913	8	3	–	2	–	1	8	6
insgesamt	99	8	23	14	4	7	126	29

[a] Zur Quellenbasis vgl. die Anmerkung zur Tabelle 48.
[b] Bei den gemischten Werken erhöht sich hier die Anzahl auf 11, weil Gelsenberg, ursprünglich ein Bergbauunternehmen, ab 1904 nach einer Umgründung mitgezählt wird.

Insgesamt dominierten also die Neugründungen. Das gilt aber nicht für alle Perioden oder Branchen gleichermaßen. Mit zunehmender Zahl von Unternehmen und fortschreitender Zeit nahm auch der Anteil der Umgründungen zu[24]. Dies gilt besonders für die gemischten Werke, die weitaus eher als Zusammenfassung von Produktionsanlagen bestehender Unternehmen als durch Neugründungen entstanden[25]. Neugründungen von gemischten Werken gab es nur in den beiden Gründerperioden. Auch in der Eisenindustrie nahm die Bedeutung von zunächst ausschließlich vorherrschenden Neugründungen im Zeitverlauf deutlich ab, um nach 1893 allein Gründungen als Umgründungen bestehender Unternehmen zu ermöglichen. Der Rückgang der Gründungen im Bergbau insgesamt war durch die zunehmende Aufteilung der Lagerstätten infolge der umfangreichen Verleihungen von Kohlefeldern bedingt.

2.2. Die Betriebsprobleme

In einer Zeit, in der eine umfangreiche Gründungstätigkeit zu verzeichnen ist, stehen naturgemäß die direkt mit der Gründung verbundenen Betriebsprobleme im Vordergrund. Ursache von Gründungen sind im wesentlichen die Erwartungen über zukünftige Absatzchancen, so daß für die untersuchten Firmen von der Absatzseite her keine besonderen Probleme erwartet wurden[26]. Das Hauptproblem bestand vielmehr in der Installierung des technischen Produktionsapparates und in der Mobilisierung von Kapital zu seiner Finanzierung.

2.2.1. Basisinnovationen

Die Zeit von 1850 bis 1873 war für Deutschland die Zeit, in der die Grundlage der Schwerindustrie – beruhend auf einer modernen Technologie – gelegt wurde[27]. Im Kohlenbergbau bestand die grundlegende neue Technologie im Übergang vom Stollenbau zu Tiefbauschächten und in der Eisenindustrie im Übergang vom Holzkohle- zum Kokshochofen sowie in den neuen Verfahren der Stahlgewinnung. Diese neuen Technologien stellten gänzlich veränderte Anforderungen an die Unternehmer der Schwerindustrie.

2.2.1.1. Tiefbauschächte

Die älteste Nachricht über den Kohlenbergbau im Ruhrgebiet enthält die „Dortmunder Urkunde" von 1302[28]. Danach – und in den folgenden Jahrhunderten – wurde der Bergbau in einfachster Form mit Hilfe einfacher brunnenartiger Schächte (Pütt) oder Stollen betrieben. Wegen der Rückständigkeit des Ruhrbergbaus wurde 1766 in der preußischen Mark das Direktionsprinzip eingeführt[29]. Die neue Bergordnung verbot u. a. auch den Tagebau (Pütt). Der Abbau blieb aber weiterhin auf den Stollen beschränkt und gestaltete sich wegen der großen Wasserzuflüsse schwierig[30].

Erst mit der Einführung der Dampfmaschine im Bergbau wurde es möglich, die Mergeldecke zu durchstoßen (1837 erstmals auf der Zeche Kronprinz) und die tieferen Flöze durch den Schachtbau zu erschließen[31]. Die Dampfmaschine diente dabei sowohl der Abbaubohrung wie auch der Förderung und der Wasserhaltung[32]. Damit war die technische Voraussetzung für eine enorme Produktionsausweitung im Bergbau gegeben, die zugleich auch zu größeren Betriebseinheiten führte.

Für die von uns untersuchten Bergbauunternehmen des westfälischen Ruhrgebiets zeigt der Übergang zum Tiefbau folgendes Muster: Insgesamt wurden bis 1873 126 Tiefbauschächte begonnen, 44 davon in der ersten Gründungsphase 1852–57 und 32 in der zweiten Gründungsphase 1870–73. D.h., 76 der 126 (60 %) Tiefbauschächte wurden in den beiden Gründerperioden begonnen. Im einzelnen verteilten sich die Tiefbauschächte auf diese Jahre wie folgt:

Tabelle 50: Beginn des Abteufens der Tiefbauschächte im westfälischen Bergbau bis 1873[a]

	Gewerkschaften	Aktiengesellschaften	Kommanditgesellschaften	insgesamt
bis 1852	16	–	–	16
1. Gründerperiode	14	24	6	44
1858–1869	25	9	–	34
2. Gründerperiode	24	6	2	32
	79	39	8	126

[a] Zur Quellenbasis vgl. die Anmerkung zu Tabelle 48.

Der verstärkte Beginn der Abteufarbeiten in den beiden Gründerperioden gilt natürlich auch für das gesamte Ruhrgebiet[33].

Bis zum Beginn unserer Untersuchungsperiode wurden insgesamt 16 Tiefbauschächte in Angriff genommen[34]. Diese Zahl wurde in den folgenden sechs Gründerjahren auf 60 nahezu vervierfacht[35]. In den folgenden 12 Jahren kamen weitere 34 neue Schächte hinzu. Der Zuwachs weist darauf hin, daß auch in diesen Jahren die Gründertätigkeit nicht völlig ruhte, gemessen an dem vorausgehenden Boom sich aber merklich verringerte. 1870 setzte erneut eine verstärkte Abteufe neuer Schächte ein, welche die Anzahl der Tiefbauschächte im westfälischen Ruhrgebiet innerhalb von vier Jahren nochmals um 32 auf insgesamt 126 erhöhte.

Bemerkenswert erscheint auch, daß vor 1852 die Gründungstätigkeit ausschließlich von Gewerkschaften getragen wurde, während sich in der ersten Gründerperiode der Schwerpunkt ganz deutlich auf die Aktiengesellschaften verlagerte und diese später weiterhin stark an der Gründungstätigkeit beteiligt waren. Diese Beobachtung weist auf die Bedeutsamkeit der Rechtsform von Bergbauunternehmen hin[36].

Es wäre nun zu fragen, welche Anforderungen die in ihrem Umfang oben dargestellte Basisinnovation des Tiefbauschachtes im einzelnen an die technischen Fähigkeiten der Unternehmensführung im westfälischen Bergbau stellte. Das Schachtabteufen selbst erfolgte in einzelnen Absätzen, indem in den frühen Jahren von Hand, später mit technischen Apparaturen gegraben wurde, das zulaufende Wasser entsumpft und der Schacht selbst mit einem Ausbau zur Stützung und zum Schutz gegen Wasser versehen wurde. Die technischen Probleme dabei waren vielfältig und je nach geologischen Verhältnissen unterschiedlich.

(1) Niederbringung. Bis zum Beginn der 60er Jahre erfolgte das Abteufen der Schächte im Ruhrgebiet ausschließlich von Hand. Dabei wurde in der Regel über dem Schacht ein Fördergerüst installiert und in 10–15 m Entfernung eine

Abteufördermaschine (Dampfmaschine) aufgestellt, um das anfallende Erdreich zutage zu fördern[37]. Wenn es möglich war, konnte man auch den neuen Schacht von einem schon existierenden Schacht aus unterfahren und von unten her aufbrechen. Dieses Verfahren war aber wegen der geringen Festigkeit des Gesteins häufig sehr gefährlich und wurde deshalb selten angewandt[38]. Nach 1850 erfolgte das Abteufen neuer Schächte zunehmend mittels besonderer technischer Apparaturen. Die häufigsten Verfahren waren dabei das Schachtbohrverfahren, das Senkschachtverfahren und das Gefrierverfahren[39].

Insgesamt läßt sich für das westfälische Ruhrgebiet bis in die zweite Gründerperiode hinein ein deutliches Überwiegen der Abteufarbeiten von Hand feststellen. So erfolgte der Abbau bis in etwa 10–20 m durch Keile und im festeren Gestein durch Schießarbeiten (Sprengungen)[40]. Dieses war im wesentlichen ein traditionelles Arbeitsverfahren, das den Bergleuten auch schon aus den Stollenzechen vertraut war. Erst im letzten Viertel des 19. Jahrhunderts drangen die neuen Abteufverfahren in größerem Umfang im Ruhrbergbau vor und stellten damit gestiegene technische Anforderungen an die Leitung der Bergbauunternehmen.

(2) Schachtausbau. Der niedergebrachte Schacht mußte ausgebaut werden, um vor Eindringen von Wasser und vor Zusammenbruch gesichert zu sein. Bei den älteren Schächten bestand dieser Ausbau weitestgehend aus Holz. Später wurden die Schächte mittels einer schwebenden Arbeitsbühne zumeist kreisrund ausgemauert.

Daneben kam auch noch ein Ausbau mit Gußplatten durch sogenannte „Tübbings“[41] in Frage, d.h. durch ineinandersetzbare Segmente oder durch aufeinandersetzbare ganze Schachtringe. Die Verteilung der einzelnen Ausbauarten bei den Schächten des Ruhrgebiets, die bis 1890 begonnen wurden, lautete wie folgt:

Tabelle 51: Ausbauarten der Schächte im Ruhrgebiet bis 1890

Art der Ausmauerung	Anzahl der Schächte	Anteil (in %)
Holz	168	24
Mauerung	357	51
Guß- und Schmiedeeisen (Tübbings)	175	25
insgesamt	700	100

Quelle: Die Entwicklung des Niederrheinisch-Westfälischen Steinkohlenbergbaus in der zweiten Hälfte des 19. Jahrhunderts, Berlin 1904, Bd. III, S. 30.

(3) Wasserhaltung. Bei der Niederbringung verzeichnen alle Schächte je nach geologischen Gegebenheiten einen mehr oder minder starken Zufluß von Wasser. Dieses muß mit entsprechenden Einrichtungen gehoben werden, um ein Absaufen des Schachtes zu vermeiden. Bei geringen Zuflüssen, d.h. weniger als 50 l pro Minute, ließ sich dies durch Kübel bewerkstelligen, die mit der Abteufförderung zutage gebracht wurden. War der Zufluß stärker, so bedurfte die Trockenhaltung des Schachtes einer besonderen Wasserhaltungsanlage. Die Art dieser Anlage hing von der Tiefe des Schachtes ab. Dazu dienten die verschiedenen Pump- und Wasserförderungssysteme[42].

(4) Förderung. Zur Förderung des Abteufmaterials bedarf es einer Fördereinrichtung. Diese bestand zumeist aus dem über dem Schachtloch installierten Fördergerüst, das zum Auf- und Abbewegen des Förderseils diente, welches durch einen Förderschlitten im Schacht stabilisiert wurde und an dessen unterem Ende sich das Fördergefäß (Kübel) befand[43]. Zum Antrieb dieser Fördereinrichtung diente zumeist eine Dampfmaschine.

Neben diesen vier dargestellten wesentlichen Installationen zum Abteufen eines Tiefbauschachtes blieben mindestens noch zwei weitere notwendige Einrichtungen übrig: Wetterführung (Belüftung) und Beleuchtung. Insgesamt stellte sich demnach die Einrichtung einer Tiefbauzeche als ein recht umfangreiches technisches Problem dar, kaum zu vergleichen mit dem relativ unkomplizierten Stollenbau. Dieser verfügte weder über eine Fördereinrichtung noch über eine Wasserhaltungsanlage im dargestellten Sinne. Ausbau, Wetterführung und Beleuchtung waren, wenn überhaupt, nur unzureichend entwickelt.

2.2.1.2. Kokshochöfen

Der Hochofen dient der Gewinnung des Roheisens aus dem Erz. Die ersten Hochöfen wurden im 14. Jahrhundert im Siegerland und in Thüringen erbaut und mit Holzkohle betrieben[44]. Wegen der Abhängigkeit von Holzkohle als Brennstoff und Wasserkraft als Energieträger für die Weiterverarbeitung konnten die Hütten damals nur in wald- und wasserreichen Gebirgsregionen betrieben werden[45]. Erst als es gelang, Koks in größeren Mengen aus Steinkohlen zu gewinnen, entfiel diese Standortbindung[46]. Die allmähliche Verdrängung des Holzkohleverfahrens durch das Koksverfahren führte zu einer Standortverlagerung der Hüttenindustrie[47]. Das Ruhrgebiet wurde wegen seiner Kohlevorkommen nun auch zu einem Zentrum der Eisenindustrie[48]. Diese Entwicklung wurde durch die Verbreitung der Tiefbauschächte noch begünstigt, da nur durch diese die tieferliegenden Fettkohlenflöze zu erschließen waren, die sich in besonderer Weise zur Verkokung eigneten[49].

Die Durchsetzung des Verfahrens der Verhüttung des Eisenerzes mittels Steinkohlenkoks erfolgte relativ rasch. Ende der 1860er Jahre gab es kaum noch Holzkohlehochöfen[50]. In den 50er Jahren, d.h. in der ersten Gründerperiode, war dieser Umstellungsprozeß in vollem Gange. Am Ende der ersten Gründerperiode 1857 läßt sich für das Ruhrgebiet folgende Verteilung der in Betrieb stehenden oder in Bau befindlichen Hochöfen geben:

Tabelle 52: Roheisen-Hochofenwerke des Ruhrgebiets im Jahre 1857[a]

Werk	mit Koks	mit Holzkohle	insgesamt
westfälisch			
Eisenhütte			
Westfalia, Lünen	1	1	2
Hörder Verein	5	–	5
Henrichshütte	2	–	2
Aktienverein			
Neu-Schottland	2	–	2
	10	1	11
rheinisch			
Oberhauser Hütte	3	–	3
Gutehoffnungshütte	1	1	2
Friedrich-Wilhelmshütte	2	–	2
Niederrheinische Hütte	2	–	2
Phönix			
zu Bergeborbeck	4	–	4
zu Laar	2	2	4
zu Kupferdreh	2	1	3
Vulcan, Duisburg	4	–	4
	20	4	24
insgesamt	30	5	35

[a] Die Zahlen stammen aus W. *Rinne,* S. 45. Die Markana Hütte in Haspe wurde nicht mit aufgenommen, da sie dem Bergischen Land zugerechnet wird. Vgl. auch : Entwicklung, Bd. III, S. 19/20, Tab. 85.

Von den 35 Hochöfen des gesamten Ruhrgebiets wurden also nur noch fünf mit Holzkohle betrieben, im westfälischen Ruhrgebiet gar nur noch einer von elf. Der Kokshochofen hatte sich also am Ende der 1. Gründerperiode im westfälischen Ruhrgebiet damit erfolgreich durchgesetzt[51].

Für die von uns untersuchten Firmen der westfälischen Schwerindustrie ergibt sich bezüglich der Übernahme der Roheisengewinnung mittels des Kokshochofens bis 1873 folgendes, in Tabelle 53 dargelegtes, Bild.

Bis zum Ende der 2. Gründerperiode verdoppelte sich im westfälischen Ruhrgebiet die Anzahl der Hochöfen seit 1857 nochmals. Bei den neu ent-

Tabelle 53: Hochöfen im westfälischen Ruhrgebiet bis 1873[a]

	Koks-hochöfen	Holzkohle-hochöfen	insgesamt
Eisenindustrie			
1. Eisenhütte AG Blücher (ab 1869 Aplerbecker-Hütte)	2	–	2
2. Hüttenwerk Carl von Born	2	–	2
3. Wehrenboldt & Cie.	–	1	1
4. Aktienverein Neu-Schottland	2	–	2
5. Eisenhütte Westfalia, Lünen	1	1	2
gemischte Werke			
1. Bochumer Verein	1	–	1
2. Dortmunder Berg- und Hütten AG	1	–	1
3. Henrichshütte	2	–	2
4. Hörder Verein	8	–	8
insgesamt	19	2	21

[a] Zu den aufgeführten Werken wäre noch ergänzend anzuführen, daß auch die Preußische Bergwerks- und Hütten AG über ein Hochofenwerk (Eisenhütte Vulcan) verfügte, das sich allerdings in Duisburg und damit nicht in der Untersuchungsregion befand. 1872 wurde die Dortmunder Union gegründet, die drei der hier angeführten Hüttenwerke zusammenfaßte, nämlich Neuschottland, die Henrichshütte und die Dortmunder Hütte.

standenen Hochöfen handelte es sich ausschließlich um Kokshochöfen. Damit wurde auch in der 2. Gründerperiode die gleiche Technologie der Roheisengewinnung genutzt, die schon in der 1. Gründerperiode erfolgreich eingeführt war.

Die technische Konstruktion des Kokshochofens besteht aus drei Teilen: dem Schacht, dem Rast und dem Gestell[52]. Der Schacht wird von oben her mit Erz, Kalkstein und Koks beschickt. Infolge der Ausdehnung dieser Stoffe beim Erwärmen muß der Durchmesser des Schachts nach unten hin zunehmen. Unter dem Schacht befindet sich der Rast, dessen Durchmesser sich wieder verringert, und der in das darunter liegende Gestell mündet. Hier erfolgt unter Einblasen von Wind der eigentliche Schmelzvorgang[53]. Der gesamte Hochofen wird mit Schamottsteinen ausgemauert, und zwar für die einzelnen Höhenlagen, entsprechend der nach unten hin zunehmenden Temperatur, mit Sorten entsprechender Feuerbeständigkeit.

Zum Betrieb des Hochofens, und zwar zur Verbrennung des Koks, sind große Mengen von Luft erforderlich. Diese werden in das Gestell eingeblasen. Dazu sind starke Gebläsemaschinen nötig, da der Wind den 20–30 m hohen Schmelzraum innerhalb des Hochofens (Rast und Schacht) durchdringen muß. Wegen einer damit verbundenen bedeutenden Brennstoffersparnis wird der Gebläsewind zuvor in eigens dafür konstruierte Winderhitzer auf über 500°C erhitzt[54]. Beheizt werden die Winderhitzer mit den oben aus dem Hochofen austretenden Gichtgasen[55].

Das Haupterzeugnis des Hochofens ist das Roheisen[56]. Daneben fallen noch Schlacken und Gichtgase an. Die Schlacken wurden lange Zeit ausschließlich als Abfallprodukte angesehen und zum Wegebau verwandt. Nach 1870 fanden die Schlacken eine vielfältige Verwendung als Baumaterial[57]. Die Gichtgase wurden später neben der Verwendung als Heizgase für die Winderhitzer auch nach Reinigung als Brennmaterial für Gasmotoren verwandt[58].

Für die Industriellen in der westfälischen Eisenindustrie bedeutete die Einführung der Kokshochöfen eine enorme technische Herausforderung. Damit war es möglich geworden, auch in dieser Region zu einer eigenen Roheisenproduktion überzugehen, gestützt auf die heimischen Steinkohlen- und Eisenerzvorkommen[59]. Entsprechend setzte dann auch in der Eisenindustrie in den 50er Jahren ein Gründungsboom ein[60]. Dieser Gründungsschwerpunkt wurde ja auch für die von uns untersuchten Unternehmen der Eisenindustrie – weiter oben in Tabelle 49 – deutlich. Ebenfalls wurden in dieser Periode vier der insgesamt neun gemischten Werke gegründet. Einschränkend dazu muß jedoch gesagt werden, daß es sich nur bei vier der neunzehn bis 1857 gegründeten gemischten Werke und Unternehmen der Eisenindustrie tatsächlich um Hochofenwerke handelte. Nur diese mußten den technischen Herausforderungen der neuen Eisengewinnungstechnologie gewachsen sein. Das heißt jedoch nicht, daß sich bei den anderen Unternehmen, die vorwiegend mit der Stahlgewinnung befaßt waren, nichts geändert hatte.

2.2.1.3. Stahlgewinnung

Der Hochofen liefert Roheisen mit einem so hohen Kohlenstoffgehalt, daß es nicht mehr schmiedbar ist. D.h. eine Formgebung ist nur möglich, wenn das Eisen in flüssigem Zustand in Formen gegossen wird (Gußeisen). Beim Versuch einer mechanischen Formgebung würde das erkaltete Roheisen zerbrechen. Die Umwandlung von Roheisen in Stahl (Gewinnung schmiedbaren Eisens) besteht darin, einen Teil des Kohlenstoffs und anderer Begleitelemente durch Oxydation dem Roheisen zu entziehen[61]. Je nach dem dabei angewandten Verfahren entstehen unterschiedliche Stahlarten mit z. T. stark differierenden Eigenschaften.

Die Gewinnung schmiedbaren Eisens hat schon eine sehr lange Tradition[62]. Bereits im Altertum wurde Eisen gewonnen und verarbeitet, und auch heute noch wird in Ländern mit geringerem Entwicklungsstand Eisen auf die gleiche Art gewonnen[63]. Dabei bediente man sich des direkten Weges zur Herstellung schmiedbaren Eisens, ohne den Umweg über das Roheisen. Man benutzte Brennöfen aus Lehm und Steinen, in denen gewaschenes Eisenerz unter Zuhilfenahme eines natürlichen Luftstroms geröstet wurde. Der entstehende Eisenklumpen wurde durch wiederholtes Aufheizen und Schmieden von den anhaftenden Schlacken befreit[64]. Diese Art der direkten Stahlgewinnung ist unwirtschaftlich und nur in geringem Umfang möglich. Außerdem ist die Qualität des gewonnenen Stahls derjenigen der durch andere Verfahren gewonnenen Stahlsorten unterlegen[65].

Die Kenntnis von den modernen Verfahren der Stahlgewinnung waren vor 1850 in Deutschland im Gegensatz zu England nur sehr unvollkommen verbreitet[66]. Einige Interessenten suchten den Geheimnissen der Stahlherstellung durch regelrechte Spionagereisen nach England auf die Spur zu kommen[67], andere stellten selbst umfangreiche Versuchsreihen an[68].

Die älteste Form der Stahlgewinnung aus dem Roheisen ist das Frischfeuerverfahren. Dabei wird das Roheisen in einem Ofen unter einem Luftstrom mittels Holzkohle mehrfach umgeschmolzen. Dieses Verfahren war sehr teuer und bot nur unzureichende quantitative Erzeugungsmöglichkeiten. Erst mit dem Puddelverfahren[69] wurde es möglich, die Holzkohle durch Steinkohle zu ersetzen und größere Mengen Stahl zu erzeugen.

Dabei kommt das Roheisen nicht mehr direkt mit dem Brennstoff in Berührung, sondern der Sauerstoff der Heizgase entzieht dem Roheisen den Kohlenstoff. Das Schmelzbad muß nach Erhitzen dauernd von Hand durchgerührt werden[70], damit der Kohlenstoff gleichmäßig entzogen werden kann. Nach Beendigung dieses Arbeitsganges wird das erkaltete Eisen in Klumpen (Luppen) geformt, die mittels Dampfhammer durchgeschmiedet werden, damit sich die Schlackenreste aus dem Eisen lösen[71]. Diese beiden Verfahren zur Stahlerzeugung, das Herdfrisch- und das Puddelverfahren, bedurften zwar noch keiner umfangreicher technischer Apparaturen, gleichwohl stellte ihre Einführung hohe Anforderungen an die Eisen- und Stahlunternehmer. Es handelte sich um neue und im westfälischen Ruhrgebiet wenig erprobte Verfahren, die erst eine Eisen- und Stahlindustrie in größerem Umfange ermöglichten und das Ruhrgebiet als Standort einer solchen Industrie prädestinierten. Die Expansion der Eisen- und Stahlindustrie der 1. Gründerperiode im westfälischen Ruhrgebiet ging gänzlich auf die Innovation dieser Verfahren zurück. Damit waren jedoch die Anforderungen an die technologischen Qualitäten der westfälischen Eisen- und Stahlindustrie in dieser ersten Untersuchungsperiode bis in die 70er Jahre noch nicht beendet. Kaum hatte sich die neue Technologie der Stahlgewinnung durchgesetzt, da wurde schon wieder ein anderes, neueres und besseres Verfahren der Stahlerzeugung bekannt: das Windfrischverfahren[72]. Dabei wird die Luft, die dem Roheisen den Kohlenstoff entziehen soll, durch das flüssige Roheisen geblasen. Dadurch wurden die Nachteile der bis dahin gängigen Verfahren vermieden, die auf einer mangelhaften Berührung des zu frischenden Roheisens mit der Luft beruhten. Da die durchgepreßte Luft das Roheisen sehr schnell abkühlen würde, werden diesem Stoffe (Silizium, Mangan) zugegeben, die durch den Luftzustrom verbrennen und damit das Eisenbad aufheizen[73]. Bei diesem Verfahren, das nach seinem Entdecker Bessemerverfahren genannt wird, verwendet man zum Füllen und Entleeren einen kippbaren, birnenförmigen Behälter, den Konverter. Die Einführung des Bessemerverfahrens bedeutete erst tatsächlich den Durchbruch zur industriellen Form der Stahlgewinnung. Durch diese neue Technologie wurde die Massenerzeugung von Stahl möglich[74]. In der von uns untersuchten Region stellte die Einführung dieser neuen Stahlgewinnungsverfahren bis 1873 folgendes Bild dar:

Tabelle 54: Stahlgewinnungsverfahren in der westfälischen Eisenindustrie bis 1873[a]

Verfahren	Anzahl der Firmen mit entsprechenden Anlagen		
	Eisen-industrie	gemischte Werke	insgesamt
Herdfrisch-Verfahren	4	–	4
Puddel-Verfahren	11	5	16
Windfrisch-Verfahren (Bessemer-Verfahren)	1	4	5
insgesamt	16	9	25

[a] Zur Quellenbasis vgl. die Anmerkungen zu Tabelle 48.

Bedenkt man dazu, daß lediglich zehn Unternehmen von all denen, die bis 1873 tätig wurden, entweder reine Hochofenwerke waren (3) oder nur über Schmelz- bzw. Kupolöfen für Gießerei- oder Walzwerksbedarf verfügten (7), so stellten die 25 modernen Anlagen zur Stahlerzeugung eine umfassende Innovation dar. Die Unternehmen der westfälischen Schwerindustrie nutzten also die Möglichkeit der neuen Stahltechnologie in hohem Maße. Dabei hatten die gemischten Werke eine deutliche Führungsrolle, da sie weitestgehend das neueste und zukunftsträchtigste Verfahren – das Bessemerverfahren – wählten und das umständliche Herdfrischverfahren gar nicht erst übernahmen.

2.2.2. Finanzierung

Neben den technischen Problemen, die mit den Basisinnovationen in der Schwerindustrie nach 1850 verbunden waren, ergab sich auch das ökonomische Problem, das entsprechende Kapital zu mobilisieren. Was auf der technologischen Seite die Installierung technischer Apparaturen darstellte, bedeutete auf der wirtschaftlichen Seite deren Finanzierung. Die Kosten der Basisinnovationen übertrafen bei weitem die bis dahin üblichen Beträge. Hinzu kamen die Erfordernisse, die mit größeren Betriebseinheiten verbunden waren.

Das Niederbringen eines Tiefbauschachtes und dessen Ausbau als Förderschacht dauerte je nach den geologischen Verhältnissen zumeist zwischen zwei und vier Jahren. Zu den Kosten der reinen Abteufarbeiten kamen dabei noch weitere Ausgaben für Eisenbahnanschluß, Dampfmaschinen, Gebäude etc., ehe eine voll funktionsfähige Schachtanlage erstellt war. Insgesamt beliefen sich die Kosten für einen fördernden Tiefbauschacht zu Beginn der Gründerperiode auf etwa 200000 Taler[75] (600000 Mark) und gegen deren Ende auf 500000 Taler[76] (1500000 Mark)[77]. Für die Kostensteigerungen pro Schacht im Zeitverlauf waren vor allem die zunehmenden Teufen der Schächte verantwortlich, die mit dem Vordringen des Bergbaus in den Norden des Ruhrgebiets verbunden waren[78]; für die Unterschiede in den gleichen Zeitperioden vor allem die Bodenverhältnisse[79].

Die Abteufkosten bildeten jedoch nur einen Teil der gesamten Investitionskosten einer Tiefbauanlage. Neben den schon genannten zusätzlich zu erstellenden Anlagen mußten auch die Mutungsrechte erworben werden[80]. Insgesamt kann man wohl für eine voll funktionsfähige Tiefbauzeche in der Gründerperiode einen Investitionsbedarf von mindestens 500000 Taler auf etwa vier Jahre verteilt annehmen[81]. Daraus ergibt sich für den gesamten Ruhrbergbau für die Gründerperiode ein gewaltiger Kapitalbedarf, der weit über den Rahmen der traditionellen Finanzierungsquellen hinausging[82]. Für die Gründung von Hochofenwerken lassen sich durchaus vergleichbare Finanzierungsbeträge errechnen. Zumeist wurden diese Gründungen mit mehr als einem Hochofen konzipiert, so daß sich je nach Anzahl der Hochöfen und der Ausstattung mit Zusatzanlagen schon in den 1850er Jahren Beträge bis zu 100000 Taler ergaben[83].

Es erhebt sich die Frage, welche Möglichkeiten es nun für diese Unternehmen gab, die Kapitalien zur Finanzierung eines Tiefbauschachtes oder einer Hochofenanlage zu mobilisieren. Der Hauptbeitrag zu dieser Mobilisierung wird der Einführung der Rechtsform der Aktiengesellschaft zugeschrieben[84]. Dennoch vollzog sich die Übernahme dieser Rechtsform zunächst im Ruhrgebiet nur sehr zögernd[85]. Diese zögernde Übernahme der neuen Rechtsform für Bergbauunternehmen hing eng mit der traditionellen Bergverfassung zusammen[86]. Erst nach einer Reform der Bergordnung und einer entsprechenden Liberalisierung des Aktienrechts war der Weg zu einer umfassenden Einführung der Aktiengesellschaften im Bergbau frei[87]. Diese neue Rechtsform wurde bei den Gründungen in der Gründerperiode sehr stark genutzt, und zwar in den Branchen auf unterschiedliche Weise. Die Bergbauunternehmen machten sich die Aktiengesellschaftsform in der 1. Gründerperiode zunutze, während sie nach 1870 auch bei Neugründungen die inzwischen etablierte Gesellschaftsform der bergrechtlichen Gewerkschaft neuen Rechts[88] bevorzugten, nachdem sie in der Konjunkturkrise nach 1857 auch die Nachteile der Aktiengesellschaftsform gerade für Bergbaubetriebe kennengelernt hatten[89].

Die meisten Gewerkschaften alten Rechts mobilisierten im Laufe der Zeit ihre Kuxe, d.h. sie wandelten sich in Gewerkschaften neuen Rechts um, so daß gegen Ende des Jahrhunderts diese alte Rechtsform praktisch nicht mehr vorkam[90]. Die Unternehmen der Eisenindustrie nutzten die neue Rechtsform in verstärktem Maße erst in der 2. Gründerperiode, da sie in dieser Phase zu größeren Betriebseinheiten übergingen – bedingt durch die neuen Stahlgewinnungsverfahren. Die gemischten Werke wurden nahezu ausschließlich als Aktiengesellschaften gegründet, weil sie von vornherein als relativ große Werke konzipiert waren und entsprechender Kapitalmengen bedurften. Insgesamt zeigen die Gründungsaktivitäten bezüglich der Rechtsform folgendes Bild:

Tabelle 55: Gründungen in der westfälischen Schwerindustrie bis 1873 nach Rechtsformen[a]

	Bergbau		Eisenind.		gem. Werke			
	insges.	AG	insges.	AG	insges.	AG	insges.	AG
1. Gründerperiode 1852–1857	24	15[b]	9	2	4	3	37	20
1858–1869	17	5[b]	5	2[b]	1	1	23	8
2. Gründerperiode 1870–1873	23	4	9	6	3	3	35	13
	64	24	23	10	8	7	95	41

[a] Zur Quellenbasis vgl. die Anmerkungen zur Tabelle 48.
[b] Dabei befinden sich insgesamt fünf Kommanditgesellschaften auf Aktien.

In den 50er Jahren wurde die Aktiengesellschaftsform bei den Gründungen weitaus am stärksten genutzt. Das hat u. E. zwei Gründe, einmal die gute Konjunktur, die es relativ leicht machte, mit Neuemissionen an den Markt zu gehen, zumal die Erfahrung mit den Eisenbahnpapieren eine entsprechende Bereitschaft beim Publikum geweckt hatte[91]. Der zweite Grund lag in dem Fehlen einer alternativen Rechtsform, wie sie später mit der Gewerkschaft neuen Rechts geschaffen wurde, die es erlaubte, größere Unternehmungen so zu finanzieren, daß die partiellen Interessen breiterer Kapitalistenschichten dabei berücksichtigt werden konnten. Diese lagen vor allem in einer Risikominderung der Kapitalanlage und einer größeren Fungibilität der Anlagepapiere[92]. Der Einbruch der Aktiengesellschaftsform in die westfälische Schwerindustrie erfolgte ohne Zweifel bereits in den 50er Jahren, wenn auch erst nach 1870 von einem neuen Siegeszug gesprochen wird[93]. Welches waren nun die Vorteile, die mit einer verstärkten Inanspruchnahme der Rechtsform einer Aktiengesellschaft verbunden waren? Wie wir gesehen haben, wurde bis in die 50er Jahre hinein der Ruhrkohlenbergbau nahezu ausschließlich durch Gewerkschaften betrieben[94]. Die sich ab der Mitte des 19. Jahrhunderts durchsetzende Fördermethode mittels Tiefbauschächten stellte an die Unternehmen des Bergbaus so hohe Kapitalforderungen, wie sie von den alten Gewerkenfamilien nicht mehr aufzubringen waren[95]. Um diesen umfangreichen Anforderungen genügen zu können, war man auf die Mobilisierung von Kapital außerhalb des traditionellen Bergbaugebietes angewiesen[96]. Dies betraf nicht nur die anderen Regionen Deutschlands, sondern auch das Ausland[97]. Die entsprechende Rechtsform, die die geringe Bindung der neuen Kapitalgeber an den Bergbau berücksichtigte, war die Aktiengesellschaft[98]. Darüber hinaus hatte die Aktiengesellschaft gegenüber der Gewerkschaft – und vor allem gegenüber der Gewerkschaft alten Rechts, die bis 1865 ausschließlich möglich war – noch eine Reihe weiterer Vorteile:

1. Aktiengesellschaften besitzen ein festes Grundkapital, das zum Aufbau einer Produktionsapparatur durch eine einmalige Investition verwandt werden kann, während Gewerkschaften Investitionen nur sukzessive durch Zubußen finanzieren können, die in der Höhe nicht über die Kapitalkraft ihrer Gewerken hinausgehen können. Damit war die Finanzierung eines Tiefbauschachtes mit einem Betrag von über 100000 Talern nur sehr wenigen, finanzkräftigen Gewerken vorbehalten.
2. Anteile an Aktiengesellschaften enthalten nicht das Risiko einer Nachschußpflicht und sind als Inhaberpapiere leicht übertragbar. Dazu ist ihre Stückelung nahezu beliebig klein zu gestalten[99], so daß auch geringere Kapitalsummen dadurch mobilisierbar sind.
3. Aktiengesellschaften können direkt an den Kapitalmarkt gehen und haben durch Aufnahme neuer Anteilseigner nahezu unbegrenzte Expansionschancen, während den Gewerkschaften ein solch extensives Wachstum verschlossen ist.

Diese Gründe produktions- wie kapitalverkehrstechnischer Art führten in der westfälischen Schwerindustrie zu einer zunehmenden Dominanz der Aktiengesellschaften[100].

Die Bedeutung der Aktiengesellschaften als Finanzierungsinstrument wird zudem noch dadurch unterstützt, daß in den unterschiedlichen konjunkturellen Situationen ein Wechsel der Rechtsform für eine Reihe von Unternehmen der Schwerindustrie ein bewußt gewähltes Mittel darstellt, sich den veränderten Bedingungen des Kapitalmarktes anzupassen. In Phasen guter Konjunktur mit einem großen Kapitalangebot haben Aktiengesellschaften gegenüber Gewerkschaften deutlich Vorteile, da sie relativ leicht an den allgemeinen Kapitalmarkt mit ihren Finanzierungswünschen herantreten können. In Krisenzeiten wird dieser Vorteil wegen der allgemeinen Kapitalverknappung und der Vorsicht der Anleger zu einem Nachteil[101]. Entsprechend sind auch je nach konjunktureller Situation Umgründungen von Aktiengesellschaften in Gewerkschaften und umgekehrt, von Gewerkschaften in Aktiengesellschaften, festzustellen. Für die Bergbauunternehmen der westfälischen Schwerindustrie[102] ergeben sich insgesamt 14 Umwandlungen einer Aktiengesellschaft in eine Gewerkschaft und 15 Umwandlungen einer Gewerkschaft in eine Aktiengesellschaft. Daneben lassen sich noch sechs Umwandlungen in oder aus anderen Rechtsformen feststellen[103].

Ordnet man die Jahre der Umwandlung der Rechtsform der betreffenden Firmen nach der Konjunkturlage, so ergibt sich folgendes Bild:

Tabelle 56: Umwandlungen der westfälischen Bergbauunternehmen nach Konjunkturlage[a]

	Gewerkschaften in Aktiengesellschaften	Aktiengesellschaften in Gewerkschaften	insgesamt
Aufschwung-Jahre (1852–57, 1869–74, 1889–92, 1899)	13	2	15
Abschwung-Jahre (1858–69, 1875–88, 1893–98)	2	12	14
insgesamt	15	14	29

[a] Zur Quellenbasis vgl. die Anmerkungen zur Tabelle 48.

Ganz deutlich wird dabei die Konjunkturabhängigkeit der jeweiligen Umwandlungsart. In Krisen[104] suchte man die Gewerkschaft als Rechtsform, weil sie die Teilhaber verpflichtete, die notwendigen Mittel nachzuschießen[105], während in Aufschwungphasen die Expansionschancen, die die Aktiengesellschaftsform bot, genutzt werden sollten. Daß diese Unternehmenspolitik nicht nur zufällig angeregt, sondern planmäßig angestrebt wurde, beweist die Tatsache, daß mehrere Unternehmen solche Umwandlungen mehr als einmal betrieben[106].

2.3. Die Anforderungen an die Unternehmer

Abschließend bliebe nun zu fragen, welche Konsequenzen die oben dargestellten technischen und ökonomischen Neuerungen für die Unternehmensführung hatten und welche neuen Anforderungen damit an die Unternehmer der westfälischen Schwerindustrie gestellt wurden.

Die Einführung der neuen Förder- und Abbaumethoden im Bergbau stellte an die Bergbauunternehmer nur z.T. neue Anforderungen, da sich zwar das Verfahren änderte (Tiefbau), die traditionellen Arbeitstechniken (Abbau von Hand oder durch Schießen) zunächst im wesentlichen beibehalten wurden[107]. Neu und mit gehobenen Ansprüchen an ihr technisches Verständnis war vor allem die Einführung der Dampfmaschine als Kraftquelle[108]. Insgesamt läßt sich vermuten, daß für einen traditionell gut ausgebildeten Bergmann die mit den neuen Verfahren verbundenen bergmännischen Probleme lösbar waren. Probleme gab es bei der Anwendung der Dampfkraft[109]. Anders in der Eisenindustrie, in die neue, bis dahin gänzlich unbekannte Verfahren der Stahlgewinnung eingeführt wurden. Das zunächst benutzte Puddelverfahren setzte eine eigene Entwicklungsarbeit voraus oder erforderte bewußte Anstrengungen zur Erlangung der nötigen Kenntnisse aus dem weiter fortgeschrittenen England. Erst danach war eine weitere Verbreitung dieses Verfahrens möglich. Damit waren die Anforderungen an die Unternehmer der Eisenindustrie in dieser ersten Untersuchungsperiode jedoch noch nicht erschöpft. Denn kaum war das neue Puddelverfahren erfolgreich etabliert, bot sich ein weiteres Stahlgewinnungsverfahren an, das erst eine Massenproduktion ermöglichte: das Windfrischverfahren. Dieses erforderte eine neuerliche grundsätzliche Umstellung innerhalb der Technologie der Stahlgewinnung in den 1860er Jahren.

Die Verwendung des Kokshochofens zur Gewinnung des Roheisens bedeutete weniger eine Veränderung der Technologie, sondern hatte vielmehr Konsequenzen für den Standort. Jetzt wurde es möglich, im Kohlenrevier, wo es auch Eisenerzvorkommen gab, eine Hüttenindustrie aufzubauen. Die westfälischen Schwerindustriellen wurden dadurch mit der Möglichkeit konfrontiert, auch die Roheisengewinnung selbst zu übernehmen.

Neben diesen technologischen Problemen stellten sich den Unternehmern der westfälischen Schwerindustrie eine Reihe weiterer ökonomischer Probleme. Es galt zunächst, für die Investitionen, die mit den technischen Innovationen verbunden waren, umfangreiche finanzielle Mittel zu mobilisieren, die über die Finanzkraft von Einzelpersonen hinausgingen[110].

Die Quellen dieser Kapitalbildung sind relativ schlecht erforscht[111]. Die traditionellen Finanzierungsformen über Privatbankiers und Wechselverkehr reichten nach 1850 nicht mehr aus, vor allem weil eine Vielzahl großer Unternehmen entstand, deren Kapitalbedürfnis die Möglichkeiten des traditionellen Finanzierungssystems übertraf[112]. Jedoch verblieben die Hauptkapitalquellen, mindestens bis 1880, weiterhin innerhalb des Ruhrgebiets, vor allem in Form von Handels- und Lieferantenkrediten, Krediten lokaler Kapitalisten und zunehmend in Form von Finanzierungen über den Kapitalmarkt durch Emissionen von Aktien und Kuxe.

Der Beitrag ausländischen Kapitals läßt sich ebenfalls nur schwer bestimmen, scheint aber von zunehmender Bedeutung zu sein[113]. Für das französische und englische Kapital liegen für unterschiedliche Zeitpunkte Schätzungen vor[114]. Das Auslandskapital erreichte das Ruhrgebiet vor allem über die Kölner Privatbankiers, die großen Aktienbanken – besonders die in Berlin – und durch die direkten Beteiligungen ausländischer Unternehmer[115].

Das Aufkommen der Aktiengesellschaften und die damit verbundene Möglichkeit der alternativen Gestaltung der rechtlichen Struktur der Unternehmen stellten hohe Forderungen an die Qualität der westfälischen Schwerindustriellen. Besonders betroffen waren zunächst die Bergbauunternehmer, da diese organisatorische Neuerung zunächst im Bergbau Einzug hielt. Die technischen Innovationen der Gründerperiode erforderten größere Betriebseinheiten mit einer planvollen Unternehmensorganisation einerseits und entsprechenden Finanzmitteln andererseits. Die Aktiengesellschaft bot den rechtlichen Rahmen, um diesen Herausforderungen zu entsprechen. Sie erwies sich als ein Instrument zur Finanzierung der notwendigen Innovationen. Darüber hinaus entstand für die Unternehmer nach der Einführung der konkurrierenden Gesellschaftsform der Gewerkschaft neuen Rechts das zusätzliche Problem, die günstigste Rechtsform entsprechend der Konjunkturlage zu wählen.

Für die Unternehmer der westfälischen Schwerindustrie ergaben sich demnach in der Gründerperiode von 1852–1873 im wesentlichen zwei Problemkomplexe, die über die Probleme der traditionell betriebenen Werke hinausgingen:

1. Technologisch: Die Beurteilung und Organisation der Einführung neuer Verfahren im Bergbau und in der Eisenindustrie.
2. Kaufmännisch: Die Finanzierung der damit verbundenen Investitionen und die Wahl einer adäquaten Unternehmensform.

3. Die betrieblichen Probleme der „großen Depression", 1873–1892

Mit dem Ende der zweiten Gründerperiode war der Aufbau der westfälischen Schwerindustrie zunächst abgeschlossen. Die auftretenden Probleme technischer und finanzieller Art waren bis zu diesem Zeitpunkt weitgehend gemeistert, und die Produktion von Kohle und Eisen hatte einen Umfang angenommen, der dem vergleichbarer Industriestaaten entsprach[116]. Die Mitte der 70er Jahre des 19. Jahrhunderts stellte aber nicht nur einen vorläufigen Endpunkt beim Aufbau des Industriesystems in Deutschland dar, sondern sie bildete auch einen konjunkturellen Wendepunkt von der stürmischen Expansion seit etwa 1852 zu einer zögernden und problembelasteten Stabilisierung. Dieser Trendumbruch läßt sich für die Produktionszahlen statistisch nachweisen und wird auch durch den Verlauf von Preisreihen bestätigt[117]. Die der „Durchbruchphase" folgende Periode der „Hochindustrialisierung", verbunden mit geringeren Wachstumsraten, pessimistischerem Wirtschaftsklima und industriellen Umstellungsschwierigkeiten, wurde durch die im Herbst 1873 beginnende Weltwirtschaftskrise eröffnet[118]. „Die klassischen Leitsektoren der deutschen Industriellen Revolution: Eisenerzeugung, Bergbau, Eisenbahnbau erschlafften allmählich in ihrer Dynamik."[119] Ob diese Periode allerdings zu Recht den Namen „große Depression" trägt, wurde weiter oben schon angezweifelt. Immerhin wuchs die Wirtschaft des deutschen Kaiserreiches insgesamt weiterhin recht stark, und auch die hier im weiteren zu untersuchenden „Leitsektoren" Bergbau und Eisenindustrie expandierten weiter[120]. Diese Expansion vollzog sich allerdings unter veränderten Bedingungen, die im folgenden Abschnitt zu untersuchen sind. Die neuen betrieblichen Probleme stellten sich auf der Seite der Technologie als die Notwendigkeit der Verbesserung und Ergänzung der in der vorausgehenden Periode eingeführten Verfahren[121] und auf der Seite des Marktes als die Sicherung des Absatzes der enorm gewachsenen Produktion dar.

3.1. Folge-Innovationen

Die Verbesserung und Ergänzung der neuen Verfahren in der westfälischen Schwerindustrie vollzogen sich in einer Reihe kleinerer und größerer Neuerungen, die als Folge-Innovationen zu den nach 1852 durchgeführten Basis-Innovationen des Tiefbauschachtes, der Koksroheisengewinnung und des Windfrischverfahrens angesehen werden können. Die Anzahl dieser Veränderungen ist groß und von sehr unterschiedlicher Bedeutung. Daher sollen nur die beiden wichtigsten Neuerungen bei den Unternehmen der Eisen- und Stahlindustrie untersucht werden. Im Bergbau gewannen die Veredelung der Kohle zu Koks und die damit verbundenen Nebenprodukte zunehmend an Bedeutung, während in der Eisenindustrie neue Stahlerzeugungsverfahren verstärkt in den Vordergrund rückten.

3.1.1. Aufbereitung der Rohkohle

Schon vor den 1870er Jahren wurde Kohle nicht nur als reiner Abbaustoff – als sogenannte Förderkohle – vermarktet. Die Einführung des Tiefbauverfahrens bedeutete bereits eine Differenzierung des Kohleangebots, weil diese Technik den Abbau von Kohlearten ermöglichte, die sich in ihren Eigenschaften sehr stark unterschieden. Es ist daher durchaus gerechtfertigt, von unterschiedlichen Kohleprodukten zu sprechen, die ja auch verschiedene Preise erzielten[122]. Wichtiger für den Preis als die Art der Kohle war allerdings der Zustand der Kohle, d.h. ob Steine und Schmutz entfernt und inwieweit die Kohlen nach der Korngröße sortiert waren[123]. Die Aufbereitung der Kohlen erfolgte hauptsächlich durch Waschen in der Kohlenwäsche, wodurch die Kohle von den Staub- und Schmutzbestandteilen befreit wurde. Durch Zerkleinerung und Sieben wurden die unterschiedlichen Korngrößen voneinander getrennt[124]. Diese Aufbereitungsverfahren waren allerdings vor 1870 im Ruhrgebiet praktisch kaum verbreitet. Erst als die Baroper Maschinenfabrik AG 1863/64 eine größere Separation und Wäsche auf dem Hörder Kohlenwerk des Hörder Vereins installiert und bereits 1869 erweitert hatte, setzte sich die Aufbereitung der Kohlen allgemein durch[125].

Im westfälischen Bergbau wurden die Aufbereitungsanlagen in der Zeit nach 1870 eingeführt. Von allen (87) Bergbauunternehmen, die dort in der Periode 2 tätig waren, verfügten insgesamt 57 über eine Aufbereitungsanlage. Nur drei von ihnen hatten diese schon vor 1873 installiert (Pluto 1862, Dannebaum 1863 und 1867 Centrum). Als Ergänzung zu den Tiefbauanlagen wurde es in der Periode 2 üblich, die unterschiedlichen Kohlesorten noch weiter zu veredeln, um zugleich eine Produktionsdifferenzierung zu erzielen, die zu einer günstigeren Absatzsituation beitragen sollte[126].

3.1.2. Koksgewinnung

Gerade für die schwierigen Jahre nach 1873 wurde für den Bergbau ein weiterer Zweig der Weiterverarbeitung der Förderkohle bedeutsam: die Gewinnung von Koks. Dieser Produktionszweig gewann um so mehr an Bedeutung, wenn man die Auffassung teilt, daß für das gesamte 19. Jahrhundert der „Gewinn des Bergbaus bei der Verkokung, Brikettierung und anderweitiger Veredelung lag, nicht bei der reinen Kohleförderung“[127]. Die Verkokung von Steinkohlen im Ruhrrevier war schon im 18. Jahrhundert gelungen, wurde aber erst bedeutsam, als die Verhüttung von Eisenerzen nach 1850 von Holzkohle auf Koks umgestellt wurde[128]. Die Koksgewinnung erfolgte vornehmlich in sogenannten Bienenkorböfen[129], die mit etwa 1–2 t Kohle beschickt wurden und nach 24–36 Stunden eine Ausbringung von 50–80 % der ursprünglichen Kohlenmenge als Koks erbrachten[130]. Diese Öfen stellten schon eine Verbesserung gegenüber den zuvor angewandten dar, wurden aber später durch geschlossene Öfen ersetzt, zumal die älteren Öfen wegen ihrer starken Rauchentwicklung zu einer starken Umweltbelastung geführt hatten[131]. Der Umfang der Koksproduktion stieg bis 1855 stark an, um danach bis Ende der 60er Jahre bei leichtem Rückgang zu stagnieren[132]. Diese Entwicklung wird vor allem auf den Übergang bei der Beheizung von Dampflokomotiven von Koks auf Steinkohle zurückgeführt[133]. Erst nach

1870 wurde die Koksherstellung zu einer tragenden Säule der Bergbauunternehmen. Ein zunehmender Anteil der gesamten Steinkohlenförderung wurde verkokt. Dies geschah mit neueren Ofentypen, die die Nachteile der älteren Öfen zu vermeiden trachteten, eine höhere Ausbeute erzielten und später zudem noch eine Reihe von Nebenprodukten erzeugten. Für die Verkokung eignen sich nur bestimmte Kohlearten, die über ausreichenden Gasgehalt verfügen. Dabei handelt es sich überwiegend um Fett- und Eßkohle, die aus den tiefsten Schichten des Steinkohlengebirges gewonnen werden und für deren Förderung leistungsfähige Tiefbauzechen unabdingbare Voraussetzung sind[134].

Die Bergbauunternehmen der westfälischen Schwerindustrie begannen nach 1873 verstärkt, Kokereien anzulegen[135]. Von allen 107 Unternehmen unserer Untersuchungsgesamtheit verfügten 59 (55 %) über eine Kokerei. Da acht Unternehmen schon vor 1873 wieder liquidierten oder fusionierten[136], läßt sich festhalten, daß etwa 60 % aller Bergbauunternehmen, die nach 1873 existierten, über eine Kokerei verfügten. Vor 1873 wurden nur 7 Koksgewinnungsanlagen errichtet[137], zwischen 1873 und 1892 jedoch 38 und zwischen 1892 und 1913 nur 13. Es wird also deutlich, daß die Periode 2, die wir „große Depression" genannt haben, den Zeitraum umfaßt, in dem in erhöhtem Maße Kokereien errichtet wurden.

3.1.3. Neue Stahlgewinnungsverfahren

Zwar war durch die Einführung des Bessemer-Windfrisch-Verfahrens gegenüber dem Puddelverfahren die Erzeugung schmiedbaren Roheisens etwa verzehnfacht worden, doch blieb dieses Verfahren auf die Verwendung phosphorarmen Roheisens beschränkt[138]. Der Grund hierfür lag in der kieselsäurereichen Ausmauerung der Bessemerbirne, die es verhinderte, daß sich beim Bessemerprozeß eine basische Schlacke bilden konnte, die den Phosphor des Roheisens hätte binden können[139]. Deshalb durfte das Bessemerroheisen keinen Phosphor enthalten[140].

Dieses Problem konnte gelöst werden, nachdem es den beiden Engländern Thomas und Gilchrist 1878 gelungen war, durch eine Ausmauerung des Konverters mit gebranntem Dolomit eine Entphosphorung des Roheisens durchzuführen[141]. Zusätzlich zum Roheisen wird beim Thomasverfahren noch 13–18 % des Roheisengewichts an Kalk zugegeben, der sich mit einem Teil des Phosphors des Roheisenbades zu Schlacke verbindet[142]. Ein anderer Teil des im Bade vorhandenen Phosphors verbrennt und führt zu einer Temperatursteigerung und Brennstoffersparnis[143]. Die Thomasbirne arbeitet äußerlich wie die Bessemerbirne, innerlich laufen jedoch ganz andere chemische Prozesse ab.

Die Einführung des Thomasverfahrens hatte für die gesamte deutsche Stahlindustrie weitreichende Konsequenzen. Der stärkere Rückgriff auf die heimischen Rohstoffreserven führte zu einer Standortverlagerung[144]. Die Luxemburger und Lothringer Erze wurden zunehmend wichtig. Da diese aber nur einen geringen Eisengehalt hatten, rückte das Problem der Transportkosten in den Vordergrund und führte zu einer Standortverlagerung der deutschen Eisen- und Stahlindustrie. Die Kohle wanderte zum Erz, und entsprechend wurde die Hüttenindustrie in Lothringen ausgebaut[145]. Hinzu kam ein stärkerer Import von Erzen aus Spanien und Schweden, deren Transport im wesentlichen über den Rhein erfolgte, und der zu einer Standortverlagerung ins rheinische Ruhrgebiet führte. Für die westfälische Schwerindustrie bedeutete demnach die Einführung des Thomasverfahrens einen Vorteil in bezug auf die mögliche Versorgung mit heimischen Rohstoffen und zugleich einen Standortnachteil.

Das Thomasverfahren wurde innerhalb der westfälischen Schwerindustrie nur von den gemischten Werken eingeführt, und zwar umgehend. Es förderte den Ausbau der gemischten Werke, da nun Erz- und Kohleabbau, Roheisen- und Stahlproduktion innerhalb Deutschlands möglich waren und nur im großen Stile betrieben werden konnten[146]. Die reinen Stahlwerke wurden dadurch immer weiter zurückgedrängt. So wurde dieses Verfahren auch von keinem der von uns untersuchten 37 Unternehmen der Eisenindustrie eingeführt, wohl aber von den gemischten Werken[147]. Die reinen Stahlwerke bevorzugten vielmehr ein anderes neues Verfahren, das Siemens-Martin-Verfahren. Dieses Verfahren war 1864 von Emile und Pierre Martin in Sireuil/Frankreich entwickelt worden[148]. Es handelt sich dabei um ein Verfahren, das Roheisen und Schmiedeeisenabfälle (Schrott) durch Zusammenschmelzen in Stahl verwandelt. Dies war schon vor 1850 versucht worden, aber durch die mit gewöhnlicher Feuerung erreichbaren Temperaturen nicht möglich gewesen. Erst durch ein von Friedrich und Wilhelm Siemens entwickeltes Verfahren zur Herstellung eines brennbaren Gases durch unvollkommene Verbrennung von rohen Steinkohlen und dessen Wärmespeicherung wurde es möglich, die notwendige Hitze zu erzeugen[149]. Der Schmelzprozeß erfolgt in Herdkammern, in die die Brenngase eingegeben werden.

Trotz der Entwicklung dieses Verfahrens schon zur Mitte der 60er Jahre dauerte es noch eine Weile, bis dieses Verfahren in größerem Maße in die Schwerindustrie eingeführt wurde[150]. Das mag z. T. daran liegen, daß der in Deutschland übliche feststehende Siemens-Martin-Ofen nur kleine Chargen verarbeiten konnte[151]. Diese Handlichkeit des Verfahrens, verbunden mit einer größeren Unabhängigkeit von den Vorstufen der Produktion – vor allem vom Hochofen –, machte das S-M-Verfahren gerade für die reinen Stahlwerke geeignet. Deshalb finden sich auch bei den von uns untersuchten 37 Unternehmen der Eisenindustrie fünf, die dieses Verfahren zwischen 1880 und 1891 eingeführt haben[152]. Natürlich nutzten aber auch die gemischten Werke diese neue Technologie[153]. Insgesamt bildete das Verfahren jedoch in erster Linie die Basis für die Weiterverarbeitungsbetriebe der Eisenindustrie, die dadurch nicht gezwungen wurden, den Standortverlagerungen der eisenschaffenden Industrie zu folgen, und die auch ihre Betriebsgröße im wesentlichen beibehalten konnten[154].

3.2. *Absatzsicherung durch Konzentration und Kartellierung*

Das Hauptproblem in den Unternehmen der westfälischen Schwerindustrie auf der Seite der Marktbeziehungen nach den 1870er Jahren lag in der Stabilisierung des Absatzes[155]. Zwar expandierten Produktion und Absatz auch weiterhin sehr stark, jedoch nur unter erschwerten Bedingungen. Vor allem bestand das Problem instabiler, tendenziell sinkender Preise[156]. Die für die Produzenten unbefriedigende Marktsituation der 70er und 80er Jahre führte zu wiederholten Versuchen, die Konkurrenzverhältnisse auf den Absatzmärkten zu mildern durch zahlreiche, doch zunächst erfolglose Versuche zur Kartellierung der Branche[157]. Diese Bemühungen führten erst zu Beginn der 90er Jahre zu einer erfolgreichen Organisation der Absatzbedingungen in der westfälischen Schwerindustrie.

Der schwere Niedergang der Konjunktur nach 1874 führte zu nachhaltigen Folgen im Ruhrbergbau, von denen auch die Arbeiter nicht verschont blieben. Die starke Produktionsausdehnung infolge der Investitionen während der zweiten Gründerperiode stieß auf eine sinkende Nachfrage[158]. Auch die Wiedereinführung der Eisenzölle[159] 1879 führte nur zu einer geringen Entlastung und konnte eine tendenzielle Stagnation mit Preisverfall nicht überwinden.

Für die Unternehmen des Ruhrbergbaus boten sich zwei unterschiedliche Strategien zur Lösung der Absatzprobleme an: Senkung der internen Stückkosten unter diejenigen der Konkurrenten und Stabilisierung des Absatzes auf Kosten der anderen Anbieter oder Regulierung des Absatzes im Einvernehmen mit der Konkurrenz. Beide Strategien wurden von den Unternehmen des westfälischen Bergbaus verfolgt.

Nach 1873 wurde das Problem unzulänglicher Markterlöse für die Bergbauunternehmen immer schwerwiegender. Alle Unternehmen versuchten, die sinkenden Erlöse aufgrund des Preisverfalls durch eine Erhöhung der Produktion und des Absatzes auszugleichen. Das führte naturgemäß zu einer Verschärfung des Absatzproblems, denn die zusätzliche Produktion drückte auf einen Markt mit einem Nachfragedefizit und war in der Regel nur mit weiteren Preiszugeständnissen abzusetzen[160].

Eine Anpassung an die Absatzverhältnisse durch die Stillegung unrentabler Zechen erfolgte nur in einem geringen Maße. Die Hauptlast dieser Anpassung trug der Südraum, in dem kleinere Bergwerke mit Magerkohle dominierten, die an der Absatzexpansion nur gering beteiligt waren[161]. Zudem ist die Übernahme konkurrierender Unternehmen nur dann sinnvoll, wenn es auch gelingt, diesen vergrößerten Marktanteil rentabel zu nutzen[162]. Bei einer allgemeinen Überproduktion ist das jedoch nur schwer möglich. Eine verringerte Zahl von Marktteilnehmern hingegen verbessert auf jeden Fall die Chancen, den Markt durch Kartellabsprachen zu regulieren.

Für die Periode der „großen Depression“ ist im westfälischen Bergbau eine umfangreiche Konzentrationsbewegung zu verzeichnen[163]. Dies gilt insbesondere für die späten 1880er Jahre. In dieser Phase wurde der Grundstein für die späteren großen Bergbauunternehmen gelegt. Zu einer entscheidenden Verbesserung der Absatzbedingungen trug diese Konzentrationsbewegung direkt jedoch nicht bei.

Die erste Form der horizontalen Konzentration im westfälischen Bergbau und damit auch der erste Versuch zur Verbesserung der Absatzbedingungen stellte die Konsolidierung verschiedener Einzelfelder zu einem einheitlichen Bergbauunternehmen dar[164]. Zwar lagen die Motive für einen solchen Zusammenschluß sicherlich nicht im Absatzbereich des Unternehmens, sondern vielmehr auf der Seite der Produktion[165], dennoch blieb eine Wirkung auf die Verbesserung der Absatzbedingungen.

Nach der Verschlechterung der Absatzlage im Steinkohlenbergbau gingen eine Reihe von Bergbauunternehmen dazu über, einige ihrer Konkurrenten zu übernehmen, um damit die Konkurrenzverhältnisse am Absatzmarkt zu entspannen. In der nach 1873 einsetzenden ersten Konzentrationsphase entstanden die großen Bergbaukonzerne des Ruhrgebiets[166]. Zahlreiche Unternehmen verloren ihre Eigenständigkeit. In unserer Untersuchungsregion verloren von 1873 bis 1892 insgesamt 24 Bergbauunternehmen ihre rechtliche Selbständigkeit[167]. Die Ursachen dafür waren im einzelnen:

Tabelle 57: Verlust der Selbständigkeit von Bergbauunternehmen im westfälischen Ruhrgebiet 1873–1892[a]

Ursache	Anzahl	Anteil (in %)
Aufkauf durch anderes Unternehmen	16	66
Fusion mit anderem Unternehmen	4	17
Liquidation/Konkurs	4	17
insgesamt	24	100

[a] Zur Quellenbasis vgl. die Anmerkungen der Tabelle 48.

Danach erscheint als häufigste Ursache in 66 % der Fälle der Aufkauf durch ein anderes Unternehmen, gefolgt von Fusion mit einer anderen Unternehmung sowie Liquidation mit je 17 % der Fälle. Der Verlust der unternehmerischen Selbständigkeit im westfälischen Kohlebergbau von 1873 bis 1892 ist in über 80 % der Fälle damit auf die allgemeine Konzentrationstätigkeit zurückzuführen. Dafür spricht auch eine Untersuchung der Firmen, die die obigen 16 Unternehmen aufgekauft haben.

Tabelle 58: Bergbauunternehmen, die 1873–1892 Übernahmen durchführten[a]

Name	Anzahl der Übernahmen	bei den übernommenen Unternehmen	
		Produktion 1883 in t	Beschäftigte 1883
Harpener Bergbau AG	5	1.490.576[b]	4.325
Gelsenkirchener Bergwerk AG	3	1.047.961[c]	4.177[c]
Bochumer Verein	3	489.583	1.860
Hoesch	1	268.392	947
Hibernia	1	259.187	904
Louise Tiefbau	1	68.859	252
Constantin der Große	1	65.830	–[d]
Union	1	25.695	96
insgesamt	16	3.716.083	12.561

[a] Zur Quellenbasis vgl. die Anmerkungen der Tabelle 48.
[b] Zwei aufgekaufte Unternehmen, die Gewerkschaft Scharnhorst und die Bergwerksgesellschaft Gneisenau, waren 1883 noch nicht in Förderung, so daß sich diese Zahl auf Herne-Bochum (855.355), Iserlohn (454.583) und Vollmond (180.658) bezieht. Entsprechendes gilt für die Beschäftigtenzahlen.
[c] Für den in der Zahl enthaltenen westfälischen Grubenverein stammen die verwandten Zahlen aus dem Jahr 1884 anstatt 1883.
[d] Eine Beschäftigtenzahl für die AG Herminenglück konnte für 1883 nicht ermittelt werden.

Insgesamt war unter den aufgekauften Firmen nur ein Unternehmen, das eine Jahresproduktion von mehr als 500000 t Steinkohle hatte, vier jedoch hatten sogar weniger als 100000 t. Es handelte sich also sowohl um relativ kleine Unternehmen als auch um Großanlagen, die von den Großen der Branche aufgekauft wurden[168]. Neben den drei größten Bergwerksunternehmen (1900) beteiligten sich noch drei gemischte Werke sowie die Gewerkschaft Constantin der Große[169] und das Dortmunder Steinkohlenbergwerk Louise Tiefbau[170]. Es zeigt sich also, daß sich auch im westfälischen Ruhrgebiet eine deutliche Konzentrationsbewegung vollzog. Immerhin wurden allein durch die Aufkäufe von der 1883er Jahresproduktion etwa 4 Mill. t durch die großen Unternehmen als selbständiges Angebot aus dem Markt genommen und ihrer Angebotskontrolle unterstellt. Hinzu kam eine weitere Wettbewerbseinschränkung durch Fusion zwischen verschiedenen bis dahin konkurrierenden Unternehmen sowie die Liquidation von drei weiteren Unternehmen, die ebenfalls weitere 2018271 t Förderung betraf, so daß insgesamt etwa ein Drittel der 1883er Kohleproduktion[171] von der Konzentrationsbewegung dieses Zeitraumes betroffen war.

Diese umfangreiche horizontale Konzentrationsbewegung im westfälischen Bergbau reichte allerdings nicht aus, die Absatzbedingungen der Bergbauunternehmen entscheidend zu stabilisieren. Die nicht übernommenen Unternehmen dehnten ihre Produktion weiterhin aus, so daß der Marktanteil der großen Unternehmen nicht stieg, sondern sogar noch sank. Dies galt im übrigen auch für die noch später folgenden Zusammenschlüsse, wie ein Vergleich der Konzentrationsindizes für verschiedene Zeitpunkte zeigt[172].

Tabelle 59: Konzentrations-Index für den Ruhrbergbau, 1850, 1900, 1913[a]

	1850	1900	1913
Anteil der 5 größten Zechen an Gesamtproduktion	19%	12%	12%
Anteil der 10 größten Zechen an Gesamtproduktion	32%	21%	21%
Anzahl der Zechen, die zusammen die Hälfte der Gesamtproduktion produzieren	20	33	37

[a] Die Daten zur Erstellung dieser Tabelle finden sich für 1850 und 1900 in: Entwicklung, Bd. XII, S. 52–59 und für 1913 bei C.L. *Holtfrerich,* S. 18 (Jahresproduktion 1913) und P. *Wiel,* S. 181/82 (Zechenliste).

Die Indikatoren der Tabelle 59 weisen also eher auf eine Verschärfung des Wettbewerbs bei steigender Anzahl großer Wettbewerber in der 2. Hälfte des 19. Jahrhunderts hin. Hinzu kam, daß die Konkurrenz des Ruhrgebiets mit den anderen deutschen Bergbaurevieren bestehen blieb[173]. Die Konzentrationsbewegung im Ruhrbergbau stellte deshalb kein geeignetes Mittel zur Verbesserung der Absatzverhältnisse dar.

Die Versuche, durch ein Kartell zur Regulierung der Absatzverhältnisse im Ruhrbergbau zu gelangen, setzten ebenfalls wenige Jahre nach der 1873er Krise ein. Zunächst versuchte man Förderkonventionen zu bilden, durch die die Zechen sich zu Produktionseinschränkungen verpflichten sollten. Ein erster Versuch dieser Art wurde 1877 durch den Verein für die bergbaulichen Interessen im OBAB Dortmund initiiert[174]. In den verschiedenen jährlich vereinbarten Konventionen wurden Förderungseinschränkungen von 10 % (1878), 5 % (1880) und 0 % (1881) festgelegt. Trotzdem stieg die Förderung in den betreffenden Jahren: 1880 um 10,4 und 1881 um 5 %. Dies lag einmal daran, daß nicht alle Bergbauunternehmen der Konvention beigetreten waren und auch jene, die sich zur Förderbeschränkung verpflichtet hatten, bei günstiger Absatzlage lieber eine Konventionalstrafe in Kauf nahmen als auf eine Ausweitung der Produktion zu verzichten[175]. Die Förderkonventionen scheiterten, und auch spätere neue Versuche (1885, 1886, 1887) hatten keinen Erfolg.

Einen zweiten Versuch zur Regulierung der Absatzverhältnisse im Ruhrbergbau stellten die Preiskonventionen dar, bei denen nicht die Absatzmengen, sondern die Preise stabilisiert werden sollten. Es wurde entweder versucht, die beteiligten Bergbauunternehmer in sogenannten „Kohlenklubs" miteinander in Kontakt zu bringen und mehr oder weniger informelle Absprachen zu erzielen oder aber die Zechenverwaltungen direkt zur Zusammenarbeit zu veranlassen. Dieser letztere Weg wurde von der „Technischen Kommission des Vereins für die bergbaulichen Interessen im OBAB Dortmund" verfolgt, die auf der Generalversammlung des Vereins 1885 ins Leben gerufen worden war[176]. Sie schlug vor, die Mehrzahl der 56 östlichen Steinkohlenzechen zu drei großen Zechengruppen zu konsolidieren[177]. Diese Vorschläge sind niemals in das Stadium einer ernsthaften Realisation gelangt.

Der Versuch, eine Preisregulierung über Absprachen in „Kohlenklubs" zu erreichen, muß ebenfalls als gescheitert angesehen werden[178]. Dies galt sowohl für den Kohlenklub in Essen (1880–1897) als auch für den Dortmunder Kohlenklub (1885–1887). Eine positive Wirkung hatten diese geselligen Vereine als Ort vorbereitender, inoffizieller Gespräche für spätere wirksamere Kartellierungsmaßnahmen.

Den ersten Versuch, nicht mehr Absprachen über Fördermengen und Absatzpreise zu erreichen, sondern direkt die Verkäufe gemeinsam zu organisieren, stellten die Verkaufsvereine dar. Diese wurden meist durch Absprachen unter den Zechenleitungen direkt gegründet und bezogen sich auf ganz spezifische Produkte. Den ersten Versuch dieser Art machte 1878 die Gaskohlen-Vereinigung[179], die allerdings in der ursprünglich angestrebten Form nicht zustande kam. Andere Versuche folgten, so 1882 die Gasflammkohlen-Vereinigung, 1891 der Gelsenkirchener Zechenklub und auch eine Reihe von Zusammenschlüssen unter den Magerkohlenzechen. Ebenso organisierten sich regionale Verkaufsvereine, wie der Dortmunder Kohlen-Verkaufsverein (1890), und daran anschließend ebensolche für den Bochumer, Essener und Steele-Mülheimer Bereich. Diese Verkaufsvereine organisierten sich in Form einer Aktiengesellschaft und umfaßten die in der Tabelle 60 angeführten Mitglieder.

Aus der Tabelle 60 geht hervor, daß praktisch alle Mitglieder der Kohlenverkaufsvereine auch von uns untersucht worden sind[180]. Jedoch waren längst nicht alle Bergbauunternehmen des westfälischen Ruhrgebiets auch in Kohlen-Verkaufsvereinen organisiert, sondern lediglich 36 von 75 unseres Samples[181]. Nur etwa die Hälfte aller westfälischen Bergbauunternehmen war an diesen Zusammenschlüssen beteiligt. Eine umfassende Marktregulie-

Tabelle 60: Mitglieder der Kohlen-Verkaufs-Vereine im Ruhrgebiet 1890[a]

	Mitglieder insgesamt	davon in der Untersuchungs-gesamtheit
Dortmunder Kohlen-Verkaufsverein	18	18
Bochumer Kohlen-Verkaufsverein	15	14
Essener- und Steele-Mülheimer Kohlen-Verkaufsverein	17	4
insgesamt	50	36

[a] Die gesamten Mitglieder sind entnommen: Entwicklung, Bd. XI, S. 171ff. und S. 187ff. Zur Quellenbasis der Untersuchungsgesamtheit vgl. die Anmerkungen der Tabelle 48.

rung konnte also immer noch nicht erreicht werden. Dies war um so weniger möglich, da sich gerade die größten Unternehmen an den Kohlen-Verkaufsvereinen nicht beteiligt hatten[182].

Deshalb setzten schon bald nach Gründung der Kohlen-Verkaufsvereine Bestrebungen ein, untereinander und mit den außerhalb verbliebenen größeren Bergwerksunternehmen in Kontakt zu treten[183]. Diese Gruppenvereinigungen setzten Mindestabsatzpreise fest. Eine Regelung der Förderung war zunächst nicht vorgesehen. Bald jedoch beschloß man eine festere Gestaltung der Kartellverhältnisse und gründete 1892 die Zechengemeinschaft. Dieser war jedoch kein langes Leben beschieden, da der Kohlenmarkt ab Herbst 1891 eine besonders ungünstige Lage zeigte und die von den Kohlen-Verkaufsvereinen beschlossenen Fördereinschränkungen für die Zechengemeinschaft nicht verbindlich zu machen waren. Darüber hinaus trat die Zeche Hugo, die den Absatzmangel den Bestimmungen der Gemeinschaft zuschrieb, schon Mitte 1892 aus dieser wieder aus. Die verschiedenen Interessen innerhalb der Gemeinschaft ließen sich daraufhin nicht mehr zusammenhalten[184].

Einerseits aus den Erfahrungen der Schwierigkeiten, die Absatzverhältnisse durch Gemeinschaften im oben geschilderten Sinne zu regulieren, und andererseits im Bewußtsein der Notwendigkeit, den Absatz zu stabilisieren, gingen die Zechen nun daran, ein einheitliches Verkaufsbüro für alle Zechen des Ruhrgebiets zu planen. Sie projektierten ein Syndikat in Form einer Aktiengesellschaft, welche gegenüber den Mitgliedsunternehmen als Selbstkäufer auftreten und den Absatz unabhängig organisieren sollte. Ein erster Versuch am 30. Juli 1892 in Dortmund scheiterte an der Weigerung einiger großer Bergwerksunternehmen, dem Syndikat beizutreten[185]. Die vorbereitende Kommission arbeitete jedoch weiter und erreichte in den strittigen Fragen der Beteiligungsziffern der einzelnen Unternehmen und der Laufzeit des Syndikatsvertrages eine Einigung, so daß am 9. 2. 1893 die Aktiengesellschaft „Rheinisch-Westfälisches Kohlen-Syndikat“ gegründet werden und diese am 16. 2. 1893 ihre konstituierende Sitzung abhalten konnte[186]. Der Anfangstermin des Syndikats wurde auf den 1. 3. 1893 festgelegt.

Der Syndikatsvertrag strebte nach einer Kartellierung sowohl der Produktion, der Preise als auch des Vertriebs[187]. Die Produktionskartellierung erfolgte durch die Festlegung der Fördermenge jeder Zeche anhand der Beteiligungsziffer an der Gesamtförderung. Die Preisfestsetzung erfolgte durch Verrechnungspreise gegenüber den Mitgliedern und durch Verkaufspreise beim Verkauf. Die Kartellierung des Verkaufs gelang durch die Organisation der Händler im Rahmen des Syndikats in bestimmten Verkaufsgebieten.

Die westfälischen Bergbauunternehmen waren maßgeblich an der Gründung des Rheinisch-Westfälischen Kohlensyndikats beteiligt. Von den 95 Gründungsunternehmen stammten 32 aus dem Rheinland und 63 aus Westfalen[188]. Von diesen 63 westfälischen Bergbauunternehmen sind nur vier nicht in unserer Untersuchungsgesamtheit vertreten[189], so daß 59 von uns untersuchte westfälische Bergbauunternehmen übrigbleiben, die an der Gründung des Rheinisch-Westfälischen Kohlensyndikats beteiligt waren. Insgesamt waren jedoch in der Periode 2 innerhalb unserer Untersuchungsgesamtheit 88 Bergbauunternehmen vorhanden. Im Zuge der Konzentrationsbewegung hatten bis 1892 bereits 24 Unternehmen ihre Selbständigkeit verloren[190]. Von den bis 1892 ausgeschiedenen 24 Unternehmen finden sich jedoch nur fünf Bergwerke auf der Liste der Gründungsmitglieder des Syndikats[191], so daß von den 87[192] Unternehmen der Periode 2 eigentlich 68[193] dem Syndikat hätten beitreten können. Es traten aber nur 59 bei, so daß neun westfälische Bergbauunternehmen dem Syndikat fernblieben. Das Rheinisch-Westfälische Kohle-Syndikat umfaßte also nicht alle Bergbauunternehmen in Westfalen, sondern nur 87 % der Unternehmen unserer Untersuchungsgesamtheit. Für das Funktionieren des Syndikats, die Kontrolle über Förderung, Preise und Verkäufe der Kohlen war dies jedoch kaum von Bedeutung. Bei den neun nicht beigetretenen Unternehmen handelte es sich um drei, die gar keine Kohle förderten[194], eines, welches noch 1892 in Konkurs ging, 1896 neu gegründet wurde und 1903 schließlich den Betrieb endgültig einstellen mußte[195], und nur um fünf Unternehmen, die tatsächlich produzierten[196]. Die umfassende Kartellierung des Kohleangebots durch das Rheinisch-Westfälische Kohlensyndikat wurde von den wenigen Außenseitern nicht gestört. Durch die Gründung des Syndikats gelang es in umfassender Weise, die Konkurrenzverhältnisse auf dem Kohlenmarkt zu regulieren[197] und dic Preise in einem Aufwärtstrend zu stabilisieren[198], was dem Syndikat sehr bald auch den Vorwurf der Preistreiberei einbrachte.

Insgesamt läßt sich von 1893 an eine neue Phase in der Entwicklung der westfälischen Schwerindustrie datieren. Sie stellt eine Periode starken Auftriebs mit einer geregelten Marktverfassung anstelle des freien Wettbewerbs dar[199]. Die Maßnahmen zur Kartellierung im westfälischen Steinkohlenbergbau hatten ihr Ziel erreicht.

Da die Probleme der Eisenindustrie auch denen des Bergbaus entsprachen, läßt sich innerhalb der Eisenindustrie eine Parallelentwicklung zum Bergbau feststellen[200]. Bis 1892 verlor ein Großteil der kleineren Unternehmer der Eisenindustrie seine Selbständigkeit und wurde zumeist von den größeren Unternehmen der Branche übernommen oder fusionierte zu größeren Produktionseinheiten. Für unsere Untersuchungsgesamtheit ergibt sich folgendes Bild[201]: 17 Unternehmen wurden von Ende 1872 bis 1892 von der Konzentrationsbewegung in der Eisenindustrie betroffen und verloren ihre Selbständigkeit. Das waren, verglichen mit 24 in der Periode 2 vorhandenen Unternehmen der Eisenindustrie, 70 % aller Unternehmen bzw. fast 40 %[202]. Bei den Geschäftsaufgaben handelte es sich vorwiegend um kleinere private Werke, die Anschluß an größere Produktionseinheiten suchten oder sich zu solchen zusammenschlossen.

Auch die Kartellierung der Eisenindustrie bot eine Parallele zur Entwicklung im Bergbau. Zwar war eine Kartellierung in der Eisenindustrie wegen der Vielfalt der Produkte und der zersplitterten Marktstruktur[203] bezüglich der betreffenden Unternehmen noch schwieriger als im Steinkohlenbergbau; die Bemühungen führten letztlich doch zum Erfolg[204]. Die Kartellierung erfolgte in Branchenkartellen, von denen der Stahlwerkverband (gegr. 1904), in dem alle großen deutschen Hütten- und Stahlwerke vertreten waren, der bedeutendste war[205].

3.3. Die Anforderungen an die Unternehmer

Die veränderten betrieblichen Probleme in der westfälischen Schwerindustrie nach 1873 stellten auch an die darin tätigen Unternehmer neue Anforderungen.

Für den Bergbau war eine zunehmende Kenntnis technischer Einzelheiten notwendig, denn die Folgeinnovationen im Bereich der Kohleveredlung ließen sich kaum allein durch die positive Beurteilung eines grundsätzlich neuen Produktionsprozesses realisieren, wie das in der vorausgehenden Periode möglich war. Vielmehr waren nun detaillierte Kenntnisse über die Einzelheiten der vielfältigen kleinen Neuerungen erforderlich. Hinzu kam eine Ausweitung der Verbesserungen auf eine Vielzahl verschiedener Bereiche, die das Entstehen von Spezialisten begünstigte[206]. In der Eisenindustrie waren die Anforderungen an das technische Spezialwissen der Unternehmensleitung sicherlich nicht geringer. Verbesserungen der Hochofentechnik und die neuen Stahlgewinnungsverfahren erforderten eingehende Kenntnisse der zugrunde liegenden Technologie und zunehmend auch der chemischen Prozesse. Insgesamt gesehen waren die Anforderungen an das technische Verständnis der westfälischen Schwerindustriellen gegenüber der Gründerphase gestiegen. Reichte es damals noch aus, durch Intuition oder technische Begabung die Möglichkeiten eines grundsätzlich neuen Verfahrens abzuschätzen und seine Innovation durch schrittweise Erprobung vorzunehmen, so waren nun eher technische Detailenscheidungen zu treffen, die eine umfassende Untersuchung des zugrunde liegenden Problems erforderten. Hinzu kam eine veränderte Marktlage, die es nicht erlaubte, risikoreiche Versuche zu unternehmen. Versuchs- und Entwicklungskosten hätten die wegen der schlechten Absatzlage ohnehin schon schwierige Geschäftslage noch verschlechtert.

Im Zuge der technischen Entwicklung wurde die kaufmännische Seite des Geschäftes mit Beginn der „Großen Depression" zunehmend auch für die Technologie bedeutsam. Von den kaufmännischen Problemen trat vor allem das der Stabilisierung der Absatzlage in den Vordergrund. Dazu war es nötig, daß die Unternehmer zunehmend die Fähigkeit entwickelten, sich auch mit gesamtwirtschaftlichen Problemen zu beschäftigen. Dabei ging es vor allem um die Probleme der Marktverfassung, die aus der Perspektive des Einzelbetriebes nicht zu lösen waren. Erforderlich wurde die Fähigkeit der Kooperation zwischen den Unternehmen, sei es durch Verbandstätigkeit oder durch Zusammenarbeit mit staatlichen Organen oder Banken.

Die beiden wesentlichen Anforderungen an die westfälischen Schwerindustriellen in der Periode der „großen Depression" von 1873–1892 waren demnach:

1. technologisch: Eine zunehmende fachliche Kompetenz für betriebstechnische Detailprobleme.
2. kaufmännisch: Die Fähigkeit zur Kooperation mit allen an der Lösung der Absatzprobleme interessierten Parteien.

4. Die betrieblichen Probleme bis zum Ersten Weltkrieg

Waren die beiden Vorperioden durch zwei – wenn auch unterschiedlich starke – Innovationsschübe in der Schwerindustrie gekennzeichnet, so sind nach 1892 in dieser Branche keine weiterreichenden Neuerungen zu beobachten. Die Dynamik der neuen Technologien schwächte sich ab, und der Innovationszyklus endete in einer Stagnationsphase[207]. Gesamtwirtschaftlich betrachtet, bedeutete dies, daß die Schwerindustrie als Motor der wirtschaftlichen Entwicklung ausfiel[208] und die Dynamik der weiteren ökonomischen Expansion nun auf der Entwicklung in anderen Branchen, etwa Chemie und Elektrotechnik[209], beruhte. Für die westfälische Schwerindustrie ergaben sich aus dieser veränderten Situation neue betriebspolitische Probleme, die zu entsprechenden Problemlösungsansätzen führten. Auf der Seite der Technologie waren wegen mangelnder Innovationschancen nur noch Rationalisierungen und Erweiterungen der alten Verfahren möglich. Im Bergbau handelte es sich dabei vor allem um eine Verbesserung der Fördertechnik und einen Ausbau der Koksnebengewinnungs- und Kohleverwertungsanlagen. Die Eisenindustrie suchte Rationalisierungen durch die Umgestaltung und Erweiterung des technischen Betriebsablaufs der Eisenverarbeitung „in einer Hitze" zu realisieren. Auf der Marktseite sind in beiden Branchen starke Konzentrationsbestrebungen festzustellen, die auf Fusionen zu gemischten Werken hinstrebten. Die großen gemischten Werke produzierten für die übrig bleibenden „reinen" Zechen wie auch Weiterverarbeitungsbetriebe der Eisenindustrie schwerwiegende Marktprobleme.

4.1. Rationalisierungen

Der westfälische Steinkohlenbergbau hatte bis zu den 1890er Jahren weitestgehend die effizientesten Abteuf-, Gewinnungs- und Förderverfahren sowie entsprechende Verfahren der Wasserhaltung und Wetterwirtschaft eingeführt. Diese Modernisierungsmaßnahmen wurden erst mit der zunehmenden Größe der Grubenfelder möglich, die erst einen technisch effizienten Abbau der geologisch häufig recht schwierig zu erschließenden Kohlevorkommen an der Ruhr erlaubte. Um die Jahrhundertmitte ging man von einem unmittelbaren Abbau der nächst erreichbaren Kohlemenge ab und begann nach Zerlegung der Felder, die einzelnen Felderteile planmäßig zu erschließen[210].

Schon oben war auf ein neues Abteufverfahren hingewiesen worden, das um die Jahrhundertwende im Ruhrgebiet eingeführt wurde: das Gefrierverfahren[211]. Zwar waren bis dahin die meisten Grubenfelder durch Schächte erschlossen, so daß für Verbesserungen im Schachtbau kein großer Raum blieb. Anders bei der Fördertechnik und beim Abbau. Bis in die 90er Jahre war im wesentlichen der streichende Pfeilerbau im Ruhrgebiet als Abraummethode angewandt worden, dann erfolgte der Übergang zum Abbau mit Bergversatz[212]. Dieser Übergang erfolgte vor allem wegen der geringeren Gefahr von Bergschäden, der Verbesserung der technischen Abraummöglichkeiten und der Tatsache, daß damit Berghalden überflüssig wurden.

Die Wetterführung wurde erst als ein besonderes betriebliches Problem erkannt, nachdem die Preußische Schlagwetterkommission 1881 bis 1883 umfangreiche amtliche Untersuchungen über die Bewetterung der Gruben im Ruhrgebiet vorgenommen hatte[213]. Die schlechten Ergebnisse über den Zustand der Gruben führten zum Eingreifen der Bergbehörde, die durch Polizeiverordnungen eine deutliche Verbesserung erzwang. Dieser Ausbau der Wetterführung erfolgte auf den westfälischen Gruben hauptsächlich nach

1892 und stützte sich auf den Einbau von Ventilatoren, die den natürlichen Luftzug in den Grubenbauen unterstützten.

Auch auf dem Gebiet der Wasserhaltung wurden um die Jahrhundertwende weitere Rationalisierungs- und Verbesserungserfolge realisiert. Vor allen Dingen ging man dazu über, die bis dahin üblichen Wasserhaltungsanlagen mit Maschinen über Tage durch unterirdische Anlagen zu ersetzen. Nach 1890 wurden nur noch 17 oberirdische Maschinen zur Wasserhaltung im Ruhrbergbau installiert[214].

Neben diesen Rationalisierungen, die den reinen Bergwerksbetrieb der westfälischen Bergwerksunternehmen betrafen, strebten diese auch in neue Bereiche der Geschäftstätigkeit. Einmal wurde in den 90er Jahren die mit der Kokserzeugung mögliche Herstellung von Nebenprodukten – vor allem Teer und Ammoniak – immer bedeutsamer, zum anderen boten sich auch weitere Möglichkeiten der Kohleverarbeitung, z. B. durch Brikettierung.

Die Gewinnung von Nebenprodukten erfolgte aus den Koksofengasen[215]. Schon 1886 hatten fünf Zechen des westfälischen Ruhrgebiets eine Koksanstalt, die mit Destillationskoksöfen ausgerüstet war[216]. Erst mit dem wirtschaftlichen Aufschwung der 90er Jahre verlor sich die abwartende Haltung der übrigen Zechen, und eine rapide Steigerung im Bau von Kokereianlagen mit Gewinnung von Nebenprodukten setzte ein[217]. Eine Kalkulation der Rentabilität der Nebenproduktion zeigte, daß die Erweiterung der Produktion für die westfälischen Bergbauunternehmen tatsächlich lohnend war[218]. Gleiches ließ sich für die Benzolgewinnung sagen, die ebenfalls ab 1889 von einer Reihe von Zechen aufgenommen wurde. Es handelte sich dabei bis auf Pluto um die gleichen Zechen, die auch Teer und Ammoniak zuerst herstellten[219].

Die Herstellung von Brikett aus dem für die Verkokung ungeeigneten Kohleklein hatte sich im Ruhrbergbau im Gegensatz zu den Steinkohlenrevieren Englands, Frankreichs und Belgiens erst relativ spät durchgesetzt[220]. Dies, obwohl auch schon hier 1861 die erste Brikettfabrik nach belgischem Muster eingerichtet worden[221], aber wegen der zu hohen Stückkosten bald wieder zum Erliegen gekommen war. Das lag vor allem an den hohen Kosten des notwendigen Bindemittels und der geringen Preisdifferenz zu den konkurrierenden Stückkohlen. Erst als die Stückkohlen wegen der gestiegenen Ansprüche der Verbraucher besser aufbereitet werden mußten, kam es zu einem größeren Preisunterschied zwischen Stück- und Feinkohlen und damit zu günstigeren Voraussetzungen für die Brikettherstellung. Hinzu kamen Verbesserungen an der Brikettpresse, so daß ab 1880 auch die profitable Brikettherstellung an der Ruhr möglich wurde[222]. Der Teer, der in den Nebenproduktanlagen der Kokereien gewonnen wurde, eignete sich als Grundstoff für die Gewinnung des für die Briketts als Bindemittel wichtigen Pechs. So konnte sich die Brikettindustrie ab Mitte der 80er Jahre auch im Ruhrgebiet entfalten und bis 1900 insgesamt 82 Brikettfabriken entstehen lassen.

Größere Neuerungen gab es nach 1892 in der Eisenindustrie ebenfalls nicht mehr. Die bedeutungsvollste Rationalisierung war wohl der Versuch, durch die Verarbeitung des erschmolzenen Roheisens in einer Hitze zu einer sparsameren Wärmewirtschaft zu gelangen. Diese Einsparung erforderte jedoch eine Zusammenfassung von Betrieben, nämlich von Hochofen-, Stahl- und Walzwerk, um die Hochofenwärme als Kraftquelle zu benutzen[223]. Damit hatte also dieser technologische Rationalisierungseffekt Konsequenzen für die Betriebsorganisation der einzelnen Unternehmen wie auch für die Marktstruktur der gesamten Branche.

Eine Kalkulation dieser Einsparungen durch ein „gemischtes Werk"[224] kommt zu folgendem Ergebnis[225]:

Gasüberschuß bei Kokerei	1	M pro Tonne Koks
direktes Konvertieren	5	M pro Tonne Roheisen
Hochofengasmaschinen	4	M pro Tonne Rohstahl
Auswalzen in einer Hitze	2,5	M pro Tonne Rohstahl

Bei einer Zusammensetzung der Produktion von 100 kg Koks, 100 kg Roheisen und 85 kg Rohstahl erbrachte somit die Betriebskombination eine Ersparnis von 3,56 M pro Tonne Rohstahl und etwa 15 M pro Tonne Fertigprodukt[226]. Dieser Rationalisierungseffekt[227] war natürlich nur ein Grund unter vielen, der für eine verstärkte Konzentration innerhalb der Schwerindustrie verantwortlich war. Hinzu kamen eine ganze Reihe weiterer Ursachen, die unter dem folgenden Punkt behandelt werden sollen.

4.2. Konzentration

Wie schon gegen Ende der „großen Depression" beobachtet, machte sich nach 1892 eine allgemeine Konzentrationstendenz in der westfälischen Schwerindustrie breit. Diese Bewegung beinhaltete zwei Hauptrichtungen, einmal durch horizontale Zusammenschlüsse auf die Errichtung großer Zechenunternehmen, zum anderen vertikal auf das Entstehen und die Vergrößerung von Konzernen als gemischte Werke hin. Diesen beiden Entwicklungen soll getrennt nachgegangen werden.

Die Anzahl der selbständigen Unternehmen in der westfälischen Schwerindustrie reduzierte sich bis 1913 auf 49, d. h. von den 97 nach 1892 noch tätigen Unternehmen verlor mehr als die Hälfte (53 %) ihre Selbständigkeit. Es handelte sich dabei um 47 Bergbauunternehmen und 8 Unternehmen der Eisenindustrie[228]. Etwa die Hälfte der aus dem Markt ausscheidenden Bergbauunternehmen (23) wurde von Bergbauunternehmen übernommen, und zwar im einzelnen von den in der Tabelle 61 genannten Unternehmen.

Deutlich setzte sich der Prozeß der Herausbildung einiger weniger großer Bergbauunternehmen, der schon vor 1893 zu beobachten war, weiter fort. Vor allem die Gelsenkirchener Bergwerks AG errang durch planvolle Über-

Tabelle 61: Bergbauunternehmen, die 1893–1913 Übernahmen durchführten

Name	Anzahl der Übernahmen	bei den übernommenen Unternehmen	
		Kohle-Produkt. in 1.000 t 1900	Beschäftigte 1900
Gelsenberg	5	1.353	5.161
Harpen	4	–	–
Hibernia	3	1.790[a]	–
Constantin	2	455[b]	1.850[b]
Lothringen	2	142[c]	757[c]
Essener Steinkohlen AG	2	285	1.477
preuß. Fiskus[d]	2	–	–
Bismarck	1	146	630
Ewald	1	252	955
Werne	1	–	–
insgesamt	23	(4.423)[e]	(10.830)[e]

[a] Ohne Altstaden. [b] Ohne Bochumer Koks. [c] Ohne Mark.
[d] Zechen des preuß. Fiskus hatten 1900 noch keine Förderung.
[e] Diese Zahl ist unvollständig und gibt nur einen groben Anhaltspunkt für das Ausmaß der Zusammenschlüsse, die Produktionszahl bezieht sich nur auf 13, die Beschäftigtenzahl auf 10 der 23 Unternehmen.

nahme bis 1904 den ersten Rang unter den Bergbauunternehmen, ehe sie 1906 durch Übernahme von Hütten- und Stahlwerken selbst zu einem gemischten Betrieb wurde. Die gleiche Strategie der Angliederung anderer Bergbauunternehmen wurde auch von Hibernia und Harpen in großem Umfang durchgeführt. Diese blieben jedoch reine Bergbaubetriebe. Skizze IV veranschaulicht die Angliederungspolitik von Gelsenberg als Beispiel.

Insgesamt läßt sich bezüglich der reinen Bergwerksunternehmen feststellen, daß wenige große Unternehmen viele kleinere Unternehmen aufnahmen und damit stark wuchsen.

Die andere Hälfte (24) der Bergbauunternehmen, die nach 1892 übernommen wurden, ging an die stark expandierenden gemischten Werke.

Der Übernahmeumfang von Bergwerksunternehmen durch die gemischten Werke von 1893 bis 1913 betrug etwa 10 Mill. t[229] der Produktion des Jahres 1900 oder etwa 17 % der Gesamtproduktion im Oberbergamtsbezirk Dortmund in diesem Jahr. Rechnet man nochmals etwa den gleichen Betrag für die Übernahmen zwischen reinen Bergbauunternehmen hinzu und be-

Skizze IV: Angliederung der Gelsenkirchener Bergwerks AG bis 1906

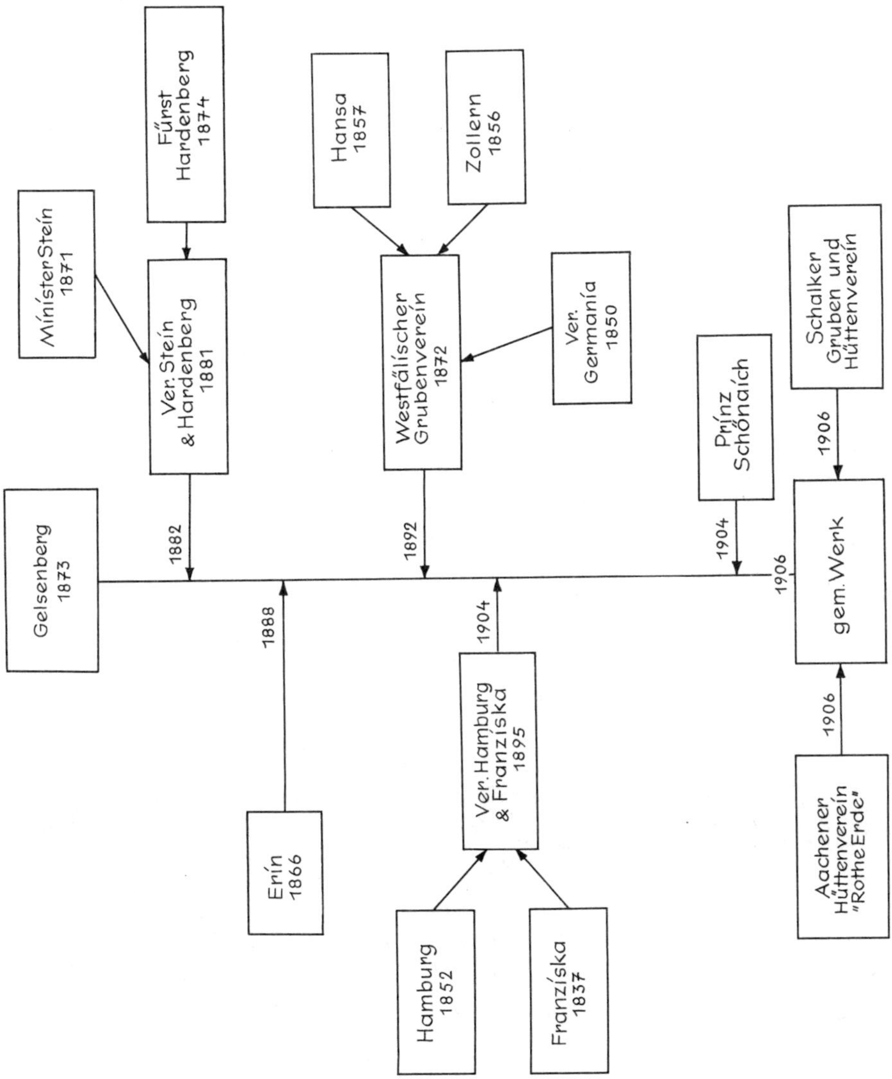

Tabelle 62: Gemischte Werke, die 1893–1913 Übernahmen durchführten

Name	Anzahl der Übernahmen		bei den übernommenen Unternehmen	
			Produktion in 1.000 t 1900	Beschäftigten 1900
aus Westfalen		13		
Deutsch-Luxemburgische	8		1.920	5.997[a]
Union	2		–	–
Bochumer Verein	1		532	971
Hoesch	1		–	–
Schalker Gruben	1		955	3.910
aus Rheinland		6		
Phönix	3		750[b]	3.207[b]
Krupp	2		400[c]	–
Rhein. Stahlwerke	1		800	3.294
aus Lothr./Luxemburg/ Saar		4		
Aunetz-Friede	2		657	2.893
Stumm	1		–	304
Fentscher Hütte	1		–	–
sonstige		1		
Buderus/Wetzlar	1		511	–
insgesamt		24	(6.525)[d]	(20.576)[d]

[a] Ohne Louise-Tiefbau. [b] Ohne Moltke und Nordstern. [c] Ohne Hannover.
[d] Diese Zahl ist ebenfalls unvollständig. Die Produktionszahl bezieht sich auf 17, die Beschäftigtenzahl auf 14 der 24 Unternehmen.

rücksichtigt man, daß sich die von uns untersuchten Übernahmen nur auf den westfälischen Teil des Oberamtsbezirks Dortmund beziehen, so wird das Ausmaß der Konzentrationsbewegung im westfälischen Bergbau in etwa verdeutlicht.

In der Eisenindustrie war dieser Konzentrationsprozeß nicht so umfassend. Dort hatte schon die Entwicklung vor 1893 zu einer gewissen Klärung der Marktverhältnisse beigetragen[230]. Trotzdem verloren von den 19 nach 1893 noch tätigen Unternehmen weitere sieben (37 %) ihre Selbständigkeit. Die größten dieser Unternehmen[231] wurden wiederum von gemischten Werken übernommen, so daß auch bei den Übernahmen in der Eisenindustrie die gemischten Unternehmen die wichtigste Rolle spielten. Bei den selbständig bleibenden Unternehmen handelte es sich um kleine und mittlere Unternehmen der Eisenverarbeitung, die sich zum großen Teil auf einige Sonderbereiche spezialisiert hatten[232].

4.3. Ursachen der Konzentration

Die umfassende, besonders nach 1893 einsetzende Konzentrationsbewegung in der westfälischen Schwerindustrie verlangt nach einer Erklärung. Nachdem Anfang der 90er Jahre die Versuche der Kartellierung der Schwerindustrie weitgehend erfolgreich abgeschlossen waren, gab es für die betreffenden Unternehmen auf der Absatzseite keine Möglichkeiten mehr, sich direkt am Markt unternehmenspolitisch zu betätigen. Eine Ausnahme bildeten die Unternehmen der Eisenindustrie, für deren vielfältige Produkte eine Kartellierung nicht möglich war, und die in ein schwieriges Konkurrenzverhältnis zu den überlegenen gemischten Werken gerieten[233].

Die Bergbauunternehmen behielten die Chance einer relativen Verbesserung ihrer Absatzposition durch die Übernahme konkurrierender Unternehmen. Diese Möglichkeit wurde, wie wir gesehen haben, von den großen Unternehmen auch weitgehend genutzt. Hinzu kam, daß bei der Übernahme einer Zeche durch ein anderes Unternehmen die Förderquote, die die Zeche beim Rheinisch-Westfälischen Kohlen-Syndikat besaß, automatisch an das übernehmende Unternehmen fiel. Dieses hatte dann die Möglichkeit, die Förderung auf der übernommenen Zeche zu reduzieren oder gar ganz einzustellen und die entsprechende Fördermenge auf eine andere, kostengünstiger arbeitende Schachtanlage zu übertragen. Eine ganze Reihe der beobachteten Übernahmen zwischen Bergbauunternehmen erfolgte aus keinem anderen Grund als der Vergrößerung der Syndikatsquote[234]. Außerdem bedeutete Größe zugleich auch Verhandlungsmacht bei der Festlegung der Quoten innerhalb des Kartells. In Zeiten schlechter Konjunktur kam es häufig genug zu einem ausgedehnten Gerangel um die Beteiligungsquoten.

Der Schwerpunkt der unternehmenspolitischen Aktivitäten lag nach 1893 insgesamt jedoch eher auf der Produktions- und Beschaffungsseite. Die Nutzung der dort gegebenen Möglichkeiten bildete einen Hauptpunkt der betrieblichen Entscheidungen innerhalb der Schwerindustrie bis 1913.

Das allgemeine Ziel war die Kombination verschiedener Produktionsstufen aus Gründen der Kostenersparnis sowie die Rohstoff- und Absatzsicherung durch die Möglichkeit des Eigenverbrauchs. Zwei Hauptströmungen dieser Entwicklung lassen sich dabei aufzeigen. Einmal ausgehend von den Stahlwerken die Schaffung großer kombinierter Werke der Eisenindustrie, wenn möglich mit eigener Rohstoffbasis, andererseits die Angliederung von Unternehmen der Eisenindustrie durch große Bergewerksunternehmen[235].

Eine Vielzahl von Gründen sprach für eine vertikale Konzentration innerhalb der Schwerindustrie[236]. Als erster und wichtigster Punkt wäre die Kostenersparnis aufgrund brennstofftechnischer Vorteile der Arbeit in einer Hitze zu nennen, die weiter oben auf S. 125 schon erläutert wurde[237]. Neben diese reine Kostenersparnis traten noch andere produktionswirtschaftliche Gründe, vor allem die Sicherstellung der Versorgung mit Rohstoffen und Halbfabrikaten zu festliegenden Preisen und Qualitäten und auch die Vorteile der Normung, Spezialisierung und Lagerhaltung[238].

Ebenso wie die Brennstoffersparnis bedeutete auch das Wegfallen der Transporte und damit der Zwischenfrachten einen Gewinn. Dazu kamen verbilligte Anlage- und Betriebskosten, also Senkung von Gemeinkosten, etwa durch die gemeinschaftliche Nutzung von Versorgungs- und Verkehrsanlagen[239].

Diese Vorteile der Betriebskombination in der Eisenindustrie wurden allgemein akzeptiert, jedoch vermuteten nicht nur zeitgenössische Wirtschaftsjournalisten, sondern auch Industrielle, daß die Konzentration von Unternehmungen zugleich auch zu höheren Verwaltungs- und Organisationskosten geführt habe. Die möglichen Nachteile dieser Art werden die Vorteile, die auch mit dem Zusammenschluß von Unternehmen verbunden sein können, kaum jemals übertroffen haben[240].

Als Ergebnis dieser vertikalen Konzentrationsbewegung läßt sich im westfälischen Ruhrgebiet das Entstehen einer kleinen Zahl kombinierter Großkonzerne festhalten, denen auf der Seite des Bergbaus eine größere Zahl reiner Bergwerksunternehmen gegenüberstand und auf der Seite der Eisenindustrie kleinere reine Hütten- und Walzwerke. Die Unternehmensstruktur innerhalb der Schwerindustrie des Ruhrgebietes zwischen 1893 und 1913 zeigte ein Bild, das durch die Tabelle 63 charakterisiert wird.

Die Unternehmensstruktur der westfälischen Schwerindustrie verschob sich seit 1893 bis zum Ende der Untersuchungsperiode nochmals sehr stark zugunsten der dominierenden gemischten Werke und einiger weniger großer Bergbauunternehmen. Von den insgesamt 97 Unternehmen der Schwerindustrie, die in der Periode 3 in Geschäftstätigkeit waren, blieben 1913 nur noch 43 selbständig, und zwar 25 Bergwerksunternehmen (35 % von 72), 12 Unternehmen der Eisenindustrie (66 % von 18) und 6 gemischte Werke. Die anderen Unternehmen verloren im Zuge der Expansionspolitik der großen Unternehmen ihre Selbständigkeit[241].

4.4. Folgen der Konzentration

Diese veränderten Marktverhältnisse entwickelten sich z. T. aus den Problemen heraus, die mit der Kartellierung der Branche zusammenhingen, z. T. produzierten sie neue Probleme. Diese Probleme kumulierten in der Auseinandersetzung der dominierenden gemischten Werke mit dem Rheinisch-

Tabelle 63: Unternehmensstruktur im westfälischen Ruhrgebiet, 1893–1913[a]

	Anzahl		
Bergbauunternehmen insgesamt in Geschäftstätigkeit	72		
davon:			
(1) von gemischten Werken übernommen		22	
(2) von gemischten Werken direkt gegründet		4	
(3) von Bergwerksunternehmen übernommen		20	
(4) in Konkurs		1	
verbleiben selbständig 1913			25
Unternehmen der Eisenindustrie insgesamt in Geschäftstätigkeit	18		
davon:			
(1) von gemischten Werken übernommen		3	
(2) von anderen Unternehmen der Eisenindustrie übernommen		2	
(3) in Konkurs		1	
verbleiben selbständig 1913			12
gemischte Werke insgesamt in Geschäftstätigkeit	7		
von anderen gemischten Werken übernommen		1	
verbleiben selbständig 1913			6
insgesamt	97		43

[a] Zu den Daten vgl. Anhang IV.

Westfälischen Kohlensyndikat und den darin verbliebenen „reinen" Bergbauunternehmen einerseits sowie mit den „reinen" Unternehmen der Eisenindustrie andererseits[242].

Das Problem bezüglich der Hüttenzechen, d.h. der gemischten Werke sowohl mit Kohleförderung als auch mit Hüttenwerken, bestand in der Behandlung ihrer Kohleproduktion durch das Syndikat. Die Streitfrage war die, inwieweit der Eigenverbrauch an Kohle auf die Produktionsquoten, die durch das Syndikat festgelegt wurden, angerechnet werden sollte[243]. Dies galt natürlich nur für die Hüttenzechen, die dem Syndikat bei seiner Gründung 1893 beigetreten waren. Nachdem fast alle Hüttenzechen dem Syndikat beigetreten waren[244], verkomplizierte dies die Lage noch weiter, denn nun gab es bezüglich der rechtlichen Verhältnisse zum Syndikat drei Arten von Zechen: Die freien Hüttenzechen, die dem Syndikat fernblieben, die Vertragshüttenzechen, die sich erst später dem Syndikat mit Verträgen, die eine

5%ige Verkaufsprovision vorsahen, angeschlossen hatten und die Syndikatshüttenzechen, die wie die „reinen" Zechen den Syndikatsstatuten unterlagen[245]. Ab 1903 jedoch wurden sämtliche Hüttenzechen gleich behandelt. Ihr Selbstverbrauch wurde nicht durch das Syndikat reguliert und blieb von der Kontingentierung frei; hinsichtlich der verkauften Kohle wurden sie behandelt wie die reinen Zechen. Die Abmachung bevorteilte die Hüttenzechen gegenüber den reinen Zechen. Bei guter Konjunktur konnten die Hüttenzechen über den Selbstverbrauch hinaus ihre Produktion unabhängig von der Kontingentierung durch das Syndikat, dem die reinen Zechen unterlagen, steigern und bei schlechter Konjunktur wurden sie bezüglich des Selbstverbrauchs ebenfalls von den Fördereinschränkungen des Syndikats nicht betroffen[246]. Aus dieser Privilegierung der Hüttenzechen erwuchs natürlich eine große Neigung zur Verschmelzung von Kohlen- und Eisenwerken. Dies war aber nicht ohne weiteres möglich, da die Zechenbesitzer des Syndikats keine Zechen oder Grubenfelder an Nichtmitglieder veräußern durften[247]. Damit war dieser Weg für die reinen Eisenwerke praktisch verschlossen[248]. Den gemischten Werken ermöglichte jedoch eine Entscheidung des Reichsgerichts, sich eine Zeche anzugliedern, um ihren Selbstverbrauch aus deren Förderung zu decken. Zwar erklärten sich die gemischten Werke 1909, nach einer Anfechtung des Spruchs des Reichsgerichts, mit einer Kontingentierung ihres Selbstverbrauchs einverstanden, allerdings ohne sich bereitzuerklären, auch die Kontingente in Abhängigkeit zur Konjunkturlage zu verändern[249].

Wie auf der Beschaffungsseite den gewaltigen gemischten Werken die „reinen" Zechen gegenüberstanden, so standen auf der Weiterverarbeitungsseite diesen die „reinen" Unternehmen der Eisenindustrie gegenüber. Bis in die 80er Jahre hinein besaßen fast alle diese Unternehmen Puddelöfen, mit denen sie ihr Rohmaterial selbst aufbereiteten[250]. Mit der Verbreitung der neuen Stahlgewinnungsverfahren waren diese Werke nicht mehr in der Lage, ihr Rohmaterial, das Halbzeug, selbst herzustellen, sondern mußten es von den Stahlwerken kaufen[251]. Es entstanden die reinen Walzwerke. Diese gelangten in eine zunehmend schwierigere Situation, als nach Gründung des Halbzeugverbandes das Rohmaterial verteuert wurde, ohne für Fertigprodukte ebenfalls zu Preisanhebungen zu gelangen. Verschlimmert wurde die Lage der reinen Walzwerke noch durch die Tatsache, daß Halbzeuge ins Ausland billiger verkauft wurden und damit die ausländische Konkurrenz praktisch durch den Halbzeugverband und dessen Nachfolger, den Stahlwerkverband, subventioniert wurde. Auch mußten die reinen Werke mit den gemischten Werken, die z.T. Verarbeitungsbetriebe angegliedert hatten, direkt konkurrieren. Dabei hatten die gemischten Werke natürlich den Vorteil der geringeren Gestehungskosten ihrer Halbzeuge und einen entsprechenden Wettbewerbsvorteil. Die Politik des Stahlwerkverbandes lief auf eine Verdrängung der reinen Walzwerke aus dem Markt hinaus[252].

Wie auf der Seite der Eisenverarbeitung die reinen Walzwerke wurden auf der Seite der Eisengewinnung die reinen Hochofenwerke durch die gemischten Werke sehr stark bedrängt. Schon 1884 bei Auflösung des Roheisensyndikats dominierten die darin vertretenen neun gemischten Werke mit einem Produktionsanteil von 75 % die übrigen 12 „reinen" Hochofenwerke[253]. Diese „reinen" Hochofenwerke verfügten nur z. T. über Weiterverarbeitungsbetriebe oder über Kohlenzechen.

Eine weitere Entwicklung innerhalb der Eisenindustrie nach 1892 verdient abschließend noch Erwähnung, die Standortverlagerung der großen Werke. Dabei sind zwei Richtungen festzustellen. Einmal im Ruhrgebiet von Osten ausgehend an den Rhein und innerhalb Deutschlands vom Ruhrgebiet in den lothringisch-luxemburgischen Raum[254]. Beide Bewegungen beruhten auf Entwicklungen im Transportsystem. Durch die neuen Technologien und die damit veränderten Mengenverhältnisse zwischen Kohle und Erz wurde es nun wirtschaftlich lohnend, die Kohle zum Erz zu transportieren[255]. Der Rhein erlaubte die billige Zufuhr ausländischer Erze, und in Lothringen-Luxemburg waren eigene Lagerstätten vorhanden.

4.5. Die Anforderungen an die Unternehmer

Die Anforderungen an das technische Verständnis der westfälischen Schwerindustriellen nach 1892 unterschieden sich nicht sehr stark von denen der Vorperiode. Die Fortschritte in der Bergbautechnik und bei der Herstellung von Nebenprodukten im Kokereibetrieb erforderten spezialisierte Kenntnisse, die nur durch eine spezifische Ausbildung zu erwerben waren. Gleiches galt für die technologischen Verbesserungen in der Eisenindustrie. Dort trat jedoch mit der zunehmenden Bedeutung der gemischten Werke und der damit verbundenen Kostenreduktion die Fähigkeit in den Vordergrund, technologische Veränderungen zugleich auf ihren ökonomischen Rationalisierungseffekt hin zu beurteilen. Dies erforderte die Einordnung technischer Einzelheiten in den Zusammenhang des komplexen Betriebsganzen. Organisatorische Qualitäten gewannen deshalb zunehmend an Bedeutung.

Die wachsende Bedeutung der Fähigkeit, eine komplexe Organisation zu begründen, zu durchschauen und zu führen, wurde auch von der Marktentwicklung her gefordert[256]. Die Konzentrationsbewegung in der westfälischen Schwerindustrie hatte zu Unternehmenseinheiten geführt, die mit den traditionellen Methoden der Unternehmensführung kaum noch zu leiten waren[257]. Sowohl die Gründung als auch die Führung dieser neu entstandenen Großunternehmen stellten hohe Anforderungen an das Organisationsgeschick der darin tätigen Unternehmer.

Kapitel IV

Der Erfolg der westfälischen Schwerindustriellen und ihrer Unternehmen

Nachdem wir in den beiden vorausgehenden Kapiteln ausführlich die sozialen Eigenarten der westfälischen Schwerindustriellen einerseits und die betrieblichen Probleme ihrer Unternehmen andererseits diskutiert haben, bleibt in diesem letzten Kapitel die Frage zu stellen, inwieweit der Erfolg bei der Lösung der Betriebsprobleme von bestimmten sozialen Merkmalen der Unternehmerschaft bestimmt wurde. Dies läßt sich wahrscheinlich am besten anhand dreier Fragestellungen bewerkstelligen:

1. Welche von den von uns untersuchten Unternehmen waren erfolgreich, und welche waren weniger erfolgreich?
2. Was sind die Gründe für den Erfolg einiger Unternehmen einerseits und den Mißerfolg andererseits?
3. Welchen Anteil am Erfolg bzw. Mißerfolg der untersuchten Unternehmen hatten die sozialen Merkmale der Unternehmerschaft?

Diese drei Fragen stellen zugleich auch das Gliederungsprinzip der folgenden Ausführungen dar.

1. Der Erfolg der Unternehmen der Schwerindustrie

1.1. Maßstäbe des Erfolges

Um etwas über den „Erfolg“ eines Unternehmens aussagen zu können, bedarf es einer genauen Kenntnis der angestrebten Ziele eben dieses Unternehmens. Erfolg mißt dann nichts anderes als das Ausmaß der Zielverwirklichung[1]. Es wäre zunächst also zu klären, welches die Ziele der Unternehmen der westfälischen Schwerindustrie nach 1850 gewesen sind.

Unsere Untersuchung beschränkt sich auf eine Analyse wachsender Unternehmen. Deshalb sei hier allein auf das Wachstumsziel der Unternehmen rekurriert. Dies bedeutet natürlich einen Verzicht auf die Diskussion über das „eigentliche“ Ziel von Unternehmen[2].

In der Literatur der mikroökonomischen Wachstumstheorie bleibt es durchaus strittig, ob Wachstum ein Ziel an sich darstellt[3] oder nur ein Mittel oder Nebeneffekt bei der Realisierung anderer Ziele[4]. Diese Kontroverse bleibt für unsere Untersuchung jedoch von untergeordneter Bedeutung, da Wachstum in jedem Fall als *ein* Ziel der Unternehmung angesehen wird. Wichtig ist vielmehr, Wachstum operational zu definieren. Da es nicht möglich erscheint, das komplexe Phänomen „betriebliches Wachstum" durch einen einheitlichen Index auszudrücken, sind wir auf die Konstruktion von Hilfsgrößen verwiesen[5]. Die Aussagekraft einer solchen Meßzahl hängt jedoch wiederum vom Zielsystem der betreffenden Unternehmung ab, so daß wir auch für unsere Zwecke gezwungen sind, eine allgemeine Annahme über das Ziel einer Unternehmung zu machen. Als Minimalziel eines Unternehmens kann dabei das Überleben – d. h. die Weiterexistenz am Markt – angenommen werden, auf dessen engen Zusammenhang mit dem Unternehmenswachstum verwiesen wird[6].

Als allgemeiner Indikator für den Erfolg eines Unternehmens kann deshalb dessen Behauptung am Markt verwandt werden. Darüber hinaus können als Ergänzung zu diesem Hauptindikator noch weitere Erfolgskennzahlen angeführt werden, die Auskunft über die Art und Weise des Überlebens geben. Dabei handelt es sich im wesentlichen um Informationen über die Effektivität der Nutzung von Unternehmensressourcen[7]. So gibt etwa die Entwicklung der Produktion und der Rendite eines Unternehmens Auskunft für die Art und Weise der Marktbehauptung.

1.2. Die ökonomische Entwicklung der Unternehmen der westfälischen Schwerindustrie

Als allgemeine Beobachtung bezüglich der untersuchten Unternehmen der westfälischen Schwerindustrie läßt sich nur eine geringe Quote überlebender Unternehmen feststellen. Dies stellt die Kehrseite der weiter oben schon ausführlich diskutierten Konzentrationsbewegung dar.

Unser Material soll nun dahingehend aufgearbeitet werden, daß einmal das Ausmaß des Überlebens bzw. Scheiterns der verschiedenen Unternehmen in der Untersuchungsperiode deutlich wird, zum anderen auch die ökonomische Qualität dieses Überlebens. Diese Untersuchung soll sowohl für den gesamten Untersuchungszeitraum als auch für die von uns gebildeten Subperioden vorgenommen werden.

1.2.1. Überleben

Im Jahre 1913, also am Ende unserer Untersuchungsperiode, existierten von allen untersuchten 154 Unternehmen der westfälischen Schwerindustrie, die nach 1852 als eigenständige Unternehmen bestanden hatten, noch 49 als selbständige

Unternehmen[8]. Dies bedeutet, daß nur 32 % aller Unternehmen in dem Sinne erfolgreich waren, daß sie ihre rechtliche Selbständigkeit bewahren konnten[9]. Nur jedes dritte Unternehmen kann also als erfolgreiches Unternehmen bezeichnet werden. Die Erfolgschance eines Unternehmens der Schwerindustrie variierte mit der Branche und der Zeitperiode. Dies wird aus den Zahlen der Tabelle 64 deutlich.

Tabelle 64: Verlust der Selbständigkeit der Unternehmen der westfälischen Schwerindustrie, 1852–1913

	Bergbau		Eisen-industrie		gemischte Werke		insgesamt	
	An-zahl	Anteil (in %)	An-zahl	Anteil (in %)	An-zahl	Anteil (in %)	An-zahl	Anteil (in %)
Verlust der Selbständigkeit								
1852–1872	8	(10)	8	(32)	2	(67)	18	(17)
1873–1892	24	(31)	9	(36)	1	(33)	34	(32)
1893–1913	45	(59)	8	(32)	–	–	53	(51)
insgesamt	77	(100) 72	25	(100) 68	3	(100) 30	105	(100) 68
Bewahrung der Selbständigkeit	30	28	12	32	7	70	49	32
insgesamt	107	100	37	100	10	100	154	100

Aus dieser Tabelle gehen folgende Unterschiede hervor: die Gefahr des Scheiterns war für ein Unternehmen im Bergbau mit 72 % am höchsten und für ein gemischtes Werk mit 30 % am geringsten. Für ein Unternehmen der Eisenindustrie lag sie mit 68 % ebenfalls recht hoch. Daraus läßt sich folgern, daß allein die gemischten Werke eine relativ gute Chance hatten, in dem Sinne erfolgreich zu sein, daß sie sich am Markt behaupten konnten. Was die Erfolgschance eines Un-

Tabelle 65: Branchenbesetzung in der westfälischen Schwerindustrie nach Perioden

	Bergbau	Eisen-industrie	gemischte Werke	insgesamt
Periode 1: 1852–1872	61	17	5	83
Periode 2: 1873–1892	88	24	6	118
Periode 3: 1893–1913	72	28	7	107

ternehmens der westfälischen Schwerindustrie im Zeitverlauf anbetrifft, so läßt sich allgemein sagen, daß diese sich insgesamt verschlechterte. Die Gefahr eines Scheiterns war in der Periode 1 mit 17 % am geringsten und in der Periode 3 mit 51 % am größten. Allerdings muß man bei dieser Bewertung berücksichtigen, daß im Zeitverlauf zunehmend neue Unternehmen gegründet wurden und somit die Zahl der existierenden Unternehmen sich vergrößerte. Die Verteilung der Unternehmensmißerfolge auf die verschiedenen Perioden wäre also zu gewichten mit der Dichte der Branchenbesetzung[10]. Diese kann der Tabelle 65 entnommen werden.

Die Berücksichtigung der Branchenbesetzung modifiziert die Ergebnisse der Tabelle 64 ein wenig. Für den Bergbau betrug die Gefahr des Verlustes der Selbständigkeit in Periode 3 62 % (45 aller vorhandenen 72 Unternehmen scheiterten) und nahm damit den höchsten Wert ein. Eine Matrix der Gefährdung der Unternehmen aller drei Branchen in den drei Perioden ergibt folgendes Bild:

Tabelle 66: Matrix der Gefährdungsrisiken[11] in der westfälischen Schwerindustrie[a]

	Bergbau	Eisen-industrie	gemischte Werke
Periode 1	13	53	40
Periode 2	27	33	17
Periode 3	62	29	0

[a] Zahlen errechnet aus den Angaben der Tabellen 64 und 65.

Demnach nahm die Gefährdung im Zeitverlauf im Bergbau deutlich zu, während diese für die Unternehmen der Eisenindustrie und die gemischten Werke zurückging.

Insgesamt waren die gemischten Werke die erfolgreichsten Unternehmen. An zweiter Stelle rangierten die Unternehmen der Eisenindustrie, und die Bergbauunternehmen hatten die größten Ausfälle zu verzeichnen. Diese Rangfolge gilt jedoch nicht für alle Zeitperioden. In den Gründerjahren waren die Bergbauunternehmen die weitaus erfolgreichsten, während nach 1892 die gemischten Werke diese Stelle einnahmen. Auf die Ursache dieses unterschiedlichen Erfolges wird noch zurückzukommen sein.

1.2.2. Wachstum

Weiter oben hatten wir schon darauf hingewiesen, daß nicht die bloße Tatsache des Überlebens allein als hinreichender Indikator des ökonomischen Erfolges eines Unternehmens gelten kann. Hinzukommen muß ein Indikator über die Art und Weise, über die ökonomische Effizienz dieses Überlebens. Dazu kann einerseits die Entwicklung des Umfanges der erbrachten Marktleistungen dienen, d.h. die Produktion, und andererseits der Umfang der Entgelte, die dafür vom Markt an das Unternehmen geleistet wurden. Eine genaue Bestimmung dieser Entgelte würde eine umfassende Analyse des Geschäftsgebarens eines jeden einzelnen Unternehmens erfordern, die sowohl vom Datenmaterial unserer Untersuchung her als auch von deren Umfang hier nicht zu leisten ist. Wir werden uns mit der Hilfsgröße der Rendite begnügen, da diese sowohl die Marktentgelte als auch den Umfang der eingesetzten Ressourcen berücksichtigt.

Die Entwicklung der Gesamtproduktion im rheinisch-westfälischen Bergbau ist gut erforscht[12], für unsere Zwecke allerdings nur als Hintergrund bedeutsam. Über die Entwicklung der Produktion der einzelnen Bergbaubetriebe des westfälischen Steinkohlenbergbaus existieren nur lückenhafte Angaben, die in den meisten Fällen jedoch ausreichen, die entsprechenden Unternehmen in Größenklassen zu klassifizieren. Angelehnt an die durchschnittliche Fördermenge im gesamten Ruhrgebiet während der drei von uns unterschiedenen Perioden[13] lassen sich die Bergbauunternehmen in folgende Größenklassen einordnen:

Tabelle 67: Größenklassen der westfälischen Bergbauunternehmen

	Periode 1 1852–1873	Periode 2 1873–1892	Periode 3 1893–1913
klein	unter 30 000 t	unter 100 000 t	unter 200 000 t
mittel	30 – 100 000 t	100 – 300 000 t	200 – 1 000 000 t
groß	über 100 000 t	über 300 000 t	über 1 000 000 t

Diese Klassenbildung enthält natürlich in ihren Abgrenzungen ein gewisses Maß an Willkür, das u.E. allerdings unvermeidbar bleibt. Die Angemessenheit dieser Klassenbildung läßt sich einmal durch Plausibilitätsüberlegungen verteidigen[14], andererseits wird die Bewährung der Größenklassen bei der weiteren Analyse ein Test für deren Angemessenheit sein. Die Besetzung der Größenklassen im Zeitverlauf unterstützt die Plausibilität dieser Überlegungen.

Die Tabelle 68 legt die Schlußfolgerung nahe, daß die Bedeutung mittlerer Unternehmen im Zeitverlauf zunahm und sowohl die kleineren als auch die großen Unternehmen an Bedeutung verloren[15]. Dies bedeutet jedoch nicht, daß damit auch der Wettbewerb entsprechend zunahm. Dazu ist zu berücksichtigen, daß einmal in den Perioden unterschiedlich viele Unternehmen gegründet wurden und ein Teil der in Tabelle 68 aufgeführten Unternehmen seine Selbständigkeit

Tabelle 68: Besetzung der Größenklassen der westfälischen Bergbauunternehmen

	Periode 1		Periode 2		Periode 3	
	Anzahl	Anteil in %	Anzahl	Anteil in %	Anzahl	Anteil in %
kleine Unternehmen	14	34	20	24	13	21
mittlere Unternehmen	13	32	43	53	36	57
große Unternehmen	14	34	19	23	14	22
insgesamt	41	100	82	100	63	100
keine Information	20		6		9	
N	61		88		72	

verlor[16], andererseits Maßnahmen getroffen wurden, die auch bei größerer Unternehmenszahl den Wettbewerb regulierten[17].

Für die von uns an dieser Stelle untersuchte Frage nach den Wachstumschancen der einzelnen Unternehmen ist es hingegen viel wichtiger, nach den *Veränderungen* der Unternehmen zwischen den Größenklassen zu fragen. Welchen Unternehmen gelang es, überproportional zu wachsen, d.h. in eine größere Klasse aufzusteigen und sich dort zu behaupten, und welche Unternehmen fielen zurück?

Von den 41 Unternehmen des Bergbaus, über deren Förderkapazität wir für die Periode 1 Informationen haben, gelang in Periode 2 nur fünf der kleinen Unternehmen ein Aufstieg in eine höhere Größenklasse[18].

Acht Unternehmen verschlechterten sich, und 26 behaupteten ihre Klasse, während zwei Unternehmen ausschieden[19]. Lediglich ein Unternehmen vermochte den großen Sprung von einem kleinen zu einem großen zu tun. Es handelte sich um die Gewerkschaft des Steinkohlenbergwerks Hannover, die 1872 in den Besitz von Krupp übergegangen war und 1891 aufgelöst wurde. Diese hatte seit ihrer Gründung mit finanziellen Schwierigkeiten zu kämpfen, die schon 1868 zur Auflösung der ursprünglichen Aktiengesellschaft geführt hatten. Erst 1870 kamen die schon 1857 begonnenen Schächte in Förderung, und erst nach Übernahme durch Krupp konnte ein planvoller Ausbau beginnen[20].

Die Entwicklung der betroffenen 41 Bergbauunternehmen von Periode 1 auf Periode 2 verdeutlicht Tabelle 69.

Die Tendenz zur Bewahrung der relativen Stellung eines Unternehmens ist unübersehbar. Alle wuchsen absolut, aber kaum ein Unternehmen überpropor-

Tabelle 69: Wechsel der Größenklassen der westfälischen Bergbauunternehmen von Periode 1 auf Periode 2

Ausgangsklasse in Periode 1	Zugangsklasse in Periode 2				
	klein	mittel	groß	ausgeschieden	insgesamt
klein	9	4	1	–	14
mittel	5	7	0	1	13
groß	0	3	10	1	14
insgesamt	14	14	11	2	41

tional. Eher verschlechterten einige Unternehmen ihre relative Stellung, als daß sie diese verbesserten. Bei den fünf mittleren Unternehmen, die ihren Rang verschlechterten, handelte es sich ausschließlich um Anlagen im südlichen Ruhrgebiet[21], das an der Expansion des Bergbaus wegen geringer Feldergröße und ungünstiger geologischer Verhältnisse nicht entsprechend beteiligt war.

Tabelle 70: Wechsel der Größenklassen der westfälischen Bergbauunternehmen von Periode 2 auf Periode 3

Ausgangsklasse in Periode 2	Zugangsklasse in Periode 3					
	klein	mittel	groß	ausgeschieden	keine Angaben	insgesamt
klein	5	7	0	6	2	20
mittel	6	19	2	14	2	43
groß	0	4	9	6	–	19
	11	30	11	26	4	82

Die Veränderungen zwischen den Perioden 2 und 3 zeigt die Tabelle 70. Es wird deutlich, daß neben einer Veränderung der relativen Stellung im Markt jetzt auch die Gefahr des Ausscheidens aus dem Markt trat. Diese Gefahr war für alle Größenklassen gleich groß, nämlich etwa 30 %[22]. Eine größere Zahl kleiner Unternehmen vermochte in die mittlere Klasse aufzusteigen, während bei den mittleren und den großen Unternehmen die Tendenz zur Behauptung in der Größenklasse vorherrschte.

Von besonderem Interesse sind jedoch jene zwei erfolgreichen Unternehmen, denen es gelang, aus der mittleren Klasse zu den großen Unternehmen hinzustoßen[23]. Bei beiden Unternehmen handelte es sich um größere Felderkomplexe, deren Ausbau erst nach 1890 gründlich vorgenommen wurde[24].

Das Datenmaterial über die Unternehmen der Eisenindustrie reichte nicht aus, eine Klassifikation der Entwicklung der einzelnen Unternehmen anhand der Produktionszahlen vorzunehmen. Auch die Angaben über die Beschäftigten sind zu lückenhaft, als daß sie als Hilfsindikatoren verwandt werden könnten. Weiter unten bei der Diskussion über die Ursachen des Unternehmenserfolges bzw. -mißerfolges werden wir nochmals auf die Entwicklung einiger typischer Unternehmen der westfälischen Eisenindustrie eingehen.

Da es sich bei den gemischten Werken zumeist um größere Unternehmen handelt, ist die Entwicklung der Produktion meist recht gut dokumentiert. In unserer Untersuchung finden sich in den einzelnen Perioden lediglich zwischen fünf und sieben gemischte Werke, deren Entwicklung deshalb etwas ausführlicher – gemessen an Produktion und Beschäftigten – dargestellt werden kann.

Tabelle 71: Produktion und Beschäftigte der gemischten Werke

	Beschäftigte				Kohleproduktion in 1.000 t				Stahlproduktion in 1.000 t			
	1853	1872	1893	1913	1853	1872	1893	1913	1853	1872	1893	1913
Bochumer Verein	240	3958	7687	14529		70	584	1661	0,8[a]	40	198	415
Deutsch-Luxemburg				19029[c]				3180[c]				336[c]
Dortmunder Berg. u. Hütte[e]												
Gelsenberg				45640[c]				8490[c]				893[c]
Henrichshütte	600	1300										
Hoesch			6532[d]				683	1490			155	612[c]
Hörder Verein	2100[b]	4709				162	259		24[b]	59	154	
Preußische Berg.[f]		342				79						
Schalker Gruben							901[d]					
Union							310				82	

[a] 1855. [b] 1854. [c] 1910. [d] 1901.
[e] Die Dortmunder Bergbau- und Hütten AG ging schon 1859 in Konkurs.
[f] Die Preußische Bergwerks- und Hütten AG ging 1877 in Konkurs.

Von den gemischten Unternehmen der Periode 1 gelang es nur dreien bis 1872, die Beschäftigtenzahl über 1000 zu bringen und eine entsprechende Produktionssteigerung zu realisieren. Nur zwei dieser Unternehmen waren wirklich erfolgreich, der Bochumer Verein und der Hörder Verein, während die anderen drei schon in dieser Periode scheiterten bzw. in den 70er Jahren den Markt verlassen mußten[25]. Nach 1872 traten drei neue gemischte Werke in den Markt ein, denen es auch gelang, sich erfolgreich zu behaupten. Es handelte sich dabei um planvolle Gründungen, die auf unterschiedlichen Motiven beruhten. Hoesch wurde gegründet, um einer bestehenden Unternehmung die Standortvorteile des Ruhrgebiets zu erschließen[26]. Die Gründung der Union erfolgte durch ein Bankenkonsortium unter Führung der Berliner Disconto-Gesellschaft zur Sanierung einer Reihe von kleineren Werken, die sich in finanziellen Schwierigkeiten befanden[27]. Der Schalker Gruben- und Hüttenverein wurde auf Betreiben Friedrich Grillos gegründet, der für ein gemischtes Werk wegen der günstigen Rohstoffverhältnisse eine gute Zukunftschance erwartete[28]. Die gemischten Werke, die sich nun noch am Markt befanden, konnten sich auch darin behaupten, wenn auch z. T. unter veränderten Bedingungen. Neue gemischte Werke entstanden nicht mehr durch planmäßige Neugründungen, sondern durch Fusionen etablierter Unternehmen, von denen diejenigen zwischen Gelsenberg, dem Schalker Gruben- und Hüttenverein und der Aachener Hütte 1906 die bedeutendste war[29]. Hinzu kam im gleichen Jahr der Anschluß des Hörder Vereins an den Phönix-Konzern[30] sowie die Gründung der Deutsch-Luxemburgischen Bergwerks- und Hütten AG 1899 bzw. 1901 durch den Zusammenschluß von Dannebaum mit einem Luxemburgischen Hüttenwerk[31]. Mit der Fusion zwischen der Union und Deutsch-Luxemburg[32] 1910 fand die Herausbildung der Giganten der westfälischen Schwerindustrie einen vorläufigen Abschluß.

Gegen Ende der Untersuchungsperiode dominierten in der westfälischen Schwerindustrie vier Unternehmen mit zusammen etwa 90000 Beschäftigten, 15 Mill. t Kohleförderung und 2,25 Mill. t Stahlerzeugung.

1.2.3. Rentabilität

Die Angaben über die Rentabilität, gemessen an der ausgeschütteten Dividende bzw. der ausgezahlten Ausbeute, sind vor allem für die Jahre vor 1870 sehr rar. Deshalb lassen sich auch nur einige allgemeine Aussagen über die Rentabilitätsentwicklung machen. Hinzu kommt noch die nur bedingte Verwendbarkeit dieser Kennzahlen als Indikator für Rentabilität[33].

Für die 61 Unternehmen des Bergbaus in Periode 1 finden sich nur für 10 Unternehmen entsprechende Angaben. Die sechs Aktiengesellschaften zahlten durchschnittlich zwischen 3,5 und 7,1 % Dividende, insgesamt im Durchschnitt 4 %, und die vier Gewerkschaften eine Ausbeute zwischen 290 und 3584 Mark pro Kuxe. Für die 51 Unternehmen, über die keine Informationen vorliegen, ist anzunehmen, daß eine große Zahl von ihnen keine Ausschüttung vornahm. Die beiden Gründerperioden erforderten eher Zuzahlungen zur Finanzierung der umfangreichen Investitionen, als daß sie Ausschüttungen ermöglichten. Gleiches gilt auch für die Unternehmen der Eisenindustrie[34]. Über die gemischten Werke sind auch für die frühe Zeit bessere Informationen zu mobilisieren. Die beiden erfolgreichen Unternehmen, Bochumer Verein und Hörder Verein, zahlten bis 1872 durchschnittlich zwischen 6 und 7 % Dividende, zusammen durchschnittlich 6,35 % pro Jahr.

Große Unternehmen waren also im Bergbau erfolgreicher als kleine[35]. Für die Eisenindustrie läßt sich ähnliches vermuten. Für insgesamt acht Unternehmen der Eisenindustrie sind in Periode 2 Ausschüttungen dokumentiert[36]. Bezogen auf die Gesamtperiode haben diese durchschnittlich 4 % ausgeschüttet. Dabei handelt es sich ausschließlich um größere Unternehmen in der Rechtsform der Aktiengesellschaft. Ein Zusammenhang zwischen Größe und Erfolg liegt auch hier nahe.

In der Periode 3 stabilisierten sich die Ausschüttungen wieder und erreichten im Bergbau eine nie gekannte Höhe. Von den 30 bis 1913 existierenden Bergbauunternehmen waren 9 Unternehmen Aktiengesellschaften. Diese hatten von 1893 bis 1913 eine durchschnittliche Dividende von 11,7 %[37] gezahlt. Von den 15 Gewerkschaften, die bis 1913 selbständig blieben, zahlten 10 eine Ausbeute. Die restlichen fünf Bergbauunternehmen wurden als Verwaltungseinheiten größerer Konzerne betrieben und konnten deshalb keine eigenen Ausschüttungen vornehmen. Insgesamt kann also für die überlebenden Firmen des westfälischen Bergbaus in der Periode 3 eine Prosperitätsphase konstatiert werden. Unter den 12 Unternehmen der Eisenindustrie, die bis 1913 selbständig blieben, waren sechs Aktiengesellschaften mit einer Durchschnittsdividende in der Periode 3 von 4,89 %. Die restlichen sechs Unternehmen der Eisenindustrie waren Privatunternehmen oder Gewerkschaften, für die keine Informationen über Ausschüttungen bzw. Entnahmen zu mobilisieren waren. Die gemischten Werke arbeiteten ebenfalls sehr ertragreich in der Periode 3 und schütteten durchschnittlich fast 13 % Dividende pro Jahr aus.

Die jährlichen Ausschüttungen der Aktiengesellschaften der verschiedenen Branchen in den drei untersuchten Perioden werden in Tabelle 72 zusammengefaßt dargestellt:

Tabelle 72: Durchschnittsdividende pro Jahr der Aktiengesellschaften in der westfälischen Schwerindustrie

	Periode 1	Periode 2	Periode 3
Bergbau	4,00%	4,75%	11,70%
Eisenindustrie	3,10%	4,00%	4,89%
gemischte Werke	6,35%	3,40%	11,20%

Natürlich gelten die Zahlen der Tabelle 72 nicht unbedingt für die gesamten Unternehmen in den Branchen. Sie repräsentieren nur einen Teil der darin tätigen Unternehmen, nämlich diejenigen, die in der Rechtsform der Aktiengesellschaft organisiert waren. Das sind in den drei Branchen jedoch unterschiedliche Anteile. Von den gemischten Werken waren alle Aktiengesellschaften, in der Eisenindustrie etwa die Hälfte und im Bergbau eine Minderzahl. Es ist zu vermuten, daß die Nicht-Aktiengesellschaften weniger hohe Ausschüttungen bzw. Entnahmen realisieren konnten[38], so daß die

Zahlen der Tabelle für die Unternehmen der Eisenindustrie eine leichte und für die Bergbauunternehmen eine starke Überschätzung ihres positiven Geschäftserfolges beinhalten.

1.3. Die erfolgreichen Unternehmen

Anhand der zuvor diskutierten Erfolgsindikatoren läßt sich nun eine Auswahl besonders erfolgreicher Unternehmen der westfälischen Schwerindu-

Tabelle 73: Die überlebenden Bergbauunternehmen[a]

Name	Rechtsform	Zugehörigkeit zur Klasse »groß«			Rendite über dem Branchendurchschnitt[b]		
		Per. 1	Per. 2	Per. 3	Per. 1	Per. 2	Per. 3
Admiral	Gew.						
Aplerbecker AV	AG					X	
Bismarck	Gew.		X	X			(X)
Bochumer-Berg	AG	X	X		X	X	
Borussia	Gew.				X		
Caroline	Gew.						(X)
Consolidation	AG	X	X	X	(X)	(X)	X
Constantin	Gew.	X	X	X	(X)	(X)	(X)
Dahlbusch	AG	X	X	X		X	X
Dannebaum	AG	X	X	X	(X)	(X)	gem. Werk
Dorstfeld	Gew.						(X)
Ewald	Gew.			X			(X)
Friedrich d. Große	Gew.					(X)	(X)
Fröhliche Morgens.	Gew.						(X)
Gelsenberg	AG	X	X	X		X	gem. Werk
Harpen	AG	X	X	X	X	X	
Hibernia	AG		X	X		X	
König Ludwig	Gew.						
Königsborn	AG			X			
Lothringen	Gew.						(X)
Mont Cenis	Gew.						
Schürbank	Gew.					(X)	(X)
Schwerin	Gew.						(X)
Trier	GmbH						
Unser Fritz	Gew.						

[a] Die Schachtanlagen Mansfeld, Maximilian, Sachsen, de Wendel und Werne werden nicht mit aufgeführt, da sie als Anlagen eines außerhalb des Ruhrgebiets residierenden Konzerns betrieben wurden.

[b] Ein X bedeutet eine Ausschüttung über dem Branchendurchschnitt, ein (X) für eine Gewerkschaft, daß Ausbeute gezahlt wurde.

strie vornehmen. Die so identifizierten Unternehmen müssen gemäß unseren Erfolgsindikatoren folgende Merkmale aufweisen:

- die rechtliche Selbständigkeit wurde bis 1913 bewahrt (Überleben)
- es handelt sich um Unternehmen, die sich in der Gruppe der „großen“ Unternehmen behaupteten oder in diese Gruppe aufstiegen (relatives Wachstum)
- sie erzielten eine Rendite, die über dem Durchschnitt der Branche lag (relative Rentabilität).

In den Tabellen 73 bis 75 sind alle überlebenden Unternehmen der westfälischen Schwerindustrie aufgelistet und in Hinblick auf die untersuchten Erfolgsindikatoren gekennzeichnet.

Tabelle 74: Die überlebenden Unternehmen der Eisenindustrie

Name	Rechtsform	Zugehörigkeit zur Klasse »groß«[a]			Rendite über dem Branchendurchschnitt		
		Per. 1	Per. 2	Per. 3	Per. 1	Per. 2	Per. 3
Annener Guß	AG						
Bochumer- Eisen	priv.						
Gelsenkirchner Guß	priv.						
Lohmann	priv.						
Menden	AG			X		X	
Potthoff	priv.						
Schalker-Gruben	Gew.						
Stahlwerke Westfalia	AG Gew.						
Westf. Drahtw.	AG						X
Westf. Stahlw.	priv.			X			X
Wittener Guß	AG			X		X	X

[a] »groß« bedeutet hier in Periode 3 eine Stahlproduktion von über 50.000 t oder über 1.000 Beschäftigte.

Anhand dieser Tabellen lassen sich acht Bergbauunternehmen, drei Unternehmen der Eisenindustrie und fünf gemischte Werke als besonders erfolgreich identifizieren. Im einzelnen handelt es sich um:

A: Bergbauunternehmen
(1) Bochumer Bergbau AG
(2) Consolidation
(3) Constantin der Große
(4) Dahlbusch
(5) Dannebaum (ab 1904 gem. Werk)
(6) Gelsenberg (ab 1906 gem. Werk)

Tabelle 75: Die überlebenden gemischten Werke[a]

Name	Rechtsform	Rendite über dem Branchendurchschnitt			Anmerkungen
		Per. 1	Per. 2	Per. 3	
Bochumer Verein	AG	X	X	X	
Deutsch.-Lux.	AG	·	·	–	Weiterführung von Bergbau-unternehmen
Gelsenberg	AG	·	·	–	
Hoesch	AG	·	–	X	
Hoerder Ver.	AG	X	–	–	1906 fusioniert mit Phönix
Union	AG	·	–	–	

[a] Als »große« Unternehmen sind alle gemischten Werke zu bezeichnen, so daß diese Kategorie in dieser Tabelle entfällt.

(7) Harpen
(8) Hibernia
B: Unternehmen der Eisenindustrie
(1) Eisenindustrie zu Menden und Schwerte
(2) Westfälische Drahtwerke
(3) Wittener Gußstahlfabrik
C: gemischte Werke
(1) Bochumer Verein
(2) Deutsch-Luxemburg (ab 1904)
(3) Hoesch
(4) Hörder Verein
(5) Gelsenberg (ab 1906)

Es bleibt nun zu fragen, welche Ursachen für den Erfolg der genannten 16 Unternehmen zu finden sind und weiterhin, ob die soziale Struktur der Unternehmerschaft dabei eine Bedeutung hatte.

2. Ursachen des Erfolges der Unternehmen der westfälischen Schwerindustrie

Im folgenden Teil dieser Arbeit soll der Frage nachgegangen werden, warum die von uns als erfolgreich bezeichneten Unternehmen der Schwerindustrie erfolgreicher waren als andere und daran anschließend, welche Rolle dabei die soziale Struktur der westfälischen Schwerindustriellen spielte.

Beim Versuch der Beantwortung der ersten Frage lassen wir uns von der These leiten, daß der Erfolg der Unternehmen ein Ergebnis der problemadäquaten Lösung der im Kapitel III dargelegten technischen und kaufmännischen Unternehmensprobleme darstellt, d.h. die Verfolgung der „richtigen" Unternehmensstrategie zeitigt den Unternehmenserfolg[39]. Wie wir gesehen haben, standen in den verschiedenen Phasen der Entwicklung der westfälischen Schwerindustrie unterschiedliche Unternehmensprobleme im Vordergrund. Im folgenden wird zu prüfen sein, inwieweit die untersuchten Unternehmen der westfälischen Schwerindustrie tatsächlich mit diesen Problemen konfrontiert wurden, und wie sie diese lösten. Die folgenden Ausführungen werden in drei schon oben erläuterte Zeitperioden gegliedert.

2.1. Der Unternehmenserfolg in der Gründerperiode

Aus der Diskussion der Unternehmensprobleme der Gründerperiode[40] war deutlich geworden, daß innerhalb der Schwerindustrie zwei Hauptprobleme bestanden: Die Organisation und Finanzierung der Unternehmensgründungen und die Wahl und Einführung einer neuen Technologie. Die Lösung dieser beiden Grundprobleme erforderte einen Fächer von Maßnahmen, die zusammengenommen die „richtige" Unternehmensstrategie dieser Periode ausmachten. Eine Reihe sozialer Merkmale der westfälischen Schwerindustriellen mag dabei die Wahl der „richtigen" Unternehmensstrategie erleichtert haben. So etwa die soziale Herkunft aus den oberen Bevölkerungsschichten, welche als Maß für den Zugang zu den gesellschaftlichen Ersparnissen gelten kann[41].

Eine erfolgreiche Gründungsfinanzierung beinhaltet die Mobilisierung eines ausreichenden Kapitalbetrages und damit zusammenhängend die Wahl der Rechtsform, die für die Expansionschancen eines Unternehmens ebenfalls von großer Wichtigkeit ist.

Über die Ausstattung mit finanziellen Mitteln ist für die einzelnen Gründungen bis 1873 direkt kein ausreichendes Material zu ermitteln. Als Instrument der Mobilisierung diente die Emission von Aktien. War von den vor 1852 gegründeten Bergwerksunternehmen lediglich eines als Aktiengesellschaft gegründet worden, so wurden von den 22 Gründungen der 1. Gründungsperiode 1852–57 immerhin 15 (68 %) als Aktiengesellschaften gegründet. Von 14 dieser 15 Unternehmen liegen Angaben über die Höhe des Aktienkapitals bei ihrer Gründung vor. Dieses betrug zusammen 31642000 Mark bzw. im Durchschnitt pro Unternehmen 2,26 Mill. Mark. Die Mobilisierung eines solchen Betrages stellte damals ein Unternehmensproblem ersten Ranges dar und war kaum durch den persönlichen finanziellen Einsatz eines Unternehmers zu lösen. Die Ausstattung mit Kapital stand z.T. in sehr unterschiedlichem Verhältnis zu den konkreten Vorhaben der Unternehmen und stammte aus verschiedenen Quellen.

So war etwa die Gründung der Harpener Bergbau AG von Beginn an so dimensioniert, daß eine hinreichende Finanzierung der geplanten Investitionen gesichert war. Die Zeichnung der Anteile vollzog sich mit „überraschender Rapidität", so daß anstatt der geplanten 1 Mill. Taler (3 Mill. Mark) gleich 1,1 Mill. Taler emittiert wurden[42]. Wenn sich auch die ursprünglichen Schätzungen der Rentabilität dieses Unternehmens von 30 % jährlich als zu optimistisch herausstellten[43], entwickelte es sich doch stetig aus diesen Anfängen heraus zu einem der größten Bergbauunternehmen des Ruhrgebiets. Die Mobilisierung des Kapitals erfolgte größtenteils auf dem örtlichen Markt durch Zeichnung der Aktien von ortsansässigen, mit dem Bergbau verbundenen Personen[44]. Die Zeichnung der Aktien ging längst nicht immer so reibungslos wie bei Harpen vonstatten. Ein entsprechender Kapitalmarkt hatte sich noch nicht entwickeln können, da sich die Privatbankiers hauptsächlich auf das Wechselgeschäft spezialisiert hatten und größere Banken sich nur im weiter entfernten Köln befanden und auch dort nur in geringer Zahl[45]. Wie schwierig die Finanzierung in ungünstigeren Zeiten war, zeigt die Entwicklung Harpens nach 1858. Da die Zeche noch keine Förderung hatte und die Einzahlungen auf das gezeichnete Kapital nur sehr schleppend gemacht wurden, trat eine bedrohliche Finanzkrise ein. Diese Krise konnte nur durch den tatkräftigen Einsatz der Geschäftsleitung gemeistert werden, der es nach ausgedehnten Reisen 1859 zu insgesamt 22 Banken endlich 1860 in Stuttgart bei der „Lebensversicherungs- und Ersparnisbank" gelang, einen Kredit von 200000 Talern zu bekommen[46]. Insgesamt kam Harpen dennoch gut durch die Krise: selbst 1861/62 wurden noch 2 % Dividende gezahlt, hinzu kamen die Bildung von Rücklagen und angemessene Abschreibungen.

Ähnliche Schwierigkeiten traten bei der Finanzierung des Ausbaus der Bergwerksanlagen gegen Ende der 1. Gründerperiode und danach bei allen Bergbauunternehmen auf. Einige Beispiele seien hier genannt. Bei der Bergbau AG Pluto stellte man 1859 fest, daß das Grundkapital die Investitionskosten nicht decken werde. Die darauf beschlossene Kapitalerhöhung wurde nicht ausreichend gezeichnet, so daß zur Vollendung des Ausbaus ein hypothekarisch gesichertes Darlehen aufgenommen werden mußte[47]. Gleiches galt für die Magdeburger Bergwerks AG, die schon 1858 das Grundkapital verbraucht hatte und in Basel einen Kredit mobilisierte, da die beschlossene Neuemission trotz eines Bezugskurses von 90 % nicht ausreichend gezeichnet wurde[48]. Einige Unternehmen mußten wegen finanzieller Engpässe liquidieren. Die Bergbau AG Alter Hellweg liquidierte 1869, als ihr die Mittel fehlten, den Schacht Hellweg weiter abzuteufen[49]. Gleiches galt für die Bergbau AG Tremonia, die technisch zwar vorbildlich ausgebaut war, 1860/61 jedoch zwei Darlehen aufnehmen mußte und 1865 schließlich liquidierte[50]. Ähnliche Probleme lassen sich von allen Gründungen der 1. Gründerperiode berichten[51], wenn auch die meisten Unternehmen diese Periode der finanziellen Gefährdung mehr oder weniger erfolgreich überstanden[52].

Von den insgesamt 22 untersuchten Bergwerksunternehmen, die 1852–57 gegründet worden waren, verloren zwei Aktiengesellschaften bis 1870 ihre Selbständigkeit, vier Aktiengesellschaften wurden in eine Gewerkschaft umgewandelt und 16 Unternehmen bestanden unverändert weiter, so daß Ende 1869 von diesen noch 9 Aktiengesellschaften und 11 Gewerkschaften bestanden. Daraus ließe sich schließen, daß Gewerkschaften in der 1. Gründungsperiode erfolgreicher waren als Aktiengesellschaften. Dies ist jedoch nicht richtig. Einmal wäre es für eine Gewerkschaft in dieser Periode unmöglich gewesen, die finanziellen Mittel zum Betrieb einer größeren Schachtanlage zu mobilisieren[53], andererseits würde dadurch der Wechsel der Geschäftsform als unternehmenspolitisches Instrument der Ergänzung der Gründungsfinanzierung durch Aktienemission unterschätzt. Zwei Tatsachen begünstigten diese Entwicklung: Die Möglichkeit der Mobilisierung der Gewerkschaft alten Rechts sowie der Konjunkturverfall nach 1857[54].

Diese Entwicklung wird auch in den Gründungen nach 1857 deutlich. Von den 17 Gründungen im westfälischen Bergbau 1858–69 waren nur fünf Aktiengesellschaften und von den 24 Gründungen der 2. Gründerperiode gar nur noch vier. Trotz allem muß festgestellt werden, daß die Aktiengesellschaften sich im westfälischen Bergbau besser bewährten. Von den 25 bis 1913 überlebenden Unternehmen, die nicht nur Verwaltungsabteilungen eines größeren Konzerns waren, bestanden 10 (40 %) als Aktiengesellschaften und 15 (60 %) als Gewerkschaften, während von den Gründungen, die bis 1873 erfolgten und bis nach 1892 bestanden, nur 18 Aktiengesellschaften (34 %) und 35 (66 %) als Gewerkschaften waren. Hinzu kommt, daß es sich bei den zehn überlebenden Aktiengesellschaften in sechs Fällen um „große“ Unternehmen (mit über 1 Mill. t Jahresförderung) handelte und die übrigen vier knapp unter dieser Fördermenge lagen, während von den 15 überlebenden Gewerkschaften nur zwei zu den „großen“ Unternehmen zählten.

Für die Eisenindustrie läßt sich eine ähnliche Strategie vermuten. Dort jedoch spielte die Kapitalmobilisierung durch Aktienemission eine geringere Rolle, da es sich bei den Gründungen um kleinere Unternehmen handelte, die durch private Geldgeber eher zu finanzieren waren. Von den neun Gründungen der 1. Gründerperiode erfolgten nur zwei als Aktiengesellschaften, die beide große Finanzierungsprobleme hatten[55]. Die Einzelunternehmen wurden von der Wirtschaftskrise nach 1857 nicht so stark getroffen. Einige entwickelten sich bis zu den zweiten Gründerjahren so gut, daß sie zu Beginn der 70er Jahre in Aktiengesellschaften umgewandelt wurden, als Umorganisation stark expandierender Unternehmen[56]. Auch die fünf Gründungen zwischen 1858 und 1869 erfolgten zumeist als Einzelunternehmen. Erst in der 2. Gründerperiode 1870–73 wurden von den neun Gründungen mehr als die Hälfte als Aktiengesellschaften vorgenommen.

Sieht man auf die Bewährung der Unternehmen der Eisenindustrie am Markt, so läßt sich feststellen, daß von den zwölf Unternehmen, die 1913 noch selbständig waren, fünf als Einzelunternehmen, fünf als Aktiengesellschaften und zwei als Gewerkschaften betrieben wurden. Da nur acht der 29 Gründungen (28 %) bis 1873 als Aktiengesellschaften vorgenommen wurden, kann man sagen, daß auch in der Eisenindustrie die Bedeutung dieser

Rechtsform zunahm. Die größeren Werke waren dabei zumeist als Aktiengesellschaften organisiert.

Die gemischten Werke wurden auch schon vor 1873 zumeist als Aktiengesellschaften gegründet[57]. Diese Gründungen waren von vornherein auf die Mobilisierung großer Kapitalmengen zur Durchführung umfangreicher Investitionen ausgerichtet und sollten auch die Chance weiterer Expansion beinhalten.

Tabelle 76: Gründungen der erfolgreichen Unternehmen der westfälischen Schwerindustrie

Name	Gründungsjahr	Gründungskapital in 1.000 M	Bemerkungen
Bochumer Bergbau AG	1864	2.700	Unter Mitwirkung der Disconto-Gesellschaft als Umgründung der illiquiden KG. Ver. Präsident
Bochumer Verein	1854	3.000	Umgründung der wegen zu geringem Eigenkapital in der Expansion behinderten Firma Mayer & Kühne unter starker Beteiligung rheinischer Bankenkreise
Consolidation	1862	Gewerkschaft	Konsolidation von 7 Einzelfeldern unter Führung F. Grillos
Constantin d. G.	1849	Gewerkschaft	Konsolidation von 3 Einzelfeldern
Dahlbusch	1849	2.000.000 (Francs)	Gründung durch belgische Kapitalisten
Dannebaum	1856	–	Umgründung einer Gewerkschaft
Gelsenberg	1873	13.500	Vereinigung der Bergwerke Rheinelbe und Alma durch F. Grillo mit Hilfe der Disconto-Gesellschaft
Harpen	1856	3.300	Gründung durch ortsansässige Personen, Zeichnung der Aktien mit überraschender Rapidität
Hibernia	1873	16.800	Fusion der Gewerkschaften Hibernia und Shamrock durch Th. Mulvany mit Hilfe Berliner Bankkreise
Hoesch	1871	2.400	Neugründung durch die Familie Hoesch aus der Eifel
Hoerder Verein	1852	6.000	Umwandlung der Hermannshütte
Menden + Schwerte	1872	1.500	Umwandlung von Kissing & Schmöle
Wittener Guß	1873	3.900	Umwandlung von Berger & Co

Die von uns als erfolgreich bezeichneten Unternehmen, die bis 1873 entstanden, spiegelten die oben erläuterte erfolgreiche Gründungsstrategie gut wider[58]. Sie wurden größtenteils als Aktiengesellschaften gegründet, häufig unter Mitwirkung von Banken, und mobilisierten ihr Kapital in bestimmten Regionen, aus denen auch häufig ihre Mitbegründer stammten.

Für die weniger erfolgreichen Unternehmen gilt ein anderes Muster. Sie wurden weitaus häufiger in traditionellen Rechtsformen gegründet[59]. Die Tabelle 76 verdeutlicht die Besonderheiten der Gründungen der erfolgreichen Unternehmen.

Die Gründerperiode, vor allem die 50er Jahre, stellte für die westfälische Schwerindustrie den Wendepunkt zu einer neuen, modernen Technologie dar. Diese war weitestgehend in England erprobt worden[60] und wurde im Ruhrgebiet übernommen. Dabei handelte es sich im wesentlichen um drei Neuerungen: das Tiefbauverfahren, den Kokshochofen und das „puddle"-Verfahren.

Die Technik des Tiefbauverfahrens wurde im westfälischen Bergbau relativ schnell übernommen[61]. Dies gilt in besonderem Maße für alle acht erfolgreichen Bergbauunternehmen. Alle begannen schon in der 1. Gründerphase oder direkt nach Gründung (Bochumer Bergbau AG 1864, Consolidation 1862) mit dem Abteufen eines Tiefbauschachtes, und alle acht verfügten am Ende der 2. Gründerphase 1873 über zwei Tiefbauschächte, d.h. sie waren als moderne Doppelschachtanlagen ausgebaut. Im einzelnen verteilen sich die Abteufdaten der erfolgreichen Bergbauunternehmen wie folgt:

Tabelle 77: Abteufdaten der Tiefbauschächte der erfolgreichen Bergbauunternehmen in der Gründerperiode

	1. Schacht	2. Schacht
Bochumer Bergbau AG	1864[a]	1871–73
Consolidation	1863–65	1869–71
Constantin der Große	1850–57	1858–65
Dahlbusch	? –61	1867–70
Dannebaum	1859–61	1873–75
Gelsenberg	1855–57	1855–61
Harpen	1856–59	1856–61
Hibernia	1855–58	1857–59[b]

[a] Wiederherstellungsdatum des Schachtes der übernommenen Gewerkschaft Ver. Präsident.
[b] Abteufdaten der 1873 übernommenen Zeche Shamrock.

Die besonders erfolgreichen Bergbauunternehmen führten die Basisinnovation des Tiefbauverfahrens demnach ohne Zögern und in großem Umfang durch. Gleiches läßt sich für die erfolgreichen Unternehmen der westfälischen Eisenindustrie nicht feststellen. Zwar gab es eine ganze Reihe von Unternehmen, die schon in der Gründerperiode das neue Puddel-Verfahren anwandten[62], diese konnten aber ihre Selbständigkeit nicht bis zum Ende der Untersuchungsperiode behaupten. Lediglich die Firma Eisenindustrie zu Menden und Schwerte, die 1872 durch die Umwandlung der Firma Kissing & Schmöle entstand, führte direkt nach der Gründung das Puddel-Verfahren ein und baute das Werk auch nach dem Konjunktureinbruch weiter aus[63]. Die beiden anderen erfolgreichen Unternehmen der Eisenindustrie wurden erst 1873 bzw. 1897 gegründet. Das Bessemer-Verfahren wurde allein von der Firma Berger & Co. eingeführt. Kokshochöfen gab es bei drei Eisenunternehmen[64]. Insgesamt muß für die westfälische Eisenindustrie eine zögernde und unzureichende Übernahme der neuen Eisen- und Stahltechnologie festgestellt werden.

Ganz anders bei den gemischten Werken. Dort wurde von vornherein die neue Technik umfassend genutzt und sowohl der Kokshochofen als auch das „Puddel"-Verfahren und das Bessemer-Verfahren eingeführt. Von den fünf erfolgreichen gemischten Werken bestanden vor 1873 erst zwei einige Zeit, eines befand sich gerade in der Gründung, und zwei entstanden erst viel später durch Fusion. Die fünf gemischten Werke, welche bereits in der Gründerperiode bestanden, nutzten die Neuerungen wie folgt:

Tabelle 78: Innovationen bei den gemischten Werken während der Gründerperiode

Unternehmen	Jahr der Innovation		
	Kokshochofen	Puddel-Verfahren	Bessermer-Verfahren
erfolgreiche			
Bochumer Verein	1872	1856	1863
Hörder Verein	1854	1852	1863
erfolglose			
Dortmunder Hütte	1857	1856	–
Henrichshütte	1855	1857	–
Preuß. Berg. u. Hütte[a]	.	.	.

[a] Eisenhütte Vulkan in Duisburg.

Nur die beiden Unternehmen, die letztlich erfolgreich waren, nutzten schon in dieser frühen Phase sämtliche technischen Möglichkeiten. Die anderen taten dies nur unvollständig.

Die vorausgegangenen Ausführungen haben somit verdeutlicht, daß die im Kapitel III *allgemein* diskutierten Betriebsprobleme der Schwerindustrie in der Gründerperiode tatsächlich auch von den Unternehmen der westfälischen Schwerindustrie zu lösen waren. Bei der Lösung dieser Probleme, sowohl bei der Finanzierung der Gründung als auch bei der Übernahme der neuen Technologien, waren tatsächlich jene Unternehmen besonders aktiv, die zu Beginn dieses Kapitels anhand verschiedener Indikatoren als besonders erfolgreich identifiziert worden sind. Damit scheint uns die Vermutung bestätigt, daß die zeitige und umfassende Lösung der betrieblichen Probleme der Gründerperiode eine wichtige Voraussetzung zum allgemeinen Unternehmenserfolg der Untersuchungsperiode darstellte.

2.2. Der Unternehmenserfolg in der „großen Depression"

Die Entwicklung der westfälischen Schwerindustrie nach 1873 war geprägt durch die Verbesserung und Ergänzung der neu eingeführten technischen Verfahren sowie durch das Bemühen um eine Organisation der Absatzverhältnisse. In beiden strategischen Entwicklungen waren die erfolgreichen Unternehmen besonders aktiv.

Mit der Einführung des Tiefbauverfahrens im Bergbau und des Kokshochofens bzw. der neuen Stahlgewinnungsverfahren in der Eisenindustrie war der Prozeß des Aufbaus einer modernen Schwerindustrie im westfälischen Ruhrgebiet noch längst nicht abgeschlossen. Vielmehr war eine Folge kleinerer Neuerungen in der schwierigen Entwicklungsphase nach 1873 dafür verantwortlich, daß sich eine Reihe von Unternehmen am Markt behaupten konnten. Gerade die erfolgreichen Unternehmen waren in der Anwendung dieser Neuerungen besonders fortschrittlich, wie aus Tabelle 79 hervorgeht.

Tabelle 79: Folge-Innovationen in den erfolgreichen Bergbauunternehmen des westfälischen Ruhrgebiets

Unternehmen	Jahr der Innovation	
	Kokerei	Aufbereitungsanlage
Bochumer Bergwerks AG	1870er Jahre	1880er Jahre
Consolidation	1882/83	1882/83
Constantin	1881	1875
Dahlbusch	1900	1895
Dannebaum	1863	1863
Gelsenberg	1870er Jahre	1870er Jahre
Harpen	1861	1870er Jahre
Hibernia	1870er Jahre	1870er Jahre

Bis auf Dahlbusch hatten alle erfolgreichen Unternehmen schon relativ früh sowohl eine komplette Aufbereitungsanlage als auch eine Kokerei. Gerade die Gewinne aus der Kokerei trugen in der „großen Depression“ vor allem zur Stabilisierung der Erträge bei[65]. Einige Unternehmen waren sogar als Pioniere tätig[66].

Gleiches läßt sich auch für die gemischten Werke sagen, die neben den entsprechenden Bergwerksanlagen auch ihre Eisen- und Stahlwerke auf dem modernsten Niveau hielten. Die Tabelle 80 zeigt die entsprechenden Daten.

Tabelle 80: Folge-Innovationen in den erfolgreichen gemischten Werken des westfälischen Ruhrgebiets

Unternehmen	Jahr der Innovation	
	Thomas-Verfahren	Siemens-Martin-Verfahren
erfolgreiche		
Bochumer Verein	1880	1873
Hoesch	1884	1895
Hörder Verein	1879	1882
erfolglose		
Schalker Gruben	–	–
Union	1879	–

Die erfolgreichen Unternehmen nutzten die technologischen Möglichkeiten auch hier wieder in weitaus stärkerem Maße als die erfolglosen. Die Unternehmen der Eisenindustrie waren insgesamt nicht in der Lage, die Chancen der neuen Technologie zu nutzen. Kein Unternehmen wendete das Thomas-Verfahren an[67], und nur fünf, und diese recht spät, nutzten das Siemens-Martin-Verfahren[68].

Neben der Einführung einer erweiterten Technologie lag das Hauptproblem der westfälischen Schwerindustrie in der Stabilisierung der Absatzverhältnisse. Dieses Problem wurde gelöst durch Konzentration innerhalb der Branche und Kartellierung der Branche nach außen[69].

Die erfolgreichen Unternehmen zeigten sich auch bei der Verfolgung dieser Erfolgsstrategie wieder besonders aktiv. Sie vergrößerten ihre Produktion überdurchschnittlich und erzielten so ein relatives Größenwachstum. Sie zeichneten für den Großteil der beobachteten Übernahmen von Bergbauunternehmen verantwortlich. Unter diesen Übernahmen waren sowohl die erfolgreichen Bergwerksunternehmen wie auch die besonders erfolgreichen gemischten Werke in erster Linie zu finden[70].

Wichtiger noch für die Lösung der Absatzprobleme in der westfälischen Schwerindustrie waren die langwierigen, aber letztlich doch erfolgreichen Versuche der Kartellierung der Branche. Schon bei den frühen Versuchen spielen die erfolgreichen Unternehmen eine führende Rolle. Vor allem in der Endphase dieser Bemühungen fiel den Vertretern der großen Bergbauunternehmen eine bedeutende Rolle zu[71]. Die erfolgreiche Lösung des Absatzproblems war nicht zuletzt das Ergebnis einer mühsamen, über Jahre hinweg anhaltenden Verhandlungstätigkeit zwischen den beteiligten Firmenleitungen. Diese Verhandlungstätigkeit vollzog sich auf vielen formellen und informellen Ebenen. Deshalb war es für den erfolgreichen Unternehmer wichtiger, bei der Entstehung von Kartellen durch Kontakte in Vereinen mit Branchenorientierung tätig zu sein.

Ähnliches ist auch für die Eisenindustrie zu vermuten, die ja mit den gleichen Problemen wie der Bergbau und die gemischten Werke zu kämpfen hatte. Wenn auch für die gesamte Eisenindustrie eine insgesamt weniger erfolgreiche Strategie zu konstatieren ist[72], so waren deren relativ erfolgreiche Unternehmen in ähnlicher Weise wirksam. Sie entstanden z. T. durch Übernahmen (Menden und Schwerte, Wittener Guß) oder übernahmen selbst weitere Unternehmen (Westfälische Drahtwerke 1910 die Aplerbecker Hütte). Ebenfalls betätigten sie sich in den – allerdings durch die großen gemischten Werke dominierten – Kartelle.

Auch für die Periode der „großen Depression" zeigten sich somit insgesamt die erfolgreichen Unternehmen eher und besser an die Herausforderungen der Technologie und des Marktes angepaßt. Sie waren führend an der Nutzung der Folge-Innovationen beteiligt und hatten auch starken Anteil an der Konzentration und Kartellierung der Schwerindustrie.

2.3. Der Unternehmenserfolg in der Zeit bis zum Ersten Weltkrieg

Der grundlegende Wandel in der Technologie der Schwerindustrie war mit den beginnenden 90er Jahren des 19. Jahrhunderts nahezu abgeschlossen. Auch die Marktverhältnisse waren konsolidiert, so daß Möglichkeiten unternehmerischen Handelns im Sinne einer Lösung von fundamentalen Unternehmensproblemen in diesen Bereichen erschöpft waren. Die neuen Probleme traten vorrangig auf in der Organisation der neuen Großunternehmen, bei der Steigerung der internen Effizienz[73]. Jedoch verblieben auch eine Reihe von Unternehmensproblemen bezüglich Markt und Technologie.

Die Rationalisierungen in der Schwerindustrie bis 1913 beschränkten sich im wesentlichen auf kleinere Verbesserungen der schon länger angewandten Verfahren und deren organisatorische Effektivierung. Darüber hinaus wurde die Produktionspalette der einzelnen Unternehmen weiter diversifiziert, so durch die Herstellung von Brikett und Kokereinebenprodukten im Bergbau und durch die Übernahme von Weiterverarbeitungsbetrieben in der Eisen-

und Stahlindustrie. Besondere Bedeutung erlangte hier noch die Rationalisierung durch die Eisenverarbeitung „in einer Hitze“.

Gerade bei der Verfolgung des letztgenannten Zieles taten sich die erfolgreichen Unternehmen auch hier wieder besonders hervor. Konzentration als Reaktion auf Marktentwicklungen und Rationalisierungen als Ergebnis einer veränderten Technologie durchdrangen sich bei den großen, besonders erfolgreichen gemischten Konzernen in besonderem Maße. Von dieser Entwicklung wurden auch die Bergbauunternehmen erfaßt[74].

Die zuvor diskutierte Problematik der Entstehung komplexer Großbetriebe und der daraus resultierenden Konsequenzen für die Anforderungen an das Führungspersonal galt auch für die Beteiligung am Konzentrationsprozeß innerhalb der Schwerindustrie. Kaufmännisch organisatorische Fähigkeiten wurden zunehmend wichtiger.

Zu den überbetrieblichen Problemen, die bis zum 1. Weltkrieg an die Unternehmer herangetragen wurden, zählte auch die Selbstbehauptung unternehmerischer Autonomie gegenüber den Versuchen des preußischen Staates, Einfluß auf die Schwerindustrie zu gewinnen[75]. Hierbei erwies sich eine aktive Verbandstätigkeit als besonders wichtig. Dies galt ebenso für die Sozialpolitik wie auch für die Verkehrs- und Regionalpolitik. Erfolgreiche Unternehmen nutzten auch hier effektvoll die Möglichkeit des Wirkens durch Verbände.

In der strikten Verfolgung der im Kapitel III entwickelten Strategie läßt sich also die Ursache für den ökonomischen Erfolg der weiter oben als besonders erfolgreich identifizierten Unternehmen der westfälischen Schwerindustrie aufzeigen. Aus den dort untersuchten Entwicklungen der Technologie und des Marktes entstanden bestimmte Probleme, die die Gruppe der erfolgreichen Unternehmen besonders gut löste. Diese Unternehmen waren gegenüber ihren Konkurrenten aktiver sowohl in der Nutzung neuer Technologien als auch bei der Kontrolle der Absatzverhältnisse. Im weiteren wird nun abschließend zu klären sein, welchen Einfluß die in Kapitel II analysierte soziale Struktur der westfälischen schwerindustriellen Unternehmerschaft auf die Strategie der einzelnen Unternehmen gehabt haben mag.

3. Die erfolgreichen Unternehmer in der westfälischen Schwerindustrie

Der Versuch, den Einfluß sozialer Variablen auf die Wahl der Unternehmensstrategie zu bestimmen, muß in zwei Schritten erfolgen. Zunächst wird in einem ersten Schritt geprüft, ob sich die Ausprägungen dieser sozialen Variablen bei den Schwerindustriellen, die in erfolgreichen Unternehmen[76] tätig waren, signifikant von den Ausprägungen jener Unternehmer unterscheiden, die in weniger erfolgreichen Unternehmen wirkten. Dabei bedienen wir uns des Kontingenztestes (Unabhängigkeitstest) mittels des Chi-Quadrat-

Verfahrens[77]. Die Anwendung dieses Verfahrens ist jedoch nicht ganz unproblematisch. Das Hauptproblem besteht darin, daß der Chi-Quadrat-Wert zwar die Existenz eines Zusammenhanges zwischen nominalskalierten Variablen messen kann, nicht jedoch die Intensität dieses Zusammenhanges[78]. Mit diesem Verfahren wird für qualitative Variablen, für die keine Mittelwerte und Varianzen zu bestimmen sind, durch den Vergleich einer tatsächlichen mit einer theoretischen Verteilung der Grad der Abweichung bzw. Übereinstimmung angegeben[79]. Der Grad der Abweichung der tatsächlichen Verteilung läßt dann einen Schluß auf die Abhängigkeit bzw. Unabhängigkeit zwischen den Variablen zu. Läßt sich mit einer hinreichenden Signifikanz, die abhängig von den Freiheitsgraden der Chi-Quadrat-Tabelle ist, Abhängigkeit konstatieren, so fehlt immer noch ein Maß für die Straffheit des Zusammenhanges zwischen den Variablen.

Um die Straffheit des Zusammenhanges zwischen den Merkmalen der Variablen zu bestimmen, stehen verschiedene Kontingenzkoeffizienten zur Verfügung. Der Koeffizient, der verwandt werden darf[80], richtet sich nach dem Skalentyp, mit dem die Merkmale gemessen werden. In unserer weiteren Analyse haben wir es in der Regel mit zweifach gestuften (dichotomischen) Variablen zu tun, deren Merkmalsklassen echte Alternativen bilden. Deshalb wäre hier der Phi-Koeffizient am Platze, dieser sagt jedoch als isolierter Kennwert kaum etwas aus, sondern nur im Vergleich mit anderen Phi-Koeffizienten, die uns nicht zur Verfügung stehen. Wir beschränken uns deshalb im folgenden auf die Konstatierung eines signifikaten Zusammenhanges zwischen den Variablen und verzichten auf die Bestimmung des entsprechenden Kontingenzkoeffizienten.

Läßt sich mit hinreichender Sicherheit ein Unterschied in den Ausprägungen der sozialen Variablen innerhalb dieser beiden Kategorien der westfälischen Schwerindustriellen aufzeigen, so wäre in einem zweiten Schritt zu diskutieren, inwieweit die besondere soziale Struktur der erfolgreichen Unternehmer[81] die Entscheidung für die „richtige" Unternehmensstrategie begünstigte. Mit der Diskussion dieser Fragestellung wird sich vielleicht abschätzen lassen, welchen Anteil die besonderen sozialen Eigenschaften der westfälischen Schwerindustriellen am Zustandekommen problemadäquater Lösungen innerhalb der westfälischen Schwerindustrie hatten[82].

3.1. Die Besonderheiten der sozialen Struktur der erfolgreichen Unternehmer

Gemäß den Erfolgskriterien des Kapitels III haben wir 16 besonders erfolgreiche Unternehmen identifizieren können. In diesen 16 Unternehmen waren insgesamt 72 der 163 von uns untersuchten Leiter tätig. Diese 72 Leiter werden im folgenden als erfolgreiche Unternehmer klassifiziert, während die verbleibenden 91 Unternehmer als erfolglos bezeichnet werden. Treffender wäre die Bezeichnung „weniger erfolgreich", da ein Teil von ihnen in Unternehmen tätig war, die einige der verwandten Erfolgsindikatoren für sich in Anspruch nehmen konnten und deshalb durchaus einen gewissen „Erfolg" aufwiesen. Die Bezeichnung „erfolglos" wird jedoch gewählt, um zu einer deutlicheren Gegenüberstellung zu gelangen. Das Verhältnis von 72 erfolgreichen zu 91 erfolglosen Unternehmern zeigt, daß in unserem Sample die erfolgreichen Unternehmer überrepräsentiert sind. Als Erklärung dafür mögen zwei Vermutungen gelten. Einmal die Erfahrung, daß die Quellenanlage für erfolgreiche Unternehmen zwangsläufig besser ist als für erfolglose[83]. Die Dokumentation des Erfolges ist in den Quellen umfassender und lückenloser aufzufinden als die des Mißerfolges, denn ein Großteil unserer Quellen ist ja gerade zu diesem Zweck entstanden[84]. Darüber hinaus bedingt aber auch eines unserer Erfolgskriterien, nämlich das überdurchschnittliche Wachstum, eine starke Vertretung von Unternehmern aus erfolgreichen Firmen in unserem Sample. Die überdurchschnittliche Betriebsgröße der erfolgreichen Unternehmen bedingt eine überdurchschnittliche Zahl von Führungspositionen in diesen Unternehmen. Hinzu kommt auch hier nochmals der Effekt, daß die Dokumentation bei Großunternehmen tendenziell besser ist als bei kleineren.

Tabelle 81: Erfolgreiche Unternehmen und deren Leiter in der westfälischen Schwerindustrie

	Unternehmen insgesamt	Unternehmen erfolgreich	Leiter insgesamt	Leiter erfolgreich
in der Branche				
Bergbau	107	8	57	22
Eisenindustrie	37	3	45	7
gemischte Werke	10	5	61	43
insgesamt	154	16	163	72

In der Tabelle 81 fällt auf, daß alle Branchen, besonders aber die gemischten Werke und in geringerem Maße auch der Bergbau, *relativ* mehr erfolgreiche als erfolglose Unternehmer aufweisen. Die Unterschiede zwischen den Branchen spiegeln auf der Ebene der Personen die unterschiedlichen Erfolgschancen der Unternehmen in den einzelnen Branchen wider[85].

3.1.1. Altersstruktur

Obwohl die Altersstruktur, wie weiter oben in Kapitel II schon ausgesprochen[86], vermutlich nur einen geringen Beitrag zur Klärung des sozialen und betrieblichen Beziehungsgefüges der westfälischen Schwerindustrie zu leisten vermag, zeigt sich doch ein signifikanter Unterschied zwischen erfolgreichen und erfolglosen Unternehmern[87]. Erfolgreiche Unternehmer wurden in weitaus größerer Zahl nach 1850 geboren als zuvor und starben auch häufiger nach 1910 als erfolglose Unternehmer.

Tabelle 82: Geburts- und Todesjahre der erfolgreichen und erfolglosen westfälischen Schwerindustriellen

	erfolgreiche Unternehmer	erfolglose Unternehmer	insgesamt
Geburtsjahr			
vor 1850	39	101	140
ab 1850	44	54	98
insgesamt	83	155	238
Todesjahr			
vor 1910	19	32	51
ab 1910	46	43	89
insgesamt	65	75	140

Diese Tatsache weist darauf hin, daß die Möglichkeiten zu einer erfolgreichen Unternehmerkarriere gegen Ende der Untersuchungsperiode zunahmen. Dies steht im Widerspruch zu der Auffassung einer besonders großen Erfolgschance in den sogenannten Gründerjahren, in denen sehr unterschiedliche Personengruppen im Geschäftsleben ihr „Glück“ machten.

3.1.2. Herkunft

Die regionale Herkunft der westfälischen Schwerindustriellen zeigt ein hohes Maß an lokaler Rekrutierung und daneben ein weitreichendes regionales Rekrutierungsfeld[88]. Die Verteilung des Merkmals „regionale Herkunft“ gilt für die erfolglosen wie für die erfolgreichen Unternehmer gleichermaßen.

Die Abweichungen zwischen erfolgreichen und erfolglosen Unternehmen innerhalb der Tabelle 83 sind nicht signifikant[89]. Die Kenntnis der regionalen Besonderheiten erscheint deshalb nicht als ein besonderes Kriterium für unternehmerischen Erfolg.

Die soziale Herkunft der erfolgreichen westfälischen Schwerindustriellen unterscheidet sich ebenfalls nur recht unwesentlich von der weniger erfolg-

Tabelle 83: Regionale Herkunft der erfolgreichen und erfolglosen westfälischen Schwerindustriellen

	erfolgreiche Unternehmer	erfolglose Unternehmer	insgesamt
Region:			
Ruhrgebiet	14	19	33
Rheinland und Westfalen	25	22	47
übriges Deutschland und Ausland	24	36	60
insgesamt	63	77	140

reichen. Die leichte Tendenz der bevorzugten Herkunft der erfolgreichen westfälischen Schwerindustriellen aus traditionellen und unternehmerischen Familien ist statistisch nicht signifikant[90].

Tabelle 84: Soziale Herkunft der erfolgreichen und erfolglosen westfälischen Schwerindustriellen

	erfolgreiche Unternehmer	erfolglose Unternehmer	insgesamt
Art des Vaterberufes:			
unternehmerisch	24	29	53
traditionell	18	18	36
sonstige	7	16	23
insgesamt	49	63	112

Das Merkmal „soziale Herkunft“ hatte also eine weitaus größere Bedeutung für den allgemeinen Zugang zu einer Unternehmerposition[91] als für den Erfolg in eben dieser Position. Die berufliche Herkunft der Leiter[92] der westfälischen Schwerindustrie läßt sich nicht bestimmen, da es sich bei diesen Personen in der Regel nicht um Berufswechsler handelte, sondern um solche, die sich in spezifischer Weise auf die Unternehmerposition vorbereiteten. Der Umfang dieser Vorbereitung ist der Gegenstand des nächsten Punktes dieser Ausführungen.

3.1.3. Ausbildung

Im Unterschied zu den Variablen, die die Herkunft der westfälischen Schwerindustriellen betreffen, stellt die Ausbildung einen erfolgsrelevanten Tatbestand dar. Die erfolgreichen Unternehmer hatten eine signifikant höhere formale Schulbildung als die erfolglosen[93].

Tabelle 85: Schulbildung der erfolgreichen und erfolglosen westfälischen Schwerindustriellen[94]

	erfolgreiche Unternehmer	erfolglose Unternehmer	insgesamt
Art der Schulbildung:			
gehoben	60	61	121
gewerblich	4	23	27
insgesamt	64	84	148

Die These von der Erfolgsrelevanz der formalen Ausbildung wird dadurch unterstrichen, daß die praktische Weiterbildung der beiden Unternehmerkategorien keinen signifikanten Unterschied zeigt. Beide Gruppen erhielten vornehmlich eine technische Weiterbildung, während eine kaufmännische Weiterbildung weitaus seltener der Fall war. Für einen Test des unterschiedlichen Umfanges von Auslandserfahrungen bei erfolgreichen und erfolglosen Unternehmen reicht die Anzahl der Fälle nicht aus.

Für das Merkmal „Hochschulstudium" bestätigt sich ebenfalls die Erfolgsrelevanz. Die erfolgreichen Unternehmer wiesen in signifikant höherem Maße ein Hochschulstudium auf als der Rest der untersuchten westfälischen Schwerindustriellen[95].

Tabelle 86: Hochschulstudium der erfolgreichen und erfolglosen westfälischen Schwerindustriellen

	erfolgreiche Unternehmer	erfolglose Unternehmer	insgesamt
Studium	56	58	114
kein Studium	14	24	38
insgesamt	70	82	152

Unter den Studienfächern der westfälischen Schwerindustriellen überwogen die technischen Studiengänge[96]. Es liegt deshalb nahe, die Qualität der Ausbildung als einen wesentlichen Faktor für die Erfolgschance der westfälischen Schwerindustriellen zu betrachten. Dies gilt, obwohl weiter oben darauf hingewiesen wurde[97], daß die Inhalte der traditionellen formalen Schulbildung unzureichend für die Nutzung innerhalb einer Unternehmerkarriere waren. Erst gegen Ende des 19. Jahrhunderts war das technische Fach- und Hochschulwesen soweit ausgebaut, daß es im gesamten Bildungssystem eine merkliche Bedeutung erlangte. Die westfälischen Schwerindustriellen nutzten diese Form der Weiterbildung jedoch weitaus früher und zeigten damit ein – am allgemeinen Bildungssystem gemessen – untypisches Muster der Ausbildung. Hinzu kam eine spezifische Weiterbildung, für die ein Hochschulstudium wesentlich wichtiger als eine praktische Weiterbildung war[98].

Ein zusätzlicher Hinweis auf die Erfolgsrelevanz der Ausbildung ist die Tatsache, daß die Ausbildung der Eisenindustriellen am schlechtesten war[99] – sie begannen auch ihre Berufskarriere wesentlich früher[100] – und daß zugleich die Eisenindustrie insgesamt einen geringeren Erfolg aufwies als die beiden anderen Subbranchen der Schwerindustrie.

3.1.4. Öffentliches Wirken

Von den 163 Leitern innerhalb der westfälischen Schwerindustrie betätigten sich überhaupt nur 65 politisch, sei es auf kommunaler oder überregionaler Ebene. Erfolgreiche oder erfolglose Unternehmer unterschieden sich darin kaum. Weder für die Kommunalpolitik noch für die überregionale Politik läßt sich zwischen diesen beiden Unternehmerkategorien ein signifikanter Unterschied feststellen[101].

Für die Verbandstätigkeit der westfälischen Schwerindustriellen ist ein solcher Unterschied allerdings zu konstatieren. Allgemein neigten erfolgreiche Unternehmer dazu, sich mehr in Verbänden zu betätigen als erfolglose. Tabelle 87 zeigt diesen Zusammenhang[102].

Tabelle 87: Verbandstätigkeit der erfolgreichen und erfolglosen westfälischen Schwerindustriellen

	erfolgreiche Unternehmer	erfolglose Unternehmer	insgesamt
tätig in Verbänden	44	46	90
nicht tätig in Verbänden	25	45	70
insgesamt	69	91	160

Die Art der Verbände, in denen sich erfolgreiche und erfolglose Unternehmer am ehesten betätigten, wird in Tabelle 88 deutlich.

Tabelle 88: Art der Verbandstätigkeit erfolgreicher und erfolgloser westfälischer Schwerindustrieller

	erfolgreiche Unternehmer	erfolglose Unternehmer	insgesamt
tätig in:			
Vereinen mit Branchenorientierung	29	17	46
ök. Interessenverbänden	16	21	37
Handelskammern	24	19	43
Sozialverbänden	12	12	24
Regionalverbänden	5	5	10
insgesamt	86	74	160

Auch hier zeigen sich signifikante Unterschiede[103], die auf die Bedeutsamkeit der Art der Verbandstätigkeit für den Erfolg bei der Lösung unternehmerischer Probleme hinweisen[104]. Der Schwerpunkt der Verbandstätigkeit der erfolgreichen Unternehmer lag bei den Vereinen mit Branchenorientierung, während sich die erfolglosen Unternehmer mehr in den ökonomischen Interessenverbänden betätigten. Dabei bliebe noch festzuhalten, daß die weniger erfolgreichen Unternehmer dort sich zumeist in Verbänden mit allgemeinpolitischer Orientierung aktiv beteiligten, während die erfolgreichen die Mitarbeit in Kartellen vorzogen[105].

3.1.5. Karrieremuster

Die zeitliche Struktur des Karrieremusters der erfolgreichen und weniger erfolgreichen westfälischen Schwerindustriellen stimmt im wesentlichen überein. Lediglich für das Austrittsalter läßt sich eine gewisse Diskrepanz konstatieren[106], da erfolgreiche Unternehmer z. T. schon sehr früh ihre Unternehmerkarriere beendeten und mit Ende 50 ausschieden.

Ein Unterschied zwischen den erfolgreichen und weniger erfolgreichen westfälischen Schwerindustriellen ergibt sich jedoch bezüglich der Austrittsbranche. Die erfolgreichen Unternehmer beendeten signifikant häufiger ihre Unternehmerkarriere in der Branche, in der sie diese auch begonnen hatten[107], während die weniger erfolgreichen das Ende ihrer Karriere häufiger auch in anderen Branchen erlebten. Tabelle 89 dokumentiert diesen Zusammenhang.

Tabelle 89: Austrittsbranche der erfolgreichen und erfolglosen westfälischen Schwerindustriellen

Austrittsbranche	erfolgreiche Unternehmer	erfolglose Unternehmer	insgesamt
wie Unternehmerposition	58	56	114
andere	14	31	45
insgesamt	72	87	159

Dieses Beharren und Bewähren der erfolgreichen Unternehmer in der Branche, in der sie eine Unternehmerkarriere durchliefen, läßt sich als „Branchentreue" bezeichnen. Nur die weniger erfolgreichen Unternehmer suchten ihre Chance in anderen Branchen, vermutlich, weil die von ihnen zu treffenden Unternehmensentscheidungen nicht den gewünschten Erfolg in der Schwerindustrie zeitigten.

Diese neue Chance wurde jedoch nicht zwangsläufig gesucht, sondern im Gegenteil suchten auch viele erfolglose Unternehmer ihre Unternehmerposition dadurch zu sichern, daß sie in der Branche verblieben, in der sie eine Unternehmerposition erlangt hatten[108], während erfolgreiche Erfahrungen von außerhalb mit einbringen konnten.

Tabelle 90: Eintrittsbranchen der erfolgreichen und erfolglosen westfälischen Schwerindustriellen

Eintrittsbranche	erfolgreiche Unternehmer	erfolglose Unternehmer	insgesamt
wie Unternehmerposition	39	68	107
andere	34	22	56
insgesamt	73	90	163

Eine gewisse Beharrungstendenz der erfolgreicheren Unternehmer ergibt sich auch beim Vergleich der Austrittsregionen. Das Karriereende der erfolgreichen Unternehmer erfolgte weitaus häufiger innerhalb als außerhalb der Untersuchungsregion, während dieser Zusammenhang bei den erfolglosen Unternehmern wesentlich weniger streng war[109].

Mobilität machte sich im Verlauf einer Karriere somit durchaus nicht unbedingt bezahlt. Dies wird auch dadurch unterstrichen, daß die Mobilität innerhalb der Schwerindustrie, gemessen an der Häufigkeit des Firmenwech-

Tabelle 91: Austrittsregion der erfolgreichen und erfolglosen westfälischen Schwerindustriellen

Austritt	erfolgreiche Unternehmer	erfolglose Unternehmer	insgesamt
innerhalb der Untersuchungsregion	59	37	96
außerhalb der Untersuchungsregion	13	30	43
insgesamt	72	67	139

sels[110], keinen signifikanten Unterschied zwischen den beiden Gruppen von Unternehmern zeigt. Es läßt sich eher eine Tendenz feststellen, „Branchentreue" durch Erfolg zu honorieren bzw. die Erfolgschance durch Branchentreue zu erhöhen. Das Verharren innerhalb der Schwerindustrie bot demnach eine bessere Chance, erfolgreich zu sein als hohe Mobilität. Beharren in der Branche gab allerdings nicht die Gewähr zum Erfolg, was durch die starke Tendenz der weniger erfolgreichen Unternehmer zum Verweilen in der Eintrittsbranche verdeutlicht wird[111].

Zusammenfassend lassen sich mittels unseres statistischen Tests drei Merkmalskomplexe isolieren, in denen sich erfolgreiche und weniger erfolgreiche westfälische Schwerindustrielle signifikant unterscheiden. Diese Merkmale bestimmen damit die Erfolgschance der betroffenen Unternehmer. Es sind dies das Ausmaß ihrer formalen Ausbildung, ihre Tätigkeit in Verbänden und eine Tendenz zum Verharren innerhalb der Branche.

3.2. Der Zusammenhang zwischen der sozialen Struktur der westfälischen Schwerindustriellen und dem Erfolg ihrer Unternehmen

Abschließend bleibt noch zu klären, welchen Einfluß die oben konstatierten besonderen sozialen Merkmale der erfolgreichen Unternehmer auf das Zustandekommen einer problemadäquaten Unternehmensstrategie hatten.

Die Bedeutung der sozialen Herkunft der westfälischen Schwerindustriellen hat sich nicht als signifikant erfolgsrelevant herausgestellt. Jedoch kann die Bedeutung der sozialen Herkunft von Unternehmern für die Lösung ihrer Gründungsprobleme u. E. kaum überschätzt werden[112]. Zunächst einmal war der Zugang zu den Ersparnissen der traditionellen Elite oder des alten Wirtschaftsbürgertums für Personen mit einer gänzlich anderen sozialen Herkunft kaum denkbar, da die Person des Unternehmers bei einem noch fehlenden anonymen Geldmarkt in sehr großem Maße für die Bonität des

Unternehmens bürgte. Die Zeichner des Kapitals vertrauten dem Unternehmen nicht zuletzt deshalb, weil ihnen der Unternehmer als einer der ihren bekannt war. Dieser enge soziale Zusammenhang zwischen dem Unternehmer und den Aktionären wird noch unterstrichen durch die häufig zu beobachtende Enge des regionalen Rekrutierungsbereiches der Kapitalzeichner[113]. Häufig wurde diese besondere regionale Orientierung der einzelnen Unternehmen auch in der Namensbezeichnung deutlich, so bei der Magdeburger Bergwerks AG, bei der Belgisch-Rheinischen Gesellschaft der Kohlenbergwerke a. d. Ruhr und bei der Hibernia und Shamrock.

Aber nicht nur für die Durchführung der ursprünglichen Gründungsfinanzierung, auch für die Lösung der Finanzprobleme der folgenden Krisenzeit in der westfälischen Schwerindustrie spielte die soziale Herkunft der Unternehmer eine Rolle. Die Vielfalt der sozialen Kontakte und die persönliche Kreditfähigkeit hatten entscheidenden Anteil, Darlehen in Zeiten zu erhalten, in denen weitere Einzahlungen der Aktionäre nicht zu erzielen waren. Bei der zunehmend praktizierten Umwandlung von Aktiengesellschaften in Gewerkschaften gewannen die sozialen Beziehungen zwischen den Gewerken eine noch größere Bedeutung[114]. Die Rechtsform der Gewerkschaft beruht ja auf der gemeinsamen Verantwortung aller Beteiligten für ihr Unternehmen.

Insgesamt muß jedoch festgehalten werden, daß die soziale Herkunft der Unternehmer für die Etablierung eines Unternehmens weitaus wichtiger war als für dessen erfolgreiche Bewährung über einen längeren Zeitraum. Zwar förderte ein homogenes soziales Rekrutierungsfeld die Fähigkeit zur Kooperation in Krisensituationen[115], reichte aber allein noch nicht aus, um eine problemadäquate Unternehmensstrategie zu produzieren. Auf die Unternehmer bezogen heißt das, soziale Herkunft war wichtig für den Zugang zu einer Unternehmerposition, nicht aber für den Erfolg in dieser Position. Deshalb gibt es bezüglich der sozialen Herkunft zwischen erfolgreichen und erfolglosen westfälischen Schwerindustriellen keinen statistisch signifikanten Unterschied.

Der Zusammenhang zwischen dem Innovationsverhalten der westfälischen Schwerindustriellen und ihrer sozialen Struktur beruht auf dem unterschiedlichen Ausbildungsniveau der erfolgreichen und erfolglosen Unternehmer. Wir haben gesehen[116], daß sich die erfolgreichen Unternehmer von den weniger erfolgreichen durch eine signifikante Differenz im Umfang ihrer formalen Ausbildung unterschieden. Das höhere Ausbildungsniveau setzte den erfolgreichen Unternehmer besser in die Lage, die Chancen und Risiken einer neuen Investition abzuschätzen als seinen weniger gut ausgebildeten Konkurrenten. Diese Feststellung ist vor dem Hintergrund zu sehen, daß für die Gesamtheit aller Unternehmer eine ungewöhnlich hohe formale Ausbildung festzustellen ist[117].

Die Verwendung des Merkmals „formale Schulbildung“ als Indikator für die Fähigkeit, technologische Innovationsentscheidungen zu treffen, erscheint trotz der starken humanistischen Orientierung des allgemeinen Bildungssystems gerechtfertigt. Einmal wegen der fehlenden Möglichkeit einer spezifischeren Ausbildung, zum anderen, weil die formale Schulbildung nur die Voraussetzung zur Weiterbildung auf Universitätsebene darstellte. Die relativ schlechtere Schulbildung der Eisenindustriellen erklärt einen Teil der weniger günstigen Aufnahme der technologischen Neuerungen in der Eisenindustrie. Die Bergbauunternehmer und die Unternehmer der gemischten Werke hatten im Durchschnitt eine bessere Ausbildung. Im Zeitverlauf verbesserte sich diese noch weiter, was eine Bewährung gegenüber zunehmender Anforderungen an die Kenntnisse und Urteilsfähigkeit der Unternehmer ermöglichte. Diese bessere Vorbereitung auf Innovationsentscheidungen bestätigt sich tendenziell auch für die praktische Vorbildung, für die allerdings insgesamt kein signifikanter Unterschied zwischen erfolgreichen und erfolglosen Unternehmern festzustellen ist. Auffällig bleibt hingegen, daß in der Eisenindustrie nicht ein einziger ehemaliger Bergreferendar tätig wurde und deren technische Kenntnisse somit ungenutzt blieben.

Bezüglich der Hochschulausbildung zeigten die erfolgreichen Unternehmer wiederum ein signifikant höheres Niveau. Da die westfälischen Schwerindustriellen im Gegensatz zum allgemeinen Hochschulsystem eine deutliche Priorität des technischen Studiums ausdrückten, ist die Bedeutung dieser Weiterbildungsform für Innovationsentscheidungen unbestreitbar. Die erfolgreichen Unternehmer hatten eine bessere technische Hochschulausbildung und konnten daher technologische Innovationen besser beurteilen. Insgesamt glauben wir, auch für die Folgeinnovationen der „großen Depression“ einen Teil des Erfolgs dem signifikant besseren Ausbildungsniveau der Unternehmer in den erfolgreichen Unternehmen zurechnen zu können. Die gestiegenen Anforderungen an deren technisches Verständnis und die zunehmende fachliche Kompetenz auch für betriebstechnische Detailprobleme erforderten eine stärkere fachspezifische Ausbildung. Diese ist auch in einer zunehmenden Akademisierung des Führungspersonals der westfälischen Schwerindustrie – besonders im Bergbau und in den gemischten Werken – nachzuweisen. Darüber hinaus zeigten die erfolgreichen Unternehmer ein signifikant höheres Ausbildungsniveau als ihre erfolglosen Konkurrenten.

Die Fähigkeit, mögliche oder notwendige technische Rationalisierungen und organisatorische Neuerungen zu erkennen und durchzuführen, beruhte sicherlich wiederum auch auf dem Ausbildungsniveau der Unternehmer. Hinzu kam ein Bedürfnis nach kaufmännisch kalkulierender Abschätzung dieser Effekte auf das Betriebsganze. Diese kaufmännischen Fähigkeiten wurden im formalen Ausbildungssystem nur unzureichend vermittelt. Deshalb scheint für den erfolgreichen Unternehmer sowohl hinsichtlich seines kaufmännischen Geschicks als auch hinsichtlich seiner technischen Detailkenntnisse eine intime Vertrautheit mit den Problemen seines Unternehmens und dessen Branche notwendig. Wenn kaufmännische Fähigkeiten und Kenntnisse nur unzureichend durch eine formale Ausbildung erworben werden konnten, dann mußte die Aneignung derselben in der Praxis des Betriebes erfolgen. Die intime Kenntnis der kaufmännischen und technischen Probleme der komplexen Großunternehmen konnte nur in einer langen Berufskarriere innerhalb der Branche erworben werden.

Genau und allein in diesem Punkt zeigt auch das Karrieremuster der erfolgreichen und erfolglosen Unternehmer einen signifikanten Unterschied. Bei beiden Gruppen wurde Mobilität, regional wie in bezug auf die Branche, nicht honoriert. Es läßt sich eher eine Tendenz feststellen, daß sich die Erfolgschance bei einer stärkeren Branchentreue erhöhte, wenn auch Branchentreue nicht automatisch zu Erfolg führte.

Insgesamt scheint also auch die stärkere Vertrautheit mit den Branchenproblemen bei den erfolgreichen Unternehmen, gemessen an deren Branchentreue, einen Beitrag zu einer erfolgreichen Bewältigung der Innovations- und Rationalisierungsprobleme der Untersuchungsperiode geleistet zu haben.

Ganz sicher trug zum Erfolg auch die Mitarbeit in den unternehmerischen Verbänden bei. Im Grad der Partizipation unterschieden sich die erfolgreichen Unternehmer auch signifikant von den erfolglosen. Die erfolgreichen Unternehmer nahmen tendenziell eher Verbandsaktivitäten wahr. Sie betätigten sich vor allem in technisch-wissenschaftlichen und branchenspezifischen Vereinen, während die erfolglosen Unternehmer eher dazu neigten, sich in Verbänden mit allgemeinpolitischer Orientierung zu betätigen. Dank der Art und Intensität ihrer Verbandsaktivitäten waren die erfolgreichen Unternehmer effizienter bei der Einrichtung von Kartellen und konnten so zugleich ihre internen Unternehmensprobleme besser lösen. – Denkbar wäre auch: Weniger erfolgreiche Unternehmer suchten kompensierende Tätigkeit in der allgemeinen Verbandspolitik.

Zusammenfassung und Ausblick

Wir glauben nun, mit der vorliegenden Arbeit verschiedene Beiträge im Bereich der historischen Unternehmerforschung geleistet zu haben.

Zunächst schien es uns nötig, unter kritischer Durchsicht vergleichbarer Ansätze eine Perspektive zu entwickeln, unter der eine sozialwissenschaftlich zureichende Bearbeitung unternehmerhistorischer Fragestellungen möglich erscheint. Als Ergebnis dieser Diskussion entwickelten wir einen Katalog von Forderungen (Seite 23), die u. E. als Programm für diese wie auch für weitere Arbeiten im Bereich der historischen Unternehmerforschung gelten könnten.

Im weiteren haben wir eine Untersuchung der westfälischen Schwerindustriellen bezüglich ihrer sozialen Merkmale durchgeführt. Die Ergebnisse der verschiedenen Merkmalskomplexe wurden im 2. Kapitel dargelegt. Dabei haben wir uns bemüht, die verschiedenen sozialen Eigenheiten unserer Untersuchungsgruppe in den historischen Zusammenhang der deutschen Gesellschaft zu stellen. Als besonders bemerkenswert scheint es uns, daß die Aussagen über die westfälischen Schwerindustriellen als repräsentativ im sozialwissenschaftlichen Sinne zu betrachten sind.

Um einer weiteren Forderung des von uns entwickelten Programms zur Bearbeitung von Fragestellungen der historischen Unternehmerforschung zu entsprechen, wurde im 3. Kapitel die Entwicklung der Unternehmen, in denen die von uns untersuchten Unternehmer tätig waren, einer sorgfältigen Untersuchung unterzogen. Dabei beschränkten wir uns auf die Diskussion der Ursachenkomplexe „technologische Neuerungen“ und „Veränderungen der Absatzbeziehungen“, die während unseres Untersuchungszeitraumes für die Schwerindustrie von grundlegender Bedeutung waren. Von besonderem Interesse war für uns die Frage, ob und wie der Wandel der Technologie und der Marktbeziehungen die Anforderungen an die Unternehmerschaft veränderten.

Im letzten Kapitel schließlich wurde versucht, die Besonderheiten der sozialen Struktur der westfälischen Schwerindustriellen (2. Kapitel) mit der Entwicklung ihrer Unternehmen (3. Kapitel) in einen operationalen und statistisch testbaren Zusammenhang zu bringen. Als Operationalisierungskriterium diente uns der Erfolg der Unternehmen, der in einen signifikanten Zusammenhang mit bestimmten Merkmalen der sozialen Struktur der Unternehmerschaft gesetzt werden konnte.

Insgesamt scheint uns der Versuch der Entwicklung und Anwendung eines

Modells für historische Unternehmerforschung, allerdings mit den schon in den Vorbemerkungen genannten Einschränkungen, gelungen. Die Arbeit bietet zugleich auch einen Beitrag zur Analyse der Innenstruktur von Unternehmen, die selbst in der ökonomischen Theorie lange Zeit vernachlässigt wurde[118]. Gerade die Frage nach der Unternehmensstruktur ist in neuerer Zeit auch von der wirtschaftshistorischen Forschung aufgegriffen worden, die z.T. auf neueren ökonomischen Ansätzen aufbaut, z.T. eigene, neue entwickelt[119].

Möge die vorliegende Arbeit ein weiterer Beitrag sein, um der Unternehmens- und Unternehmergeschichte neue Fragestellungen und Methoden zu erschließen, die – sowohl interdisziplinär wie gesellschaftsgeschichtlich orientiert – sie der Kritik, entweder hagiographisch oder beschränkt zu sein, entheben.

Anhang

I. Quellendiskussion

Das Kernproblem jeder historisch-empirischen Arbeit ist das Quellenproblem. Dies gilt natürlich auch für diese Arbeit. Für die allgemeine Geschichtswissenschaft leistet die Hilfswissenschaft der Quellenkunde die notwendige Ergänzung zur historischen Arbeit: Prüfung und Relativierung des historischen Materials, der „Daten“. Für wirtschafts- und sozialhistorische Untersuchungen stehen eine Vielzahl von Quellen unterschiedlichster Art und Zuverlässigkeit zur Verfügung[1]. Aus dieser Vielzahl von Quellen galt es, für diese Arbeit jene auszuwählen, die sowohl ergiebig in bezug auf die besondere Fragestellung waren als auch zugleich verläßlich, was die Schlüsse aus der Untersuchung anbetrifft.

1. Die Ausgangsquellen

Vom Ansatz dieser Untersuchung her, der möglichst vollständigen Erfassung der Unternehmer einer Branche in einer abgegrenzten Region, boten sich die Festschriften der Unternehmen dieser Region an. Für den deutschen Sprachraum existieren drei Sammlungen, die Fest- und Denkschriften katalogisieren[2]. Dazu kommen noch als weitere Quellen regionale Monographien, Handbücher, Statistiken, Adreßbücher und ähnliches[3]. Wie oben erläutert, gelang praktisch eine Totalerhebung der Firmen der westfälischen Schwerindustrie. Für die Untersuchung dieser Unternehmen benötigten wir zwei Arten von Informationen: über das Geschäftsgebaren der Unternehmen und über die Personen, die dort als Unternehmer tätig waren. Für beide Informationskomplexe bilden die Firmenfestschriften eine wichtige Quelle. Dies gilt trotz aller Unzulänglichkeiten, die man bei den meisten deutschen Firmenfestschriften feststellen kann, denn „ungeachtet der Qualität der einzelnen Schrift ist die ganze Literatur zusammengenommen von hohem Wert“[4]. Sie kann als Basis einer Geschichtsschreibung dienen, den allgemeinen ökonomischen und sozialen Wandel als Summe individueller und einzelwirtschaftlicher Entwicklungen zu verstehen. „A systematic comparison of a large number of business units seems to be a neccassary first step towards such a goal.“[5] Es wurden insgesamt über 200 Festschriften für diese Branche und Region aufgefunden, von teils sehr unterschiedlicher Qualität der Informationen über Personen und Unternehmen.

Die Probleme, die bei der Verwendung von Festschriften auftreten können, lassen sich in vier Punkten zusammenfassen[6]:

1. Der Entstehungsgrund für eine Festschrift ist von Belang. Meistens handelt es sich dabei um eine Rückschau anläßlich eines Jubiläums o. ä., bei der die Erfolgsmomente weitaus stärker betont werden als die Mißerfolge.
2. Der Zweck einer Festschrift ist Werbung für eine Firma. Die Informationen über den Unternehmer betonen dessen Dienst am Werk, an der Kundschaft und der Arbeiterschaft.
3. Die Auswahl der Autoren orientiert sich häufig an ihrer Bereitschaft und Fähigkeit, die gewünschten Sachverhalte zu betonen; häufig handelt es sich sogar um Angestellte der betreffenden Firma.
4. Nur selten verarbeiten Festschriften – zumindest was Entwicklungen außerhalb der eigenen Firma betrifft – die Primärquellen. Sie sind abhängig voneinander, zitieren sich gegenseitig – z. T. sogar falsch[7] – oder schreiben ab, ohne zu zitieren.

Die besseren Festschriften enthalten hauptsächlich Informationen über den Betrieb und dessen Entwicklung[8], weniger über die darin tätigen Personen, wenn es sich dabei nicht um Gründer von Familienunternehmen handelt. Fast immer jedoch sind Direktoren und Aufsichtsräte namentlich erwähnt, so daß die Karrierepositionen der Personen identifiziert werden können. Von den aufgefundenen Namen her ist eine Verbesserung der Informationen durch die Aufarbeitung weiterer Quellen möglich.

2. Die Ergänzung der Personalquellen

Für die Verbesserung der Informationen über die Personen bieten sich vor allem zwei Quellenarten an: Unternehmerbiographien und Nekrologe in Fachzeitschriften. Für unsere Untersuchung haben sich die Nekrologe der Fachzeitschriften als besonders ergiebig erwiesen[9]. Für die Bergbauunternehmer vor allem ist wichtig: Glückauf, Berg- und Hüttenmännische Zeitung, Essen (1. Jahrgang: 1865) und für die Stahlindustriellen: Stahl und Eisen, Zeitschrift für das deutsche Eisenhüttenwesen, Düsseldorf (1. Jahrgang: 1881). „Glückauf" erschien zunächst ab 1865 einmal, später zweimal pro Woche als Beilage der „Essener Zeitung", die 1880 zur „Rheinisch-Westfälischen Zeitung" umbenannt wurde. Erst ab III. Quartal 1883 erschien sie als selbständige Wochenzeitschrift, von 1883 bis 1944 ununterbrochen. Nekrologe sind in den ersten Jahrgängen nur selten enthalten: 1871 (Nr. 30) erstmals und bis 1882 ganze vier, danach häufen sie sich.

„Stahl und Eisen" erschien ab 1881 zunächst monatlich, dann ab 1892 vierzehntägig und seit 1907 wöchentlich. Nekrologe finden sich darin unter der Rubrik „Vereins-Nachrichten" oder als Aufmacher auf der Titelseite. Bei kurzen Nachrufen unter der Rubrik „Referate und kleinere Mitteilungen" (später:

„Umschau") handelt es sich meist um fachfremde Personen oder Ausländer, deren Nachrufe als Ergänzung unserer Erhebung entfallen.

Beide Zeitschriften wurden bis einschließlich Jahrgang 1945 Jahr für Jahr durchgesehen. Nach 1945 kann kaum noch mit dem Ableben einer Person gerechnet werden, die schon vor 1913 an führender Stelle in der Schwerindustrie tätig war. Die dritte große Zeitschrift der Schwerindustrie: Zeitschrift für das Berg-, Hütten- und Salinenwesen in dem preußischen Staate, Berlin (1. Jahrgang: 1854) wurde nicht ausgewertet, da es sich dabei um ein Jahrbuch handelt, das vor allem die Belange der staatlichen preußischen Bergbauverwaltung behandelte und deshalb für unsere Fragestellung unergiebig blieb, wie eine Probeauswertung zeigte.

Den zweiten Bereich der Ergänzung unseres personalstatistischen Materials über die westfälischen Schwerindustriellen bilden die Biographien. Autobiographien existieren für unser Sample praktisch nicht[10], Einzelbiographien für eine ganze Reihe von Personen[11] und Sammelbiographien von unterschiedlichstem Umfang und Qualität. Die Einzelbiographien beziehen sich auf hervorragende Unternehmer und decken deshalb nur einen kleinen Teil unserer Auswahl ab, die ja mehr auf den durchschnittlichen Unternehmer abzielt.

Für unsere Auswahl sind wir auf die zahlreichen Sammelbiographien verwiesen. „Für die deutschen umfassenden Sammelbiographien ist es typisch, daß nur ein sehr niedriger Prozentsatz der Gesamtzahl der darin enthaltenen Lebensbeschreibungen Unternehmern gewidmet ist"[12], wobei „Unternehmer" hier sogar noch vorwiegend Kaufmann, Bankier etc. meint. Sammelbiographien fielen daher für unsere Untersuchung als Quelle weitgehend aus, zumal da Unternehmer einer eng abgegrenzten Branche und Region – wie etwa das westfälische Ruhrgebiet – nur sporadisch auftauchen. Einen Überblick über die zur Verfügung stehenden biographischen Werke gibt Georg Schneider[13]. Als umfassende allgemeine nationale Biographie für Deutschland erwähnt er nur die „Allgemeine Deutsche Biographie (ADB)"[14], allerdings mit dem Hinweis, daß diese aufgrund ihres Auswahlprinzips die Männer der Praxis stark vernachlässigt[15]. Dieses Auswahlprinzip schließt Unternehmer in unserem Sinne weitgehend aus[16]. Darüber hinaus ist der Erscheinungszeitraum 1875–1912 für unsere Zwecke zu früh, da alle nach 1912 noch Lebenden ausgeschlossen bleiben. So wundert es auch nicht, daß sich in den gesamten 55 Namensbänden ganze 25 Namensübereinstimmungen mit Personen unseres Samples ergeben, wovon jedoch nur einer tatsächlich auch mit der Person unseres Samples identisch ist. Für die Zeit ab 1850 nennt Schneider dann noch drei Sammelbiographien: „Biographisches Jahrbuch und deutscher Nekrolog", „Deutsches biographisches Jahrbuch" und „Unsere Zeitgenossen. Wer ist's"[17]. Diese Bände erbringen zur Ergänzung unserer Auswahl keinen Ertrag. Nach dem Auswahlprinzip dieser Sammelbiographien werden Unternehmer kaum erfaßt, sondern nur die traditionelle Elite aus Wissenschaft, Kunst, Beamtentum, Adel, Militär und Politik. Die Zusammenstellung dieser Biographien wurde verstanden als „Unternehmen von nationaler Bedeutung, welches das Gefühl der Zusammengehörigkeit aller Deutschen stärken" soll[18]. Zu dieser gesellschaftlichen Elite gehörten Unternehmer erst, wenn sie aufgrund anderer Merkmale als dem der Unternehmertätigkeit in das Licht der Öffentlichkeit getreten waren, wie z.B. durch Nobilitierung, Titel- oder Ordensverleihung, in ganz seltenen Fällen vielleicht sogar durch schlichten Reichtum. Die Nichtaufnahme des größten Teils der Unternehmerschaft in diese Sammelbiographien kann in anderem Zusammenhang geradezu als Indikator für das bildungsbürgerliche Vorurteil gegenüber unternehmerischer Tätigkeit aufgefaßt werden. Die Bände 1 und 18 des Biographischen Jahrbuches und deutschen Nekrologs enthalten nicht einen einzigen Nekrolog einer Person aus unserem Sample. Auch das Deutsche Biographische Jahrbuch enthält in den ersten drei Bänden nicht einen einzigen, wenn auch dort von 126 angeführten Personen immerhin schon acht der Gruppe der Eliteunternehmer (Reeder, Verleger etc.) zugerechnet werden können. Im ersten Band des „Wer ist's?" von 1905 finden sich immerhin 18 Personen unseres Samples, nicht aber aufgrund ihrer erfolgreichen Unternehmertätigkeit, sondern als Mitglied des Abgeordnetenhauses, als Kommerzienrat, Justizrat u.ä., d.h. wegen des Erwerbs von Merkmalen der traditionellen Elite[19]. Das „Adreßbuch der Direktoren und Aufsichtsräte"[20] erwies sich ebenfalls als nur wenig brauchbar zur Ergänzung der Personaldaten, da die darin angeführten Personen nur mit Namen, Beruf, betrieblicher Position und den diversen Aufsichtsratssitzen verzeichnet sind[21].

Spezielle Wirtschaftsbiographien gibt es in der frühen Zeit nicht. Auch neuere Sammlungen dieser Art leiden unter dem Mangel, hervorragende Persönlichkeiten aus der Masse der Unternehmer herauszugreifen und damit das Bild des durchschnittlichen Unternehmers eher zu verzerren als darzustellen[22].

Ein brauchbares Werk stellt das „Reichshandbuch der Deutschen Gesellschaft" dar[23], das sich als „... Ergänzung zur ‚Allgemeinen Deutschen Biographie'...: ein Inventar der lebenden Häupter deutscher Nation..."[24] verstand. Darin sind die Berufs- und Gesellschaftskreise Deutschlands weitaus vollständiger erfaßt. Da das Reichshandbuch nur Lebende verzeichnet, konnten für unser Sample allenfalls Unternehmer der späteren Periode aufgenommen sein. Immerhin sind 43 Personen unseres Samples darin auffindbar. Die gleiche Einschränkung gilt auch für das Werk von Georg Wenzel[25]. Die Arbeit von Conrad Matschoss[26] leidet – auf unsere Zwecke hin betrachtet – vor allem darunter, daß nicht Unternehmer, sondern Techniker aufgenommen wurden, die allerdings manchmal auch unternehmerisch tätig wurden, so daß sich in diesem Werk trotzdem noch 18 Personen unseres Samples finden. Neben diesen allgemeinen und ökonomisch bzw. technisch orientierten Sammelbiographien gibt es noch eine Reihe von Biographien für bestimmte Wissenschaften und Berufe (Schriftsteller, Theologen, Wissenschaftler etc.)[27], die jedoch für unsere Untersuchung ohne Bedeutung sind. Neuere umfassendere Biographien zielen auf geschichtliche Würdigung in größeren Zeiträumen und bieten für unsere konkrete Fragestellung keine Informationen[28].

Wenn auch in den hier angeführten Sammelbiographien häufiger die eine oder andere Person unseres Samples mit aufgeführt wird, so bedeutet das noch keine zusätzliche Information. Die meisten dieser Biographien stützen sich auf das gleiche Ursprungsmaterial wie auch unser Sample: Firmenfestschriften und Nekrologe in Fachzeitschriften. So sind von den 18 bei Matschoss erwähnten Personen 14 auch anderswo biographisch bestimmt, von den 43 Personen des Reichshandbuches nur 14.

Die gleiche Einschränkung gilt auch für den neuesten und umfassendsten Versuch einer deutschen Biographie: die „Neue Deutsche Biographie"[29] (NDB). Darin sind wesentlich mehr Unternehmer enthalten, da diese „dem letzten halben Jahrhundert in besonderem Maße das Gepräge gegeben haben"[30]. Ökonomisches Handeln erfuhr im Bewußtsein der Öffentlichkeit eine Aufwertung und führte zu einer entsprechenden Berücksichtigung der Unternehmer. Jedoch handelt es sich dabei weniger um Unternehmer im positionalen Sinne als um klassische Gründer, Händler und Bankiers[31]. Die ersten zehn Bände der NDB enthalten 41 Personen unseres Samples, jedoch nur acht Nennungen bieten neue Informationen.

Auf die Verarbeitung archivarischer Quellen als Ergänzung zu den Personaldaten unseres Samples wurde weitgehend verzichtet. Einmal, weil unter dem Gesichtspunkt der Arbeitsökonomie kein hoher Ertrag für ein repräsentatives Sample durchschnittlicher Unternehmer erwartet werden konnte[32], zum anderen, weil das Archivmaterial für unsere Fragestellung nicht besonders ergiebig schien[33]. Dies gilt sowohl für Staats- als auch für Firmenarchive[34]. Die Wirtschaftsarchive mit ihren umfassenden Sammlungen von Firmenfestschriften hingegen offerierten uns unsere Hauptquelle. Dabei sind besonders zu nennen die Sammlung des Institutes der deutschen Wirtschaft in Köln und des Westfälischen Wirtschaftsarchives in Dortmund[35].

3. Die Ergänzung der Firmenquellen

Die verwandten Festschriften sind von recht unterschiedlicher Qualität und enthalten daher auch entsprechend verschiedenes Material über die zu untersuchenden Variablenkomplexe Technologie, Markt und ökonomischen Erfolg[36]. Für eine Vielzahl von Unternehmen war es deshalb unumgänglich, zusätzliches Material zu mobilisieren. Die staatlichen Archive boten dabei keine Hilfe[37], und auf die Aufarbeitung von Material der wenigen Firmenarchive wurde aus den schon oben dargelegten systematischen Gründen weitgehend verzichtet[38].

Eine Hauptquelle zur Ergänzung der Informationen über den ökonomischen Erfolg der untersuchten Unternehmen bildete „Salings-Börsenjahrbuch". Ein Problem bei der Verwendung dieser Zusatzquelle besteht darin, daß eine regelmäßige Publikation dieses Jahrbuches erst ab 1881/82 mit den Daten für 1880 erfolgte[39]. In den Jahren zuvor erschien der „Saling" nur sporadisch und z. T. mit wechselnden Namen[40]. Diese Quelle enthält in ihrem zweiten Teil Informationen über das Kapital, die Produktion und die Rentabilität aller an der Berliner

Börse gehandelten Aktiengesellschaften. Die bergrechtlichen Gewerkschaften wurden ab 1890 in einem dritten Teil mit aufgenommen. Das relativ späte Erscheinen dieser Quelle ist deshalb nicht so schwerwiegend, weil ein Teil der darin enthaltenen Informationen (z.B. über die Rentabilität) bis zur Gründung der aufgeführten Firmen zurück dokumentiert wird.

Einen weiteren Fundus für die Mobilisierung zusätzlicher Informationen bilden Sammelwerke, die vor allem für den Ruhrbergbau zahlreich vorhanden sind. Eine hervorragende Quelle bildet dabei die Reihe „Die Steinkohlenbergwerke der Vereinigten Stahlwerke AG", die für alle Schachtanlagen dieser Unternehmung, die den größten Teil der Ruhrzechen vereinte, eine ausführliche Darstellung deren Geschichte in technischer und ökonomischer Hinsicht enthält[41]. Ein Überblick über die Entwicklungsgeschichte der Ruhrzechen findet sich in der Arbeit von Gebhardt[42], während bei Achepohl[43] technische und ökonomische Daten der einzelnen Zechen für die Mitte der 1880er Jahre zu finden sind. Eine analysierende Darstellung der Geschichte ausgewählter Firmen der Schwerindustrie enthalten die Arbeiten von Stillich[44], eine reine Beschreibung von Eisenunternehmen bietet dagegen Beckert[45]. Daneben enthalten die Verbandsschriften häufig nützliches Material über ihre Mitgliedsfirmen[46].

Neben diesen Sammelwerken gibt es noch eine Vielzahl von Monographien mit regionalem, sektoralem oder technologischem Schwerpunkt, die hier nicht einzeln aufgeführt werden sollen[47]. Diese enthalten meist in allgemeinerer Form verstreute Hinweise auf Probleme der untersuchten Unternehmen, die an den entsprechenden Stellen dieser Arbeit ebenfalls Berücksichtigung gefunden haben.

4. Die Auswertung der Quellen

Diese Quellenbasis, durch Vielfalt und Inhomogenität gekennzeichnet, wurde in zweierlei Hinsicht ausgewertet. Einmal wurde versucht, für jeden der aufgefundenen Unternehmer der westfälischen Schwerindustrie einen möglichst vollständigen Lebenslauf zu rekonstruieren. Zum anderen versuchten wir, für alle während des Untersuchungszeitraumes im westfälischen Ruhrgebiet existierenden Unternehmen der Schwerindustrie eine kurze Entwicklungsgeschichte mit Informationen über Gründung, Innovationen, Absatzbemühungen und Geschäftserfolg zu skizzieren. Dieses Bemühen zeigte nicht für jeden Unternehmer und jede Unternehmung den gleichen Erfolg. Einige Lebensläufe waren sehr detailliert nachzuzeichnen, andere nur in Umrissen und wiederum andere gar nicht[48]. Die Erfassung der Unternehmen gelang weitaus vollständiger, wenn auch nicht lückenlos.

Trotzdem glauben wir, in dieser Untersuchung eine hinreichend repräsentative Auswahl von Personen und Firmen als Basis verwandt zu haben, so daß die daran angeknüpften Schlußfolgerungen ein hohes Maß an Allgemeinheit beanspruchen dürfen[49]. Um jedoch die Zuverlässigkeit und Vollständigkeit der in den zahlreichen Tabellen angebotenen Daten wenigstens ein wenig abschätzbar zu machen und auch deren Problematik zu verdeutlichen, soll abschließend beispielhaft die Systematisierung und Auswertung der Quellen erläutert werden.

Für jede der 248 in die Auswertung aufgenommenen Personen wurde eine Karteikarte angelegt, in der alle Informationen über die Person, die in den zahlreichen Quellen zu finden waren, vermerkt wurden. Um dies und das weitere Vorgehen zu erläutern, sei Franz Brenner als typischer Fall herausgegriffen.

Als Direktor der Zeche Dannebaum wird er in „Salings Börsenpapieren" erwähnt, u. a. im Jg. 1896/97 auf S. 565, 1901/02 auf S. 704 und 1906/07 auf S. 689. Daneben wurden verschiedene andere Positionen, die er im Verlauf seiner Karriere innehatte, in anderen Schriften angeführt; so z. B. in verschiedenen Bänden des Sammelwerkes „Die Steinkohlenbergwerke der Vereinigten Stahlwerke AG". In dem Band über die Schachtanlage Prinz Regent auf S. 231 findet sich der Hinweis, daß Brenner vom August 1889 bis August 1906 als Direktor der Zeche Prinz Regent tätig war. Auf S. 274/75 des Bandes über die Schachtanlage Friedlicher Nachbar wird erwähnt, daß er vom 1. 4. 1905 bis 31. 8. 1906 ebenfalls die Zechen Hasenwinkel und Friedlicher Nachbar mit leitete. Im Band über die Schachtanlage Dannebaum findet sich auf S. 143 die Notiz, daß Franz Brenner, Bergwerksdirektor aus Bochum, seit der Gründung von Deutsch-Luxemburg 1902 Mitglied des Vorstandes war. Auch bei „H. Lemberg, Die Steinkohlenzechen des niederrheinischen Industriegebiets, Dortmund 1887" wird er auf S. 16 als Direktor und Prokurist von Dannebaum erwähnt. Daten über seine soziale Stellung und dessen Umfeld finden sich in einem Nachruf in „Glückauf", Jg. 1928, Nr. 64 mit Informationen über Herkunft, Ausbildung und Wirken. Diese Daten wurden für die Auswertung in folgender Weise systematisiert:

1. Informationen über das Unternehmen, in dem er tätig war
   - Branche: Bergbau
   - Rechtsform: Aktiengesellschaft
   - Betriebsposition: Leiter
   - Periode: 3 (1895–1906)
   - Tätigkeit in anderer Unternehmung der Untersuchungsgesamtheit: Harpen (1891–95).

2. Information zur Person und Herkunft
   - Geburtstag: 4. 9. 1863
   - Todestag: 1928
   - Geburtsort: Vorscheid/Kr. Aachen
   - Heirat: ?
   - Adelsrang: keinen
   - Nationalität: deutsch
   - Beruf des Vaters: Grubendirektor
   - Beruf des Schwiegervaters: ?

3. Ausbildung
   - höchster Schulabschluß: Gewerbeschule
   - Weiterbildung: prakt. Bergmannstätigkeit
   - Studium: kein
   - Militärdienst: einjähriger bei Garde in Berlin
   - Kriegsteilnahme: ?

4. Wirken
   - Verbände: Mitglied der Handelskammer in Krefeld, Stolberger Knappschaftsverein
   - Politik: –
   - Kommune: –
   - Ehrungen: zahlreiche Orden

5. Karriereverlauf

1884–1888	Revier- und Obersteiger beim Aachen-Höngener-Bergwerksverein
1888–1891	Betriebsführer der Zeche Gouley
1891–1895	Grubenverwalter bei Harpen
1895–1906	Direktor bei Dannebaum
1906–1925	Vorstand der Friedrich Heinrich AG in Lintfort
1925	Ruhestand

Aus diesen Karrieredaten lassen sich folgende Angaben konstruieren:
- Eintrittsalter: 21
- Eintrittsbranche: Bergbau außerhalb des Ruhrgebiets
- Eintrittsvoraussetzung: Gewerbeschule
- Eintrittsebene: untere Ebene
- Austrittsalter: 62
- Karrieredauer: 41
- Karriereende: als Direktor im Bergbau außerhalb des Ruhrgebiets
- Austrittsgrund: Ruhestand
- Firmenwechsel: 5

Die Biographie und Karriere von Franz Brenner läßt sich also relativ gut rekonstruieren und für unsere Analyse aufbereiten. Natürlich gibt es auch hier Lücken. So liegen etwa bezüglich seines Wirkens in der kommunalen und überregionalen Politik keine Informationen vor. Diese Lücken tauchen in den entsprechenden Tabellen dieser Arbeit auf, so daß von dorther jederzeit ein Schluß auf die Zuverlässigkeit der Angaben möglich bleibt. Andere Personen zeigen größere, andere kleinere Lücken in ihrer Biographie. Insgesamt scheinen die Informationen jedoch, wie aus den Tabellen des Kapitels II ersichtlich, hinreichend dicht für eine Analyse der westfälischen Schwerindustriellen.

Ähnlich wie bei der Untersuchung der Personen wurde auch bei der Analyse der Unternehmen vorgegangen. Beispielhaft sei hier das Vorgehen bei der Behandlung der „Magdeburger Bergwerks AG" geschildert.

Folgende Angaben standen uns dabei zur Verfügung: Informationen in „Salings Börsenpapieren", erstmals 1879, S. 79–81 bezüglich Gründung, Aktienkapital, Statuten, Rentabilität, Förderung und Kurs bis 1911/12, S. 817–18. Daneben existiert „1855–1905 Jubiläumsbericht zur Feier des fünfzigjährigen Bestehens der Magdeburger Bergwerks-Aktien-Gesellschaft, Zeche Königsgrube, Röhlinghausen i. W., Magdeburg 1905" mit ausführlicher Schilderung der Gründungs- und Aufbauphase, den Finanzierungsproblemen und den technologischen Veränderungen sowie einer Statistik der Hauptbetriebsergebnisse 1863–1904. Ähnliche Informationen sind enthalten in „Die Grubenlampe, Werkszeitschrift für die Belegschaft der Steinkohlenbergwerke Hannover-Hannibal AG", 4. Jg., Nr. 5, Sept./Okt. 1955 mit einer Schilderung der Geschichte über 1905 hinaus. Bei G. Gebhardt, Ruhrbergbau, Essen 1957, S. 304–05 finden sich Angaben über die Entwicklung der Rechtsform und der technischen Ausstattung ebenso wie bei L. Achepohl, Das Rheinisch-Westfälische Bergwerks-Industrie-Gebiet, Essen und Leipzig 1888, S. 242–44.

Die verfügbaren Informationen wurden im Sinne der Auswertung, wie sie im Kapitel III vorgenommen wurde, systematisiert. Das bedeutete für die Magdeburger Bergwerks AG: Ermittlung der Gründung (1855) und Festlegung von Branche (Bergbau) und Rechtsform (Aktiengesellschaft) in allen Perioden (1, 2 und 3) ihrer Geschäftstätigkeit. Hinzu kommen die Errichtung der technischen Anlagen (1. und 2. Schacht 1856–60, 3. Schacht 1888–91, 4. Schacht 1904, Eisenbahnanschluß 1862, Sieberei in der Periode 2) und die Beteiligung an der Regulierung der Absatzverhältnisse (1880 Förderkonvention, 1893 Kohlensyndikat). Darüber hinaus lassen sich Zeitreihen erstellen für die Anzahl der Beschäftigten (1868–1904), die Kohleförderung (1863–1910), den Kurs der Aktien (1871–1909, ultimo) und die gezahlten Dividenden (1863–1913).

All diese Angaben gehen in die Analyse der Betriebsprobleme der westfälischen Schwerindustrie, wie sie im Kapitel III unternommen wurde, ein und werden dabei mit denen der anderen Unternehmen zusammengefaßt. Auch hier zeigen sich wiederum Datenlücken, die jedoch nicht so gravierend sind, um die Folgerungen aus der Untersuchung in Frage zu stellen.

II. Verzeichnis der Abkürzungen

AJS	American Journal of Sociology
ASR	American Sociological Review
BH	Business History
BHR	Business History Review
BJS	British Journal of Sociology
EEH	Explorations in Economic History
Fa	Finanzarchiv
GG	Geschichte und Gesellschaft
HWSG	Handbuch der Deutschen Wirtschafts- und Sozialgeschichte
JCH	Journal of Contempory History
JEH	Journal of Economic History
JNSt	Jahrbücher für Nationalökonomie und Statistik
JSH	Journal of Social History
JWG	Jahrbuch für Wirtschaftsgeschichte
Kyklos	Kyklos, Internationale Zeitschrift für Sozialwissenschaft
KZfSS	Kölner Zeitschrift für Soziologie und Sozialpsychologie
MS	Manuskript
OBAB	Oberbergamtsbezirk
RVB	Rheinische Vierteljahresblätter
Sch. Jb.	Schmollers Jahrbuch
St. u. E.	Stahl und Eisen
SW	Soziale Welt
Tradition	Tradition, Zeitschrift für Unternehmensgeschichte und Unternehmerbiographie
VSWG	Vierteljahrschrift für Sozial- und Wirtschaftsgeschichte
WA	Weltwirtschaftliches Archiv, Zeitschrift des Instituts für Weltwirtschaft an der Universität Kiel
WuS	Wirtschaft und Statistik
ZBHS	Zeitschrift für das Berg-, Hütten- und Salinenwesen
ZfB	Zeitschrift für Betriebswirtschaft
ZfGS	Zeitschrift für die gesamte Staatswissenschaft
ZfO	Zeitschrift für Ostforschung
ZfU	Zeitschrift für Unternehmensgeschichte

III. Anmerkungen

Vorbemerkungen

1 Vgl. dazu *G. Fleischmann*, Nationalökonomie und sozialwissenschaftliche Integration, Tübingen 1966, bes. S. 30ff.

2 An dieser Stelle soll nicht auf die Kontroverse um die Zyklizität der Entwicklung nach 1870 eingegangen werden. Vgl. dazu *H. Rosenberg*, Große Depression und Bismarckzeit, Berlin 1967 (1976²), der von einer „großen Depression" für Deutschland sprach, in der zweiten Auflage aber den Begriff „große Deflation" vorzog; und auch *S. B. Saul*, The Myth of the Great Depression 1873–1896, London 1969, der eine große Depression sogar für Großbritannien, dem industrialisierten Land mit der stärksten Wachstumsverlangsamung in diesem Zeitraum, bezweifelt.

3 Zum Begriff „Unternehmer" vgl. weiter unten die ausführliche Diskussion auf S. 12ff.

4 Vgl. die Ausführungen auf S. 168f.

5 Auf dieses Problem weist H. P. Bahrdt mit dem Begriff des „fiktiven Zentralismus" hin. Siehe *H. P. Bahrdt*, Fiktiver Zentralismus in den Großunternehmungen, in: Kyklos, Bd. 9, 1956, S. 483–89.

6 Dafür ließen sich eine Vielzahl von Beispielen anführen, etwa *K. Fuchs*, Wirtschaftliche Führungskräfte in Schlesien 1850–1914, in: ZfO, Bd. 21, 1972, S. 264–88 und auch ein großer Teil der Literatur, die weiter unten auf S. 15ff. kritisiert wird.

Kapitel I

1 *J. Kocka*, Unternehmer in der deutschen Industrialisierung, Göttingen 1975, S. 5.

2 *H. Jaeger,* Gegenwart und Zukunft in der historischen Unternehmerforschung, in: Tradition, Jg. 17, 1972, S. 120.

3 *D. McCloskey,* Economic Maturity and Entreprenurial Decline. British Iron and Steel 1870–1913, Cambridge/Mass. 1973.

4 Die These vom unternehmerischen Versagen der britischen Stahlindustriellen schon bei *D. Burn*, The Economic History of Steelmaking, 1867–1939. A study in Competition, Cambridge 1940, S. 11, 213, 303. Daran schließt sich eine ausgedehnte Diskussion an. Dazu siehe *McCloskey*, Economic Maturity, S. 1–11.

5 *P. L. Payne,* British Entrepreneurship in the Nineteenth Century, London 1974, S. 45.

6 Vertreten etwa von *T. G. Orsagh*, Progress in Iron and Steel: 1870–1913, in: Comparative Studies in Society and History, 1960/61, Bd. 3, S. 216–30, und in allgemeiner wenn auch vorsichtigerer Weise: *S. B. Saul,* S. 51.

7 *McCloskey,* Economic Maturity, S. 13.

8 Ebd., S. 20, womit die britische Wachstumsabschwächung nicht auf diese Ursache zurückgeführt werden könnte.

9 Vgl. dazu auch *D. McCloskey*, Did Victorian Britain Fail?, unveröff. MS. *A. Lewis,* The Deceleration of British Growth, 1873–1913. Discussion Paper No. 3, Woodrow Wilson School, Princeton, New Jersey, November 1967.

10 Hierzu siehe auch die Rezension von *B. E. Supple*, in: BHR, Jg. 48, 1974, S. 238–40.

11 *P. H. Lindert u. K. Trace,* Yardsticks for Victorian Entrepreneurs, in: *D. McCloskey* (Hrsg.), Essays on a Mature Economy. Britain after 1840, London 1971, S. 239–74 und die Diskussion auf S. 275–83.

12 Ebd. Vgl. den Diskussionsbeitrag von *Temin* auf S. 282.

13 *Payne,* S. 30ff.

14 Beginnend mit *D. S. Landes*, French Entrepreneurship and Industrial Growth in the Nineteenth Century, in: JEH, Jg. 9, 1949, S. 45–61, mit der Entgegnung von *A. Gerschenkron*, Social Attitudes. Entrepreneurship and Economic, in: EEH, Jg. 13, 1953, S. 1–15 und *ders.*, Attidutes Entrepreneurship and Economic Development: A Comment, in: EEH, Jg. 14, 1954, S. 245–72.

15 Dazu umfassend: *Ch. P. Kindleberger,* Economic Growth in France and Britain, Cambridge/Mass. 1964, bes. S. 113–34.

16 *Ch. P. Kindleberger,* Technical Education and the French Entrepreneur, in: *E. C. Carter II u. a.* (Hrsg.), Enterprise and Entrepreneurs in Nineteenth- and Twentieth-Century France, Baltimore 1976, S. 3–39.

17 Histoire économique et sociale de la France, Bd. 2: Des derniers temps de l'âge seigneurial aux préludes de l'âge industriel, Paris 1970, bes. S. 617ff.

18 Zu den verschiedenen Erklärungen dazu vgl. *R. Cameron*, Die französische Wirtschaft – Vergangenheit, Gegenwart, Zukunft, in: *G. Ziebura* (Hrsg.), Wirtschaft und Gesellschaft in Frankreich seit 1789, Gütersloh 1975, S. 149–65, bes. S. 154ff.

19 Einen Hinweis auf neuere Arbeiten, die auch methodisch Anschluß an die amerikanische Entwicklung suchen, bei *J. Glenisson*, Die französische Historiographie der Gegenwart: Tendenzen und Ereignisse, in: *Ziebura,* S. 40–62, bes. S. 49f.

20 *M. Levy-Leboyer*, Innovation and Business Strategies in Nineteenth and Twentieth-Century France, in: *E. C. Carter II u. a.,* S. 87–135.

21 *R. Girault,* Ein neues Bild des französischen Unternehmers um 1914, in: *Ziebura,* S. 202–20.

22 So vor allem bei *G. Ichheiser*, Kritik des Erfolges. Eine soziologische Untersuchung, Stuttgart 1930, bes. S. 32, und *K. Mannheim*, Über das Wesen und die Bedeutung des wirtschaftlichen Erfolgsstrebens, in: Ders., Wissenssoziologie, Berlin 1964, S. 625–87.

23 *C. Offe,* Leistungsprinzip und industrielle Arbeit, Frankfurt/M. 1970, S. 41ff.

24 *H. Hartmann,* Arbeit, Beruf, Profession, in: Soziale Welt, 1968, S. 193ff.; *R. Dahrendorf,* Industrielle Fertigkeiten und soziale Schichtung, in: KZfSS, Jg. 8, 1956, S. 540ff.; *H. D. Seibel,* Gesellschaft im Leistungskonflikt, Düsseldorf 1973, S. 12ff.

25 Dazu *Offe*, S. 42.

26 Zu den anderen Möglichkeiten unternehmerischer Legitimation vgl. weiter unten S. 13f.

27 *Jaeger,* Gegenwart, S. 124.

28 *Kocka,* Unternehmer, S. 5f.

29 Zu den vielfältigen Möglichkeiten historischer Unternehmerforschung vgl. auch die 1976 gegründete „Gesellschaft für Unternehmergeschichte", die sich auch dieses Forschungsschwerpunktes anzunehmen gedenkt. Mit einer Neuausgabe der „Tradition. Zeitschrift für Firmengeschichte und Unternehmerbiographie" als „Zeitschrift für Unternehmensgeschichte" verfügt die neue Gesellschaft auch über ein angemessenes Publikationsorgan.

30 Darauf weist auch Kocka hin. Vgl. *Kocka*, Unternehmer, S. 7.

31 Z. B. das Ziel der Nutzenmaximierung innerhalb der mikroökonomischen Theorie, in der die Annahmen der ordinalen Nutzentheorie als zureichende Beschreibung der Motive des individuellen Handelns gelten. Vgl. dazu *A. E. Ott*, Grundzüge der Preistheorie, Göttingen 1970, S. 74ff. und *J. M. Henderson u. R. Quandt*, Mikroökonomische Theorie. Eine mathematische Darstellung, Berlin 1967, S. 18ff.

32 Als Beispiel für eine Anpassung des Wirtschaftssystems an eine technologische Entwicklung, nämlich steigende „organische Zusammensetzung des Kapitals", sprich: zunehmende Kapitalintensität, aufgrund des technischen Fortschritts, kann das „Gesetz vom tendenziellen Fall der Profitrate" gelten. Dazu: *P. H. Sweezy*, Theorie der kapitalistischen Entwicklung, Frankfurt/M. 1970, S. 119ff. und *E. Mandel*, Marxistische Wirtschaftstheorie, Frankfurt/M. 1973, S.

196ff. sowie die Kritik des Gesetzes bei *E. Helmstädter*, Der Kapitalkoeffizient. Eine kapitaltheoretische Untersuchung, Stuttgart 1969, S. 79ff.

33 So fehlt etwa bei *E. Schneider*, Einführung in die Wirtschaftstheorie, Bd. 1 u. 2, Tübingen 1967, Bd. 3 u. 4, Tübingen 1965, ein Schlagwort „Unternehmer" vollständig. Ebenso bei *P. A. Samuelson*, Volkswirtschaftslehre. Eine Einführung, 2 Bde., Köln 1965. Auch *Redlich*, Der Unternehmer, S. 86, beklagt diesen Mangel innerhalb der modernen ökonomischen Theorien.

34 So bei *J. Robinson u. J. Eatwell*, Einführung in die Volkswirtschaftslehre, München 1974. Dieser Mangel betrifft auch weniger ambitionierte Versuche wie etwa *E. Helmstädter*, Wirtschaftstheorie I, München 1974.

35 *K. Marx,* Das Kapital. Kritik der politischen Ökonomie. 1. Bd.: Der Produktionsprozeß des Kapitals, MEW, Bd. 23, Berlin (Ost) 1962, S. 100: „Wir werden überhaupt im Fortgang der Entwicklung finden, daß die ökonomischen Charaktermasken der Personen nur die Personifikation der ökonomischen Verhältnisse sind, als deren Träger sie sich gegenübertreten." S. 765: „... der stumme Zwang der ökonomischen Verhältnisse besiegelt die Herrschaft der Kapitalisten über den Arbeiter."

36 *K. Marx,* Das Kapital. 3. Bd.: Der Gesamtprozeß der kapitalistischen Produktion. MEW, Bd. 25, Berlin (Ost) 1964, 23. Kapitel: Zins und Unternehmergewinn, bes. S. 395ff.

37 *J. Plenge,* Ein tödlicher Widerspruch im Marxismus. Die „Managers" bei Karl Marx selbst „die Seele unseres Industriesystems", in: Finanzarchiv, N.F., Bd. 12, 1950/51, S. 389–92. Auf eine analoge Interpretation des Marxschen Revolutionsbegriffs weist hin: *H. A. Winkler,* Zum Verhältnis von bürgerlicher und proletarischer Revolution bei Marx und Engels, in: *H.-U. Wehler* (Hrsg.), Sozialgeschichte heute, Göttingen 1974, S. 326–53.

38 Mandel weist auf ein Problem der Marx-Interpretation hin, welches häufig „Darstellungsweise" und Erkenntnis verwechselt (S. 15). Ebenso Nachwort der 2. Auflage des Ersten Buches des Kapitels, MEW, Bd. 23, S. 27. Ebenso *Sweezy*, S. 23–26.

39 *F. Redlich,* Unternehmerforschung und Weltanschauung, in: Kyklos, Bd. 8, 1953.

40 Kocka vernachlässigt diesen unterschiedlichen Stellenwert im Rahmen der Marxschen Interpretation ebenfalls. Vgl. *Kocka*, Unternehmer, S. 132, Fußnote 3.

41 Vgl. auch *Kocka*, Unternehmer, S. 8; er spricht in diesem Zusammenhang von „Transmissionsgelenken".

42 Eine Vielzahl von Autoren wäre hier zu nennen. Als Beispiele nur *D. McCelland*, Die Leistungsgesellschaft, Stuttgart 1966, und *D. Granick*, Der Europäische Manager, Düsseldorf 1962.

43 Man denke etwa an *J. Burnham*, The Managerial Revolution, New York 1941.

44 *J. Alasco,* Intellectual Capitalism, New York 1950.

45 Etwa bei *J. K. Galbraith*, Die moderne Industriegesellschaft, München 1968.

46 *M. Djilas,* Die neue Klasse. Eine Analyse des kommunistischen Systems, München 1957, S. 62 sieht in der „politischen Bürokratie" der kommunistischen Länder diese „neue Klasse".

47 Dieser zunehmende Einfluß der Wirtschaft auf die gesamte Gesellschaft und darüber hinaus auch auf die internationalen Beziehungen wird auch von Autoren konstatiert, die einen weniger personenbezogenen Ansatz vertreten. Vgl. etwa *K. Busch*, Die Multinationalen Konzerne. Zur Analyse der Weltmarktbewegung des Kapitals, Frankfurt/M. 1974.

48 *H. Radant,* Betriebsgeschichte schreiben – aber wie?, in: JWG 1973/II, S. 7–49.

49 Ebd., S. 10.

50 Für andere Länder weniger, da dort seit einigen Jahren in diesem Bereich wertvolle Forschungsarbeit geleistet wird. Vgl. *Ch. P. Kindleberger*, S. 113ff. und die dort angegebene Literatur. Man denke für Großbritannien neben der Zeitschrift „Business History" etwa an die Arbeiten von *L. Hannah*, The Rise of the Corporate Economy, London 1976; ders. (Hrsg.), Management Strategy and Business Development. A Historical and Comparative Study, London 1976 und *S. Pollard*, The Genesis of Modern Management. A Study of the Industrial Revolution of Great Britain, London 1965; für die USA an *A. D. Chandler*, The Railroads. The Nation's First

Big Business, Chicago 1965; ders., Giant Enterprise. Ford, General Motors and the Automobil Industry. New York 1964; ders., Strategy and Structure. Chapters in the History of Industrial Enterprise, Cambridge/Mass. 1962, sowie die Zeitschrift „Business History Review". Auch für andere Länder lassen sich Ansätze finden, z. B. *J. Hirschmeier u. T. Yui*, The Development of Japanese Business 1600–1973, Cambridge/Mass. 1975.

51 *F. Redlich,* Anfänge und Entwicklung der Firmengeschichte und Unternehmerbiographie. 1. Beih. der „Tradition", Baden-Baden (1952) 1959. *H. Jaeger,* Business History in Germany. A Survey of Recent Developments, in: BHR, Jg. 48, 1974, S. 28ff.

52 *Kocka,* S. 11.

53 Ebd., S. 10.

54 Als Beispiele seien nur genannt: *L. Pohle,* Der Unternehmerstand, in: Vorträge der Gehe-Stiftung in Dresden, 3. Bd., H. 1, Leipzig und Dresden 1911, und *R. L. Mehmke*, Der Unternehmer und seine Sendung, München 1932.

55 In den USA etwa tritt das Problem in dieser Schärfe nicht auf, obwohl auch dort Mängel in der Zusammenfassung der Ergebnisse groß angelegter Forschungsprojekte auf diesem Gebiet zu konstatieren sind: etwa bei der Arbeit des früheren „Research Center in Entrepreneurial History". Vgl. *Jaeger*, Gegenwart, S. 123f.

56 *H. Pohl,* Unternehmensgeschichte in der Bundesrepublik Deutschland – Stand der Forschung und Forschungsaufgaben für die Zukunft, in: ZfU, 22. Jg., 1977, S. 26.

57 Dazu vgl. *A. Spiethoff*, Die allgemeine Volkswirtschaftslehre als geschichtliche Theorie, in: Sch.Jb., Bd. 56, 1932, S. 891–924 und daran angelehnt: *F. Redlich,* History of American Business Leaders. A Series of Studies, 1. Bd., Ann Arbor 1940, bes. S. 8f.

58 Diese im Sinne der Tradition des „kritischen Rationalismus". Vgl. dazu *K. P. Popper*, Das Elend des Historismus, Tübingen 1967, S. 102–19, mit dessen besonderen Ausführungen bezüglich der Geschichtswissenschaft. Ebenso: *C. Hempel,* Wissenschaftliche und historische Erklärungen, in: *H. Albert* (Hrsg.), Theorie und Realität. Ausgewählte Aufsätze zur Wissenschaftslehre der Sozialwissenschaften, Tübingen 1972, S. 237–61.

59 Der etwa noch von *W. Sombart*, Die drei Nationalökonomien. Geschichte und System der Lehre von der Wirtschaft, München 1930, S. 19, unterstellt wurde.

60 Dazu vgl. *Th. Sarrazin,* Ökonomie und Logik der historischen Erklärung. Zur Wissenschaftslogik der New Economic History, Bonn-Bad Godesberg 1974, der als Resümee seiner Untersuchung schlicht festhält, S. 153: „Es gibt keine wissenschaftslogisch autonome Methodik der historischen Erklärung." Einen kurzen Einblick in die Kontroverse um die „New Economic History" gibt: *R. L. Andreano* (Hrsg.), The New Economic History. Recent Papers on Methodology, New York 1970.

61 Dazu weiter unten S. 22.

62 *B. Biermann,* Die soziale Struktur der Unternehmerschaft, Stuttgart 1971, nennt noch Allgemeingültigkeit, die jedoch nie bei allen Fragestellungen notwendig gegeben erscheint, sondern bei historischen Untersuchungen dem jeweiligen Erkenntnisobjekt und -interesse besonders angemessen sein muß. Vgl. dazu auch weiter unten S. 22.

63 *W. Treue,* Das historische Selbstverständnis der Unternehmer, in: Archiv und Wirtschaft. Mitteilungsblätter für das Archivwesen der Wirtschaft, 5. Jg., 1972, S. 14–26, beleuchtet eine Seite dieser Fragestellung.

64 Unsere Quellen zu dieser Fragestellung bestehen aus einer eher zufälligen Sammlung von Aussagen über die Unternehmerschaft, die sich etwa seit der Jahrhundertwende häufiger finden. Dazu gehören *L. Pohle*; *F. Kuh,* Der selbständige Unternehmer, seine wirtschaftliche, politische und soziale Bedeutung, Berlin 1918; *K. Nötzel,* Der Unternehmer im Rahmen des Wirtschaftsverbandes. Ein Mahnwort an Deutschlands Großindustrielle, München 1913; *H. Potthoff,* Unternehmer und Betriebsräte, Berlin 1920; *K. Wiedenfeld,* Das Persönliche im modernen Unternehmertum, München 1920; *K. Seybold,* Der Einfluß der Unternehmertätigkeit auf Produktion, Preisgestaltung und Verteilung, Greifswald 1926; *R. L. Mehmke, P. Steller,* Führende Männer

des rheinisch-westfälischen Wirtschaftslebens, Berlin 1930; *A. Friedrich,* Die Aufgaben des Führertums in der deutschen Wirtschaft, in: Bericht über den 14. Deutschen Bergmannstag, Essen 1933; *W. Hoffmann,* Stellung und Bedeutung der Unternehmerpersönlichkeit in der modernen Wirtschaftsorganisation, Leipzig 1933; *B. Bruckner,* Die Aufgabe des Unternehmers, München 1902; *H. Sommerfeld,* Der Unternehmer als Verwalter von Volksvermögen, Hamburg 1934; *G. Weyh,* Der Typ des deutschen Unternehmers des neunzehnten Jahrhunderts, Breslau 1934 (Diss.); *K. Seeliger,* Der Unternehmer in der gelenkten Wirtschaft, Leipzig 1941; *J. Winschuh,* Der Unternehmer im neuen Europa, Berlin 1941; ders., Das neue Unternehmerbild. Grundzüge einer Unternehmerpolitik, Baden-Baden 1954; *O. A. Friedrich,* Das Leitbild des Unternehmers wandelt sich, Stuttgart 1959; *P. v. Siemens,* Unternehmensführung und Geschichtsbewußtsein, in: ZfU, 22. Jg., 1977, S. 3–8; *B. Freudenfeld,* Unternehmertum im Wandel des Begriffs und Auftrags, ebd., S. 42–49.

65 *H. Hartmann,* Der deutsche Unternehmer. Autorität und Organisation, Frankfurt/M. 1968; Ders., Management in Germany, in: *T. Harbison u. Ch. Meyers* (Hrsg.), Management in the Industrial World, Kap. 14, S. 265–86; *D. Grannik,* Der europäische Manager, S. 62ff.

66 *Hartmann,* Der deutsche Unternehmer, S. 18–22. Dieses Muster stellt natürlich nur eine Erklärungshypothese für beobachtbare Einstellungen dar.

67 *Biermann,* S. 9.

68 Um nur die gängigsten neueren Untersuchungen zu nennen: *Kocka,* Unternehmer, S. 13–15; *H. Kaelble,* Berliner Unternehmer während der frühen Industrialisierung, Berlin 1972, S. 11–16; *W. Stahl,* Der Elitekreislauf in der Unternehmerschaft. Eine empirische Untersuchung für den deutschsprachigen Raum, Frankfurt/M. 1973, S. 72–86; *Biermann,* S. 1–35; *W. Weber,* S. 58–69.

69 Zur genaueren Bestimmung dieser beiden Unternehmerbegriffe vgl. S. 19ff. und 23ff.

70 *Kaelble,* Berliner Unternehmer, S. 15; *H. Beau,* Das Leistungswissen des frühindustriellen Unternehmertums in Rheinland und Westfalen, Bergisch-Gladbach 1959, S. 8; *Stahl,* S. 83–86; *Kocka,* Unternehmer, S. 13.

71 *Kaelble,* Berliner Unternehmer, untersucht vor allem staatliche Akten, Firmenfestschriften und Unternehmerbiographien, S. 20, Fußnote 2; *Stahl* nimmt einfach die in der Neuen Deutschen Biographie, Bd. 1–8, als Unternehmer bezeichneten Personen. Ob die darin erfaßten Unternehmer allerdings als „typisch“ betrachtet werden können, darf bezweifelt werden, denn sie bilden nur eine Minderheit in einem Werk, das als Zielsetzung ganz andere Motive hat als die realistische Beschreibung der Alltagsarbeit eines Unternehmers, sondern vielmehr die Darstellung hervorragender Eigenschaften großer Persönlichkeiten, S. 94–96.

72 Gleiches wird auch für die „business history“ konstatiert. *R. H. Hidy,* Business History: Present Status and Future Needs, in: BHR, Jg. 44, 1970, S. 483–97, bes. S. 494. Zudem bleibt der gesamte Komplex der Legitimation der Unternehmerposition hier gänzlich ausgeblendet. Die Arbeit untersucht nur die materiellen Verhältnisse eines besonderen historischen Falles, nicht deren Niederschlag im Wertsystem der betreffenden Gesellschaft.

73 Vgl. dazu die Bemerkung zum Repräsentationsgrad der untersuchten Unternehmer bei *Kaelble,* Berliner Unternehmer, S. 11, der dort schlicht auf den Anspruch der Repräsentativität verzichtet, auf S. 20 aber Repräsentativität aufgrund der „Zufälligkeit“ (nicht im stochastischen Sinne!) der Auswahl beansprucht. Zudem bleibt unklar, ob „Repräsentativität“ hier in bezug auf die Grundgesamtheit oder auf die Unternehmerschaft allgemein gemeint ist.

74 *W. Zorn,* Einführung in die Wirtschafts- und Sozialgeschichte, München 1972, S. 16f. unterstreicht die Bedeutung von Typologien für den gesamten Bereich der Wirtschafts- und Sozialgeschichte und weist auch auf den Gegensatz dieses Ansatzes zur „Biographie als Geschichte der bedeutenden Einzelpersönlichkeit“ hin. Daß dies jedoch nicht die einzige Möglichkeit einer „kollektiven Biographie“ darstellt, siehe *L. Stone,* Prosopographie – englische Erfahrungen, in: *K. Jarausch,* Quantifizierung in der Geschichtswissenschaft, Düsseldorf 1976, S. 64–97.

75 *M. Weber,* Gesammelte Aufsätze zur Wissenschaftslehre, (1923), Tübingen 1973, S. 190ff.

76 *F. Redlich,* Der Unternehmer in Theorie und Wirklichkeit, in: ders., Der Unternehmer, S. 95–109, bes. S. 96.

77 Ebd., S. 97, 101.

78 *F. Redlich,* Unternehmertypologie (1959), in: ders., Der Unternehmer, S. 153–70, bes. S. 154.

79 *F. Zunkel,* Der Rheinisch-Westfälische Unternehmer. Ein Beitrag zur Geschichte des deutschen Bürgertums im 19. Jahrhundert, Köln 1962.

80 Zunkel erwähnt Weber in seiner Arbeit nur inhaltlich (Geist des Kapitalismus): Ebd., S. 30, Fußnote 107. Eine methodologische Erörterung (Idealtypus) fehlt.

81 *W. Helmrich,* Das Ruhrgebiet. Wirtschaft und Verflechtung, Münster 1949, S. 39, stellt etwa dem Typ des rheinischen Unternehmers (Händler) den des westfälischen (Produzenten) gegenüber. *G. Adelmann,* Führende Unternehmer im Rheinland und Westfalen, in: Rheinische Vierteljahresblätter, Jg. 35, 1971, S. 335–52, bes. S. 343, verweist auf eine ähnliche Unterscheidung bei W. Däbritz.

82 Dazu *K. Wiedenfeld,* Das Persönliche im modernen Unternehmertum, München 1920, der den deutschen, englischen, französischen und amerikanischen Typ des Unternehmers miteinander vergleicht. Ebenso: *ders.,* Die Herkunft der Unternehmer und Kapitalisten im Aufbau der kapitalistischen Zeit, in: WA, Bd. 72, 1954, S. 254ff., wo er die national unterschiedliche soziale Rekrutierung und Kapitalmobilisierung aufzeigt. Ebenso: *Redlich,* History, der die nationalen Unterschiede zwischen den Unternehmern der gleichen Branche untersucht.

83 So etwa bei *R. Engelsing,* Bremisches Unternehmertum. Sozialgeschichte 1780/1870, in: Jahrbuch der Wittheit zu Bremen 1958, Bd. 2. *A. Eyberg,* Umwelt und Verhalten der Unternehmer des oberbergischen Kreises im 19. Jahrhundert, Diss. Köln 1955. *W. Kocks,* Verhaltensweise und geistige Einstellung niederbergischer Unternehmer in frühindustrieller Zeit, Diss. Köln 1956.

84 *W. Phillips,* Der Unternehmer in der Solinger Stahlwarenindustrie im 19. Jahrhundert, Diss. Köln 1956; *H. Hammacher,* Tradition und Persönlichkeit in den ersten Unternehmergenerationen der Eisen- und Kohleindustrie des Ruhrgebiets, Diss. Köln. 1954.

85 *Kocka,* Unternehmer, S. 42ff.

86 *Redlich,* Unternehmertypologie, S. 154, was auf Zeitperioden als weiteres Typisierungskriterium verweist. Vgl. auch: *H. Sachtler,* Wandlungen des industriellen Unternehmers in Deutschland seit Beginn des 19. Jahrhunderts. Ein Versuch zur Typologie des Unternehmers, Diss. Halle/Wittenberg, o. J. *W. Zorn,* Typen und Entwicklungskräfte deutschen Unternehmertums im 19. Jahrhundert, VSWG, 44. Bd., 1957, S. 57–77.

87 Ein weiteres solches Kriterium wäre sicherlich die Betriebsorganisation, so daß Verlagsunternehmer von Manufakturisten zu unterscheiden wären. Vgl. *Kocka,* Unternehmer, S. 19ff.

88 Wie das etwa bei *F. Fürstenberg,* Die Sozialstruktur der Bundesrepublik Deutschland, Opladen 1972, S. 15, geschieht. Vgl. auch *ders.:* „Sozialstruktur" als Schlüsselbegriff der Gesellschaftsanalyse, in: KZfSS, 18. Jg., 1966, S. 439–53. Auch besteht hier ein Unterschied zu dem viel weitergehenden Strukturbegriff des französischen Strukturalismus. Dazu *G. Schiwy,* Der französische Strukturalismus. Mode, Methode, Ideologie. Reinbek 1969. Man sollte sich hüten, diesen unvollständig und verkürzt in die Geschichtswissenschaft einzuführen, wie etwa bei *Zorn,* Einführung, S. 27, versucht.

89 So etwa bei *Zunkel,* Der Rheinisch-westfälische Unternehmer, S. 128; *Kaelble,* Berliner Unternehmer, S. 6, 125ff. Eine Ausnahme davon bei *Stahl,* S. 88–91.

90 So etwa bei *Kaelble,* Berliner Unternehmer, S. 4 und *Kocka,* Unternehmer, S. 38.

91 Als Überblick dazu: *E. Wiehn,* Theorien der sozialen Schichtung. Eine kritische Diskussion, München 1968, und *M. M. Tumin,* Schichtung und Mobilität, München 1968.

92 Es gibt grundsätzlich zwei Arten von Indikatoren zur Konstruktion eines Schichtungs-

modells (1) soziale Selbsteinschätzung der Betroffenen, vgl. *H. Moore u. G. Kleining*, Das soziale Selbstbild der Gesellschaftsschichten in Deutschland, in: KZfSS, 12. Jg., S. 86–119, neuerlich: *dies.*, Soziale Selbsteinstufung (SSE), in: KZfSS, 20. Jg., 1968, S. 502–52; und (2) besondere Schichtungsmerkmale wie Beruf, Einkommen und Schulbildung, dazu: *E. Scheuch*, Sozialprestige und soziale Schichtung, in: *D. V. Glass u. R. König* (Hrsg.), Soziale Schichtung und Mobilität, Köln 1968, S. 65–103. Diese beiden Möglichkeiten werden z. T. auch in historischen Analysen verwendet. Vgl. *Kaelble*, Berliner Unternehmer, S. 131 (Selbsteinschätzung), S. 158 (Vermögen).

93 Mobilität stellt das dynamische Komplement zur sozialen Schichtung dar. Der Begriff wurde eingeführt durch *P. A. Sorokin*, Social Mobility, New York 1927; ausführlich bei *Tumin*, S. 122 ff.; zur Aufstiegsmobilität: *F. Fürstenberg*, Das Aufstiegsproblem in der modernen Gesellschaft, Stuttgart 1962; *S. M. Lipset u. H. L. Zetterberg*, Theorie der sozialen Mobilität, in: *H. Hartmann* (Hrsg.), Moderne amerikanische Soziologie, Stuttgart 1967, S. 361–83; *K. M. Bolte*, Vertikale Mobilität, in: Handbuch der empirischen Sozialforschung, Bd. 2, Stuttgart 1969, S. 1–42.

94 Gesamtgesellschaftliche Schichtungssysteme für Deutschland gibt es seit *Th. Geiger*, Die soziale Schichtung des deutschen Volkes. Soziographischer Versuch auf statistischer Grundlage, Stuttgart 1932; für die Bundesrepublik Deutschland *M. Janowitz*, Soziale Schichtung und Mobilität in Westdeutschland, in: KZfSS, 10. Jg., 1958, S. 1–38, ebenso die oben zitierten Arbeiten von Scheuch, Moore und Kleining.

95 *H. J. Daheim*, Der Beruf in der modernen Gesellschaft, Köln 1971; *D. Claessen u. a.*, Angestellte und Arbeiter in der Betriebsrangpyramide, Berlin 1959; *K. M. Bolte*, Beruf und Gesellschaft in Deutschland, Opladen 1970. Berufszugehörigkeit kann aber auch als Indikator für den sozialen Situs, d. h. für die Stellung einer Person innerhalb einer horizontalen Differenzierung der Gesellschaft, verwandt werden. Beide Dimensionen, die vertikale (sozialer Status) und die horizontale (sozialer Situs) strukturieren die Gesellschaft.

96 *Kaelble*, Berliner Unternehmer, S. 37 versucht dies in Ansätzen, ebenso: *Ch. Erickson*, British Industrialists. Steel and Hosiery, Cambridge 1959, S. 20 ff., 103 ff.

97 So ist z. B. denkbar, daß eine gesamte Berufsgruppe im Laufe der Zeit eine höhere soziale Bewertung erfährt (etwa Unternehmer), so daß die Personen dieser Berufsgruppe einer höheren Schicht zugerechnet werden können, ohne daß sie einen individuellen Aufstiegsprozeß durchlaufen haben: Aufstieg ohne soziale Mobilität. Vgl. auch dazu: *G. Kleining*, Struktur- und Prestigemobilität in der Bundesrepublik Deutschland, in: KZfSS, 23. Jg., 1971, S. 1–33, bes. S. 4–6.

98 *M. Horkheimer*, Kritische Theorie, Frankfurt/M. 1968, S. 167; *T. B. Bottomore*, Die sozialen Klassen in der modernen Gesellschaft, München 1967; *H. Schelsky*, Die Bedeutung des Klassenbegriffs für die Analyse unserer Gesellschaft, in: *ders.*, Auf der Suche nach Wirklichkeit, Düsseldorf 1965; *R. Dahrendorf*, Soziale Klassen und Klassenkonflikte in der industriellen Gesellschaft, Stuttgart 1957, bes. S. 34–77. Auf die Unzulänglichkeiten der Schichtungstheorie weist besonders hin: *St. Kirchberger*, Kritik der Schichtungs- und Mobilitätsforschung, Frankfurt/M. 1975.

99 Etwa die Diskussion um die Angemessenheit der Schichtungskriterien oder von Schichtungsmodellen. Vgl. die Literatur der Fußnote 92 auf S. 186.

100 So etwa *Stahl*.

101 *V. Pareto*, Allgemeine Soziologie, Tübingen 1955, bes. § 2025, u. *ders.*, Traité de sociologie générale, 2 Bde., Lausanne 1917/1919, bes. § 2034.

102 Dazu die Ausführungen bei *Stahl*, S. 59–62.

103 Ebd., S. 62–67 und für die praktische Anwendung: *W. Zapf*, Wandlungen der deutschen Elite. Ein Zirkulationsmodell deutscher Führungsgruppen 1919–1967, München 1965 und ein Überblick über die entsprechende Literatur, ebd., S. 15–33.

104 *F. Redlich*, Bindung und Freiheit des Unternehmertums, in: *ders.*, Der Unternehmer, S. 191.

105 Dies gilt hier auch für *Redlich*, obwohl er auf eine entsprechende Arbeit verweist: *Redlich*, Bindung, S. 191, Fußnote 2; *Th. C. Cochran*, Role and Sanction in American Entrepreneurial History, in: *L. H. Jenks* (Hrsg.), Change and the Entrepreneur, Cambridge/Mass. 1949. Dieser hält das Rollenkonzept für die Unternehmerforschung durchaus verwendbar. *Th. C. Cochran*, The Entrepreneur in Economic Change, in: *P. Kilby* (Hrsg.), Entrepreneurship and Economic Development, New York 1971, S. 95–108, bes. S. 106.

106 Das Rollenkonzept wurde 1959 in die deutsche Soziologie eingeführt durch: *R. Dahrendorf*, Homo Sociologicus. Ein Versuch zur Geschichte, Bedeutung und Kritik der Kategorie der sozialen Rolle, Köln 1965. Zur anschließenden Diskussion dieses Konzeptes vgl. *H. Popitz*, Der Begriff der sozialen Rolle als Element der soziologischen Theorie, in: Recht und Staat, Heft 331/32, Tübingen 1967; ihren Ursprung findet dieses Konzept bei *R. Linton*, The Study of Man, London 1965, u. *ders.*, The Cultural Background of Personality, New York 1945, bes. S. 35, 49–53. Auf seine Brauchbarkeit weist auch hin: *Zorn*, S. 48.

107 *Redlich*, Bindung, S. 196f. Aus der soziologischen Theorie dazu: *R. G. Kahn*, Organizational Stress. Studies in role, conflict and ambiguity, New York, London 1964; *L. A. Coser*, Theorie sozialer Konflikte, Berlin 1972; *H. P. Dreitzel*, Die gesellschaftlichen Leiden und das Leiden an der Gesellschaft, Stuttgart 1972. Zu einigen weiteren Problemen innerhalb der Rollentheorie: *R. K. Merton*, The Role-Set: Problems in Sociological Theory, in: BJS, Bd. 8, 1967, S. 106–20; *W. J. Goode*, A Theory of Role-Strain, in: ASR, Bd. 25, 1960, S. 483–96.

108 Der Ausdruck „Generationenreihe" stammt von *E. Wechssler*, Die Generationen als Jugendreihe und ihr Kampf um die Denkform, Leipzig 1930. Ausführlich zur Genese und Nützlichkeit dieser Kategorie neuerdings: *H. Jaeger*, Generationen in der Geschichte, in: GG, 3. Jg., 1977, S. 429–52.

109 *Redlich*, Der Unternehmer als dämonische Figur, S. 22ff.

110 Ebd., S. 23.

111 Zusätzlich wäre noch zu berücksichtigen, daß Gruppen nicht nur internalisierte Normen und dementsprechendes Verhalten reproduzieren, sondern auch neue produzieren, d.h. u.U. ihre Rolle neu definieren. Die Definition einer neuen Rolle (des weiblichen Unternehmers = Unternehmerin) wurde für die neuere Zeit untersucht von *H. Hartmann*, Die Unternehmerin. Selbstverständnis und soziale Rolle, Köln 1968, S. 116ff.

112 *Redlich*, History, S. 24.

113 Ebd., S. 30 und *Redlich*, Der Unternehmer als dämonische Figur, S. 47f.

114 Zur „Unternehmerlosigkeit" der neueren ökonomischen Theorie vgl. weiter oben S. 10.

115 Eine Übersicht über die verschiedenen älteren Konzepte der „funktionalen Unternehmerdefinition" findet sich bei *G. Turin*, Der Begriff des Unternehmers, Zürich 1948, S. 212–22.

116 *R. Cantillion*, Die Natur des Handels im allgemeinen (um 1730), Jena 1931 S. 32–35.

117 *A. R. J. Turgot*, Betrachtung über die Bildung und Verteilung des Reichtums (1766), Jena 1924, bes. S. 79, ebenso: *A. Smith*, Natur und Ursachen des Volkswohlstandes (1776), Leipzig 1933.

118 *J. B. Say*, Ausführliches Lehrbuch der praktischen politischen Ökonomie (1828), Leipzig 1845, Bd. 1, S. 115ff. sowie *K. Rodbertus*, Das Kapital, Berlin 1884.

119 Als weitere Namen seien hier nur genannt: Leon *Walras*, John Bates *Clark*, Frederick B. *Hawley*, Lujo *Brentano*, später dann als „captain of industry" und „grundlegender Disponent" bei einer ganzen Reihe anderer Autoren. Vgl. dazu *G. Tumin*.

120 *J. A. Schumpeter*, Theorie der wirtschaftlichen Entwicklung (1912), Berlin 1964, 2. Kap., S. 88ff.

121 *Redlich*, Unternehmerforschung, S. 87.

122 *W. Sombart*, Das Wirtschaftsleben im Zeitalter des Hochkapitalismus, München 1927; *ders.*, Der moderne Kapitalismus, 2 Bde., München 1922; *ders.*, Der Bourgeois, Berlin 1913.

123 Vgl. *Turin*, S. 132.

124 *Schumpeter,* Theorie, Fußnote 20, S. 119.

125 *W. Weber,* S. 62.

126 Der Begriff Innovator als Umschreibung für den im Sinne dieser Theorie unternehmerisch handelnden Menschen findet sich erst später in *J. A. Schumpeter*, Konjunkturzyklen. Eine theoretische, historische und statistische Analyse des kapitalistischen Prozesses (1939), Göttingen 1961, S. 110.

127 *Redlich,* History, S. 12.

128 Ebd.

129 Dieser Ansatz fand auch in der neueren wirtschaftshistorischen Forschung weitgehend Verwendung. Etwa bei *Chandler*, Strategy; *Pollard,* bes. Kap. 4 u. 7; *Kocka,* Unternehmer, S. 13–15.

130 *Redlich,* History, S. 10.

131 Ebd., S. 10f.

132 Dazu ausführlich *K. R. Popper*, The Aim of Science, in: Ratio, Bd. 1, 1957, S. 24–35. Der *logische*, nicht empirische Gehalt dieses Arguments soll hier beispielhaft erläutert werden:

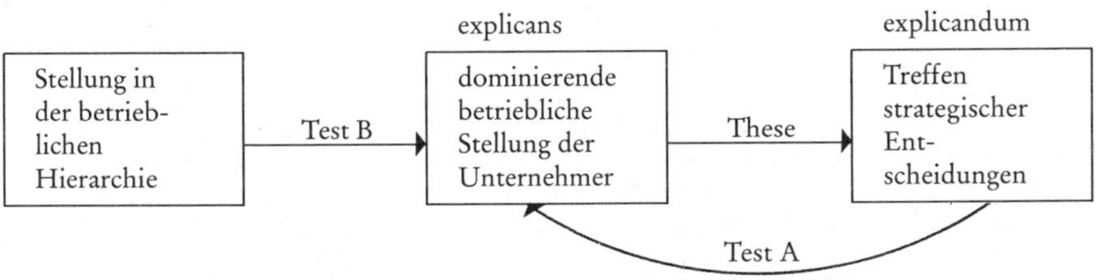

These: Die Unternehmer treffen strategische Entscheidungen, weil sie eine dominierende betriebliche Stellung haben.

Test: Haben die Unternehmer eine dominierende betriebliche Stellung?

Test A: ja, sie treffen strategische Entscheidungen
→ zirkulär

Test B: ja, sie nehmen die höchste Position in der betrieblichen Hierarchie ein
→ unabhängig

133 *Kocka,* Unternehmer, S. 13f. Dieser Zugriff erfolgt in Anlehnung an die Ansätze bei *Chandler*, Strategy. Ebenso: *ders. u. F. Redlich,* Recent Developments in American Business Administration and their Conzeptualization, in: BHR, Jg. 35, 1961, S. 1–27.

134 Das Hauptwerk, das die Theorie des sozialen Handelns auf eine neue Ebene sozialwissenschaftlicher Diskussion hob, ist: *T. Parsons,* The Structure of Social Action, New York 1937. *Parsons* versucht, die Ideen von Durkheim, Pareto, Max Weber und Marshall in einem umfassenden Modell zu integrieren. Zu den Entstehungsbedingungen dieses Konzeptes siehe *T. Parsons*, Die Entstehung der Theorie des sozialen Systems. Ein Bericht zur Person, in: *ders. u. a.*, Soziologie – autobiographisch. Stuttgart 1975. Das zweite Hauptwerk erschien 1951: *T. Parsons u. E. Shils,* Towards a General Theory of Action, Cambridge/Mass. 1951.

135 Ein Überblick über einige dieser Konzepte findet sich bei *P. S. Cohen*, Moderne soziologische Theorie. Erklärungsmodelle zwischenmenschlichen Verhaltens. Wien 1972, S. 71ff.; auch: *H. Hartmann,* Stand und Entwicklung der amerikanischen Soziologie, in: *ders.*, Moderne amerikanische Soziologie, S. 1–92, mit bes. Betonung der darauf fußenden Konzepte, insbes. des Funktionalismus und der Theorie des sozialen Systems.

136 Eine relativ frühe Kritik: *Ch. W. Mills,* Kritik der soziologischen Denkweise (1959), Darmstadt 1973, bes. S. 64ff., und eine neuere: *A. K. Gouldner,* Die westliche Soziologie in der Krise (1970), 2 Bde., Reinbek 1974, bes. S. 210ff.

137 Siehe S. 19.

138 *H. A. Simon,* Theories of Decision-Making in Economics and Behavioural Science, in: Surveys of Economic Theory, Bd. 3, S. 1 ff., London 1968, weist auf fünf Hauptpunkte hin, die innerhalb der ökonomischen Modelltheorie unzureichend berücksichtigt sind, und fordert eine Ausweitung der Perspektive zu umfassenderen Modellen.

139 *A. Etzioni,* Soziologie der Organisation, München 1967, S. 52.

140 *W. Krelle,* Präferenz- und Entscheidungstheorien, Tübingen 1969.

141 *F. Ferschl,* Nutzen- und Entscheidungstheorie. Einführung in die Logik der Entscheidungen, Opladen 1975, ergänzt die gängigen Entscheidungskalküle zwar noch um Entscheidungsfunktionen durch den Einbau von Zufallsexperimenten, vernachlässigt aber gänzlich die Spieltheorie, die immerhin schon eine längere Tradition hat. Dazu: *Krelle.*

142 Für einen Teil praktischer Entscheidungsprobleme zeigen diese vielmehr einen großen Nutzen, vor allem unter Verwendung von Computern als Hilfsmittel. Dazu *G. Menges,* Grundmodelle wirtschaftlicher Entscheidungen, Köln 1969, der eine Reihe von Anwendungsbeispielen erläutert.

143 *W. Kirsch,* Entscheidungsprozesse, Bd. 1: Verhaltenswissenschaftliche Ansätze der Entscheidungstheorie, Vorwort, Wiesbaden 1970.

144 Ebd., S. 63.

145 Die Problematik der Rationalitätsannahme auch in geschlossenen Modellen diskutiert: *D. Aldrup,* Das Rationalitätsproblem in der politischen Ökonomie, Tübingen 1971; auch *D. H. Nissen,* Consistent and Inconsistent Intertemporal Behavior, Berkeley (Diss.) 1968, der auf die Zeitabhängigkeit von Präferenzfunktionen hinweist.

146 Darauf weisen hin: *Etzioni,* S. 53, und *K. Specht u. a.,* Soziologie im Blickpunkt der Unternehmensführung, Herne 1974, S. 21.

147 *W. Kirsch,* Entscheidungsprozesse, Bd. 2: Informationsverarbeitungstheorie des Entscheidungsverhaltens, Wiesbaden 1971, S. 214.

148 *Ders.,* Entscheidungsprozesse, Bd. 3: Entscheidungen in Organisationen, Wiesbaden 1971, verwendet ausgiebig die Systemtheorie und die Rollentheorie.

149 Als Beispiel sei hier nur angeführt: *R. M. Cyert u. J. G. March,* A Behavioral Theory of the Firm, Englewood Cliffs 1963, bes. S. 114–27.

150 *H. Junker,* Entwicklung und Wachstum der Stahl- und Hüttenwerke Oberhausen und Neu-Oberhausen 1880–1890. Beispiele unternehmerischer Entscheidungen in der GHH. Diss. Heidelberg 1970, gibt einen Eindruck über den Umfang solcher Einzeluntersuchungen. Sie untersucht auf mehreren hundert Seiten die Unternehmensentscheidungen für zwei Werke eines Konzerns für ganze zehn Jahre.

151 Vgl. etwa die weiter oben angeführte Literatur zur Diskussion um die Frage des „entrepreneurial decline". S. 7.

152 Es gibt natürlich auch eine falsche, erfolglose Strategie, die sich dann bei den erfolglosen Unternehmen nachweisen lassen müßte. Diese Strategie bildet in der allgemeinsten Form die Nullhypothese zur These über die erfolgreiche Strategie: das Unterlassen der strategisch „richtigen" Entscheidungen. Bei dieser Vorgehensweise wird der Prozeß der Entscheidungsfindung natürlich nicht mit analysiert. Strategische Entscheidungen bleiben eine „black box".

153 *Kocka,* Unternehmer, S. 11; *Jaeger,* Business History, S. 29.

154 Dies gilt im besonderen, wenn man für die Entwicklung eines Unternehmens oder einer Branche einen Verlauf gemäß einer logistischen Kurve unterstellt.

155 Vielleicht trifft hier das gleiche zu, was auch für die Soziologie (in der nichtmarxistischen Ausprägung) gilt: Verzicht auf die „große Theorie" und Beschränkung auf die „Theorien mittlerer Reichweite" (Merton). *Ch. W. Mills,* S. 64 ff., kritisiert den Versuch einer umfassenden Theoriebildung aufs schärfste. *R. K. Merton,* Diskussion, in: ASR, Bd. 14, 1949, S. 164–68 schlägt eine Begrenzung auf „middle range theories" vor. Vgl. auch *Hartmann,* Moderne, S. 39.

156 *Kocka,* Unternehmer, S. 11. Mit „systematischer Evidenz" ist wohl eine gewisse Plausi-

bilität für die Repräsentativität der Ergebnisse gemeint. U. E. könnte man hier durchaus weitergehen und für operational definierte Ansätze durchaus Repräsentativität im stochastischen Sinne fordern, wenn auch dieses Ziel wegen der Unzulänglichkeit des Materials nicht immer zu erreichen sein wird.

157 Ganz im Sinne der Anforderungen, die auch an Arbeiten der modernen empirischen Sozialforschung gestellt werden. Vgl. *Biermann*, S. 9. Das Fehlen einer solchen Konzeption innerhalb der Unternehmensforschung wurde erst jüngst wieder beklagt bei: *R. Hanf*, Mangelnde methodische Konzepte im Bereich der Betriebs- und Firmengeschichte, in: ZfU, 22. Jg., 1977, S. 145–60.

158 Vgl. dazu *F. Redlich*, Ein Programm für Unternehmerforschung, in: *ders.*, Der Unternehmer; *Jaeger*, Gegenwart, S. 120–24.

159 *Redlich*, Ein Programm, S. 133.

160 *M. Weber*, Wirtschaft und Gesellschaft. Grundriß der verstehenden Soziologie (1956), Köln 1964, S. 162ff. Einen Versuch, das Webersche Bürokratiekonzept auf industrielle Unternehmen anzuwenden, unternimmt *J. Kocka*, Family and Bureaucracy in German Industrial Management 1850–1940: Siemens in Comparative Perspective, in: BHR, Jg. 45, 1971, S. 133ff.

161 *Biermann*, S. 18. Obwohl auch diese Interpretation im Sinne der Industrie- und Betriebssoziologie problematisch bleibt. Vgl. dazu *R. Mayntz*, Max Webers Idealtypus der Bürokratie und die Organisationssoziologie, in: KZfSS, 27. Jg., 1965, S. 493–502.

162 Wie etwa bei *Kocka*, Family, versucht und als Verfahren bei *Mayntz* kritisiert.

163 *Biermann*, S. 18.

164 Ebd., S. 14.

165 Ohne den weiteren Ausführungen vorgreifen zu wollen, erscheinen hier einige Bemerkungen zum Begriff der sozialen Position und deren Inhalt, der sozialen Rolle, notwendig. Die soziale Position wird nicht von ihrem Inhalt her definiert, sondern als Position in einer Struktur jedweder Art. Beim Betrieb handelt es sich jedoch im wesentlichen um eine Herrschaftshierarchie. Die Stellung in dieser Hierarchie – häufig in einer formalen Organisation festgelegt – definiert den Unternehmer. Die Summe seines tatsächlichen Verhaltens, seine Rolle, ist davon losgelöst, jedoch nicht unabhängig zu analysieren. Weitere Hinweise zur Rollentheorie siehe weiter oben, S. 17.

166 Insofern besteht hier keine strikte Trennung zum rechtlichen Unternehmerbegriff wie etwa bei *W. Weber*, S. 63ff. Auch sind wir nicht der Meinung von *Redlich*, History, S. 11, daß die Konzeption vom Unternehmer keine juristische sein kann. Wir haben eine solche hier zwar auch nicht gewählt, je nach Fragestellung könnte diese aber durchaus sinnvoll sein.

167 Vgl. die Ausführungen weiter oben auf S. 23f.

168 Zu den Besonderheiten bergrechtlicher Gewerkschaften und ihrer Bedeutung innerhalb des Bergbaus im Ruhrgebiet siehe *W. Däbritz*, Entstehung und Aufbau des rheinisch-westfälischen Industriebezirks, in: *C. Matschoss* (Hrsg.), Beiträge zur Geschichte der Technik und Industrie. Jahrbuch des Vereins Deutscher Ingenieure, Bd. 15, Berlin 1925, S. 13–107, bes. S. 16ff. *W. Fischer*, Die Bedeutung der preußischen Bergrechtsreform für den industriellen Ausbau des Ruhrgebiets, in: Vortragsreihe der Gesellschaft für westfälische Wirtschaftsgeschichte e.V., H. 9, Dortmund 1961.

169 Es handelt sich dabei um 248 Personen, die auf S. 233 bis 238 namentlich mit Lebensdaten und Betriebspositionen aufgeführt sind.

170 Für den genauen Verlauf und die Veränderungen der Kreisgrenzen durch die Gebietsreform von 1826 bis 1912 siehe *St. Reekers u. J. Schulz*, Die Bevölkerung in den Gemeinden Westfalens 1818–50, Dortmund 1952, S. 261–88.

171 Statistik des Deutschen Reiches, Bd. 7, 2. Teil, S. V (Systematik 1882); Bd. 117, S. XIII (Systematik 1895) und Bd. 128, S. 5 (Systematik 1907).

172 Zu den Quellen siehe die Diskussion auf S. 172 bis 175.

173 „Relativ vollständig" heißt hier, daß zwar nicht immer für jedes erhobene Merkmal ein

Datum ermittelt werden konnte, die Häufung der Daten aber einen relativ geschlossenen Eindruck von den Personen vermitteln. Im übrigen geht es bei der folgenden Untersuchung ja nicht um die Charakterisierung von Individuen, sondern um die Verteilung bestimmter Merkmale in der Untersuchungsgesamtheit.

174 Vgl. die Ausführungen zur Struktur der untersuchten Unternehmen auf S. 29ff. und die Liste der untersuchten Unternehmen auf S. 139 bis 143.

175 Das arithmetische Mittel aus der Anzahl der Unternehmen in Periode 1 = 83,2 =120,3 = 97.

176 Vgl. weiter unten die Ausführungen über „Karrieredauer" im Kap. II, S. 80f.

177 Der Einwand, daß von „Zufälligkeit" dieser Auswahl schon deshalb nicht gesprochen werden kann, weil es sich bei den historisch auffindbaren Unternehmen ausschließlich um besonders erfolgreiche Unternehmer oder um solche in außerordentlich großen Betrieben handelt, trifft u. E. hier nicht ganz zu. Wir glauben vielmehr, daß wegen der nahezu vollständigen Erfassung aller Unternehmer dieser Region und Branche unsere Auswahl durchaus repräsentativ ist.

178 Als Basis wurde verwandt: *J. Sievers,* Übersichtskarte der Berg- und Hüttenwerke im Oberbergamtsbezirk Dortmund, 6. Aufl., Iserlohn 1883.

179 *F. W. Mannstaedt,* Gewerbliches Adreßbuch. Führer in die Industrie des Regierungsbezirks Arnsberg, Iserlohn 1858.

180 Adreßbuch sämtlicher Bergwerke, Hütten und Walzwerke, Maschinenfabriken, Gießereien und verwandten Zweigen im niederrheinisch-westfälischen Industriegebiet, 5. Aufl., Gelsenkirchen 1897.

181 Ein früher Hinweis auf die Vernachlässigung des „gescheiterten Unternehmers" bei *F. Hellwig*, Über die Erfassung und Sicherung von Quellen zur Geschichte des deutschen Unternehmertums, in: *C. Brinkmann* (Hrsg.), Zur Wirtschaftsgeschichte der deutschen Unternehmung, Berlin 1942. Dieser „bias" beruht auf der Tatsache, daß meistens nur für erfolgreiche Unternehmen und Unternehmer historische Daten zu mobilisieren sind. Ein Versuch, die häufig vernachlässigte Gruppe der erfolglosen Unternehmen zu analysieren, siehe *G. Hahn*, Ursachen von Unternehmermißerfolgen, Köln 1958.

182 Ein Beispiel dieser Art: *Pollard,* bes. S. 6.

183 Ganz im Sinne der an Chandler angelehnten Konzeption, die auf S. 18ff. diskutiert wurde.

184 Zum „Aggregationsproblem" siehe *R. Jochimsen u. H. Knobel*, Zum Gegenstand und zur Methodik der Nationalökonomie, in: *Diess.* (Hrsg.), Gegenstand und Methoden der Nationalökonomie, Köln 1971, S. 11–66, bes. S. 36, Fußnote 116 und die dort angegebene Literatur.

185 Dies gilt natürlich nur für empirische Beziehungen, bei analytischen Beziehungen bleibt das Aggregationsproblem relevant.

Kapitel II

1 Vgl. die Ausführungen des vorherigen Kapitels über „Unternehmer als Angehörige einer Schicht" auf S. 15ff. und die dort angegebene Literatur.

2 Daß dies durchaus keine ungewöhnliche Beschränkung ist geht hervor aus: *Fürstenberg,* Sozialstruktur, S. 447. Wir wählten diese beiden Variablenkomplexe, weil damit sowohl die soziale Ausgangsbasis (Herkunft) als auch ein wichtiger Teil des Entwicklungspotentials (Ausbildung) für die Veränderung der Stellung innerhalb der Sozialstruktur mit erfaßt ist.

3 Ein umfassenderes Modell zur Analyse des 19. Jahrhunderts bei F. *Fürstenberg*, Ein analytisches Modell zur soziologischen Theorie des 19. Jahrhunderts, in: W. *Ruegg* u. O. *Neuloh* (Hrsg.), Zur soziologischen Theorie und Analyse des 19. Jahrhunderts, Göttingen 1971, S. 22–23.

4 Es gibt keine umfassende Darstellung der Veränderung der Sozialstruktur der deutschen Gesellschaft seit 1850. Vgl. dazu: H. U. *Wehler*, Das Deutsche Kaiserreich 1871–1918, Göttin-

gen 1973, der im Nachwort zu diesem Buch auf S. 267 schreibt: „Am schwersten wiegt m. E., daß der ursprünglich vorgesehene Teil über Sozialstruktur und gesellschaftliche Entwicklung nicht aufgenommen werden konnte. Einen Entwurf fand ich wegen der zahlreichen unbefriedigend behandelten wichtigen Fragen zu problematisch. Das lag zum Teil an den schwierigen theoretischen Aufgaben einer Schichtungsanalyse des 19. und frühen 20. Jahrhunderts, aber auch an den ungenügend empirischen Vorarbeiten." Vgl. auch neuerdings: G. *Hardach*, Klassen und Schichten in Deutschland 1848–1970. Probleme einer historischen Sozialstrukturanalyse, in: GG, 3. Jg., 1977, S. 503–24.

5 Es gibt eine größere Zahl von empirischen Untersuchungen über Unternehmer, die in Anspruch und Methode sehr stark differieren. Auf diese wird im Einzelfall zurückgegriffen werden müssen.

6 Als Beispiele seien hier nur genannt: J. *Kocka*, Klassengesellschaft im Krieg 1914–1918, Göttingen 1973; *Wehler*, Kaiserreich; K. E. *Born*, Der soziale und wirtschaftliche Stukturwandel Deutschlands am Ende des 19. Jahrhunderts, in: H.-U. *Wehler* (Hrsg.), Moderne deutsche Sozialgeschichte, Köln 1966, S. 271–84, und neuerdings: W. *Conze*, Sozialgeschichte 1850–1918, in: HWSG, Bd. 2, Stuttgart 1976, S. 602–84.

7 H. v. *Laer*, Industrialisierung und Qualität der Arbeit. Eine bildungsökonomische Untersuchung für das 19. Jahrhundert. New York 1977 und P. *Lundgreen*, Bildung und Wirtschaftswachstum im Industrialisierungsprozeß des 19. Jahrhunderts, Berlin 1973.

8 H. *Jaeger*, Unternehmer in der deutschen Politik (1890–1913), Bonn 1967.

9 Vgl. weiter oben, S. 1f.

10 Diese 248 Unternehmer entstammen insgesamt 154 Unternehmen, die nahezu sämtliche Firmen der betreffenden Branchen umfassen. Zum Repräsentationsgrad der Untersuchung genauer weiter oben auf S. 25 und weiter unten, S. 33ff. Diese Auswahl bildet die Quelle zu den folgenden Tabellen und Ausführungen.

11 Weitere Differenzierungen, etwa nach dem Eigentümerstatus, lassen sich anhand unseres Materials nicht vornehmen.

12 Dabei ist es natürlich möglich, daß ein Unternehmen gleichzeitig mehrere „Unternehmer" aufweist, z. B. den Aufsichtsratsvorsitzenden mit der höchsten Kontrollautorität und den Direktor mit der höchsten Entscheidungsautorität – oder gar mehrere Direktoren, etwa einen kaufmännischen und einen technischen Direktor.

13 Gründer werden trotzdem als besondere Kategorie geführt, um mögliche Unterschiede zwischen ihnen als den Personen, die die strategische Entscheidung über die Gründung trafen, und den Unternehmern der anderen Kategorie nicht zu verwischen. Doppelzählungen kommen in Tab. 1 deshalb nicht vor.

14 Zum Konzept der Unterscheidung zwischen primärem, sekundärem und tertiärem Sektor siehe: C. *Clark*, The Conditions of Economic Progress, London 1960, S. 490–92.

15 Dieses Problem der Abgrenzung einer homogenen Branche findet seine Analogie in der Abgrenzung homogener Märkte innerhalb der Preistheorie. Vgl. A. E. *Ott*, S. 33.

16 Auf diesen Unterschied weist auch hin: K. *Wiedenfeld*, Ein Jahrhundert rheinische Montan-Industrie, Bonn 1916, S. 123.

17 Hierzu: A. *Zöllner*, Eisenindustrie und Stahlwerksverband, Leipzig 1907. Zur Terminologie sei hier noch angemerkt, daß häufig Betriebe, in denen alle Produktionsstufen der Eisengewinnung und -verarbeitung zusammengefaßt sind, ebenfalls als gemischte Werke bezeichnet werden. Wir hingegen verstehen darunter Unternehmen mit Berg- und Hüttenwerken.

18 Diese Liberalisierung fand ihren Abschluß mit dem „Allgemeinen Berggesetz" vom 24. Juni 1865. Vgl. dazu: C. L. *Holtfrerich*, Quantitative Wirtschaftsgeschichte des Ruhrbergbaus im 19. Jahrhundert, Dortmund 1972, S. 42ff.

19 Für den Beginn der „Durchbruchphase" in Deutschland um 1850 entscheiden sich in Konkurrenz zu einigen etwas früher liegenden Daten u. a.: *Rosenberg*, Große Depression, S. 37 und K. *Borchardt*, Die industrielle Revolution in Deutschland, München 1972, S. 22f. Darüber, daß

dieser Prozeß am Vorabend des 1. Weltkrieges erfolgreich beendet war, besteht allgemeine Übereinstimmung.

20 Einen umfassenden Überblick anhand einer ganzen Reihe von Indikatoren gibt: A. *Spiethoff*, Die wirtschaftlichen Wechsellagen. Aufschwung, Krise, Stockung, 2 Bde., Tübingen 1955, vor allem im 2. Bd., dem Tabellenband, und neuerdings: K. *Borchardt*, Wirtschaftliches Wachstum und Wechsellagen 1800–1914, in: HWSG, Bd. 2, Stuttgart 1976, S. 198–275.

21 Etwa bei *Rosenberg*, Große Depression, S. 22.

22 Zu dieser Charakterisierung der Periode vgl. *Wehler*, Kaiserreich, S. 26; ebenso *Rosenberg*, Große Depression, S. 22 und *ders.*, Die Weltwirtschaftskrise 1857–1859, Göttingen 1974, bes. S. 56ff.

23 Gemeint ist hier der preußisch-dänische Krieg von 1864 und der preußisch-österreichische Krieg von 1866.

24 *Rosenberg*, Große Depression, bes. S. 38ff. (2. Auflage, Vorwort S. XII); *Wehler*, Kaiserreich, S. 41ff.

25 *Wehler*, Kaiserreich, S. 48ff., bes. S. 51.

26 Es handelt sich dabei ausnahmslos um die „Giganten" der Ruhrindustrie, nämlich den Bochumer Verein, die Deutsch-Luxemburgische Bergwerks- und Hütten AG, die Eisen- und Stahlwerke Hoesch, den Hörder Verein, den Schalker Gruben- und Hüttenverein, die Dortmunder Union u. a., die um 1900 alle zwischen 6000 und 20000 Beschäftigte hatten. E. *Juengst*, Die Konzentration im deutschen Wirtschaftsleben, im besonderen im Steinkohlenbergbau, in: Glückauf, Jg. 1913, S. 1464ff., errechnete eine durchschnittliche Beschäftigtenzahl für die Zechen im Oberbergamtsbezirk Dortmund im Jahre 1900 von 1384 (S. 1471). Zudem dominierten die gemischten Werke gegen Ende der Untersuchungsperiode, während die Bergbauunternehmen zu Beginn der Industrialisierung häufiger vertreten waren, als die Betriebsgrößen noch kleiner waren. Später fusionierten auch viele Bergbauunternehmen bzw. sie wurden von den großen gemischten Werken übernommen.

27 Prinzipiell wäre das für die untersuchten Betriebe mit dem mobilisierten Material möglich, würde aber den Umfang dieser Arbeit sprengen. Daß ein enger Zusammenhang zwischen der Beschäftigtenzahl und der Anzahl der Führungskräfte besteht, ist innerhalb der Organisationstheorie und -soziologie unbestritten. Vgl. dazu: J. *Woodward*, Industrial Organization. Theory and Practice, London 1965, bes. S. 68–72, wo auf den Zusammenhang zwischen Anzahl der Vorgesetzten pro Beschäftigten und Geschäftserfolg hingewiesen wird.

28 Es besteht ein Problem, die erfaßten Unternehmen eindeutig einer Rechtsform zuzuordnen, da ein Wechsel der Rechtsform als Instrument der Unternehmenspolitik gesehen werden muß. Darauf wird im folgenden Kapitel noch einzugehen sein. In dieser Tabelle wurde die Unternehmung der Rechtsform zugeordnet, die sie im Untersuchungszeitraum am längsten innehatte.

29 Das wird aus der Liste der erfaßten Unternehmer im Anhang deutlich. Dort wird jeweils auch die Firma angegeben, bei der die Person unternehmerisch tätig war.

30 Zwischen 1816 und 1850 nahm die Anzahl der Einwohner von 24,8 Mill. um ca. 71 % auf 35,5 Mill. zu. Vgl. *Borchardt*, Industrielle Revolution, S. 38. Zur Problematik dieser Bevölkerungsentwicklung vgl. W. *Köllmann*, Bevölkerung in der industriellen Revolution, Göttingen 1974, und für entsprechende Daten: *ders.*, Bevölkerung und Raum in neuerer und neuester Zeit, Würzburg 1965, bes. S. 84–98 (Bd. 4 des Bevölkerungs-Ploetz).

31 Dies gilt nicht nur für Deutschland. Vgl. S. *Kuznets*, Modern Economic Growth, Rate, Structure and Spread, New Haven 1966, S. 40ff., bes. S. 43 u. auch G. *Hohorst*, Bevölkerungsentwicklung und Wirtschaftswachstum als historischer Entwicklungsprozeß demoökonomischer Systeme, in: R. *Mackensen* u. H. *Wewer*, Dynamik der Bevölkerungsentwicklung, München 1973, S. 91–118, bes. S. 105ff.

32 H. *Schubnell*, Die Bevölkerungsentwicklung in Deutschland, in: WuS, 1964, S. 204.

33 Dazu: *Redlich*, History, S. 22ff.

34 Vgl. *Borchardt*, Industrielle Revolution, S. 39.

35 Eintritt in das Geschäftsleben bedeutete natürlich nicht zugleich Beginn einer Unternehmerkarriere. Das hing vielmehr von der betrieblichen Ebene des Eintritts ab. Doch dazu insgesamt weiter unten die Ausführungen unter Punkt 2.6. „Karrieremuser".

36 Vgl. dazu: *Fürstenberg*, Sozialstruktur, S. 17.

37 Diese gehen sogar soweit, daß die „Veränderung der Soziallagen" als eines von drei Merkmalen eines Modells zur Analyse des 19. Jahrhunderts gewählt wird; *Fürstenberg*, Ein analytisches Modell, S. 28 ff. Aber auch als Tatsachenbehauptung geht diese Annahme in eine Reihe von Arbeiten ein. So etwa bei F. *Lütge*, Deutsche Wirtschafts- und Sozialgeschichte, Berlin 1966, S. 488; W. *Treue*, Wirtschaftsgeschichte der Neuzeit, Stuttgart 1962, S. 560 und L. *Beutin*, Gesammelte Schriften zur Wirtschafts- und Sozialgeschichte, Köln 1963, S. 289.

38 M. *Gugel*, Industrieller Aufstieg und bürgerliche Herrschaft. Sozioökonomische Interessen und politische Ziele des liberalen Bürgertums in Preußen zur Zeit des Verfassungskonfliktes 1857–1867, Köln 1975, S. 28.

39 Dieses sind die durchaus gängigen Indikatoren der Bestimmung von Mobilitätsprozessen, die von den meisten Autoren verwandt werden, u. a. von *Kaelble*, Berliner Unternehmer, und *Erickson*.

40 Darauf wurde weiter oben auf S. 28 f. schon hingewiesen. Theoretisch besteht das Problem der Entwicklung eines Modells bzw. eines begrifflichen Rahmens zur Analyse der Entwicklung einer ganzen Gesellschaft in einem längeren Zeitraum. Dazu: *Fürstenberg*, Ein analytisches Modell, und D. *Neuloh*, Sozialer Wandel und Industrialisierung im 19. Jahrhundert. Versuch eines Ordnungsschemas, in: *Ruegg/Neuloh*, S. 65–80. Das empirische Problem besteht im Mangel an entsprechenden Vorarbeiten. Siehe dazu: *Wehler*, Kaiserreich, S. 267.

41 Dabei beschränken wir uns im wesentlichen auf die Darstellung der preußisch-deutschen Entwicklung.

42 Dazu: H. *Rosenberg*, Pseudodemokratisierung der Rittergutsbesitzerklasse, in: *Wehler*, Moderne deutsche Sozialgeschichte, S. 287–308.

43 *Conze*, Sozialgeschichte, S. 644.

44 *Wehler*, Kaiserreich, S. 24 ff. Dazu auch: R. *Koselleck*, Die Auflösung der ständischen Gesellschaft und das Aufkommen neuer Klassen im preußischen Vormärz, in: E. W. *Böckenförde* (Hrsg.), Moderne deutsche Verfassungsgeschichte (1815–1918), Köln 1972, S. 385–409.

45 G. A. *Ritter* u. J. *Kocka* (Hrsg.), Deutsche Sozialgeschichte. Dokumente und Skizzen. Bd. 2: 1870–1914, München 1974, S. 322 ff. sowie die dort abgedruckten Quellen.

46 Ebd., S. 64 ff.

47 Ebd., S. 66, 68.

48 Wie dieses auch schon für den frühen Zeitraum nachgewiesen wurde bei *Zunkel*, Der Rheinisch-Westfälische Unternehmer, S. 99–127.

49 Ebd., S. 130.

50 *Ritter* u. *Kocka*, S. 68.

51 Vgl. E. N. *Anderson*, The Social and Political Conflict in Prussia, 1858–1864, Lincoln 1954.

52 *Wehler*, Kaiserreich, S. 31.

53 Ebd., S. 72 ff. und auch *Conze*, Sozialgeschichte, S. 645.

54 H. *Nussbaum*, Unternehmer gegen Monopole, Berlin (Ost) 1966, bes. S. 147 f. u. S. 210 f.

55 K. E. *Born*, Der soziale und wirtschaftliche Strukturwandel Deutschlands am Ende des 19. Jahrhunderts, in: *Wehler*, Moderne deutsche Sozialgeschichte, S. 271–84, bes. S. 274 f. Zur Formierung und Organisation der Arbeiterschaft siehe: *Conze*, Sozialgeschichte, S. 651 ff. mit der dort angegebenen Literatur. Ebenso: *Wehler*, Kaiserreich, S. 207; *Kocka*, Klassengesellschaft.

56 Zu einer umfassenden Darlegung der Probleme und Forschungsarbeiten über regionale Mobilität siehe G. *Albrecht*, Soziologie der geographischen Mobilität, Stuttgart 1972.

57 Siehe *Born*, Strukturwandel, S. 272–73, und R. *Heberle*, Zur Typologie der Wanderungen, in: W. *Köllmann* u. P. *Marschalck* (Hrsg.), Bevölkerungsgeschichte, Köln 1972, S. 69–75.

58 Eine genaue Schätzung findet sich bei P. *Marschalck*, Deutsche Überseewanderung im 19. Jahrhundert. Ein Beitrag zur soziologischen Theorie der Bevölkerung, Stuttgart 1973, S. 35ff., 38, 49, dazu auch *Köllmann* (Bevölkerungs-Ploetz), bes. S. 93–97.

59 *Born*, Strukturwandel, S. 272f.; H.-U. *Wehler*, Die Polen im Ruhrgebiet bis 1918, in: *ders.*, Krisenherde des Kaiserreiches, Göttingen 1970, S. 219–36, bes. S. 219–21 und die Literatur der Fußnote 4 auf S. 385.

60 Dieses Ergebnis steht im Widerspruch zu der Vermutung Adelmanns, der für die Unternehmer in Rheinland und Westfalen einen hohen Grad an lokaler Rekrutierung behauptet: *Adelman*, S. 343. Zudem bedarf dessen Aussage einer quantitativen Überprüfung, sie bezieht sich jedoch nur auf Eigentümer-Unternehmer. Ebenso bei *Zunkel*, Der Rheinisch-Westfälische Unternehmer, S. 19.

61 Vgl. dazu: W. *Brepohl*, Der Aufbau des Ruhrvolkes im Zuge der Ost-West-Wanderung, Recklinghausen 1948, und *ders.*, Industrievolk im Wandel von der agraren zur industriellen Daseinsform, dargestellt am Ruhrgebiet, Tübingen 1957. Auch: D. *Crew*, Regionale Mobilität und Arbeiterklasse. Das Beispiel Bochum 1880–1901, in: GG, 1. Jg., 1975, S. 99–120.

62 Regionale Herkunft wird immer durch den Geburtsort gemessen.

63 Vor allem unterscheiden sich die Erhebungszeiträume voneinander, ebenso in der Region; trotzdem bleiben die drei Unternehmer-Samples miteinander zumindest insoweit vergleichbar, als es sich um Industrielle in städtisch geprägten Regionen handelt, die einen starken Zustrom der Bevölkerung von außerhalb der Region zu verzeichnen hatten.

64 Z. B. *Engelsing*, Bremisches Unternehmertum, S. 48 verweist auf den umfangreichen Zuzug auswärtiger Kaufleute und Handlungsgehilfen nach Bremen.

65 Eine systematische Zusammenstellung und Diskussion der Ursachen der regionalen Mobilität bei: *Albrecht*, S. 33–170.

66 *Heberle*, S. 73.

67 Vgl. *Adelmann*, S. 340.

68 Zudem litten die Schichten, aus denen Unternehmer rekrutiert wurden, kaum unter derartiger materieller Not, daß sie davor „fliehen" mußten. Vgl. dazu „Soziale Herkunft" weiter unten.

69 *Kaelble*, Berliner Unternehmer, S. 21, und *Stahl*, S. 195ff.

70 Zu den Problemen der „Landflucht" siehe: *Albrecht*, S. 47ff. und die dort verarbeitete Literatur, zum städtischen Lebensstil vgl. F. *Fürstenberg*, Das Aufstiegsproblem in der modernen Gesellschaft, Stuttgart 1962, S. 85, der verweist auf den Umfang der persönlichen Kontaktmöglichkeiten und deren Wirkung auf die Breite des Aufstiegshorizontes in der Stadt. Allgemein für die Bedeutung des städtischen Milieus für die wirtschaftliche Entwicklung siehe: E. E. *Lampard*, The History of Cities in the Economically Advanced Areas, in: Economic Development and Cultural Change, Bd. 3, 1955, S. 79–136.

71 Vgl. die allgemeinen Ausführungen des 1. Kap. auf S. 15f.

72 Dies gilt besonders für historische Arbeiten und betrifft das Problem der Verwendung der historisch „passenden" Begriffe.

73 Vgl. auch die Erörterungen über die Berufsstruktur der Untersuchungsregion weiter unten auf S. 46.

74 Zur Mittelstandsproblematik in historischer Perspektive vgl. A. *Noll*, Wirtschaftliche und soziale Entwicklung des Handwerks in der zweiten Phase der Industrialisierung, in: *Ruegg/Neuloh*, S. 193–212, und P. *Aycoberry*, Der Strukturwandel im Kölner Mittelstand 1820–1850, in: GG, 1. Jg., 1975, S. 78–98.

75 *Philipps*, S. 3ff.; *Sachtler*, Wandlungen, S. 24, und D. *Visser*, The German Captain of Enterprise: Veblen's Imperial Germany' Revisited, in: EEH, Jg. 6, 1969, Tab. I u. II, S. 314f.

76 Dazu *Stahl*, Tab. 8, 13, 16, 21 auf S. 126, 140, 148, 160. Dieser Versuch ist u. E. nicht ganz

unproblematisch. Vgl. weiter unten die Aussagen über die dort verwandten Quellen auf S. 175. Hinzu kommt hier, daß ein Schichtungsmodell, das für die Analyse der Gesellschaft der 2. Hälfte des 20. Jahrhunderts entwickelt wurde, unkritisch zur Analyse des 18. und 19. Jahrhunderts herangezogen wurde. Die einschränkenden kritischen Bemerkungen dort auf S. 124f. betreffen diesen Sachverhalt nicht.

77 *Kaelble,* Unternehmer, S. 30.

78 *Zunkel,* Der Rheinisch-Westfälische Unternehmer, S. 237 vertritt diese Auffassung. Ebenso: *Wehler,* Kaiserreich, S. 125 u. 229.

79 Für Arbeiterschaft und Mittelstand siehe etwa die Arbeiten von F. D. *Marquardt,* Sozialer Aufstieg, sozialer Abstieg und die Entstehung der Berliner Arbeiterklasse, 1806–1848, in: GG 1975, 1. Jg., S. 43–77, und *Aycoberry.*

80 Vgl. *Zunkel,* Der Rheinisch-Westfälische Unternehmer, S. 85. Dies trifft aber auch für andere Länder zu. So läßt sich etwa für die britischen Stahlindustriellen zeigen, daß diese durch ihre Heiratspolitik weitaus eher höheres soziales Prestige und einen höheren sozialen Status suchten – und zunehmend fanden – als etwa Geld. Dazu: *Erickson,* S. 45. Neuerdings auch *H. Henning,* Sozialgeschichtliche Entwicklungen in Deutschland von 1815 bis 1860, Paderborn 1977, S. 119ff., und *ders.,* Soziale Verflechtungen der Unternehmer in Westfalen 1860–1914, in: ZfU, 23. Jg., 1978, S. 1ff., bes. 12ff. u. 23.

81 Einschränkend muß zur Tab. 13 gesagt werden, daß die Zahl der auffindbaren Berufe der Schwiegerväter mit 56 bei 248 westfälischen Schwerindustriellen gering ist. Eine Verfälschung der Ergebnisse ist auch deshalb möglich, weil in den Quellen vermutlich gern der Schwiegervater erwähnt wird, wenn es sich dabei um einen General handelte, weniger gern, wenn er nur kleiner Handwerker war.

82 Für andere Branchen und Regionen gelten andere Bedingungen. Vgl. *Zunkel,* Der Rheinisch-Westfälische Unternehmer, S. 21.

83 P. H. *Mertes,* Das Werden der Dortmunder Wirtschaft, Dortmund 1940, S. 13, 15.

84 Ebd., S. 118 für Dortmund im Jahre 1862. Für Bochum um 1850 bei F. *Mariaux,* Gedenkwort zum hundertjährigen Bestehen der Industrie- und Handelskammer zu Bochum. Bochum 1956, S. 134ff., und: 75 Jahre Industrie- und Handelskammer zu Bochum. Aus der Geschichte der Industrie- und Handelskammer zu Bochum, Hattingen 1932, S. 18ff. Für die einzelnen Kreise des Regierungsbezirks Arnsberg F. W. *v. Reden,* Erwerbs- und Verkehrsstatistik des Königreiches Preußen in vergleichender Darstellung. 3 Bde., Darmstadt 1853, 1854, S. 805ff.

85 Z.B. aus: Tabellen und amtlichen Nachrichten über den preußischen Staat für das Jahr 1855, Berlin 1858, S. 221ff. Dito für das Jahr 1858, Berlin 1860, S. 566ff. In den späteren Jahren aus den Statistiken der kleineren Verwaltungsbezirke innerhalb der Gewerbezählungen.

86 So etwa bei G. *Brakelmann,* Die soziale Frage des 19. Jahrhunderts, Witten 1962, S. 36. Für den Maschinenbau mag das noch am ehesten stimmen. Vgl. dazu: *v. Laer,* S. 164 und Tab. 21 u. 22 auf S. 157f., 160f.; jedoch wird dort nur die berufliche Herkunft der Gründer untersucht.

87 Die Ausbildung der Leiter ist Gegenstand eines gesonderten Kapitels dieser Arbeit. Vgl. weiter unten S. 50ff.

88 Zu dieser These, daß als Hauptquelle für das Gründungskapitel auch der Schwerindustrie vor allem der Handel in Frage kommt, siehe H. *Blumberg,* Die Finanzierung der Neugründungen und Erweiterungen von Industriebezirken in Form der Aktiengesellschaft während der fünfziger Jahre des neunzehnten Jahrhunderts in Deutschland, am Beispiel der preußischen Verhältnisse erläutert, in: H. *Mottek* u. a.: Studien zur Geschichte der industriellen Revolution, Berlin (Ost) 1960, S. 165–207, bes. S. 196f.

89 J. *Riesser,* Die deutschen Großbanken und ihre Konzentration (1905), Glashütten i. T. 1971, bes. S. 304 und Beilage IV auf S. 651–72, wo er alle Aufsichtsratssitze von Bankenvertretern in Industrieunternehmen für 1912 aufführt.

90 *Kaelble,* Unternehmer, S. 42, Tab. 6. Die stärkere handwerkliche Tradition in Berlin er-

klärt sich z. T. aus der dortigen Wirtschaftsstruktur, die mehr durch den Maschinenbau geprägt wurde.

91 Für die Leiter wäre neben der Fachausbildung eine stärker technisch bestimmte berufliche Herkunft zu erwarten.

92 *Beau*, Anhang, Tab. V; *Stahl*, S. 229 u. 235, Tab. 43 u. 45, mit einem deutlich höheren Anteil einer spezifischen Ausbildung für den Angestellten-Unternehmer, der unserem Leiter ähnlich ist. *Zunkel*, Der Rheinisch-Westfälische Unternehmer, S. 33 vermutet hingegen einen weiteren Herkunfstbereich. Dies mag vor allem an der von ihm untersuchten Unternehmergruppe liegen, der der atypischen Honoratiorenunternehmer, S. 64.

93 Bei den westfälischen Schwerindustriellen handelte es sich ja überwiegend um preußische Bürger, wie durch deren enges regionales Rekrutierungsfeld nachgewiesen. Vgl. Tab. 9, S. 40.

94 Bei der folgenden Darstellung beziehen wir uns im wesentlichen auf *v. Laer*, S. 283 ff., und P. *Flora*, Indikatoren der Modernisierung, Opladen 1975, S. 110 ff. Zur Struktur des preußischen Bildungssystems P. *Lundgreen*, Indistrialization and the Educational Formation of Manpower in Germany, in: JSH, Jg. 8, 1975, S. 64–80, bes. die Skizze auf S. 65.

95 Dies ist ein allgemeines Problem bei der empirischen Überprüfung des Angebot-Nachfrage-Modells eines Marktes. Um einen Angebots- bzw. Nachfrageüberhang empirisch belegen zu können, müssen beide Größen durch unabhängige Indikatoren erfaßt werden. Nur dann ist ein Ungleichgewicht konstatierbar und das Marktmodell verliert seinen tautologischen Charakter.

96 Wie das z. B. *Beau*, S. 59 tut. Ähnlich auch bei P. *Lundgreen*, Techniker in Preußen während der frühen Industrialisierung, Berlin 1975, S. 274 ff.

97 Vgl. auch neuerdings: D. K. *Müller*, Sozialstruktur und Schulsystem. Aspekte zum Strukturwandel des Schulwesens im 19. Jahrhundert, Göttingen 1977, S. 181 ff. und auch insgesamt.

98 F. *Harkort*, Bemerkungen über die preußischen Volksschulen und ihre Lehrer. Hagen 1824, S. 17 errechnet für den Durchschnitt der Rheinprovinz 95 Schüler pro Lehrer in den Volksschulen.

99 D. F. A. W. *Diesterweg*, Unterrichtsplan der Elementarschule Mörs. Eine Anweisung für Volksschullehrer zur gesegneten Wirksamkeit in ihrem Amte. Schwelm 1829, S. 32 weist auf eine Schulzeit von manchmal nur zwei Jahren hin und auf ein damit verbundenes Schulabgangsalter von neun bis zehn Jahren.

100 *v. Laer*, S. 287 f. und die dort angeführten Beispiele für die Ausstattung der Volksschule mit Lehrmaterialien. Eine weitere Ursache für die mindere Qualität der Volksschulbildung war die schlechte Ausbildung der Lehrer, ebd., S. 289.

101 Ebd., S. 291 f., wobei die Spezifizierung der Anforderungen der Industriegesellschaft durchaus schwierig wäre.

102 *Wehler*, Kaiserreich, S. 124.

103 *v. Laer*, S. 294 ff.

104 Dazu allgemein O. *Simon*, Das gewerbliche Fortbildungs- und Fachschulwesen in Deutschland. Ein Überblick über seine Entwicklung und seinen gegenwärtigen Stand. Berlin 1903.

105 Ebd., bes. S. 872 ff.

106 *v. Laer*, S. 298 ff., bes. S. 296–98; *Flora*, S. 111.

107 Ausführlich dazu: W. *Lexis* (Hrsg.), Das Unterrichtswesen im Deutschen Reich. Aus Anlaß der Weltausstellung in St. Louis unter Mitwirkung zahlreicher Fachmänner herausgegeben. Bd. 2: Die höheren Lehranstalten und das Mädchenschulwesen, Berlin 1904. Zur Differenzierung des höheren Schulsystems in Preußen siehe *Lundgreen*, Bildung, S. 153, Tab. E 2.

108 *Wehler*, Kaiserreich, S. 127.

109 *v. Laer*, S. 306 ff. Dazu auch K. E. *Jeismann*, Das preußische Gymnasium in Staat und Gesellschaft, Stuttgart 1974, mit Lehrplänen auf den Seiten 60, 61, 63 und 65.

110 Vgl. F. *Ringer*, Education, Economy and Social Structure 1800–1960. German Development in Comparative Perspective, Tab. 3, unveröff. MS., und für die vorindustrielle Phase:

K. H. *Jarausch*, Die „Humboldtsche Universität" und die bürgerliche Gesellschaft 1800–1870, unveröff. MS., sowie allgemein: *Jeismann*, S. 163 ff., insbes. die Tabelle auf S. 165, in der die soziale Herkunft der Schüler von 29 preußischen Gymnasien für ca. 1800 aufgeschlüsselt wird.

111 *v. Laer*, S. 325 ff. Im Laufe des Jahrhunderts gewann jedoch auch das Hochschulsystem für die Wirtschaft zunehmend an Bedeutung. Vgl. K. H. *Manegold*, Universität, Technische Hochschule und Industrie, Berlin 1970.

112 P. *Borscheid*, Naturwissenschaft, Staat und Industrie in Baden (1848–1914), Stuttgart 1976.

113 *Wehler*, Kaiserreich, S. 128; auch W. *Conze*, Sozialgeschichte, S. 676.

114 *Wehler*, Kaiserreich, S. 125.

115 O. *Blum* u. a., Die deutschen Technischen Hochschulen. Ihre Gründung und geschichtliche Entwicklung, München 1941.

116 *v. Laer*, S. 324.

117 Eine Untersuchung, die den Beitrag der Technischen Hochschulen zur Industrialisierung abschätzt, fehlt noch. Einige Erläuterungen zu diesem Problemkomplex folgen weiter unten in dieser Arbeit auf S. 59 und 167.

118 Ab 1902 läßt sich ein Absinken der Studentenzahlen an den Technischen Hochschulen feststellen, das mit den bildungsbürgerlichen Vorurteilen gegen „praktische" Bildung sowie den Risiken der Beschäftigung in der konjunkturabhängigen Wirtschaft gegenüber dem „Beamtenstand" erklärt wird. Vgl. *Conze*, Sozialgeschichte, S. 676. Daneben mag eine gewisse Sättigung der Nachfrage nach TH-Absolventen seitens der Industrie getreten sein. Für unsere Untersuchung bleibt diese Entwicklung unerheblich, da Studenten dieser Jahre kaum mehr in unserem Sample auftauchen können.

119 Gemessen wird hier natürlich nur das Maß der formalen Bildung; über den Inhalt sagt das noch nicht viel aus. Zu der „höheren" Bildung im Sinne von funktional besserer Bildung – vor allem für Unternehmerpositionen – siehe die folgenden Abschnitte.

120 0,4 % der Bevölkerung entsprechen bei einer durchschnittlichen Lebenserwartung von 66 Jahren etwa 6 % eines Jahrganges. Die Abiturientenquote lag jedoch etwa nur bei 3 % eines Jahrganges, so daß nur etwa jeder zweite Gymnasiast oder Oberschüler tatsächlich das Zeugnis der Reife erhielt.

121 Vgl. Tab. 15 auf S. 51.

122 Dazu *Wehler*, Kaiserreich, und auch *Ringer*, S. 15.

123 Dabei handelt es sich jedoch nicht um Untersuchungen, die ausschließlich Schwerindustrielle erfassen, wodurch wieder das Problem der Vergleichbarkeit angesprochen wird.

124 *Beau*, Statistischer Anhang, Tab. I, S. 66. Gehobene Schulbildung ist hier allerdings nicht identisch mit Abitur.

125 Errechnet aus *Stahl*, Tab. 43, S. 229, indem Universitäts- und Hochschulabsolventen (24,9 %) mit den Gymnasiasten und anderen höheren Schülern (1,5 %) zusammengefaßt wurden.

126 Ebd., Tab. 45, S. 235 (62,1 + 2,9 = 65 %). Vgl. auch Fußnote 92 weiter oben.

127 Hier ist vor allem das Realgymnasium zu nennen, dessen Absolventen der westfälischen Schwerindustriellen besonders stark zunahmen.

128 In diesem Zusammenhang bleibt es bemerkenswert festzustellen, daß das kaufmännische Ausbildungssystem diese Expansion nur zögernd nachvollzog. Dazu *Simon*, S. 864.

129 Dazu *Lundgreen*, Techniker, bes. S. 41 u. 84; *Simon*, S. 601–927.

130 *Lundgreen*, Techniker, S. 97–99. Gegen Ende der 1850er Jahre wurde dort allerdings auch zumeist die Reifeprüfung zur Eingangsvoraussetzung.

131 Ebd., S. 264 ff.

132 Vgl. ebd., S. 141 ff. Obwohl hier gerade von Schule zu Schule große Unterschiede bestanden.

133 Ausführlich für die Zeit bis 1851, dazu: M. *Schumacher*, Auslandsreisen deutscher Un-

ternehmer 1750–1851 unter besonderer Berücksichtigung von Rheinland und Westfalen, Köln 1968, und auch *Lundgrenn,* Techniker, S. 165ff.

134 Dazu kamen noch 14 Personen, die zumindest einen Teil ihrer Studien im Ausland absolvierten, sowie 14 Ausländer, die in der westfälischen Schwerindustrie tätig wurden.

135 Die Zahlen der Tab. 20 stellen Minimalzahlen dar, da nicht ausgeschlossen werden kann, daß mehr Unternehmer Auslandsreisen unternommen haben als das durch unser Material dokumentiert wird. Für unsere Argumentation ist dies jedoch nicht sehr bedeutsam, da damit das Argument einer relativ großen Auslandserfahrung nur weiter gestützt wird.

136 Dieser wird auch deutlich im finanziellen Engagement einer Reihe von Ausländern in der westfälischen Schwerindustrie. Dazu weiter oben auf S. 106ff.

137 Vorschriften vom 21. Dezember 1863 über die Befähigung zu den technischen Ämtern der Berg-, Hütten- und Salinenverwaltung, in: ZBHS, 12. Bd., 1864, S. 297–308.

138 Auf die Bedeutung der Beamten im Bergbau weist auch hin: *Adelmann,* Führende Unternehmer, S. 340. Ebenso: *Wiedenfeld,* Die Herkunft, S. 263. Auch: Die Entwicklung des niederrheinisch-westfälischen Steinkohlenbergbaus in der zweiten Hälfte des 19. Jahrhunderts, Bd. X, Berlin 1904, S. 42: „Die Betriebsdirektoren sind zu einem großen Teil aus der Zahl der für den preußischen Staatsdienst ausgebildeten Bergassessoren hervorgegangen."

139 Diese zusätzliche praktische Berufsqualifikation wird auch für die Unternehmer anderer Regionen und Branchen konstatiert. Vgl. *Beau,* S. 24 u. Tab. III auf S. 68, sowie *Stahl,* Tab. 43 u. 44 auf S. 229 u. 232.

140 Entweder weil „kaufmännische Fähigkeiten" in der Schwerindustrie kein Engpaßfaktor war, da ausreichend gut ausgebildete Kaufleute verfügbar waren, oder weil im Gegensatz zum technischen Bereich der kaufmännische leicht zu überblicken und zu beherrschen war. Dazu ausführlich im nächsten Kapitel.

141 Vgl. die Ausführungen weiter oben auf S. 56f.

142 *v. Laer,* S. 314. Dieser Praxisbezug wird durch die Ausbildung der staatlichen Bergbaubeamten ebenfalls sehr stark betont. Vgl. weiter oben S. 54 und auch *Manegold.*

143 Vgl. die Tab. 16, S. 50 und die dortigen Ausführungen.

144 *Wehler,* Kaiserreich, S. 128f.

145 Der Aufbau eines kaufmännischen Bildungswesens erfolgte in den USA wesentlich früher. Während um 1850 auch dort noch guter Charakter und eine schöne Handschrift als Voraussetzung zum Eintritt in das kaufmännische Leben ausreichten, wurde spätestens in den 1890er Jahren eine weitergehende Aus- und Weiterbildung gefordert. Diese erfolgte ab etwa 1880 in privaten kaufmännischen Fachschulen und nach 1900 zunehmend auch im öffentlichen Schulwesen. Vgl. J. *Kocka,* Angestellte zwischen Faschismus und Demokratie, Göttingen 1977, S. 90, 118, 133 sowie F. W. *Roman,* The Industrial and Commercial School of the United States and Germany, New York 1915, S. 246 und B. R. *Haynes* u. H. P. *Jackson,* A History of Business Education in the United States, Cincinnati 1935, S. 26–73.

146 Dabei ist natürlich auch von Bedeutung, daß erst im Untersuchungszeitraum eine Akademisierung der technischen Ausbildung erfolgt.

147 Der weiter oben schon erwähnte zögernde Ausbau des handelswissenschaftlichen Hochschulbereichs und der deshalb in Tabelle 25 geringe Anteil der Absolventen dieses Zweiges kann als Hinweis interpretiert werden, daß für die Unternehmer dieser Periode kein Engpaß bei den kaufmännischen Kenntnissen und Fähigkeiten bestanden hat, wohl aber im technischen Bereich. Darauf weist auch hin: *Beau,* S. 29.

148 Vgl. *Kaelble,* Berliner Unternehmer, Tab. 5, S. 39; *Beau,* Tab. III, S. 68 u. 31; *Stahl,* Tab. 43 u. 44, S. 229 u. 232.

149 *Kocka,* Unternehmer, S. 64.

150 *Erickson,* bes. S. 36.

151 Diese Auffassung findet sich in zahlreichen Varianten vor allem in neueren Arbeiten der sogenannten „kritischen" Theorie. So etwa bei: U. *Jaeggi,* Macht und Herrschaft in der Bundes-

republik, Frankfurt/M. 1969, S. 73ff. *ders.*, Kapital und Arbeit in der Bundesrepublik, Frankfurt/M. 1973, S. 106ff., als Einflußnahme der Unternehmer, als besondere ökonomische Interessengruppe oder als „Verschmelzung der Monopole und des Staates zu einem einheitlichen Mechanismus" im staatsmonopolistischen Kapitalismus bei R. *Ebbinghausen* u. R. *Winkelmann,* Zur aktuellen politischen Bedeutung der Theorie des staatsmonopolistischen Kapitalismus und zum Stellenwert der Kritik ihrer Marx-Rezeption, in: R. *Ebbinghaus* (Hrsg.), Monopol und Staat. Zur Marx-Rezeption in der Theorie des staatsmonopolistischen Kapitalismus, S. 9–42, Frankfurt/M. 1974, S. 13. Diese Annahme gilt auch in historischer Perspektive, und zwar sowohl im marxistischen als auch im bürgerlichen Lager. Vgl. R. *Hilferding,* Das Finanzkapital, Wien 1920, und auch differenzierter *Nussbaum,* S. 3, ebenso wie *Jaeger,* Unternehmer, S. 14, der auf die Vernachlässigung des öffentlichen Wirkungskreises des Unternehmers innerhalb der Arbeiten der historischen Unternehmerforschung hinweist.

152 Dies gilt auch für Arbeiten, die mehrere Einzelfälle illustrativ aneinanderreihen, wie etwa: F. *Lundberg,* Die Reichen und die Superreichen, Hamburg 1969.

153 Dies ist ein Mangel mancher politologischer Analysen dieses Zusammenhanges, z. B. bei H. *Kaack,* Geschichte und Struktur des deutschen Parteiensystems, Opladen 1971, bes. S. 28ff.

154 Eine Einschränkung erfahren die Zahlen jedoch dadurch, daß Firmenmitgliedschaften in Verbänden nicht mit erfaßt sind. Eine Erfassung derselben würde jedoch die Argumentation der hauptsächlichen öffentlichen Betätigung in den Verbänden nur noch weiter stützen. Allerdings darf die Gegenüberstellung „Verbandstätigkeit" und „Tätigkeit im politischen Bereich" nicht zu weit getrieben werden, da sich beide gegenseitig durchdringen.

155 Zu diesem Ergebnis kommt auch *Jaeger,* Unternehmer, bes. S. 90ff., bei seiner Untersuchung über den Einfluß der Unternehmer in den deutschen Parlamenten.

156 Dies würde auch auf große sachliche Schwierigkeiten stoßen, da ein umfassendes Werk über das Verbandswesen vor 1913 nicht vorliegt. Wichtige Teilaspekte werden behandelt bei H. *Kaelble,* Industrielle Interessenpolitik in der Wilhelminischen Gesellschaft. Centralverband Deutscher Industrieller 1895–1914, Berlin 1967, und bei *Nussbaum.* Ansätze zu einer umfassenden Geschichte bei W. *Kulemann,* Geschichtliche Entwicklung der Berufsorganisationen der Arbeitnehmer und Arbeitgeber aller Länder, Bd. 1–3: Deutschland 1908, bes. Bd. 3: Organisation der Arbeitgeber, und auch: R. *Fricke* u. a. (Hrsg.), Die bürgerlichen Parteien in Deutschland. Handbuch der Geschichte der bürgerlichen Parteien und anderer bürgerlicher Interessenorganisationen vom Vormärz bis zum Jahre 1945, 2 Bde., Berlin (Ost) 1968/70.

157 Das Anliegen wird deutlich in den Beiträgen in dessen Publikationsorgan „Stahl und Eisen". Siehe auch W. *Däbritz,* 75 Jahre Verein deutscher Eisenhüttenleute, 1860–1935, in: StuE, 55. Jg., 1935, S. 1253–1450.

158 E. *Jüngst,* Festschrift zur Feier des fünfzigjährigen Bestehens des Vereins für die bergbaulichen Interessen im Oberbergamtsbezirk Dortmund in Essen, Essen 1908, ebenso: K. *Tenfelde,* Sozialgeschichte der Bergarbeiterschaft an der Ruhr im 19. Jahrhundert, Bonn-Bad Godesberg 1977, S. 212–18.

159 Dazu zählen für die Angaben in Tabelle 27 der Verein Deutscher Maschinenbauanstalten, der Zechen-Verband, der Roheisenverband, die Schienengemeinschaft, das Stabeisensyndikat, der Walzdrahtverband, das Benzol-Kartell, das Drahtstift-Syndikat, der Stahlwerk-Verband und der Verein deutscher Eisengießereien. Entgegen der üblichen gesonderten Behandlung der Kartelle werden diese hier mit unter „Verbände" zusammengefaßt, weil in der folgenden Untersuchung davon ausgegangen wird, daß alle Interessenverbände letztlich dem Ziel der Beeinflussung der Marktbedingungen auf die eine oder andere Weise mittels Selbstorganisation der Unternehmerschaft dienten.

160 *Nussbaum,* S. 46.

161 H.-G. *Kirchhoff,* Die staatliche Sozialpolitik im Ruhrbergbau, Köln 1958, S. 45–47, und auch: Die Belegschaft der Bergwerke und Salinen im Oberbergamtsbezirk Dortmund, in: StuE, Jg. 15, 1895, Nr. 10, S. 451, ausführlich für die Knappschaft bei K. *Tenfelde,* S. 282–91.

162 Die Emschergenossenschaft wurde 1904 gegründet und ist damit die älteste Abwassergenossenschaft Deutschlands. Der Ruhrsiedlungsverband wurde erst 1920 gegründet.

163 100 Jahre Industrie- und Handelskammer zu Dortmund. Umrisse der Geschichte einer Ruhrhandelskammer 1863–1963, Dortmund 1963, S. 9ff.

164 W. *Fischer,* Unternehmerschaft, Selbstverwaltung und Staat. Die Handelskammern in der deutschen Wirtschafts- und Staatsverfassung des 19. Jahrhunderts, Berlin 1964, bes. S. 69ff.

165 G. D. *Feldmann* u. U. *Nocken,* Trade Associations and Economic Power: Interest Group Development in the German Iron and Steel and Machine Building Industries 1900–1933, in: BHR, Jg. 49, 1975, S. 413ff., bes. S. 416.

166 Vgl.: Gesetz über die Handelskammern vom 24. Febr. 1870, 19. Aug. 1897. Kommentar. Berlin 1909, bearbeitet v. F. *Lusensky.*

167 *Nussbaum,* S. 38ff., bes. S. 40 u. auch: *Fischer,* Unternehmerschaft, S. 73.

168 Dies galt auch für deren Zentralorganisation, dem Deutschen Handelstag (seit 1861). Vgl. *Wehler,* Kaiserreich, S. 91.

169 Dieser geringe Organisationsgrad der Eisenindustriellen läßt sich u. E. nicht einfach auf eine bestimmte Ursache zurückführen, sondern ist vielmehr Teil des besonderen Sozialprofils dieser Unternehmergruppe, das in diesem Kapitel verdeutlicht werden soll. Im Kapitel IV wird dann unter Bezugnahme auf die spezifischen Unternehmensprobleme dieser Branche auf diese Unterschiede zurückzukommen sein.

170 Auf die lange Tradition des Systems der sozialen Sicherung im Bergmannsstande wurde weiter oben auf S. 64 schon hingewiesen.

171 Dazu H. *Croon,* Die gesellschaftlichen Auswirkungen des Gemeindewahlrechts in den Gemeinden und Kreisen des Rheinlandes und Westfalens im 19. Jahrhundert, Köln 1960.

172 H. *Silbergleit,* Preußens Städte, Berlin 1908, bes. S. 176f. und zur Anzahl dieser Positionen Tabellenteil S. 180f.

173 Dazu und zur Organisation der kommunalen Selbstverwaltung in Preußen (allerdings nicht historisch konkret, sondern juristisch abstrakt): H. *Preuss,* Gemeinde, Staat, Reich als Gebietskörperschaften, Berlin 1899 passim und sehr umfassend H. *Heffter,* Die deutsche Selbstverwaltung im 19. Jahrhundert, Stuttgart 1950, bes. S. 407–14.

174 H. *Preuss,* Die Entwicklung der kommunalen Selbstverwaltung in Deutschland, in: Handbuch der Politik, Bd. I, S. 266–86, Berlin 1920, S. 268.

175 Ebd., S. 270 sowie *Preuss,* Gemeinde, S. 367.

176 *Preuss,* Entwicklung, S. 271, 274.

177 H. *Peters,* Grenzen der kommunalen Selbstverwaltung in Preußen. Ein Beitrag zur Lehre vom Verhältnis der Gemeinden zu Staat und Reich, Berlin 1926, S. 26, 28.

178 *Preuss,* Entwicklung, S. 275f.

179 *Peters,* Grenzen, S. 196ff.

180 Ebd., S. 212ff.

181 *Zunkel,* Der Rheinisch-Westfälische Unternehmer, S. 157, weist ausdrücklich auf ein starkes kommunalpolitisches Engagement in den Städten vor 1850 hin.

182 So waren z.B. die ersten Ansätze zur Entwicklung eines Fachschulwesens meist auf kommunaler Ebene anzutreffen. Vgl. weiter oben auf S. 48f.

183 Seit 1887 waren die Gemeinden für die Konzessionierung von Dampfmaschinen zuständig.

184 H. *Führbaum,* Die Entwicklung der Gemeindesteuern in Deutschland (Preußen) bis zum Beginn des 1. Weltkrieges, Diss. Münster 1971, bes. S. 52–57, 124ff.

185 *Jaeger,* Unternehmer, S. 86ff. vermutet ab 1900 eine sinkende Teilnahme von Unternehmern an der Kommunalpolitik.

186 Die Arbeiten über „große" Unternehmer und deren politischem Wirken sind zahlreich. Man denke nur an Namen wie *Harkort, Camphausen, Mevissen, Thyssen, Stinnes* und *Krupp.* Diese Personen, die zugleich auch Mitglied der ökonomischen Führungsschicht waren, prägten

das öffentliche Bild des Unternehmers. Diese „großen" Unternehmer können aber nicht als repräsentativ für den von uns weiter oben auf S. 23f. definierten durchschnittlichen Unternehmer gelten, der nicht wie Louis *Barre* von Bismarck mit der Ausarbeitung eines Entwurfs zur Unfallversicherung beauftragt wurde oder wie Friedrich *Krupp* beim Kaiser selbst ein offenes Ohr fand.

187 Zweifellos zählten zu dieser Gruppe aus unserem Sample Industrielle wie *Mevissen, Thyssen* und *Stinnes*. Zugleich wird damit auch die Frage aufgeworfen, ob jene politologisch orientierten Arbeiten, die Unternehmer in der Politik anhand von Parlamentsverzeichnissen etc. analysieren, tatsächlich das ganze Spektrum ihres politischen Wirkens treffen. Die Gefahr einer Überschätzung besteht immerhin. Allerdings läßt sich auch die Möglichkeit einer Unterschätzung des politischen Einflusses, da informelle Einflußkanäle so nicht erfaßt werden können, nicht ganz leugnen.

188 Darauf weist auch *Jaeger*, Unternehmer, S. 100ff., hin, der auf M. *Weber*, Wirtschaft, u. *ders.*, Politik als Beruf, München 1926, verweist.

189 *Jaeger*, Unternehmer, S. 47.

190 Ebd., S. 67 (für die Zeit von 1889 bis 1914).

191 Ebd., S. 84.

192 Ebd., S. 60. Insgesamt hatte der Reichstag rund 400 Mitglieder.

193 Ebd., S. 57, 60.

194 Ebd., S. 71.

195 Solch eine Vermutung läge nahe, wenn man die Zeit nach 1870 als eine Periode des sich zunehmend organisierenden, zunehmend staatlich durchdrungenen Kapitalismus interpretiert. Vgl. H. A. *Winkler* (Hrsg.), Organisierter Kapitalismus, Göttingen 1974, vor allem die Beiträge J. Kockas und H.-U. Wehlers.

196 *Jaeger*, Unternehmer, S. 86, vor 1850 vermutet auch *Zunkel*, S. 159, eine stärkere Vertretung der Unternehmerschaft in den Provinziallandtagen.

197 *Jaeger*, Unternehmer, S. 82.

198 *Wehler*, Kaiserreich, S. 23.

199 *Jaeger*, Unternehmer, S. 82 verweist hier auf die Arbeit von O. *Pieper*, Verfassungsmäßige Vertretung von Industrie und Handel in den Parlamenten des In- und Auslandes unter besonderer Berücksichtigung der ersten Kammern, Krefeld 1912, S. 14.

200 *Zunkel*, S. 251.

201 Ebd., S. 185.

202 *Wehler*, Kaiserreich, S. 31.

203 *Zunkel*, Der Rheinisch-Westfälische Unternehmer, S. 245.

204 *Jaeger*, Unternehmer, S. 96.

205 Die Zahl von 15 Parteimitgliedern unter insgesamt 53 in der überregionalen Politik tätigen westfälischen Schwerindustriellen mag gering erscheinen. Bedenkt man jedoch, daß sich das Parteiensystem erst nach 1850 entfaltete und eine Parteimitgliedschaft nur für den Reichstag (ab 1871) und später bedingt auch für das preußische Abgeordnetenhaus eine notwendige Bedingung war, so erklärt sich dieser geringe Anteil.

206 *Kaack*, S. 33.

207 Dazu vgl. Th. *Nipperdey*, Über einige Grundzüge der deutschen Parteiengeschichte, in: *Böckenförde*, S. 237–57, bes. S. 255; und *Wehler*, Kaiserreich, S. 78ff.

208 E. *Pikart*, Die Rolle der Parteien im deutschen konstitutionellen System vor 1914, in: *Böckenförde*, S. 258–81, bes. S. 265.

209 Ebd., S. 261, 270.

210 Dieser Auffassung ist auch *Jaeger*, Unternehmer, S. 129.

211 Für die Nationalliberalen siehe ebd., S. 116.

212 Diesen Prozeß der Entwicklung sich ausschließender unternehmerischer Interessenstandpunkte analysiert *Nussbaum*.

213 *Jaeger,* Unternehmer, S. 130.
214 *Wehler,* Kaiserreich, S. 72.
215 Ebd., S. 74.
216 *Kaelble,* Berliner Unternehmer, S. 249, dies gilt zumindest für die frühe Zeit. Nach der Jahrhundertwende verschafften sich die „Schutzzöllner“ zunehmend Einfluß auf die Bürokratie und die Regierung. Vgl. D. *Stegmann,* Die Erben Bismarcks. Parteien und Verbände in der Spätphase des Wilhelminischen Reichs, Köln 1970.
217 F. *Zunkel,* Beamtenschaft und Unternehmertum beim Aufbau der Ruhrindustrie, in: Tradition, 9. Jg., 1964, S. 266f.
218 Z.B. im Zusammenhang mit der Hibernia-Affäre, bei der der preußische Staat seit 1902 versucht hatte, die Aktienmehrheit der Bergwerksgesellschaft Hibernia zu erwerben, durch eine Kapitalerhöhung 1906 unter Ausschluß des Bezugsrechts der Aktionäre in die Minderheit gedrängt wurde. Dazu G. *Gebhardt,* Ruhrbergbau, S. 334, eine ausführliche Analyse dieser Affäre bei H. *Mottek,* Zur Verstaatlichung im Kapitalismus – der Fall Hibernia, in: JWG 1968/IV., S. 11–39.
219 *Zunkel,* Der Rheinisch-Westfälische Unternehmer, S. 85, bestreitet für die Zeit bis ca. 1880 diese Möglichkeit gänzlich.
220 *Conze,* Sozialgeschichte, S. 644.
221 Dazu und zu den Kriterien der Auswahl der Kandidaten zum höheren Verwaltungsdienst siehe J. C. G. *Röhl,* Higher Servants in Germany, 1890–1900, in: JCH, Jg. 2, 1967, S. 101–21.
222 Ebd., S. 116, ähnlich bei D. *Wegmann,* Die leitenden staatlichen Verwaltungsbeamten der Provinz Westfalen, 1815–1918, Münster 1969, S. 32, 110f., 162.
223 *Jaeger,* Unternehmer, S. 170.
224 E. K. *Kohn-Brahmstedt,* Aristocracy and the Middle-Classes in Germany. Social Types in German Literature 1830–1900, London 1937, S. 182ff.
225 *Zunkel,* Der Rheinisch-Westfälische Unternehmer, S. 107; *Born,* S. 283 trennt hier Bürgertum vom Großbürgertum mit dessen Streben nach feudalen Lebensformen.
226 *Wehler,* Kaiserreich, S. 129ff., bes. S. 131.
227 Die Technischen Hochschulen erhielten erst 1899 das Promotionsrecht. Dies führte zu einer Zunahme der Ehrenpromotionen, von denen gerade Unternehmer stark betroffen waren.
228 *Wehler,* Kaiserreich, S. 158.
229 Ebd., S. 160f.
230 So untersuchten W. H. *From* u. D. C. *Miller,* Occupational Career Pattern as a Sociological Instrument, in: AJS, Jg. 54, 1949, S. 317–19, anhand von 276 individuellen Berufsgeschichten, in welchem Ausmaß die berufliche Sicherheit von der Stellung in der beruflichen Hierarchie abhängt.
231 S. M. *Lipset* u. R. *Bendix,* Social Mobility and Occupational Career Patterns, in: AJS, Jg. 57, 1952, S. 494–504 untersuchten die Berufsgeschichten von 935 Personen in Hinblick auf deren Mobilität.
232 Dazu L. *Taylor,* Occupational Sociology. New York 1968, S. 292.
233 Siehe ebd., S. 266f.
234 Dieser ganze Bereich und noch einiges mehr wird von der Berufssoziologie abgedeckt. Ein Überblick über dieses Spektrum bietet: Th. *Luckmann* u. W. M. *Sprondel* (Hrsg.), Berufssoziologie, Köln 1972, mit einer ausführlichen Bibliographie auf S. 419–26.
235 W. L. *Slocum,* Occupational Careers. A Sociological Perspective, Chicago 1966, bes. S. 226ff.
236 Darauf weist auch hin: S. *Carlson,* Executive Behavior. Stockholm 1951, S. 25.
237 Beispiele dafür sind H. *Pross* u. K. W. *Bötticher,* Manager des Kapitalismus, Frankfurt/M. 1971; H. *Hartmann* u.a., Leitende Angestellte, Neuwied 1973, sowie E. *Helmer,* Soziale Stellung und Selbstverständnis der leitenden Angestellten, Diss. Münster 1974; *Fürstenberg,* Aufstiegsprobleme, S. 121ff.

238 Das sind gemäß Tab. 1 auf S. 29 ganze zwölf Personen.

239 Diese Vorgehensweise beinhaltet natürlich den Verzicht auf die Möglichkeit der Klassifizierung der Ausgangspositionen der Unternehmer nach dem Eigentumsstatus gegenüber der Unternehmung, in der sich ihr betrieblicher Aufstieg vollzog. Das bedeutet jedoch nicht, daß die folgende Darstellung allein dem „Bürokraten", dem „Angestellten-Unternehmer" oder dem „salaried administrator" gilt, sondern daß auf eine Differenzierung nach dem Eigentumsstatus verzichtet und allein auf die betriebliche Position abgestellt wurde. Dazu *Kaelble,* Berliner Unternehmer, S. 54 ff.; *Erickson,* S. 50 ff., u. *Stahl,* S. 228 ff.

240 Vgl. weiter oben Tab. 24, S. 58.

241 Diese durchschnittlichen Eintrittsalter ergeben sich nicht aus der obigen Tab. 44, die ja eine Klassenbreite von fünf Jahren aufweist, sondern wurden gesondert berechnet.

242 *Stahl,* Tab. 50, S. 245 und die Tab. 46–49 auf S. 239–42. Allerdings mißt Stahl das Alter des ersten Eintritts in eine Unternehmerposition, während für die westfälischen Schwerindustriellen der Eintritt in die Branche gemessen wird, in der eine Unternehmerposition entweder gleich oder später eingenommen wird. Auch *Kaelble,* Berliner Unternehmer, S. 20, Fußnote 2, errechnet für sein Sample ein Durchschnittsalter von 29 Jahren, Tab. 9, S. 55, zeigt, daß es sich dabei ausschließlich um Eigentümer-Unternehmer handelt.

243 *Erickson,* S. 75.

244 Ebd., S. 76.

245 Die Tatsache, daß die Durchschnitte der Perioden insgesamt über dem Durchschnitt der Gesamtperiode liegen, ist dadurch zu erklären, daß Fälle längerer Karrieredauer in mehrere Perioden fallen und damit zu Doppelzählungen führen. Vgl. Anmerkung zu Tab. 4 auf S. 32.

246 Diesen Grund für eine verkürzte Unternehmerkarriere sieht auch *Erickson,* S. 77, darüber hinaus weist sie noch auf die Tatsache von Entlassungen wegen konjunktureller Schwierigkeiten in der Stahlindustrie hin, die ebenfalls die durchschnittliche Karrieredauer verkürzen. Für die westfälische Schwerindustrie läßt sich in der Untersuchungsperiode eine entsprechende Entwicklung nicht feststellen.

247 *Erickson,* S. 77.

248 Die Unterscheidung zwischen „Betriebsgründern", „Betriebserben" und „Bürokraten" („Angestellten-Unternehmern") geht zurück auf eine Typisierung von R. *Bendix,* Herrschaft und Industriearbeit, Frankfurt/M. 1960, S. 328 ff. *Kaelble,* Berliner Unternehmer, S. 55, 75 ff. zeigt, daß in seiner Untersuchungsgesamtheit „Bürokraten" praktisch nicht vorkommen.

249 Vgl. *Erickson,* S. 60. Der Großteil der Stahlindustriellen trat auch gleich nach der Ausbildung in die Stahlbranche ein. Vgl. ebd., S. 63.

250 Dabei wird nicht berücksichtigt, daß ein Wechsel auf der gleichen Ebene zwischen einem „kleinen" und einem „großen" Konzern durchaus auch einen Aufstieg darstellen kann. Es bleibt aber darauf hinzuweisen, daß die Größenunterschiede in der Schwerindustrie nicht so gewaltig wie in manchen anderen Branchen waren.

251 Eine Ausnahme macht allenfalls der Wechsel aus der Eisenindustrie in die gemischten Werke und umgekehrt, wie auch schon oben erwähnt.

252 Vgl. etwa zum Wechsel in das oberschlesische Industriegebiet *Fuchs,* bes. S. 275 ff.

253 Die Fluktuation wird unter 2.6.2.3. noch gesondert behandelt.

254 Dabei bedeutet die Zahl 1, daß die betreffende Person niemals die Firma wechselte.

Kapitel III

1 Zu diesem Punkt existiert eine umfangreiche Literatur verschiedenster Art: H. *Wachenheim,* Die deutsche Arbeiterbewegung 1844–1914, Köln 1967; Geschichte der deutschen Arbeiterbewegung, Hrsg. vom Institut für Marxismus-Leninismus beim ZK der DDR, Berlin (Ost) 1966, bes. Band 1 u. 2; K. *Saul,* Staat, Industrie, Arbeiterbewegung im Kaiserreich, Düsseldorf

1974, vor allem für die Jahre 1903–1914, und H. J. *Teuteberg*, Geschichte der industriellen Mitbestimmung in Deutschland, Tübingen 1961; zuletzt *Tenfelde*.

2 Vgl. dazu vor allem A. D. *Chandler* jr., The Visible Hand, Cambridge/Mass. 1977.

3 Wie bei dem schon zitierten Aufsatz von *Lindert* u. *Trace* geschehen.

4 Aus dieser Diskussion lassen sich die entsprechenden Informationen und Argumente für unsere Zwecke herausgreifen.

5 G. *Mensch*, Basisinnovationen und Verbesserungsinnovationen, in: ZfB, Bd. 42, 1972, S. 291–97 weist auf diesen Zusammenhang hin. Siehe ebd., S. 291.

6 G. *Mensch*, Das technlogische Patt, Frankfurt/M. 1975, bes. S. 58ff. Zu einer anderen Sichtweise gegenüber technologischen Veränderungen siehe N. *Rosenberg*, The American System of Manufactures. The Report of the Comittee on the Machinery of the United States 1855 and the Special Reports of George Wallis and Joseph Withworth 1854, Edinburgh 1969, bes. S. 1–86 mit den Hinweisen über den Weg des internationalen Erfahrungsaustausch.

7 So wie etwa das Tiefbauverfahren im Bergbau, das ein neues Bergrecht erforderte, zu neuen Betriebsformen führte, neue Arbeitskräfte zu rekrutieren verlangte u. a. m. Zum Konzept der Basisinnovationen vgl. *Mensch*, Basisinnovationen, S. 293.

8 Ein ähnliches Modell läßt sich auch für die Entwicklung der Marktverhältnisse anwenden. Vgl. E. *Heuss*, Allgemeine Markttheorie, Tübingen 1965, bes. Kap. 3, S. 35–104.

9 Wie das etwa H. *Freudenberger* u. G. *Mensch*, Von der Provinzstadt zur Industriegemeinde (Brünn-Studie), Göttingen 1975, für die Wolltuchfabrikation im Raume Brünn unternehmen oder B. *Gille*, Technische Probleme der französischen Eisen- und Stahlindustrie im 19. Jahrhundert, in: K. *Hausen* u. R. *Rürup* (Hrsg.), Moderne Technikergeschichte, Köln 1975, S. 189–215, ansatzweise versucht.

10 Genauer müßte man von einer „Quasitotalerhebung" sprechen, da für einige wenige kleinere Unternehmen kein Material mobilisiert werden konnte. Die Liste der Firmen im Anhang enthält praktisch alle bekannteren Namen der westfälischen Schwerindustrie.

11 Diese waren noch 1850 mit 99,88 % an der Kohleförderung im niederrheinisch-westfälischen Bezirk beteiligt. Siehe: Die *Entwicklung* des niederrheinisch-westfälischen Steinkohlenbergbaus in der zweiten Hälfte des 19. Jahrhunderts, hrsg. vom Verein für die bergbaulichen Interessen im Oberbergamtsbezirk Dortmund, 12 Bde., Berlin 1904, Bd. X, S. 279, Tab. 51.

12 Vgl. ebd., Tab. 11.

13 L. *Cremer*, Kohlebergbau, in: Führer durch den niederrheinisch-westfälischen Industriebezirk, Düsseldorf 1893, S. 44. Dazu weiter unten ausführlich auf S. 95. Zur Wanderung des Ruhrbergbaus nach Norden vgl. W. *Dege*, Das Ruhrgebiet, Braunschweig 1972, S. 18ff., bes. die Skizze auf S. 27.

14 So befanden sich 1855 insgesamt im märkischen Bergamtsbezirk (der sich im wesentlichen mit unserer Untersuchungsregion deckt) 151 Steinkohlengruben in Betrieb (1765 waren eingetragen und 614 konzessioniert). Siehe L. H. W. *Jacobi*, Das Berg-, Hütten- und Gewerbewesen des Regierungsbezirks Arnsberg in statistischer Darstellung, Iserlohn 1857, S. 225.

15 Die Verteilung der kleinen Felder entlang der Ruhr und die nach Norden und Nordwesten zunehmende Feldergröße wird deutlich in den Felderkarten.

16 Staatsarchiv Münster. Märkisches Bergamt Bochum Nr. 271. Auszug aus den Nachweisungen von dem Zustande der Privathüttenwerke und der metallischen Fabriken des Regierungsbezirks Arnsberg für das Jahr 1845.

17 Staatsarchiv Münster. Märkisches Bergamt Bochum Nr. 271. Übersicht der Produktion des Bergwerks-, Steinbruchs-, Hütten- und Salinenbetriebes auf den der Administration der Bergwerksbehörden unterworfenen Werken im Märkischen Bergamtsbezirk für das Jahr 1847. Insgesamt bieten die Akten des Staatsarchivs Münster keine gute Quelle zur Ergänzung der Firmenquellen, da gemäß Gesetz vom 10. Juni 1861 an alle Akten der Hütten-, Walz- und Puddelwerke an die örtlichen Ämter und Bürgermeistereien überstellt werden mußten. Siehe: Staatsarchiv Münster. Regierung Arnsberg I GA, Nr. 4b, Bd. 3.

18 So z. B. bei K. *Wiedenfeld,* Ein Jahrhundert rheinischer Montan-Industrie, 1815–1915, Bonn 1916. Dabei handelte es sich in diesen Regionen ausschließlich um kleinere Puddel- und Walzwerke, die dem inländischen Bedarf in den 40er Jahren nicht gewachsen waren. Vgl. H. *Wagenblass,* Die Deutsche Eisenbahnschienen-Companie und ihr Gründer Carl Joseph Meyer, in: Tradition, Bd. 17, 1972, S. 233–55, bes. S. 239.

19 Th. *Müllensiefen,* Die Lage der industriellen Arbeiter im Regierungsbezirk Arnsberg, Diss. Tübingen 1901, S. 3.

20 So etwa bei *Rosenberg,* Große Depression, S. 41. Auch die Zeitgenossen empfanden diese Zeitperiode als eine außerordentliche, wenn auch häufig unter negativem Vorzeichen. Als Beispiel dafür: O. *Glagau,* Der Börsen- und Gründungsschwindel in Berlin, Leipzig 1876.

21 *Däbritz,* Entstehung und Aufbau, datiert die erste Gründungsperiode im Bergbau 1852–57 und die zweite 1870–73, S. 27, 49.

22 Ein „boom" ist auch bei den Beschäftigtenzahlen und der Produktion festzustellen. Im Bergbau verdoppelten sich in der 1. Periode nahezu die Produktion und die Beschäftigtenzahl und steigerten sich in der 2. Periode nochmals um ca. 60 %. Vgl. *Cremer,* Tab. 1.

23 Unter Umgründungen fallen sowohl Fusionen, Aufkäufe wie auch die Übernahme bankrotter Unternehmen, nicht jedoch der Wechsel der Rechtsform einer bestehenden Unternehmung.

24 Der Anteil der Umgründungen an den Neugründungen steigerte sich in den Perioden der Tabelle deshalb von 3 % über 9 %, 21 % und 35 % auf 67 % und 62 % für die beiden Perioden nach 1873.

25 Dies gilt, obwohl auch schon in der Periode 1 gemischte Werke bestanden. Dazu: F. *Ramjoue,* Die Bedeutung der Schwerindustrie für die Entwicklung des Ruhrgebiets als Wirtschaftskörper, Gummersbach 1933.

26 Die Expansion von Produktion und Absatz im Ruhrbergbau bis 1873 bestätigt diese Erwartungen. Inwieweit die Vielzahl der späteren Neugründungen als eine Reaktion auf die veränderte Wirtschaftslage gesehen werden kann, die alle früheren Erwartungen zunichte machte, dazu C. L. *Holtfrerich*. Daß die Absatzerwartungen sich auf einen profitablen Absatz bezogen, bedarf wohl keiner weiteren Erläuterung.

27 Zu den Ursachen der zögernden Übernahme der fortgeschrittenen englischen Technologie siehe N. J. G. *Pounds* u. W. N. *Parker,* Coal and Steel in Western Europe, London 1957, bes. S. 105f.

28 Vgl. P. *Wiel,* Das Ruhrgebiet in Vergangenheit und Gegenwart, Essen 1963, S. 20.

29 Ebd., S. 20, auch A. K. *Hömberg,* Wirtschaftsgeschichte Westfalens, Münster 1968, S. 141.

30 F. *Neuhaus,* Die Zechenstillegungen im Südraum des Ruhrgebiets, Diss. Köln 1938, S. 7.

31 *Wiel,* S. 21.

32 *Wiedenfeld,* Jahrhundert, S. 36.

33 Vgl. dazu: *Entwicklung,* Bd. III, S. 18, Tab. 1, die allerdings nur in Zehnjahreszeiträumen mißt, so daß die tatsächliche Häufung in den Jahren zwischen 1850–59 und 1870–79 (jeweils 84) die Bedeutung der beiden Gründungsperioden unterschätzt. Der erste Tiefbauschacht wurde im westfälischen Ruhrgebiet 1837 niedergebracht. Dabei handelte es sich um den Schacht Hardt der Zeche Franziska Tiefbau in Witten. Vgl. *Gebhardt,* S. 210. Der erste Tiefbauschacht im Ruhrgebiet wurde schon 1800 auf der Zeche Vollmond niedergebracht. Vgl. *Entwicklung,* Bd. III, S. 16.

34 Der gesamte Ruhrbergbau verfügte vor 1850 über 34 Tiefbauschächte. Vgl. *Entwicklung,* Bd. III, S. 18, Tab. 1.

35 Vier Tiefbauschächte, die 1856 begonnen wurden, kamen allerdings niemals in Förderung, da die Abteufarbeiten eingestellt wurden.

36 Darauf wird weiter unten noch einzugehen sein, vor allem im Hinblick auf die schon erwähnte Mobilisierung des notwendigen Gründungskapitals.

37 Vgl. Entwicklung, Bd. III, S. 84. Zur Bedeutung der Dampfmaschine *Neuhaus*, S. 11, sowie *Wiedenfeld*, Jahrhundert, S. 34f. Zur Verbreitung der Dampfmaschine in Deutschland: W. *Rinne*, Ruhrgeist und Ruhrstahl, Berlin 1941, S. 41f.

38 Entwicklung, Bd. III, S. 154.

39 Dazu ausführlich ebd., S. 170–538.

40 Ebd., S. 513–38 u. 86.

41 Dieses Verfahren wurde erstmals 1855 auf der Zeche Hibernia durch W. T. Mulvany praktiziert. *Gebhardt*, S. 330f.

42 Vgl. dazu ausführlich: *Entwicklung*, Bd. III, S. 107–39.

43 Ebd., S. 93–107.

44 O. *Simmersbach*, Die Eisenindustrie, Leipzig 1906, S. 34.

45 H. *Voecker*, Die deutsche Eisen- und Stahlindustrie, Berlin 1907, S. 14.

46 Dies gelang in Deutschland erstmals 1767 in Sulzbach im Saargebiet. Zunächst wurde das gleiche Gewinnungsverfahren wie bei der Holzkohle angewandt: die Verschwelung in Meilern. Erst in den 1830er Jahren wandte man die neuen englischen Verfahren der Koksgewinnung auch in Deutschland an. Vgl. *Gemeinfaßliche Darstellung* des Eisenhüttenwesens, hrsg. v. Verein Deutscher Eisenhüttenleute, Düsseldorf 1937, S. 33.

47 L. *Sinzheimer*, Der volkswirtschaftliche Charakter der technischen Entwicklung des deutschen Eisenhüttengewerbes 1865–1879, München 1892, S. 18.

48 *Hömberg*, S. 147.

49 *Gemeinfaßliche Darstellung*, S. 32.

50 *Wiedenfeld*, Jahrhundert, S. 38. Der erste Kokshochofen wurde um 1850 im rheinischen Teil des Ruhrgebietes installiert, nachdem schon 1790 auf der Gutehoffnungshütte in Sterkrade mit dem neuen Verfahren experimentiert worden war. Vgl. U. *Troitsch*, Innovation, Organisation und Wissenschaft beim Aufbau von Hüttenwerken im Ruhrgebiet 1850–1870, Dortmund 1977, S. 5/6.

51 Begonnen hatte diese Innovation schon 1619 in England, als es Dud Dudley in Pensant/Worcestershire gelang, Koksroheisen zu erblasen. Diese Errungenschaft geriet jedoch in Vergessenheit, und erst 1735 nahm Abraham Darby in Colebrookdale/Shropshire die Koksroheisenproduktion wieder auf. In Deutschland wurde erst 1796 auf der Gleiwitzer Hütte in Oberschlesien der erste Kokshochofen errichtet und im Ruhrgebiet sogar erst 1849 auf der Friedrich-Wilhelms-Hütte in Mülheim. Vgl. *Simmersbach*, S. 35 und *Rinne*, S. 44. Zur Übernahme der Koksverhüttung in England vgl. Ch. K. *Hyde*, The Adoption of Coke-Smelting by the British Iron Industry, in: EEH, Jg. 10, 1973, S. 397–418.

52 E. *Hübner*, Die deutsche Eisenindustrie, ihre Grundlagen, ihre Organisation und ihre Politik. Leipzig 1913, S. 16. Es finden sich für diese drei Teile die unterschiedlichsten Bezeichnungen.

53 Dazu und zum folgenden ausführlich: *Gemeinfaßliche Darstellung*, S. 47–56 u. auch: *Simmersbach*, S. 35–47.

54 Dieses Verfahren wurde 1828 von J. B. Neisson in England entwickelt.

55 Das Verfahren zur Nutzung der Gichtgase wurde zwar auf dem Kontinent entwickelt, in der Praxis aber zunächst in England angewandt. Erst nach der Krise 1858 wurde es im Ruhrgebiet, dann jedoch nach dem neu erprobten französischen Muster eingeführt. Damit konnte etwa ein Drittel des Kohlenverbrauchs eingespart werden. Vgl. *Troitsch*, S. 18ff.

56 Dabei werden nach verschiedenen Entstehungs- und Verwendungsweisen noch zahlreiche Sondergruppen unterschieden. Vgl. *Simmersbach*, S. 48–60.

57 *Gemeinfaßliche Darstellung*, Abb. 32, S. 78. Erstmals wurde 1862 auf der Friedrich-Wilhelms-Hütte in Troisdorf von Eugen Lange mit der Verwertung der Hochofenschlacke als Baumaterial experimentiert. Vgl. *Simmersbach*, S. 61.

58 *Gemeinfaßliche Darstellung*, S. 82f.

59 Für den Aufbau der Hüttenindustrie des Ruhrgebietes sind die dortigen Eisenerzvor-

kommen, die zumeist mit den Steinkohlen in den gleichen Bergwerken abgebaut wurden, kaum zu überschätzen. Später stellten sie sich jedoch als wenig ergiebig heraus, und ihre Ausbeutung wurde nach und nach eingestellt. Auf diese Bedeutung weist auch hin: *Hömberg*, S. 146; ebenso *Troitsch*, S. 9. 1860 wurden im westfälischen Ruhrgebiet immerhin 201720 t Eisenerz gefördert. Siehe: *Entwicklung*, Bd. XII, S. 17, Tab. 84.

60 *Wiel*, S. 44.

61 *Hübner*, S. 19f.

62 Einen kurzen Überblick über die Entwicklung in Deutschland seit 1850 gibt D. S. *Landes*, Der entfesselte Prometheus, Köln 1973, S. 206ff.

63 Siehe H. E. *Eckert*, Urtümliche Eisengewinnung bei den Senufo in Westafrika, in: Der Anschnitt, Zeitschr. f. Kunst und Kultur im Bergbau, 28. Jg., 1976, S. 60–63.

64 *Gemeinfaßliche Darstellung*, S. 3.

65 Ebd., S. 125f.

66 Die Übernahme der Stahltechnologie in Deutschland erfolgte nach *Pounds* u. *Parker*, S. 105–13, ab etwa 1800 in mehreren Schritten.

67 So ging etwa Jacob Mayer, der Mitbegründer des Bochumer Vereins, nach seiner Lehrzeit nach England, um in die Geheimnisse der Gußeisenfabrikation eingeweiht zu werden. Allerdings mußte er wegen allzu großer Neugier eilends aus England fliehen. S. W. *Däbritz*, Bochumer Verein für Bergbau und Gußstahlfabrikation in Bochum, Düsseldorf 1934, S. 5.

68 So hatte Carl Berger in Witten 1853 im Keller seines Hauses ein regelrechtes Laboratorium eingerichtet und ein Verfahren zur Herstellung von Stahl entwickelt. S. Gußstahlwerk Witten a. d. Ruhr, Festschr. zum 50jährigen Geschäftsjubiläum 1904, Barmen 1904, S. 4f.

69 *Simmersbach*, S. 64f. u. *Hübner*, S. 20.

70 Von diesem Arbeitsgang her erhielt das Verfahren auch seinen Namen: to puddle = rühren.

71 Dazu ausführlich: *Gemeinfaßliche Darstellung*, S. 86–90; *Simmersbach*, S. 64–68 u. *Hübner*, S. 19–21.

72 Dieses Verfahren wurde 1855 von Henry Bessemer in England entwickelt. Nach ihm wird es auch Bessemer-Verfahren genannt.

73 Dazu ausführlich: *Gemeinfaßliche Darstellung*, S. 90–105; *Hübner*, S. 21f.; *Simmersbach*, S. 68–70.

74 *Rinne*, S. 50. Die erste Bessemerbirne wurde 1862 bei Krupp in Essen installiert.

75 So die Kostenkalkulation für den Schacht I der Bergbau-Aktien-Gesellschaft Tremonia im Landkreis Dortmund, der 1861 in Förderung kam. Vgl. Die Steinkohlenbergwerke der Vereinigten Stahlwerke AG. Die Schachtanlage Tremonia in Dortmund, 1931, S. 7.

76 Dieses war die Summe, die 1873 für den zweiten Schacht der Bergbau-Aktiengesellschaft Pluto angesetzt wurde. Vgl. Die Steinkohlenbergwerke der Vereinigten Stahlwerke AG. Die Schachtanlage Pluto in Wanne-Eickel, 1932, S. 36f.

77 Diese Zahlenangaben für die Abteufkosten decken sich auch mit den Schätzungen von W. *Fischer*, Herz des Reviers, Essen 1965, S. 39, basierend auf den Angaben von W. *Däbritz*, Denkschrift zum fünfzigjährigen Bestehen der Essener Credit-Anstalt Essen, Essen 1922, S. 35ff.

78 Dazu W. *Dege*, Das Ruhrgebiet, Braunschweig 1972, S. 18–27. Dort werden vier Bergbauzonen unterschieden (Ruhr-, Hellweg-, Emscher- und Lippe-Zone), die in einer stetigen Ausdehnung des Bergbaus nach Norden hin nach und nach erschlossen wurden.

79 Hierzu: *Entwicklung*, Bd. III, S. 457–66. Natürlich waren das nicht die einzigen Einflußfaktoren. Die Kosten variierten u. a. auch mit dem Schachtdurchmesser, der Mächtigkeit des Deckgebirges, dem angewandten Abteufverfahren.

80 R. H. *Tilly*, Die Industrialisierung des Ruhrgebiets und das Problem der Kapitalmobilisierung, Dortmund 1969, S. 14, setzt dafür etwa 100000 Taler in den 1850er Jahren an.

81 Darin stimmen die genannten Schätzungen überein: *Däbritz*, Denkschrift, S. 39, 41; *Fischer*, Herz, S. 39, 168; R. H. *Tilly*, Industrialisierung, S. 14; *Troitsch*, S. 13ff.

82 Dazu ausführlich R. H. *Tilly,* Industrialisierung.
83 *Troitsch,* S. 13 ff.
84 So z. B. G. *Natrop,* Der niederrheinisch-westfälische Steinkohlen-Bergbau, Essen (1880), S. 19, und G. *Hempel,* Die deutsche Montanindustrie, Berlin 1934, S. 141.
85 In den frühen Jahren dienten Aktiengesellschaften als Hilfs- und Zwischenlösung, indem Aktien als Bezahlung für Leistungen abgegeben und die Aktionäre dementsprechend ausgewählt wurden. Vgl. W. *Herrmann,* Entwicklungslinien montanindustrieller Unternehmungen im rheinisch-westfälischen Industriegebiet. Dortmund 1954, S. 17.
86 Ebenfalls spielten in diesem Zusammenhang die Probleme der Konzessionierung eine Rolle. Vgl. *Holtfrerich,* S. 42–44.
87 Vgl. allgemein: Ebd.
88 Die Gewerkschaft neuen Rechts hatte gegenüber der Gewerkschaft alten Rechts eine Reihe von Vorteilen. Bei jener wurden die Kuxen zum unbeweglichen Vermögen gerechnet, was ihre Mobilität stark einschränkte. Dazu kam der Nachteil einer geringen Zahl der Kuxe (128), die zwar teilbar waren, aber als Ganzes notiert häufig sehr hohe Beträge erreichten. Ein weiterer Nachteil war, daß jeder Kuxeninhaber für Gewerkschaftsschulden Dritten gegenüber als Gesamtschuldner haftete. Diese Nachteile wurden bei der Gewerkschaft neuen Rechts, die mit dem allgemeinen Berggesetz vom 24. Juni 1865 als Rechtsform eingeführt wurde, weitgehend vermieden, ohne daß eine weitere Eigenart, die unbegrenzte Nachschußpflicht (Zubuße) aufgehoben wurde. Dazu *Däbritz,* Entstehung, S. 16–23, u. *Holtfrerich,* S. 42–48. Ein ausführlicher Vergleich bei F. *Schlüter,* Das Verhältnis von Gewerkschaft zur Aktiengesellschaft im Ruhrbergbau, die Verschiebung und inneren Ursachen, Diss. Köln 1940, S. 11–24.
89 Diese Nachteile lagen vor allem in den geringen Möglichkeiten in Krisenzeiten zusätzlich Kapital über den Kapitalmarkt zu mobilisieren. Vgl. weiter unten S. 107.
90 Dazu ausführlich: *Entwicklung,* Bd. X, S. 252. Bis Ende 1874 hatten demnach schon 241 Gewerkschaften alten Rechts ihre Kuxe mobilisiert.
91 *Däbritz,* Entstehung, S. 48; *Herrmann,* S. 15., u. ausführlich zur Profitabilität von Eisenbahnpapieren R. *Fremdling,* Eisenbahnen und deutsches Wirtschaftswachstum 1840–1879, Dortmund 1975, S. 134 ff.
92 Vgl. *Holtfrerich,* S. 43.
93 F. *Bock,* Die wirtschaftliche Entwicklung der Bergwerks-Aktiengesellschaften des Ruhrkohlenreviers von 1893–1911, Essen 1914, S. 7.
94 Noch 1850 wurden 0,12 % der gesamten Förderung von Aktiengesellschaften erbracht. Vgl. *Holtfrerich,* S. 47, Tab. 9.
95 *Natrop,* S. 19. Für die Eisenindustrie galt ab Mitte der 60er Jahre entsprechendes für deren Hochofen- und Stahlwerke. Für die gesamte Montanindustrie des Ruhrgebiets vgl. *Holfrerich,* S. 44 f., er stellt das jährliche konzessionierte Grundkapital von 1840–1870 nach: *Entwicklung,* Bd. X, S. 260 ff. zusammen und errechnet bis 1870 einen Betrag von knapp 140 Mill. Mark.
96 Zum Beitrag des Kölner Kapitals zur Finanzierung der Ruhrindustrie vgl. R. H. *Tilly,* Financial Institutions and Industrialization in the German Rhineland, 1815–1870, Madison 1966.
97 Gerade im frühen Stadium der Entwicklung der westfälischen Schwerindustrie spielt ausländisches Kapital neben dem von dort zuströmenden „Know-how“ eine bedeutende Rolle. Dazu R. *Cameron,* France and The Economic Development of Europe 1800–1914, Princeton 1961, S. 369–96, der auf die besondere Bedeutung französischen Kapitals hinweist. Auch: *Hömberg,* S. 147 u. *Wiel,* S. 91 f.
98 *Schlüter,* S. 25.
99 Die Stückelung war gesetzlich begrenzt und betrug bis 1884 für Aktien mindestens 1000 M; bei den Kuxen war diese allerdings wesentlich größer.
100 Dies galt für alle Bereiche der Schwerindustrie. Bei der Eisenindustrie – wo eine starke Verbreitung von Gewerkschaften nie zu beobachten war – wurden private Unternehmen von Aktiengesellschaften abgelöst. Besonders für die spätere Konzentrationsphase gilt: ohne Ak-

tiengesellschaften wären die zahlreichen Übernahmen und Fusionen gar nicht möglich gewesen. Doch dazu später mehr auf S. 114 ff. Dieser Siegeszug der Aktiengesellschaften wurde von konservativen Kritikern durchaus skeptisch beurteilt. Sie wiesen auf ihren Einfluß auf die Beziehungen im Betrieb hin und stellten eine zunehmende Entfremdung zwischen Arbeitern und Unternehmern hin, die eine radikale Agitation unter den Arbeitern fördere. So etwa: *Müllensiefen,* S. 9f.

101 *Holtfrerich,* S. 45; P. H. *Mertes,* Das Werden der Dortmunder Wirtschaft, Dortmund 1940, S. 110, spricht von einem Versagen der Aktiengesellschaftsform in der Krise 1858 bis 1869. H. *Schacht,* Zur Finanzgeschichte des Ruhrkohlen-Bergbaus, in: JNSt 1913, Jg. 51, S. 147–85, bes. S. 168 ff. weist auf den Vorteil der besonderen Bindungen der Gewerken an den Bergbau hin.

102 In der Eisenindustrie wurde nur die Aplerbecker Hütte 1901 von einer KG in eine AG umgewandelt. Bei den gemischten Werken wurden 1862 die Dortmunder Bergbau- und Hütten AG in die KG a.A. Gustav Arndt & Co. sowie 1876 der Schalker Gruben- und Hütten-Verein von einer AG in eine Gewerkschaft umgewandelt.

103 Umwandlungen in KG oder GmbH oder aus einer dieser Rechtsformen.

104 Als Aufschwungsjahre wurden gewählt: 1852–57, 1869–74, 1889–92 und 1899 (nach 1900 finden sich keine Umgründungen mehr), dementsprechend die Abschwungjahre 1858–69, 1875–88 und 1893–98. Dabei orientierten wir uns weitgehend an: A. *Spiethoff,* Die wirtschaftlichen Wechsellagen. Aufschwung, Krise, Stockung, Tübingen 1955, Bd. 1, S. 117 ff.

105 *Schacht,* S. 178, zitiert ein Zirkular der Bergbau AG Tremonia, in dem ausdrücklich auf diesen Umgründungsgrund Bezug genommen wird.

106 Drei Unternehmen wechselten ihre Rechtsformen sogar dreimal: nämlich die Gewerkschaft Centrum (1873 zur AG, 1879 wieder Gewerkschaft und 1899 wieder AG), die Gewerkschaft Courl (1870 AG, 1878 Gewerkschaft, 1890 AG) und Gewerkschaft Dannebaum (1873 AG, 1878 Gewerkschaft, 1889 AG). Die Zustimmung der Aktionäre bzw. Gewerken erklärt sich aus ihrem Interesse an der Weiterexistenz der Unternehmen und der damit verbundenen Sicherung ihrer Investitionen.

107 Das verbreitetste neuere Schachtabteufverfahren, das Kind-Chaudron-Verfahren, wurde im Ruhrgebiet erstmals 1865 auf der Zeche Dahlbusch angewandt. Vgl.: Zur Feier des fünfzigjährigen Bestehens des Kohlebergbaus in der Bergwerksberechtsame Dahlbusch. Hrsg. aus Anlaß der Industrie- und Gewerbeausstellung zu Düsseldorf, Düsseldorf 1902, S. 12.

108 Über die Schwierigkeiten beim Umgang mit Dampfmaschinen gibt die Lebensgeschichte Franz Dinnendahls Auskunft. Er verdankte seinen Aufstieg der Unfähigkeit der traditionellen Maschinenmeister, Dampfmaschinen zu bauen und handzuhaben. Vgl. Rheinische-Westfälische Wirtschaftsbiographien, Bd. I, Münster 1932, bes. S. 362f.

109 Bis 1828 waren im gesamten Oberbergamtsbezirk Dortmund schon 26 Dampfmaschinen in Betrieb, von denen acht zur Kohleförderung eingesetzt wurden. 1860 gab es schon 361 Dampfmaschinen in der gleichen Region. Siehe *Gebhardt,* S. 10f.

110 In der 1. H. d. 19. Jhdts. läßt sich in Westfalen eher von einem „Kapitalüberschuß" – gemessen an den realen Investitionschancen – reden. Ab 1850 hingegen bildet „die Kapitalmobilisierung ... ein ernsthaftes Problem ...". Vgl. *Tilly,* Industrialisierung, S. 8, 10. Dagegen vermutet *Schacht,* S. 147–85, einen „chronischen Geldbedarf" für die Zeit vor 1850, der durch Ausweitung des Interessentenkreises über die engen Grenzen des Reviers behoben werden sollte. Vgl. oben S. 104 ff.

111 *Tilly,* Industrialisierung, S. 10.

112 Ebd., S. 12 und *Tilly,* Institutions.

113 Vgl. die Ausführungen bei H. J. *Kinkel,* Kapitalbildung und Finanzierungsprobleme im Ruhrgebiet 1830–1880, Diplomarbeit Münster, S. 41–46, bes. Tab. V, S. 43 u. *Schacht,* S. 153, 177.

114 R. *Cameron,* Some French Contributions to the Industrial Development of Germany, 1840–1870, in: JEH, Jg. 16, 1956, schätzt für 1870 etwa 39 Mill. frz. Franken (ca. 30 Mill.

Mark), die in der deutschen Schwerindustrie investiert waren (S. 312). Diese konzentrierten sich ganz sicherlich im Ruhrgebiet. Für die 1850er Jahre schätzt R. H. *Tilly,* Los von England: Probleme in der deutschen Wirtschaftsgeschichte, in: ZfGS, 124. Bd., 1968, S. 190f. die englische Beteiligung beim Gründungskapital im Ruhrgebiet mit etwa 5 %.

115 *Tilly,* Industrialisierung, S. 15.

116 Zur Entwicklung der Produktion von Kohle und Roheisen im gesamten Ruhrgebiet und in Preußen: *Entwicklung,* Bd. X, S. 52–55 (Kohle) u. Bd. XII, S. 22f. (Roheisen) oder: *Däbritz,* Entstehung, S. 106. Im internationalen Vergleich: *Wiel,* S. 118 (Kohle) u. S. 122 (Eisen).

117 Für die Steinkohlenförderung und deren Preise vgl. *Holtfrerich,* S. 15–25.

118 *Wehler,* Kaiserreich, S. 41f. nennt diese Krise von 1873–79 die 2. Weltwirtschaftskrise in Anlehnung an H. *Rosenberg,* Die Weltwirtschaftskrise, 1857–1859, Göttingen 1974, der diese Krise als 1. Weltwirtschaftskrise interpretiert.

119 *Wehler,* Kaiserreich, S. 43.

120 Die Steinkohlenproduktion im Ruhrgebiet war von 1850 bis 1873 von 1,9 Mill. t auf 16,1 Mill. t gestiegen. Von 1874 bis 1892 stieg sie nochmals auf 36,6 Mill. t. Auch die Roheisenproduktion wuchs von 1874 bis 1892 um mehr als das Dreifache von 417197 t auf 1494330 t. Vgl. *Entwicklung,* Bd. X, S. 52ff., Bd. XII, S. 22.

121 H. *Meiss,* Der Ruhrbergbau im Wechsel der Zeiten, Essen 1933, S. 24 sieht diese Periode als eine Zeit einer „sich mehr allmählich vollziehenden Weiterentwicklung einzelner betriebstechnischer Einrichtungen und Verfahren sowie... langsamer Einführung von Neuerungen...".

122 *Holtfrerich,* S. 96, der darauf hinweist, daß fast 90 % der Ruhrkohlenproduktion des Jahres 1900 aus Kohlearten bestanden, die durch Stollenbau nicht zugänglich waren.

123 G. *Koepper,* In Plutos Reich. Wanderungen durch Schacht und Hütte im rheinisch-westfälischen Industriebezirk, Berlin (1899), S. 44f. unterscheidet im Ruhrgebiet fünf Hauptkohlearten, die jeweils noch durch weitere Bearbeitung in bis zu 20 Sorten unterteilt werden können.

124 Zu den Aufbereitungsverfahren im einzelnen: *Entwicklung,* Bd. IX. Schon sehr früh hatten sich auch zeitgenössische Autoren den Problemen der Aufbereitung zugewandt. So etwa: K. F. *Hartmann,* Die mechanische Aufbereitung der Erze und Steinkohlen, Leipzig 1860. F. *Peters,* Die Aufbereitung der Steinkohlen im Ruhrbassin, Dortmund 1883 u. R. *Lamprecht,* Die Kohlenaufbereitung, Leipzig 1888.

125 *Entwicklung,* Bd. IX, S. 12, 14. Von den 177 Wäschen und 54 Siebereien, die 1900 im Ruhrgebiet existierten, war keine vor 1870 erstellt, 23 Wäschen und 1 Sieberei jedoch immerhin schon vor 1880. Ebd., S. 35. Die erste Separation innerhalb der von uns untersuchten Firmen fand sich 1862 auf der Zeche Pluto. Vgl.: Die Steinkohlenbergwerke der Vereinigten Stahlwerke AG. Die Schachtanlage Pluto in Wanne-Eickel, 1932, S. 24.

126 Zu den Absatzproblemen weiter unter dem nächsten Hauptpunkt 3.2.

127 *Fischer,* Herz, S. 42.

128 Diese Umstellung erfolgte z. T. wegen der Holzverknappung, die zu Brennstoffproblemen führte.

129 *Rinne,* S. 42.

130 Genauer zu den Verkokungsverfahren: *Entwicklung,* Bd. IX, S. 295–466, hier S. 388–91.

131 Ebd., S. 295.

132 Die Produktion im Oberbergamtsbezirk Dortmund betrug 1850: 73112 t, 1855: 224187 t, 1860: 197588 t und 1865: 188457 t. Erst in der 2. Gründerperiode stieg die Produktion 1870 auf 341033 t. Vgl. ebd., S. 296.

133 Ebd.

134 *Holtftrerich,* S. 96.

135 Kokereien wurden zu Beginn der 70er Jahre häufig von Spezialunternehmen bei der Zeche angelegt und betrieben. Vgl. *Entwicklung,* Bd. IX, S. 296. Später wurden die Kokereien ausschließlich von den Zechenunternehmen selbst betrieben.

136 Bei den acht Unternehmen handelt es sich um die Bergbau AG Alter Hellweg und Zollern sowie die Gewerkschaften Carl Friedrich Erbstollen, Glückauf-Tiefbau, Hibernia, Maria Anna & Steinbank, Präsident und Shamrock. Nur eine Zeche (Präsident) besaß eine Kokerei.

137 Die erste Kokerei wurde bereits 1847 auf der Gewerkschaft Präsident, die 1864 in der Bochumer Bergwerks AG aufging, errichtet, weitere folgten 1861 auf Harpen, 1863 auf Centrum und Dannebaum, 1866 auf Pluto, 1867 auf Westphalia und 1870 auf Friederica.

138 *Simmersbach,* S. 70.

139 Dazu ausführlich: *Gemeinfaßliche Darstellung,* S. 99ff.

140 Diese Tatsache war für die deutsche Eisen- und Stahlindustrie deshalb so bedeutsam, weil die meisten heimischen Erze – vor allem die Lothringische Minette – einen hohen Phosphorgehalt hatten.

141 *Simmersbach,* S. 71.

142 *Hübner,* S. 22. Die Thomas-Schlacke bildet ein außerordentlich wertvolles Nebenprodukt. Sie wird gerieben als Düngemittel verwendet. Vgl. *Gemeinfaßliche Darstellung,* S. 104.

143 *Simmersbach,* S. 71.

144 *Rinne,* S. 54.

145 *Wiedenfeld,* Jahrhundert, S. 97–100.

146 Vgl. *Gemeinfaßliche Darstellung,* S. 396. Mit dem kontinuierlichen Betrieb waren auch Kostenvorteile verbunden. Vgl. *Rinne,* S. 82 u. H. G. *Heymann,* Die gemischten Werke im deutschen Großeisengewerbe, Stuttgart 1904, S. 19; neuerdings auch: *Troitsch,* S. 8f.

147 Die gemischten Werke führten das 1878 entwickelte Verfahren sehr rasch ein: 1879 Hörder Verein und Dortmunder Union, 1880 Bochumer Verein und 1884 Hoesch. Allein der Schalker Gruben- und Hüttenverein verzichtete auf eine Einführung. Die reinen Stahlwerke konnten diese Verfahren nicht einführen, da sie dann auch die Vorstufe der Stahlerzeugung, die Gewinnung von Roheisen, mit hätten einführen müssen, was sie zwangsläufig ebenfalls zu gemischten Werken hätte werden lassen.

148 Ausführlich dazu: *Gemeinfaßliche Darstellung,* S. 105–18.

149 *Simmersbach,* S. 72. Später wurden auch Koksofengase verwandt.

150 *Rinne,* S. 59.

151 *Hübner,* S. 23, weist auf die Existenz viel größerer kippbarer S-M-Öfen in den USA hin.

152 Das S-M-Verfahren führten bis 1891 ein: das Wittener Gußstahlwerk (1880), die Gesellschaft für Stahlindustrie (1881), die Westfälischen Stahlwerke (1890), die Eisenindustrie zu Menden und Schwerte (1890) und das Annener Gußstahlwerk (1891).

153 Als erstes der Bochumer Verein 1873.

154 *Wiedenfeld,* S. 101f.

155 Zur Absatzproblematik allgemein A. *Zöllner,* Eisenindustrie und Stahlwerksverband, Leipzig 1907, S. 3–7.

156 *Holtfrerich,* S. 116ff., versucht eine Erklärung des zyklischen Wachstums des Ruhrkohlenbergbaus mit Hilfe des Cobweb-Theorems.

157 Die Konkurrenz war vor allem so stark, da durch die zuvor durchgeführten Innovationen die Produktion dem Absatz vorausgeeilt war. Dafür sprechen auch die sinkenden Preise. Preisreihen bei *Holtfrerich,* für Steinkohle Tab. 2, S. 22ff, für Roheisen Tab. 32, S. 145f. Zu den Versuchen der Kartellbildung vor 1892 s. L. *Poth,* Die Stellung des Steinkohlenbergbaus im Industrialisierungsprozeß unter besonderer Berücksichtigung des Ruhrgebiets, Berlin 1971, S. 47ff.

158 G. *Hempel,* Die deutsche Montanindustrie, Berlin 1934, S. 166.

159 K. W. *Hardach,* Die Bedeutung wirtschaftlicher Faktoren bei der Wiedereinführung der Eisen- und Getreidezölle 1879, Berlin 1967.

160 Die zögernde Nachfrageausweitung hatte vor allem Ursachen in der schwächer werdenden Investitionstätigkeit im Transportsystem und auch im vollendeten Aufbau der deutschen Eisen- und Stahlindustrie, die nun selbst unter Wachstumsstörungen litt. Zu diesen Verflechtun-

gen siehe *Holtfrerich,* bes. die Input-Output-Analyse auf S. 149ff. Zum Ausbau des Transportsystems, bes. der Eisenbahnen: *Fremdling,* S. 13ff.

161 Dazu ausführlich *Neuhaus,* bes. S. 33–39. Von den 71 Zechenstillegungen im Ruhrgebiet bis 1903 erfolgten 63 im Süden.

162 Die Möglichkeit, die Rentabilität durch interne Rationalisierung zu verbessern, bestand in geringem Maße. Darüber hinaus würde durch sie das gesamte Rentabilitätsproblem der Branche nicht gelöst worden sein.

163 Allerdings führt eine Reduzierung der Marktteilnehmer nicht unbedingt auch zu einem veränderten Marktverhältnis der verbleibenden Unternehmen. Dazu umfassend: G. J. *Stigler,* The Organization of Industry, Homewood/Ill. 1968, bes. S. 23 und die zitierten Untersuchungen auf S. 34, Fußnote 6 bis 8.

164 Dies geschah erstmals 1806 nach Aufstellung einer Dampfmaschine, deren effektive Nutzung größere Grubeneinheiten voraussetzte, bei der Zeche Vereinigte Sälzer & Neuack auf Anregung der Bergbehörde. Vgl. W. *Herrmann,* Entwicklungslinien montanindustrieller Unternehmungen im rheinisch-westfälischen Industriebetrieb, Dortmund 1954, S. 10.

165 Konsolidierungen hatten vielfältige Vorteile und ermöglichten nach 1850 verbunden mit den neuen rechtlichen Bedingungen erst moderne Tiefbauanlagen, da wegen ihrer geringen Größe die Einzelfelder einen solchen Abbau nicht effektiv zugelassen hätten.

166 Die bedeutendsten Bergbaukonzerne in unserer Untersuchungsregion sind: Gelsenkirchener Bergwerke AG, Harpener Bergbau AG und die Bergwerks-Gesellschaft Hibernia, die sich bis 1900 auch zu den größten Ruhrbergbauunternehmen insgesamt entwickelten. Vgl. *Däbritz,* Entstehung, S. 86.

167 Eine Liste dieser Unternehmen befindet sich im Anhang, S. 227f.

168 Eine Auflistung der einzelnen Übernahmen erfolgt im Anhang auf S. 227f.

169 1900 wurde die Gewerkschaft Constantin der Große mit dem Rangplatz 7 der größten Zechenunternehmen des westfälischen Ruhrgebiets versehen. Errechnet aus *Däbritz,* Entstehung, S. 8f.

170 „Louise Tiefbau" erzielte 1900 auch eine Förderung von über 600000 t und rangierte damit knapp hinter der Gewerkschaft Constantin der Große, die noch 1859 als größte Zeche mit 108718 t verzeichnet ist. Vgl. W. *Hüttenhain,* Die Entstehung und Entwicklung des rheinisch-westfälischen Industriebezirks, Diss. Frankfurt 1923, S. 60.

171 M. *Krafft,* Die Eisenhüttenindustrie der Rheinprovinz, in: F. G. *Glaser* (Hrsg.), Annalen für Gewerbe & Bauwesen, Bd. 22, 1888, S. 215 gibt die Steinkohlenproduktion Westfalens für 1883 mit 18897048 t an.

172 Zu diesem Verfahren, Wettbewerb zu messen s. *Huffschmid,* S. 46ff. Allgemein zu den Möglichkeiten und Problemen von Konzentrationsmaßnahmen s. *Stigler,* S. 31–35.

173 Zwar waren auch in den anderen deutschen Bergbaurevieren, in Ober- und Niederschlesien, im Saarbezirk und im Königreich Sachsen starke Konzentrationsbewegungen zu beobachten, die allerdings die Marktposition der übriggebliebenen Unternehmen nur stärkten. Dazu: E. *Jüngst,* Die Konzentration im deutschen Wirtschaftsleben, im besonderen im Steinkohlenbergbau, in: Glückauf, Jg. 49, 1913, Nr. 35/36, S. 1464f.

174 *Entwicklung,* Bd. IX, S. 91.

175 Ebd., S. 92ff., bes. S. 97.

176 Ebd., Bd. XI, S. 108ff.

177 Diese drei Gruppen sollten sich in eine Bochumer, Dortmunder und Aplerbecker Gruppe untergliedern, ebd., S. 112f. Die erwähnten Zechen entsprechen im wesentlichen der von uns untersuchten Gruppe von Bergbauunternehmen.

178 P. *Wisskott,* Der Verein Kohlenklub, in: Glückauf, Jg. 34, 1898, Nr. 20 u. 21.

179 *Entwicklung,* Bd. XI, S. 115ff. Sie umfaßte mit Ausnahme von Harpen die größten Zechen des westfälischen Ruhrgebiets: Gelsenberg, Hibernia, Dahlbusch, Consolidation, Holland, Hannibal, Pluto, Wilhelmine-Victoria und Zollverein.

180 Lediglich die Zeche Helene Nachtigall in Witten wird von unserer Untersuchungsgesamtheit als Mitglied des Bochumer Verkaufsvereins nicht miterfaßt. Die Mitglieder des Essener und des Steele-Mülheimer Vereins lagen fast alle im Rheinland, so daß sie nicht in unsere Untersuchungsgesamtheit eingehen konnten. Nur vier Zechen, die im Grenzgebiet zwischen Rheinland und Westfalen lagen, waren dort Mitglied. Es handelte sich um Eintracht-Tiefbau, Fröhliche Morgensonne, Altstaden und Eiberg.

181 75 Bergbauunternehmen unseres Samples existierten 1890 und hätten die Möglichkeit gehabt, sich in Verkaufsvereinen zu organisieren. Diese Zahl ergibt sich, wenn man von den 88 Unternehmen, die in der Periode 2 existiert haben, diejenigen abzieht, die vor 1890 ausschieden (13).

182 Gelsenberg, Hibernia und Harpen blieben diesem Zusammenschluß fern.

183 Am 29. 1. 1891 erfolgte auf Einladung des Dortmunder Kohlen-Verkaufsvereins in Dortmund eine Versammlung der Verkaufsvereine aus Essen, Bochum und Dortmund und der Vertreter von Gelsenberg und Harpen. Vgl. *Entwicklung,* Bd. XI, S. 202f.

184 Ebd., S. 214f.

185 Es handelte sich um Hibernia, Königsborn, Ewald und Friedrich der Große. Vgl. *Entwicklung,* Bd. XI, S. 260f.

186 Auf dieser Sitzung wäre es beinahe wieder zum Scheitern des Syndikats gekommen, da jetzt die Zeche Mont Cenis nicht beitreten wollte. Vgl. *Entwicklung,* Bd. XI, S. 264f.

187 Ebd., S. 271ff.

188 Errechnet aus: *Entwicklung,* Bd. XI, Tab. 27, S. 277–80. Dort wurden zusammengefaßt (1) als Mühlheimer Bergwerks-Vereine die Zechen Hagenbeck, Humboldt und Wiesehe, (2) als Dortmunder Bergbau Gesellschaft die Bergwerke Helene & Amalie, General & Erbstollen sowie Nordstern und (3) zu Bergbau- und Schiffahrts AG Kannengießer die Zechen Roland und Sellerbeck. Außerdem wurden die Bergwerke Hamburg und Franziska zu Hamburg & Franziska zusammengefaßt und die Zechen Henrichenburg, Richard und Sprockhövel aus der Liste gestrichen, weil diese erst nach 1892 dem Syndikat beitraten. Es verbleiben also von den 1907 in der Liste angeführten Unternehmen 95, die als selbständige Einheiten zu betrachten sind.

189 Es handelte sich um zwei Unternehmen, die noch nicht erschlossenen (unerritzten) Felderbesitz hatten (Deutschland und Victoria-Lünen), eines das nicht mehr förderte (Ver. Wallfisch) und nur eines, das noch geringe Mengen förderte. Alle Unternehmen verloren bis 1907 ihre Selbständigkeit.

190 Auf diese Konzentrationsbewegung wird weiter unten noch ausführlich einzugehen sein.

191 Es handelte sich dabei um Gneisenau, Hibernia, Shamrock, Westphalia und Wiendahlsbank.

192 Eigentlich handelte es sich um 88 Unternehmen, da aber Nordstern und General & Erbstollen auf der Liste der Gründungsmitglieder zusammengefaßt wurden, müssen sie auch bei der Zahl der in Periode 2 existierenden Unternehmen zusammengefaßt werden, so daß sich deren Zahl auf 87 reduziert.

193 87 vermindert um die Zahl der ausscheidenden Unternehmen (24), vermehrt um die Zahl derer, die von diesen noch als Gründungsmitglieder auftraten (5).

194 Berlin, Bergmannsglück und Freiherr vom Stein.

195 Gewerkschaft Friedrich Wilhelm bzw. später Gewerkschaft Vorwärts.

196 Friedlicher Nachbar, Mansfeld, Mengeder Bergwerks AG, Prinz Regent und Westhausen. Zu Beginn der 90er Jahre hatten diese Zechen zusammen etwa 700000 t Kohleproduktion, davon Mansfeld allein 312000 t (1895), die fast ausschließlich zur Versorgung des Mansfeld-Konzerns verwandt wurde und damit gar nicht auf den Kohlenmarkt gelangte. Alle zusammen repräsentieren etwa 2 % des Kohleangebots des Syndikats, ohne Mansfeld etwa 1 %.

197 *Holtfrerich,* S. 34f.

198 Vgl. *Bock,* S. 36.

199 *Hempel,* S. 192.

200 Auch die Eisenindustrie litt unter Überangebot und Preisverfall. Vgl. *Holtfrerich,* Tab. 31 u. 32, S. 145. Auf eine ausführliche Darstellung der Entwicklung in der Eisenindustrie wird wegen der Ähnlichkeit der Unternehmensprobleme zum Bergbau verzichtet.

201 Im einzelnen siehe die Liste im Anhang S. 229.

202 Acht Unternehmen müssen korrekterweise beim Vergleich von den 17 Unternehmen abgezogen werden, da diese keine drei Jahre mehr in Periode 2 in Geschäftstätigkeit waren und deshalb bei den 24 Unternehmen der Periode 2 nicht berücksichtigt wurden. Es bleiben neun von 24 = 37,5 %.

203 Diese Zersplitterung bezieht sich sowohl auf die Marktanteile der unterschiedlich strukturierten Werke als auch auf deren Standorte.

204 Allgemein hierzu *Hübner,* S. 101–23, bes. zum Roheisen-Syndikat.

205 *Zöllner* nennt für 1907 36 Mitglieder, unter ihnen befanden sich auch die großen gemischten Werke des westfälischen Ruhrgebiets. Sie repräsentierten jedoch nur knapp 20 % der Rohstahlproduktion.

206 Eines der auffälligsten Beispiele für diese Entwicklung ist das Leben und die Firma des Carl Otto aus Dahlhausen. Dieser spezialisierte sich sehr früh auf die Installation von Koksöfen, entwickelte diese weiter und erreichte zeitweise im Ruhrbergbau ein Monopol. Vgl. Stahl und Eisen, Jg. 58, 1938, S. 282 u. auch: *Entwicklung,* Bd. IX, S. 395ff. Ein anderes Beispiel eines bekannten Spezialisten für Abteufarbeiten ist Josef Chaudron, der spätere Präsident der Bergwerksgesellschaft Dahlbusch. Vgl. Dahlbusch, Die Geschichte einer Ruhrzeche, Düsseldorf (1952).

207 Man kann die Wirkung von Innovationen modellhaft mittels einer logistischen Kurve beschreiben. Vgl. *Mensch,* Das technologische Patt, S. 58ff.

208 Das Konzept der Führungssektoren eignet sich, um diesen Zusammenhang zu verdeutlichen. *Holtfrerich,* S. 10ff.

209 In diesem Zusammenhang spricht man auch von der zweiten industriellen Revolution. E. *Hobsbawm,* Industrie und Empire. Britische Wirtschaftsgeschichte seit 1750, Bd. 2, Frankfurt/M. 1969, S. 7ff. diskutiert diesen Begriff.

210 Dieses neue System wurde ermöglicht durch die Einführung des Tiefbauverfahrens um die Mitte des 19. Jahrhunderts. Ausführlich zum gesamten Komplex der Vorrichtung und des Abbaus: *Entwicklung,* Bd. II, bes. S. 46ff.

211 Vgl. S. 97.

212 Dazu: *Entwicklung,* Bd. II, bes. S. 52–66.

213 Ebd., Bd. VI, S. 167ff. Eine erste Kommission hatte schon 1873 die Wetterführung auf den westfälischen Gruben untersucht. Ebd., S. 239.

214 *Entwicklung,* Bd. IV, S. 243. Die unterirdischen Sumpfungen erforderten geringere Anlage- und Betriebskosten und erbrachten eine höhere Leistung bei größerer Betriebssicherheit.

215 Erstmals gelang die Destillation von Teer und Ammoniakwasser 1881 in Bulmke bei Gelsenkirchen durch Albert Hüssener.

216 Es handelte sich um Pluto, Germania, Amalia, Kaiserstuhl und Friedrich der Große. Vgl. *Entwicklung,* Bd. IX, S. 469ff. Bis 1890 folgten noch Julia und Recklinghausen.

217 1900 hatten schon 41 Zechen des Ruhrgebiets mit 2964 Öfen die Erstellung von Nebenprodukten aufgenommen. 1893 waren es erst neun, mit 538 Öfen gewesen. Ebd., S. 471.

218 Für 1900 errechnet sich für die 2964 Öfen ein Reingewinn von fast 5 Mill. Mark. Ebd., S. 478.

219 Von den 24 Unternehmen, die bis 1900 die Benzolgewinnung aufnahmen, stammten 20 aus dem westfälischen Ruhrgebiet. Vgl. *Entwicklung,* Bd. IX, Tab. 48, S. 559. Zwei davon befinden sich nicht in unserer Untersuchungsgesamtheit.

220 *Entwicklung,* Bd. IX, S. 593–662, hier S. 593. 1883 gab es erst sechs Zechen mit Brikettpressen.

221 Es handelte sich um die Zeche Ver. Wiesche bei Mülheim/Rheinland.

222 Als erste errichtete die Zeche Ver. Dahlhauser Tiefbau 1880 eine mit zufriedenstellenden Resultaten arbeitende Brikettfabrik. Es folgten 1881 Franziska Tiefbau, 1882 Caroline, Königsborn, Rhein-Elbe und Blankenburg – alle im westfälischen Ruhrgebiet liegend. Vgl. *Entwicklung*, Bd. IX, S. 595f.

223 *Gemeinfaßliche Darstellung*, S. 399 u. *Hübner*, S. 126.

224 Unter gemischtem Werk wird einerseits ein Betrieb der Eisenindustrie verstanden, in dem die Verarbeitung in einer Hitze erfolgte, andererseits aber auch ein Unternehmen, das sowohl im Bergbau als auch in der Eisenindustrie zugleich tätig war. In unseren Ausführungen wurde der Begriff bislang ausschließlich in dem zweiten Sinne gebraucht, hier jetzt im ersteren.

225 Vgl. *Heymann*, S. 212f.

226 Das machte bei einem Preis von ca. 170 M pro Tonne immerhin 2 % des Gesamtpreises aus. Der Preis von 170 M wurde errechnet aus *Däbritz*, Bochumer Verein, S. 289, und gilt für das Jahr 1904, dem Erscheinungsjahr der Arbeit von *Heymann*.

227 Auch früher wurden Innovationen aus Gründen der Kostenersparnis durchgeführt. Vgl. *Troitsch*, S. 23.

228 Die einzelnen Unternehmen sind im Anhang S. 230ff. angeführt.

229 Die 6,5 Mill. t Kohleproduktion der Tab. 73 für 17 Unternehmen bezogen auf alle 24 Unternehmen. Hierbei wird vorausgesetzt, daß die Durchschnittsproduktion der Unternehmen, für die keine Zahlen vorliegen, der der angeführten Zahlen entspricht.

230 Vgl. die Ausführungen weiter oben auf S. 121.

231 Westf. Union und Westf. Drahtindustrie.

232 So spezialisierte sich die Firma Potthoff & Flume auf die Herstellung von Öfen. Siehe: 75 Jahre Potthoff & Flume. Louisenhütte, Lünen a. d. Lippe, 1854–1929, Lünen 1929, und die Stahlwerke Bochum auf die Herstellung von Stahleisen. Siehe: W. *Benedict*, Aus der Geschichte unseres Werkes 1820–1920, Bochum (1958).

233 Zu den Problemen der reinen Walzwerke s. weiter unten S. 132f.

234 Als Beispiele seien hier nur angeführt: Die Übernahme der Gewerkschaft Ver. Bickefeld durch Gewerkschaft Graf Bismarck 1904, die daraufhin die Förderung dort sogleich einstellte (*Gebhardt*, S. 125) sowie die Übernahme von Altstaden durch Hibernia (1903), von Eintracht-Tiefbau durch Ver. Constantin (1912) oder von Eiberg durch Ewald (1904) u. v. a. m.

235 Ein Beispiel für den ersten Typ ist die Entwicklung des Bochumer Vereins, während die Gelsenkirchener Bergwerks AG den zweiten Weg verfolgte.

236 Zu diesen Ursachen äußern sich viele Autoren, die z. T. die Gewichte unterschiedlich setzten: L. *Poth*, Die Stellung des Steinkohlenbergbaus im Industrialisierungsprozeß unter besonderer Berücksichtigung des Ruhrgebiets, Berlin 1971, S. 50f.; *Holtfrerich*, S. 32; und ausführlich *Heymann*, S. 212ff.

237 Darauf weisen alle Autoren hin, so auch: *Zöllner*, S. 25.

238 Dazu A. *Tross*, Der Aufbau der Eisen- und eisenverarbeitenden Konzerne Deutschlands, Berlin 1923, S. 127ff. Rohstoffsicherung bedeutete auch Angliederung von Kohle- und Erzbergwerken.

239 *Heymann*, S. 213.

240 Diese Problematik wird ausführlich diskutiert bei *Heymann*, S. 213–19. Ein modernerer Beitrag zu dieser Problematik: *Etzioni*, S. 20–23.

241 Darüber hinaus muß man noch berücksichtigen, daß von den 1913 verbleibenden 25 selbständigen Bergwerksunternehmen weitere 8 bis 1921 ihre Selbständigkeit verloren, so daß 1921 nur noch 17 Bergwerksunternehmen selbständig waren.

242 Das Verhältnis der Kartelle zum Staat bleibt in dieser Arbeit völlig ausgeklammert. Dazu F. *Blaich*, Kartell- und Monopolpolitik im kaiserlichen Deutschland, Düsseldorf 1973.

243 *Hübner*, S. 132.

244 *Gemeinfaßliche Darstellung*, S. 402. Dort wird auf die Notwendigkeit und Vorteilhaftigkeit dieses Beitritts verwiesen.

245 *Heymann,* S. 112f.
246 *Hübner,* S. 132.
247 *Heymann,* S. 118. Eine Veräußerung an Nichtmitglieder war nur dann statthaft, wenn die volle Abgabe- und Lieferungspflicht der Zeche an das Syndikat nicht beeinträchtigt wurde. Dieses wäre aber das Ziel eines Aufkaufs einer Zeche durch ein reines Eisenwerk gewesen, denn dieses hätte dadurch ja seinen Selbstverbrauch decken wollen.
248 Dies um so mehr, da auch das Muten neuer Felder nicht erfolgversprechend war. Nach der Jahrhundertwende waren praktisch alle Felder, die wirtschaftlich abbauwürdig waren, längst verliehen.
249 *Hübner,* S. 133.
250 Ebd., S. 134–37.
251 Nur sehr wenigen Unternehmen gelang es – wie etwa Hoesch – eine eigene Roheisen- und Stahlproduktion aufzunehmen. Vgl. H. *Mönnich,* Aufbruch ins Revier, Aufbruch nach Europa, Hoesch 1871–1971, München 1971, bes. S. 145; u. *Heymann,* S. 153ff.
252 Beispiel für diese Politik ist die 1898 erfolgte Fusion der Westfälischen Union mit dem Phönix. Dazu K. *Sachisthal,* 100 Jahre Westfälische Union, Aktiengesellschaft für Eisen- und Drahtindustrie, Hamm (Westf.), Darmstadt o.J., bes. S. 55ff. u. allgemein: *Hübner,* S. 135.
253 *Heymann,* S. 156f.
254 H. *Schumacher,* Die deutsche Eisenindustrie und die Moselkanalisierung, Leipzig 1910, bes. S. 45ff.
255 G. *Hempel,* Die deutsche Montanindustrie, Berlin 1934, S. 208.
256 Dazu R. H. *Tilly,* The Growth of Large-Scale Enterprises in Germany since the Middle of the Nineteenth Century, in: H. *Daems* u. H. v. d. *Wee,* The Rise of Managerial Capitalism, S. 145–69, bes. S. 154.
257 Eine ausführliche Studie u. a. über die Entwicklung einer neuen Unternehmensstruktur in einem Großunternehmen (allerdings der Elektroindustrie) bei J. *Kocka,* Unternehmensverwaltung und Angestelltenschaft am Beispiel Siemens 1847–1914, Stuttgart 1969, passim.

Kapitel IV

1 „Der tatsächliche Erfolg einer spezifischen Organisation ist bestimmt durch das Ausmaß, in dem sie ihre Ziele realisiert": *Etzioni,* S. 20.
2 Eine solche Diskussion ist auf zwei Ebenen möglich, der normativen und der empirischen. Die normative bezieht sich auf die Diskussion der Rationalität ökonomischer Organisationen an sich, während die empirische die Fragen nach den beobachtbaren Unternehmenszielen anspricht. Dazu u. a.: S. *Tilles,* Identifying Goals, in: D. W. *Ewing* (Hrsg.), Long-Range Planning for Management, New York 1964, S. 72f.; A. S. *Mackintosh,* The Development of Firms, Cambridge 1963.
3 So vertreten von R. *Marris,* The Economic Theory of ‚Managerial' Capitalism, London 1966, S. 47 u. 102f. sowie T. *Barna,* Investment and Growth Policies in British Industrial Firms, Cambridge 1962, S. 38f.
4 H. W. *Starbuck,* Organizational Growth and Development, in: J. G. March (Hrsg.), Handbook of Organizations, Chicago 1965, S. 454f.
5 Zu diesem gesamten Komplex: E. *Zahn,* Das Wachstum industrieller Unternehmen, Wiesbaden 1971, S. 14–18; und zum Problem der Indikatoren *Barna,* S. 7.
6 J. *Barnad,* The Functions of the Executive, Cambridge/Mass. 1960, S. 215f.
7 Das Bedürfnis nach effektiver Nutzung der Ressourcen stellt nach *Chandler* jr., Strategy, S. 384 die treibende Kraft im Unternehmen dar und ist abhängig von der Fähigkeit des Managements, sich den veränderten technologischen und Marktverhältnissen anzupassen.
8 Ausschlaggebend für die Identifizierung eines Unternehmens als selbständige Einheit ist

nicht allein der Name, der von einigen Firmen, z. B. bei Umgründungen, auch häufiger geändert wurde, sondern die Produktionseinheit. Die Entwicklung der Zusammengehörigkeit der verschiedenen Produktionseinheiten ist aus den Tabellen des Anhangs S. 227ff. zu entnehmen.

9 Selbst dieser Anteil erscheint noch zu hoch, da einerseits eine Reihe von Bergbauunternehmen des Ruhrgebiets nur als Verwaltungsabteilungen außerhalb der Region liegender Konzerne geführt wurden (5) und eine Reihe weiterer Unternehmen des Bergbaus kurz nach 1913 ihre Selbständigkeit verloren (bis 1923 insgesamt 9). Danach würde sich der Anteil der erfolgreichen Unternehmen in der westfälischen Schwerindustrie auf 23 % reduzieren.

10 Die Dichte der Branchenbesetzung für die Perioden läßt sich feststellen, indem man die Zahl derjenigen Unternehmen summiert, die in den entsprechenden Perioden in Geschäftstätigkeit waren. Als Begrenzung haben wir hier zusätzlich eine Geschäftstätigkeit von mindestens drei Jahren in der betreffenden Periode gewählt. Vgl. die Anmerkungen zu Tab. 4, S. 32, bes. bezügl. der Möglichkeiten von Doppelzählungen.

11 Das Gefährdungsrisiko bemiß sich aus dem Anteil der gescheiterten Unternehmen an der Anzahl aller Unternehmen, die im betreffenden Zeitraum in Geschäftstätigkeit waren.

12 *Holtfrerich*, Tab. 1, S. 16–18; *Wiel*, Tab. 4, S. 128–32.

13 Die Durchschnittsproduktion betrug 1852–73 pro Schachtanlage 30295 t, 1874–92: 135874 t und für die ersten elf Jahre der dritten Periode 1893–1903: 305203 t. Errechnet nach: *Entwicklung*, Bd. X, Tab. 4, S. 52–55. Schachtanlage bedeutet hier eine Betriebseinheit ohne Rücksicht darauf, wieviel Schächte betrieben werden. Vgl. dazu *Wiel*, S. 132, Bemerkung 2.

14 Die mittlere Klasse orientiert sich am Durchschnitt der Gesamtbranche. Die deutlich unter diesem Durchschnitt liegenden Unternehmen bilden die Klassen „klein“ und die Unternehmen, die etwa das Dreifache des Durchschnitts förderten, die Klasse „groß“.

15 Diese Vermutung wird gestützt durch die Tatsache, daß 1850 die Hälfte der Gesamtproduktion im Ruhrgebiet von 20 Unternehmen produziert wurde, 1913 hingegen dazu 37 Bergbauunternehmen nötig waren. Errechnet für 1850 aus: *Entwicklung*, Bd. X, Tab. 7, S. 58f. und für 1913 aus *Holtfrerich*, S. 18 (Gesamtproduktion) und *Wiel*, S. 181 (Produktion der einzelnen Zechen).

16 Die Häufigkeiten der Tab. 68 müßten also gewichtet werden, wie etwa weiter oben auf S. 137 geschehen.

17 Vgl. die Ausführungen in Kap. III auf S. 114ff.

18 Dabei handelte es sich um Friedrica, Fröhliche Morgensonne, Julius Phillip, Mansfeld und Hannover.

19 Präsident aus der Klasse „groß“ und Carl Friedrich aus der Klasse „mittel“.

20 Festschrift zum 100jährigen Bestehen der Zechen Hannover und Hannibal, Bochum 1947 (von Fritz *Lange* und Hermann *Kleinhorst*), S. 9–12.

21 Das waren die Zechen Crone (Glückaufssegen), Engelsburg, Freie Vogel & Unverhofft, Louise Tiefbau und Massener Tiefbau.

22 Es schieden aus 6 von 20 kleinen Unternehmen, 14 von 40 mittleren und 6 von 18 großen Unternehmen.

23 Es handelte sich um Ewald und Königsborn.

24 Auf Ewald war zwar schon 1876 die Förderung aufgenommen worden, jedoch mit dem Bau einer neuen Doppelschachtanlage 1895 und den Zukäufen des Feldes Ewald Fortsetzung sowie der Zeche Eiberg kam die Jahresproduktion über 1 Mill. t. Vgl. *Gebhardt*, S. 172 u. *Salings* Börsen-Jahrbuch 1906/07, Bd. 3, S. 173f. Die Zeche Königsborn konnte erst nach Reduzierung des Salinenbetriebes und der Umwandlung in eine AG 1895 umfangreich ausgebaut und die Förderung entsprechend erhöht werden, u. a. auch durch Ankauf der Zeche Sprockhövel. Dazu: 75 Jahre Klöckner-Werke AG. Zeche Königsborn 1874–1949, o. O., o. J.

25 Die Dortmunder und die Preußische Bergwerks- und Hütten AG gingen in Konkurs, während die Henrichshütte in der neugegründeten Union aufging. Zur Entwicklung der Dortmunder und Preußischen Bergbau- und Hütten AG: A. *Maepel*, Bergbau in Dortmund, Bd. 2.

Die sechziger und siebziger Jahre bis zum Ende der Hochkonjunktur, Dortmund 1963, S. 16–49, sowie: Die Steinkohlenbergwerke der Vereinigten Stahlwerke AG. Die Schachtanlage Hansa in Dortmund Huckarde (1932), S. 8–25. Über die Henrichshütte: 75 Jahre Henrichshütte, in: Henschel Blätter. Werkzeitung der Henrichshütte Hattingen, 3. Jg., 1928, Nr. 21, S. 2–7.

26 Vgl. *Mönnich,* bes. S. 91ff.

27 Es handelte sich dabei um die Henrichshütte, die Eisenhütte Neuschottland in Steele, die Dortmunder Hütte und die Zeche Glückauf-Tiefbau. Vgl.: 100 Jahre Dortmund Hörder Hüttenunion Aktiengesellschaft 1852–1952, Essen 1952, bes. S. 54ff.

28 Vgl.: Bericht über die Entwicklung des Schalker Gruben- und Hüttenvereins vom Tage seiner Gründung bis heute. Mülheim/Ruhr (1903), S. 5ff.

29 Vgl.: Gelsenkirchener Bergwerks Aktien Gesellschaft 1873–1913, Düsseldorf 1913, bes. S. 7–10.

30 100 Jahre Dortmund Hörder Hüttenunion Aktiengesellschaft 1852–1952, Essen (1952), S. 33ff.

31 Die Steinkohlenbergwerke der Vereinigten Stahlwerke AG. Die Schachtanlage Dannebaum in Bochum-Laer, Bd. 1, S. 125ff.

32 Ebd., S. 146, auch: 100 Jahre Dortmund Hörder Hüttenunion AG, S. 64.

33 Dividenden und Ausbeute stellen Zahlungen der Gesellschaft an ihre Kapitalgeber dar und sind in ihrer Höhe und zeitlichen Erstreckung nur z.T. von der betrieblichen Rentabilität abhängig.

34 Allein vom Eisenwerk Neuschottland liegen Angaben über die Dividendenzahlungen vor. Diese betrugen von 1862–1871 durchschnittlich 3,1 %. Vgl. A. *Saling,* Die Börsenpapiere, Teil II.1, Berlin 1871, S. 449.

35 Dabei handelt es sich um 5 große (über 300000 t Jahresproduktion) und zwei mittlere (300000 t) Unternehmen, nämlich 1. Magdeburger Bergwerks AG (durchschnittliche Dividende: 13,8 %), 2. Harpen (9,4 %), 3. Dahlbusch (8,1 %), 4. Gelsenberg (7,5 %), 5. Aplerbecker Aktienverein (7,25 %), 6. Bochumer Bergbau AG (6,9 %) und 7. Hibernia (6,5 %).

36 Der Mangel an Informationen über die Ausschüttungen der anderen Unternehmen hängt sicherlich z.T. mit ihrer Rechtsform zusammen; Einzelunternehmen brauchten ihre Ausschüttungen bzw. Entnahmen nicht zu publizieren.

37 Diese Zahl errechnet sich, obwohl die Bochumer Bergwerks AG keine Ausschüttungen vornahm.

38 Darauf weisen die geringen Ausbeuten der bergrechtlichen Gewerkschaften wie auch der hohe Anteil dieser Unternehmen an den gescheiterten Unternehmen hin.

39 Diese These beruht auf dem schon weiter oben zitierten Ansatz von *Chandler,* Strategy, der dort die Konsequenz einer problemadäquaten Unternehmensstrategie auf die Unternehmensorganisation für eine Reihe amerikanischer Großunternehmen untersucht. Ähnlicher Versuch für deutsche Unternehmen: C. N. *Smith,* Motivation and Ownership. History of the Ownership of the Gelsenkirchener Bergwerks AG, in: BH, Bd. 12, 1970, S. 1–24, und auch T. *Pierenkemper,* Die Zusammensetzung des Führungspersonals und die Lösung unternehmerischer Probleme in frühen Eisenbahnunternehmen, in: Tradition, 21. Jg., 1976, S. 37–49.

40 Dazu die Ausführungen in Kap. III, S. 94ff.

41 Dieser Zusammenhang gilt für erfolgreiche wie erfolglose Unternehmer in gleichem Maße, denn beide mußten zunächst die Gründung vollziehen, ehe ihre Firmen die Chance am Markt hatten. Der Chi-Quadrat-Test zeigte ja auch keinen signifikanten Unterschied in der sozialen Herkunft der erfolgreichen und erfolglosen Unternehmer. Vgl. S. 160.

42 A. *Heinrichsbauer,* Harpener Bergbau Aktien-Gesellschaft. Achtzig Jahre Ruhrkohlenbergbau, Essen 1936, S. 24.

43 Ebd., S. 28.

44 Führend an der Gründung beteiligt waren der Arzt Dr. Müser, der Gutsbesitzer von Sydow und der Kaufmann Müller, hinzu kam als technischer Leiter der Bergmeister Arnold von

der Becke, der aus dem preußischen Bergdienst ausschied. Zur sozialen Struktur der Aktionäre vgl. das Aktionärsverzeichnis der Gründungsversammlung bei *Heinrichsbauer,* S. 337–39.

45 Zweifellos leisteten die Kölner Bankiers zu Beginn des Industrialisierungsprozesses einen gewissen Finanzierungsbeitrag. Vgl. die Ausführungen auf S. 104 und 108 und die dort angegebene Literatur.

46 Die Konditionen waren miserabel: 5 % Zinsen bei 85 % Auszahlung und einer Laufzeit von 20 Jahren.

47 Dazu: Die Steinkohlenbergwerke der Vereinigten Stahlwerke AG. Die Schachtanlage Pluto in Wanne-Eickel, S. 29–31.

48 1855–1905. Jubiläumsbericht zur Feier des fünfzigjährigen Bestehens der Magdeburger Bergwerks-Aktiengesellschaft, Zeche Königsgrube, Röhlinghausen i. W., Magdeburg (1905), S. 7ff.

49 *Gebhardt,* S. 323 (um die Jahrhundertwende wurde die Zeche als Gewerkschaft neu gegründet).

50 A. *Maepel,* Bergbau in Dortmund, Bd. 2, Düsseldorf 1965, S. 14.

51 So etwa auch von Wilhelmine Victoria. Vgl. 100 Jahre Wilhelmine Victoria, in: Unsere Hibernia, Schriftenreihe für die Mitarbeiter der Hibernia Betriebe, H. 10, März 1956, S. 29.

52 Ähnlich erfolgreich wie Harpen war auch der Aplerbecker Aktien-Verein, der bis auf die Jahre 1861–63 ebenfalls immer eine kleine Dividende verteilen konnte. Dazu: Aplerbecker-Aktien-Verein für Bergbau (Zeche Ver. Margarethe), Sölde i. W. 1856–1906 (Jubiläumsbericht, 1907), S. 18.

53 Bei den sieben Gewerkschaften, die in der ersten Gründerperiode neu entstanden, handelte es sich zumeist um kleinere Unternehmen, die z. T. später zu einer AG fusionierten (Hibernia und Shamrock). Vgl. auch: *Entwicklung,* Bd. X, S. 255, wo darauf hingewiesen wird, daß die Gewerkschaft Anfang der 50er Jahre „durchweg nur Berechtsame geringer Ausdehnung besaßen".

54 Vgl. weiter oben S. 106f.

55 Die Aktionäre von Neuschottland verlangten in der Krise nach 1857 sogar die Stillegung des Werkes. Vgl. Neuschottland-Eisenwerke Steele. Wechsel und Wandel (1856–1956), Darmstadt 1952, S. 16. Die Eisenhütte AG Blücher ging tatsächlich in Konkurs. Dazu P. H. *Mertes,* Das Werden der Dortmunder Wirtschaft, Dortmund 1940, S. 40f.

56 Dies gilt für die Gründung der Westfälischen Union 1873 wie auch für die der Westfälischen Drahtindustrie 1872. Vgl. Geschichtliche Entwicklung und gegenwärtiger Stand der Phönix AG für Bergbau und Hüttenbetrieb in Hörde. Denkschrift zum 60jährigen Bestehen des Unternehmens im Jahre 1912, S. 31ff., und Westfälische Drahtindustrie Hamm (Westf.), 1872–1922.

57 Die beiden einzigen Ausnahmen waren: der Schalker Gruben- und Hüttenverein, gegr. als Gewerkschaft, und die Henrichshütte, gegr. als Einzelunternehmen.

58 Lediglich ein Unternehmen entstand deutlich später als in den Gründerjahren. Es handelt sich um die Westfälischen Drahtwerke, die 1897 vom Bankhaus Oppenheim & Cie. mit 1,8 Mill. M Grundkapital aus der illiquiden Firma Funke, Borbert & Co. KG gegründet wurden.

59 Vgl. Tab. 55 auf S. 105 und die Erläuterungen zu den bevorzugten Gründungsformen für die Gesamtheit der untersuchten Unternehmen, ebd.

60 Zur Innovation des Tiefbauschachtes und der neuen Verfahren der Eisen- und Stahlgewinnung in England s.: W. H. B. *Court,* Der technische Fortschritt in der Schwerindustrie, in: R. *Braun* u. a. (Hrsg.), Industrielle Revolution, Köln 1972, S. 331–42.

61 Vgl. die Ausführungen auf S. 95, welche die Entscheidungen über die Basisinnovationen der Gesamtbranche erläutern.

62 Es handelte sich um Cosack & Co. (1854), Lohmann & Brand (1831), Eisenwerk Neuschottland (1856), Ruetz & Co. (1861), Steinhauser Hütte (50er Jahre) und die Westf. Union (1873).

63 Schwerter Profil 1868–1968. Spezialprofile aus Stahl. Von K.-H. *Graudenz*, Soest o. J., S. 10.

64 Eisenhütte AG Blücher (1855), Hüttenwerk Carl von Born (50er Jahre) und Aplerbecker Hütte (1869). Vgl. *Beckert*, S. 148–49.

65 Vgl. F. *Bock*, Die wirtschaftliche Entwicklung der Bergwerks-Aktiengesellschaften des Ruhrkohlenreviers von 1893–1911 (Diss. Erlangen), Essen 1914, S. 37.

66 So bei Aufbereitungsanlagen Dannebaum und bei den Kokereien der Bochumer Bergwerks AG. Vgl. weiter oben S. 111f.

67 Dazu fehlte den meisten Eisenunternehmen ja auch die Roheisenbasis.

68 Von diesen sind zwei, nämlich die Eisenindustrie zu Menden und Schwerte (1890) und die Wittener Gußstahlfabrik (1880) auch erfolgreiche Unternehmen in unserem Sinne.

69 Vgl. die ausführliche Diskussion im vorigen Kapitel auf S. 114ff.

70 Allein zwei der insgesamt 16 Übernahmen von Bergwerksunternehmen zwischen 1873 und 1892 wurden von weniger erfolgreichen Unternehmen durchgeführt. 14 hingegen von erfolgreichen. Vgl. Tab. 58, S. 116.

71 So war Emil Kirdorf von Gelsenberg bei den vertraulichen Gesprächen zur Vorbereitung ab 1889 die treibende Kraft. Er wurde deshalb 1893 mit der Leitung des Rheinisch-westfälischen Kohlen-Syndikats betraut. Zu diesem gesamten Komplex ausführlich F. A. *Freundt*, Kapital und Arbeit. Gelsenkirchener Bergwerks AG, 1873–1927, Düsseldorf 1927.

72 Das lag vor allem an der starken Stellung der mit ihnen konkurrierenden gemischten Werke und vielleicht an der besonderen sozialen Struktur der darin tätigen Unternehmer, auf die weiter unten noch zurückzukommen sein wird.

73 Diese Probleme sind nicht Gegenstand dieser Untersuchung. Zu diesem Komplex als ein erster Versuch: J. *Kocka*, Expansion – Integration – Diversifikation. Wachstumsstrategien industrieller Großunternehmen in Deutschland vor 1914, in: H. *Winkel*, Vom Kleingewerbe zur Großindustrie, Berlin 1975, S. 203–25, bes. S. 218f.

74 So etwa bei Gelsenberg und Dannebaum, die zu gemischten Werken expandierten.

75 Dazu *Blaich*.

76 Zur Klassifikation der Unternehmen in erfolgreiche und weniger erfolgreiche Unternehmen anhand der Indikatoren Überleben, Wachstum und Rentabilität, vgl. die Ausführungen weiter oben auf S. 144ff.

77 Auf dieses Verfahren sind wir vor allem deshalb verwiesen, weil die Ausprägungen unserer Variablen nominalskaliert sind. Dazu G. *Clauss* u. H. *Ebner*, Grundlagen der Statistik für Psychologen, Pädagogen und Soziologen, Frankfurt/M. 1972, S. 235ff.; A. *Wallis* u. H. V. *Roberts*, Methoden der Statistik, Freiburg 1963, bes. S. 363 sowie S. *Siegel*, Nonparametric Statistics, New York 1956, S. 42ff.

78 Vgl. H. M. *Blalock*, Social Statistics, New York 1960, S. 212.

79 W. L. *Hays*, Statistics of the Social Sciences, London 1973, S. 717f.

80 G. *Clauss* u. H. *Ebener* (erw. Ausgabe 1975), S. 280.

81 Als erfolgreiche Unternehmer werden hier und im folgenden diejenigen westfälischen Schwerindustriellen bezeichnet, die in den oben identifizierten erfolgreichen Unternehmen tätig waren.

82 Damit wäre auch ein Beitrag zur Klärung des im Kap. I, S. 1 und 6ff angesprochenen Zurechnungsproblems erbracht.

83 Zu diesem Problem vgl. die Ausführungen innerhalb der Quellendiskussion im Anhang auf S. 171ff.

84 Dies gilt vor allem für Festschriften.

85 Vgl. dazu die Ausführungen zum Gefährdungsrisiko auf S. 136f.

86 Vgl. oben S. 37.

87 Die Irrtumswahrscheinlichkeit beträgt für die Geburtsjahre 5 und für die Todesjahre 10 %.

88 Vgl. Tab. 9, S. 40.

89 Es errechnet sich ein Chi-Quadrat-Wert von 1,981, der mit einer ausreichenden Wahrscheinlichkeit keinen Rückschluß auf die Abhängigkeit zwischen den beiden Merkmalen der westfälischen Schwerindustriellen zuläßt.

90 Es errechnet sich ein Chi-Quadrat-Wert von 2,483. Zu den Berufskategorien vgl. Tabelle 12 auf S. 44.

91 Vgl. die Ausführungen auf S. 46.

92 Anders bei den Gründern und Aufsichtsräten. Vgl. Kap. II, S. 46f., bes. Tab. 14, S. 47.

93 Der Chi-Quadrat-Wert beträgt 9,667 und erlaubt die Vermutung der Abhängigkeit zwischen den beiden Variablen mit einer Irrtumswahrscheinlichkeit von 1 %.

94 Bei dieser Vierfeldertabelle ist eine YATES-Korrektur vorgenommen worden. Im folgenden wird diese Korrektur für alle Vierfeldertabellen angewandt, da bei der geringen Anzahl von Merkmalsausprägungen der Schluß von der beobachteten diskreten auf eine stetige theoretische Verteilung zu Ungenauigkeiten führen würde.

95 Die Irrtumswahrscheinlichkeit beträgt dabei weniger als 2 %.

96 Vgl. S. 60.

97 Vgl. S. 48ff.

98 Die Verteilung der praktischen Weiterbildung zeigte keinen signifikanten Unterschied zwischen erfolgreichen und erfolglosen Unternehmen.

99 Vgl. Tab. 19, S. 54.

100 Vgl. S. 78ff.

101 Der Test für Kommunalpolitik zeigt Unabhängigkeit zwischen „Erfolg“ und diesem Merkmal. Für die überregionale Politik ist ein solcher Test wegen der geringen Zahl der Fälle nicht durchführbar.

102 Die Irrtumswahrscheinlichkeit beträgt jedoch 10 %.

103 Dies allerdings nur mit einer Irrtumswahrscheinlichkeit von 10 %, die jedoch durch Zusammenfassung von Klassen innerhalb der Tabelle zu reduzieren wäre, da diese noch vier Freiheitsgrade aufweist.

104 Auch hier zeigen die Eisenindustriellen wieder die stärkste Abstinenz. Vgl. oben S. 65.

105 Nur vier der 16 erfolgreichen Unternehmer in den ökonomischen Interessenverbänden waren nicht in Kartellen tätig.

106 Jedoch mit einer Irrtumswahrscheinlichkeit von 10 %.

107 Dieser Zusammenhang gilt mit einer Irrtumswahrscheinlichkeit von 5 %.

108 Dieser Unterschied zwischen den beiden Unternehmerkategorien bestätigt sich mit einer Irrtumswahrscheinlichkeit von weniger als 1 %.

109 Die Irrtumswahrscheinlichkeit für diese Aussage ist lediglich 0,1 %. Um Mißverständnissen vorzubeugen, sei an dieser Stelle nochmals darauf hingewiesen, daß ein erfolgreicher Unternehmer, d. h. eine Person, die während der Untersuchungsperiode jemals eine Unternehmerposition in einem von uns als erfolgreich identifizierten Unternehmen innehatte, durchaus seine individuelle Karriere außerhalb der Untersuchungsregion beenden konnte. Deshalb ist die obige Aussage nicht tautologisch.

110 Dieser war innerhalb der Branche beim Bergbau am größten, wodurch unterstrichen wird, daß durch den Wechsel innerhalb der Branche durchaus wertvolle Kenntnisse und Erfahrungen zu erwerben waren.

111 Vgl. Tab. 90, S. 164.

112 Gründung allein kann natürlich noch kein Indikator für Unternehmenserfolg sein, sondern macht diesen nur möglich. Eine ähnliche Bedeutung der sozialen Herkunft für die britische Eisenindustrie zeigt B. F. *Hoselitz*, Unternehmertum und Kapitalbildung in England seit 1700, in: W. *Fischer* (Hrsg.), Wirtschafts- und sozialgeschichtliche Probleme der frühen Industrialisierung, Berlin 1968, S. 285–338, bes. S. 323f.

113 Die Zeichner von Harpen stammten z. B. fast alle aus der Dortmunder Gegend, während der Aufruf zur Zeichnung der Aktien der Bergbau AG Pluto vor allem im Raum Hannover,

Braunschweig, Magdeburg und Halle Resonanz fand. Vgl. Steinkohlenbergwerke, Schachtanlage Pluto, Aktionärsverzeichnis S. 13–16.

114 Für die westfälische Schwerindustrie gilt in der frühen Phase die These von der besonderen Bedeutung der deutschen Großbanken für die Finanzierung der Industrie nicht. Zu dieser These: A. *Gerschenkron,* Die Vorbedingungen der europäischen Industrialisierung im 19. Jahrhundert, in: *Fischer,* Wirtschafts- und sozialgeschichtliche Probleme, S. 21–28, bes. S. 23.

115 D.h. bei finanziellen Krisen waren leichter Kontakte zu knüpfen, oder auch die Bestrebungen zur Kartellierung wurden dadurch erleichtert.

116 Vgl. den Konfidenztest auf S. 161f.

117 Vgl. S. 48ff.

118 Neben einigen früheren Arbeiten wurde diese Perspektive vor allem durch A. A. *Berle* u. G. C. *Means,* The Modern Corporation and Private Property, New York 1932, in die ökonomische Theorie eingeführt. Später auch wichtig: *Cyert* u. *March*.

119 So z.B. bei *Kocka,* Expansion, und R. H. *Tilly,* The Growth.

Quellendiskussion

1 Vgl. hierzu W. *Zorn,* Einführung, bes. S. 21ff.

2 Es handelt sich um folgende Werke: Katalog der Fest- und Denkschriften wirtschaftlicher Betriebe (Dr. H. Schacht-Sammlung) 1937; H. *Corsten,* Hundert Jahre deutsche Wirtschaft in Fest- und Denkschriften, 1937; H. *Aubin* (Hrsg.), Verzeichnis der Fest- und Denkschriften von Unternehmungen und Organisationen im Hamburger Weltwirtschaftsarchiv (Hamburg), 1961.

3 Um nur die wichtigsten Autoren zu nennen: G. *Gebhardt*; P. *Mertes*; P. *Wiel*. Im übrigen wird die hier verwandte umfangreiche Literatur im Literaturverzeichnis angeführt.

4 F. *Redlich,* Anfänge und Entwicklungen, S. 26f., 29, und W. *Fischer,* Some Recent Developments of Business History in Germany, Austria and Switzerland, in: BHR, Jg. 37, 1963, S. 416–36, bes. S. 437.

5 *Jaeger,* Business History, S. 43.

6 W. *Prüfer,* Methodologie zur Erforschung des Unternehmertums, Dresden 1934, S. 64.

7 Ein Beispiel angeführt bei G. *Kirchhain,* Das Wachstum der deutschen Baumwollindustrie im 19. Jahrhundert. Eine historische Modelluntersuchung zur empirischen Wirtschaftsforschung, Diss. Münster 1973, S. 78, Fußnote 1.

8 Ein Beispiel für eine gute Festschrift wäre etwa *Däbritz,* Bochumer Verein.

9 Einen solchen Hinweis gibt auch *Redlich,* Anfänge, S. 53 und Fußnote 6.

10 Für unsere Auswahl fanden sich nur wenige Autobiographien: B. *Schulze-Briesen,* 50 Jahre rückwärts. Erinnerungen eines alten Bergmannes, Essen 1904, und B. H. *Strousberg,* Strousberg und sein Wirken von ihm selbst dargestellt, Berlin 1876. Bezüglich der Verwendung von Autobiographien s. auch: F. *Redlich,* Autobiographies as a Source for Social History, in: VSWG, 62. Bd., 1975, S. 380ff.

11 Als Beispiel seien hier nur genannt: P. *Arnst,* August Thyssen und sein Werk, Leipzig 1905; W. *Bachmeister,* Emil Kirdorf, Der Mann, sein Werk, Essen 1936; K. *Bloemers,* William Friedrich Hammacher. Lebensbild eines Parlamentariers und Wirtschaftsführers 1824–1904, Berlin 1932. Der Wert der Einzelbiographien ist zudem durchaus nicht unumstritten. Vgl. dazu: *Fischer,* Some Recent Developments, S. 430.

12 *Redlich,* Anfänge, S. 47.

13 G. *Schneider,* Handbuch der Bibliographie, Leipzig 1930 (4., gänzlich veränderte Auflage), Kap. 16. Biographien, bes. S. 481ff.

14 Allgemeine Deutsche Biographie, hrsg. durch die historische Kommission bei der Königlichen (Bayer.) Akademie der Wissenschaft, 56 Bde., Leipzig/München 1875–1912.

15 Allgemeine Deutsche Biographie, Bd. 1, Vorrede S. V–VI.

16 Als Quelle der Unternehmerforschung scheint die ADB deshalb nicht sonderlich geeignet, obwohl sie dazu benutzt wird. Vgl. H. *Sachtler*.

17 Biographisches Jahrbuch und deutscher Nekrolog (hrsg. von A. *Bettelheim*), 18 Bde., Berlin 1897–1917 (1895 und 1896 zwei Vorläuferbände unter dem Namen: Biographische Blätter, Jahrbuch für lebensgeschichtliche Kunst und Forschung, hrsg. von A. *Bettelheim*). Deutsches biographisches Jahrbuch, hrsg. v. Verbande der Deutschen Akademien, Berlin/Leipzig 1925 u. 1928. 2 Überleitungsbände 1916 und 1917, 1918–20; dazu Bde. III–XI, Berlin/Leipzig 1927–1932. H. A. L. *Degener* (Hrsg.), Wer ist's? Unsere Zeitgenossen, 1. Ausg., Leipzig 1905.

18 H. A. L. *Degener*, S. VII.

19 Folgt man diesen Sammlungen, so gab es in Deutschlands weitaus mehr Kunstmaler und Kapellmeister als Unternehmer. Die Wirtschaft existierte nach diesen Quellen nur am Rande.

20 Adreßbuch der Direktoren und Aufsichtsräte, Bd. 1–31, Berlin 1898–1931.

21 Darüber hinaus ist dieses Werk für die Zeit vor 1913 keine vollständige Quelle, da nur Personen aus Aktiengesellschaften aufgenommen wurden, deren Aktien an der Berliner Börse gehandelt wurden. Dazu und zu einigen weiteren Mängeln: H. *Radant*, Adreßbuch der Direktoren und Aufsichtsräte. Hilfsmittel für Strukturuntersuchungen von personalen Beziehungen zwischen kapitalistischen Unternehmen in Deutschland im 20. Jahrhundert, in: JWG, Berlin 1966/II, S. 241–57, bes. S. 245.

22 Das gilt auch für die „Rheinisch-Westfälischen Wirtschaftsbiographien", hrsg. von der Historischen Kommission des Provinzialinstituts für westfälische Landes- und Volkskunde u. a., Bd. 1–10, Münster 1932–1974. Darin sind 82 Biographien gesammelt, von denen 11 Personen unserer Auswahl behandeln. Hinzu kommen eine Vielzahl von Einzelhinweisen aus dem 3. Bd.: W. *Serlo*, Bergmannsfamilien in Rheinland und Westfalen, Münster 1936, der die Geschichte ganzer Sippen enthält.

23 Reichshandbuch der Deutschen Gesellschaft. Das Handbuch der Persönlichkeiten in Wort und Bild, 2 Bde., Berlin 1930, 1931.

24 F. *Tönnies*, Über die Gesellschaft, in: Ebd., Bd. 1, Einführung.

25 G. *Wenzel*, Deutsche Wirtschaftsführer, Lebensgänge deutscher Wirtschaftspersönlichkeiten, Hamburg 1929.

26 C. *Matschoss*, Männer der Technik, ein biographisches Handbuch, Berlin 1925.

27 Dazu G. *Schneider*, S. 483ff.

28 H. *Rössler* u. G. *Franz*, Biographisches Wörterbuch zur deutschen Geschichte (1952), 2. Aufl., München 1973. Die großen Deutschen, hrsg. von H. *Heimpel* u. a., 5 Bde., Berlin 1956–1957 (1. Aufl. 1935–36).

29 Neue Deutsche Biographie. Hrsg. v. der Historischen Kommission bei der bayerischen Akademie der Wissenschaften, Bde. 1–10, Berlin 1953–1974 (Band 10 endet mit *Kaffsack*).

30 Ebd., Bd. 1, Einleitung S. IX. Auf die große Bedeutung der NDB für die Unternehmerbiographie weist auch hin: W. *Zorn*, Wert und Bedeutung der Neuen Deutschen Biographie für die unternehmerische Sippen- und Familiengeschichte, in: Tradition, 2. Jg., 1957, S. 160f.

31 *Stahl*, S. 99f. Stahl benutzt ausschließlich diese Quelle bei der statistischen Analyse der deutschsprachigen Unternehmerschaft im 18. und 19. Jahrhundert.

32 Dies, weil nur sehr wenige Unternehmer besonders bedeutender Unternehmen zu finden gewesen wären und nur solche Firmen, die entsprechend dokumentiert gewesen wären. Die geringe Brauchbarkeit archivalischer Quellen beruht auf unserem Ansatz, der sich um Repräsentativität bemüht und nicht die „Zufälligkeit" archivalischer Erfassung als Auswahlkriterium benutzt. Dies tut etwa *Kaelble*, Berliner Unternehmer, S. 20, Fußnote 2, mit den daraus resultierenden weiter oben diskutierten Problemen.

33 Anders für entsprechende Fragestellungen bei Einzelstudien etc. Vgl. dazu H. *Kellenbenz*, Firmenarchive und ihre Bedeutung für die europäische Wirtschafts- und Sozialgeschichte, in: Tradition, 13. Jg., 1969, S. 1–20.

34 Das wird deutlich aus H. *Richtering*, Firmen- und wirtschaftsgeschichtliche Quellen in

Staatsarchiven, Dortmund 1957, u. F. *Hellwig,* Die werksgeschichtliche Forschung in der rheinisch-westfälischen Großindustrie, in: StuE, Jg. 61, 1941, S. 153–64, bes. S. 156–58.

35 Dazu auch *Fischer,* Some Recent Developments.

36 Die Weite des qualitativen Spektrums von Firmenfestschriften wird deutlich durch den Vergleich z. B. der ausgezeichneten Arbeit von *Däbritz,* Bochumer Verein, mit umfangreichen Informationen quantitativer und qualitativer Art auf ca. 500 Seiten und der Werbeschrift „Die wahren Drahtzieher unserer Zeit", hrsg. von der Westfälischen Union AG für Eisen- und Drahtindustrie Hamm, Wiesbaden 1959, als einer „heiteren Technologie des Drahtes" ohne weiteren Informationswert.

37 Vgl. *Richtering.*

38 Vgl. oben, zur Illustration von Einzelfällen kann darauf zurückgegriffen werden.

39 Salings Börsenjahrbuch für 1881/82. Ein Handbuch für Bankiers und Kapitalisten. Bearbeitet von W. L. *Hertslet,* Berlin 1882.

40 Erstmals als A. *Saling,* Die Norddeutschen Börsenpapiere, Berlin 1868, dann: A. *Saling,* Die Börsen-Papiere, Berlin 1871, und schließlich nochmals als *Saling*s Börsen-Papiere, hrsg. von R. *Siegfried,* Berlin 1878.

41 Die Steinkohlenbergwerke der Vereinigten Stahlwerke AG. Die Schachtanlage ... in ..., Ort und Jahrgang. Vorhanden in der Bergbau-Bücherei, Essen.

42 *Gebhardt.*

43 L. *Achepohl,* Das Rheinisch-Westfälische Bergwerks-Industrie-Gebiet, Essen 1888.

44 O. *Stillich,* Nationalökonomische Forschungen auf dem Gebiete der großindustriellen Unternehmung, Bd. 1: Eisen- und Stahlindustrie, Berlin 1909, Bd. 2: Steinkohlenindustrie, Leipzig 1906.

45 *Beckert,* Die Eisenindustrie, in: Festschrift zur XXIV. Hauptversammlung des Vereins deutscher Ingenieure in Dortmund, Dortmund 1883.

46 So etwa das umfangreiche Werk: Die Entwicklung des niederrheinisch-westfälischen Steinkohlenbergbaus in der zweiten Hälfte des 19. Jahrhunderts, hrsg. vom Verein für die bergbaulichen Interessen im Oberbergamtsbezirk Dortmund, bes. die Bände X–XII, Berlin 1904.

47 Dafür sei auf das Literaturverzeichnis am Ende dieser Arbeit verwiesen.

48 Es sei an dieser Stelle nochmals darauf hingewiesen, daß es von den ursprünglich aufgefundenen 857 Personen, die in unserem Sinne als westfälische Schwerindustrielle gelten, nur für 248 möglich war, eine z. T. lückenhafte Biographie zu erstellen.

49 Vgl. dazu die Überlegungen zur Repräsentativität der Untersuchungsgesamtheit in Kap. I auf. S. 25.

IV. Schwerindustrielle Unternehmen, die ihre Selbständigkeit verloren

1. Liste der Bergbau-Unternehmen, die zwischen 1873 und 1892 ihre Selbständigkeit verloren

A: durch Aufkauf

Name	Jahr	an Firma	Produktion 1883	Beschäftigte 1883
1. Brockhauser Tiefbau	1886	Union	25.695	96
2. Engelsburg	1889	Bochumer Verein	88.112	353
3. Friederica	1889	Bochumer Verein	125.000	496
4. Germania	1887	Westf. Grubenv. später Gelsenberg	275.038	1.141
5. Gneisenau	1891	Harpen	noch keine Förderung	
6. Hasenwinkel	1890	Bochumer Verein	276.471	1.011
7. Herminenglück	1892	Constantin d. Gr.	65.830	
8. Herne-Bochum	1889	Harpen		2.141
9. Iserlohn	1889	Harpen	454.583	1.515
10. Scharnhorst	1891	Harpen	Noch keine Förderung	
11. Stein & Hardenberg	1889	Gelsenberg	340.744	1.402
12. Vollmond	1889	Harpen	180.658	669
13. Westf. Grubenverein	1889	Gelsenberg	432.179[a]	1.634[a]

[a] Für 1884.

Name	Jahr	an Firma	Produktion 1883	Beschäftigte 1883
14. Westphalia	1889	Hoesch	268.392	947
15. Wiendahlsbank	1889	Louise Tiefbau	68.859	252
16. Wilhelmine-Victoria	1886	Hibernia	259.187	904

B: durch Fusion

Name	Jahr	mit	Kohle-Produktion 1883	Beschäftigte 1883
1. Hardenberg	1881	Min. Stein	133.151[a]	482[a]
2. Hibernia	1873	Shamrock	894.000	2.732
3. Shamrock	1873	Hibernia	894.000	2.732
4. Stein (Minister)	1881	Hardenberg	180.000	676

[a] Für 1881.

C: durch Konkurs/Liquidation

Name	Jahr	an Firma	Beschäftigte 1883	Kohle-Produktion 1883
1. Bruchstraße	1891	Louise Tiefbau	127.050	570
2. Erin	1877	Gelsenberg	64.302[a]	619[a]
3. Hannover	1891	Krupp	602.768	·
4. Iduna	1890	(stillgelegt)	17.000	82

[a] Für 1885.

2. Liste der Unternehmen der Eisenindustrie, die zwischen 1873[a] und 1892 ihre Selbständigkeit verloren

Name	Sitz	Jahr	an Firma
1. Fritz Asthöver & Co.	Annen	1886	Krupp
2. Carl Berger & Co.	Witten	1873	Wittener Guß
3. Cosack & Co.	Hamm	1872	Westfälische Union
4. AG für Stahlindustrie	Bochum	1889	Bochumer Verein
5. Grillo, Funke & Co.	Schalke	·	·
6. Gebr. Herberz	Langendreer	1881	Funke, Borbert & Co.
7. Hobrecker, Witte & Herbers	Hamm	1872	Westfälische Drahtindustrie
8. Kissing & Schmöle	Schwerte	1872	Eisenindustrie zu Menden und Schwerte
9. König & Rennert	Annen	1873	Annener Gußstahlwerk
10. Korte & Co.	Bochum	1873	Bochumer Eisenhütte
11. Munscheid & Co.	Gelsenkirchen	1889	Gelsenkirchener Gußstahlwerke
12. Wilhelm Munscheid	Gelsenkirchen	1889	Gelsenkirchener Gußstahlwerk
13. Berg- und Hütten AG Neuschottland	Horst	1872	Union
14. Karl Rüetz & Co.	Dortmund	1880	Eisenwerk Rothe Erde
15. Steinhauser Hütte	Witten	1875	Liquidation
16. Vogelsang & Cie.	Schalke	1886	Schalker Eisenhütte
17. Wehrenbold & Co.	Dortmund	1879	Eisenhütte Westfalen

[a] In die Liste wurden auch noch die Firmen aufgenommen, die schon Ende 1872 ihre Selbständigkeit verloren haben.

3. Liste der Bergbau-Unternehmen, die zwischen 1893 und 1913 ihre Selbständigkeit verloren

Name	Jahr	an Firma	Produktion (in 1.000 t) 1900	Beschäftigte 1900
1. Achenbach	1896	Stumm	1	304
2. Altendorf	1908	Essener Steinkohlenb. AG	104	564
3. Baaker Mulde	1904	Deutsch-Luxemburg	130	701
4. Berg. Märkischer (Gew. Kaiser Friedr.)	1910	Union	–	–
5. Bergmannsglück	1902	preußischer Fiskus	noch keine Förderung	
6. Berlin (Westerholt)	1904	preußischer Fiskus	noch keine Förderung	
7. Ver. Bickefeld	1904	Graf Bismarck	146	630
8. Blumenthal	1904	Hibernia	870	–
9. Bochumer Koks	1904	Constantin d. Gr.	–	–
10. Carolinenglück	1900	Bochumer Verein	253	971
11. Centrum	1900	Rheinische Stahlwerke	800	3.294
12. Courl	1899	Harpen	–	–
13. Crone	1899	Fentscher Hütte	–	–
14. Dahlhauser Tiefbau	1906	Essener Steinkohlenbergw. AG	181	776
15. Dannebaum	1901	Deutsch-Luxemburg	320	1.478
16. Eiberg	1904	Ewald	252	955
17. Eintracht Tiefbau	1912	Constantin d. Gr.	455	1.850
18. Franziska	1895	Hamburg & Franz. (Gelsenberg)	–	–
19. Freie Vogel	1912	Lothringen	142	757
20. Friedlicher Nachbar	1904	Deutsch-Luxemburg	104	542
21. Friedrich Wilhelm	1903	Deutsch-Luxemburg	77	484

Name	Jahr	an Firma	Produktion (in 1.000 t) 1900	Beschäftigte 1900
22. General	1900	Annetz-Friede	149	793
23. Gottessegen	1906	Deutsch-Luxemburg	167	591
24. Gryther (Altstaden)	1904	Hibernia	–	–
25. Hamburg	1895	Hamb. & Franz. (Gelsenberg)	–	–
26. Hamburg & Franziska	1904	Gelsenberg	693	2.784
27. Hannibal	1899	Krupp	400	–
28. Hannibal & Hannover	1903	Krupp	–	–
29. Holland	1897	Nordstern (Phönix)	750	3.207
30. Hugo	1893	Harpen	–	–
31. Julius Phillip	1905	Deutsch-Luxemburg	280	1.153
32. Louise Tiefbau	1908	Deutsch-Luxemburg	603	–
33. Mark	1912	Lothringen	–	–
34. Massen	1911	Buderus/Wetzlar	511	–
35. Mengeder Bergbau	1899	Union	–	–
36. Moltke	1899	Nordstern (Phönix)	417[a]	1.543[a]
37. Monopol	1897	Gelsenberg	–	–
38. Nordstern	1907	Phönix	–	–
39. Pluto	1899	Schalker Gruben	955	3.910
40. Schlägel	1898	Hibernia	899	–
41. Siebenplaneten	1905	Harpen	283	1.177
42. Stein (Freiherr)	1907	Werne	–	–
43. Tremonia	1910	Deutsch-Luxemburg	239	1.048

[a] 1897.

Name	Jahr	an Firma	Produktion (in 1.000 t) 1900	Beschäftigte 1900
44. Victor	1910	Annetz-Friede	508	2.100
45. Victoria	1908	Harpen	Noch keine Förderung	
46. Westhausen	1898	Gelsenberg	243	834
47. Westphalia	1899	Hoesch	–	–

4. Liste der Unternehmen der Eisenindustrie, die zwischen 1893 und 1913 ihre Selbständigkeit verloren

Name	Sitz	Jahr	an Firma
1. Aplerbecker Hütte	Aplerbeck	1911	Westf. Drahtwerke
2. v. Born	Dortmund	1899	Hörder Verein
3. Funke	Langendreer	1897	Westf. Drahtwerke
4. Grillo	Schalke	?	?
5. Rothe Erde	Dortmund	1912	Konkurs
6. Westf. Drahtindustrie	Hamm	1911	Krupp
7. Westf. Union	Hamm	1897	Phönix

V. Liste der 248 untersuchten westfälischen Schwerindustriellen

1. Adriani, Otto (1838–1900), Direktor der Gewerkschaft Hannibal, später bei Harpen.
2. Andre, Walter (1874–1939), Direktor der Bergwerksgesellschaft Trier.
3. Asthöver, Fritz (1835–1913), Direktor der Steinhauser Hütte, später selbständiger Leiter von Asthöver & Cie.
4. Baare, Louis (1821–1897), Generaldirektor des Bochumer Vereins.
5. Baare, Fritz (1855–1917), Generaldirektor des Bochumer Vereins.
6. Baare, Wilhelm (1857–?), Direktor des Bochumer Vereins.
7. Bädecker, Walter (1841–1910), Direktor der Eisenindustrie zu Menden und Schwerte.
8. Baur, Heinrich (1846–1925), Direktor der Zeche Julius Phillip (Dannebaum).
9. Behrens, Carl (1854–1906), Generaldirektor der Hibernia.
10. Beitter, Hermann G. (1827–1875), Direktor des Hörder Vereins.
11. Bellmann, Wilhelm (1871–1932), Direktor der Gewerkschaft Berlin.
12. Berger, Carl (1794–1871), Gründer der Firma Berger & Cie., Witten.
13. Berger, Louis (1829–1891), Geschäftsführer der Firma C. Berger & Cie., Witten.
14. Berkemeyer, Hermann (1835–1903), Generaldirektor der Eisenindustrie zu Menden und Schwerte.
15. Bertram, Eugen (1842–1904), Direktor des Hochofenwerks Carl von Born, Dortmund.
16. Beukenberg, Wilhelm (1858–1923), Generaldirektor des Hörder Vereins.
17. Bingel, Rudolf (1841–1909), Direktor bei Gelsenberg.
18. Blass, Eduard (1837–1906), Direktor der Dortmunder Hütte (Union).
19. Blauel, C. (1840–1906), Direktor der Heinrichshütte.
20. Boos, Hermann (1846–1900), Direktor der Westfälischen Union.
21. Borbet, Walter (1881–1942), Direktor des Bochumer Vereins.
22. Born, Wilhelm von (1826–1902), Gründer des Hochofenwerks von Born.
23. Brand, Julius (1837–1908), Direktor bei Harpen.
24. Brandi, Ernst (1875–1937), Direktor der Zeche Pluto, später Gelsenberg.
25. Braumüller, Wilhelm (1875–?), Direktor der Union.
26. Brauns, Hermann (1838–1911), Generaldirektor der Union.
27. Brennecke, Emil (1863–1930), Direktor der Union.
28. Brenner, Franz (1836–1928), Direktor bei Dannebaum.
29. Brinckmann, Gustav (1852–1922), Direktor der Zeche Friedrich der Große.
30. Bröckelmann, Friedrich Wilhelm (1799–1890), Gründer von Cosack & Co., Hamm.
31. Brügmann, Wilhelm (1851–1926), Geschäftsführer der Aplerbecker Hütte.
32. Burgers, Franz (1845–1911), Direktor des Schalker Gruben- und Hüttenvereins.
33. Burgers, Franz jun. (1877–1930), Direktor bei Gelsenberg.
34. Busch, Heinrich (1871–?), Direktor bei Gelsenberg.
35. Buskühl, Ernst (1880–1940), Direktor bei Consolidation.
36. Caemmerer, Fritz (1836–1913), Direktor des Gußstahlwerks Witten.
37. Canaris, Carl (1852–1904), Direktor der Aplerbecker Hütte.
38. Chary, Joseph (1837–1908), Direktor der Union.
39. Chaudron, Joseph (1822–1905), Präsident von Dahlbusch.
40. Cosack, Josef (1801–1878), Gründer von Cosack & Co., Hamm.

41. Coupette, Gustav Valentin (1823–1884), Direktor von Neuschottland.
42. Cramer, Eduard (1859–1931), Gründer der Gewerkschaft Iduna.
43. Dach, Adolf (1835–1875), Direktor der Gewerkschaft Constantin der Große.
44. Dach, Robert (1839–1910), Direktor der Zeche Hannover.
45. Daelen, Reiner (1813–1887), Direktor des Hörder Vereins.
46. 6Dehnke, Reinhold J. H. (1864–?), Direktor der Gewerkschaft Friedrich der Große.
47. Deichmann, Wilhelm Ludwig (1798–1876), Gründer des Hörder Vereins.
48. Dernburg, Bernhard (1865–1937), Gründer von Deutsch-Luxemburg.
49. Diefenbach, Emil (1838–1910), Direktor beim Bochumer Verein.
50. Dill, Waldemar (1874–1930), Direktor der Zeche Centrum.
51. Dowerg, Hugo (1858–1938), Repräsentant der Gewerkschaft General.
52. Drunckenmüller, Nicolaus (1806–1883), Generaldirektor von Neuschottland, später Union.
53. Dütting, Christian (1862–1921), Direktor der Zeche Holland.
54. Effertz, Reinhard (1848–1930), Direktor der Zeche Königsborn.
55. Eichoff, Franz Richard (1859–1921), Direktor der Gewerkschaft Grillo, Funke & Co.
56. Eichler, Hans (1879–?), Direktor der Zeche Zollern – Germania.
57. Eigenbrodt, Reinhard (1858–1929), Direktor bei Deutsch-Luxemburg.
58. Elbers, Eduard (1830–1903), Vorsitzender des Grubenvorstandes der Gewerkschaft Westhausen.
59. Endemann, Wilhelm (1809–?), Repräsentant der Gewerkschaft Isabella (Dannebaum).
60. Erdmann, Otto (1827–1899), Direktor der Zeche Friederica (Dannebaum).
61. Esser, Wilhelm (1878–1932), Direktor bei Deutsch-Luxemburg.
62. Fickler, Erich (1874–1935), Direktor bei Harpen.
63. Flume, Karl (1824–1886), Gründer von Potthoff & Flume.
64. Frielinghaus, Gustav (1835–1911), Generaldirektor von Dannebaum.
65. Fuhrmann, Carl (1811–1874), Gründer von Cosack & Co., Hamm.
66. Funke, Carl (1855–1912), Vorsitzender des Grubenvorstandes der Gewerkschaft Dorstfeld.
67. Funke, Friedrich (1823–1884), Gründer der Westfälischen Eisen- und Drahtwerke.
68. Funke, Wilhelm (1865–1910), Grubenvorstand der Gewerkschaft Westhausen.
69. Gahlen, Hugo von sen. (1821–1899), Vorsitzender des Grubenvorstandes der Gewerkschaft Graf Bismarck.
70. Gahlen, Hugo von jun. (1860–?), Vorsitzender des Aufsichtsrats von Graf Bismarck.
71. Galli, Johannes (1865–1927), Direktor der Annener-Gußstahlwerke AG.
72. Gallus, Edwin (?–1875), Grubenvorstand der Gewerkschaft Germania.
73. Gehres, Otto (1872–1932), Direktor der Gewerkschaft Lothringen.
74. Goecke, Feodor (1836–1907), Direktor der Westfälischen Union.
75. Goedecke, Carl (1839–1909), Direktor des Schalker Gruben- und Hüttenvereins.
76. Görtz, Johannes (1852–1928), Betriebsdirektor des Hörder Vereins.
77. Gräf, Leo (1836–1889), Generaldirektor der Hibernia.
78. Grevel, Ortwin (1842–?), Direktor der Bergwerksgesellschaft Ewald.
79. Grillo, Friedrich (1825–1888), Gründer des Schalker Gruben- und Hüttenvereins u. a.
80. Grimberg, Heinrich sen. (1833–1907), Gründer der Gewerkschaft Lothringen.
81. Grimberg, Heinrich jun. (1864–1921), Gründer der Stahlwerke Bochum.
82. Grisse, Justus August (1863–1937), Betriebsdirektor von Grillo, Funke & Co.
83. Gruyter, Albert de (1829–1901), Gründer von Altstaden (Hibernia).
84. Haarmann, August (1840–1913), Direktor der Henrichshütte.
85. Häcker, Hermann (1862–?), Direktor von Grillo, Funke & Co.
86. Hagemann, Ferdinand (1874–1938), Direktor von Altstaden (Hibernia).
87. Hagen, Louis (1855–?), Aufsichtsratsvorsitzender der Bergwerksgesellschaft Trier.
88. Halbach, Gustav (1858–1914), Direktor der Gesellschaft für Stahlindustrie.
89. Hammacher, Friedrich Adolf (1824–1904), Gründer von Pluto u. a.

90. Haniel, August (1852–1925), Grubenvorstand der Gewerkschaft Fröhliche Morgensonne.
91. Haniel, John von (1849–1912), Grubenvorstand der Gewerkschaft Fröhliche Morgensonne.
92. Hansemann, David (1790–1864), Vorsitzender des Aufsichtsrats der Henrichshütte.
93. Hansemann, Adolph von (1826–1903), Vorsitzender des Aufsichtsrates von Gelsenberg.
94. Hasslacher, Jakob (1869–1940), Direktor bei Gelsenberg.
95. Heimann, Jean Maria (?–1901), Vorsitzender des Verwaltungsrats des Bochumer Vereins.
96. Heinhold, Max (1881–?), Direktor der Zeche Sachsen.
97. Heinrichs, Adolf (1834–1906), Direktor der Union.
98. Heintzmann, Edmund (1815–1890), Repräsentant der Zeche Hasenwinkel.
99. Heintzmann, Egmont (?–1874), Gründer der Bochumer Eisenhütte.
100. Heintzmann, Heinrich (1823–1889), Direktor der Zeche Hasenwinkel.
101. Herbers, Fr. Hermann (1840–?), Vorsitzender des Aufsichtsrates der Westfälischen Drahtindustrie.
102. Heyden-Rynsch, Hermann von der (1839–1917), Vorsitzender des Aufsichtsrats von Harpen.
103. Hilbck, Alexander (1841–1908), Direktor der Gewerkschaft Westfalia.
104. Hilgenstock, Gustav (1844–1913), Direktor des Hörder Vereins.
105. Hilger, Ewald (1833–1887), Gründer von Vogelsang & Cie. (Schalker Eisenhütte).
106. Hobrecker, Wilhelm (1790–1853), Gründer der Firma Hobrecker & Cie. (Westfälische Drahtindustrie).
107. Hobrecker, Joh. Carl (1811–1875), Geschäftsführer von Hobrecker & Cie.
108. Hobrecker, Eduard (1872–?), Direktor der Westfälischen Drahtindustrie.
109. Hölt, Julius (1868–1932), Direktor der Consolidation.
110. Hoesch, Leopold (1820–1899), Gründer des Eisen- und Stahlwerks Hoesch.
111. Hoesch, Albert (1847–1898), Gründer des Eisen- und Stahlwerks Hoesch.
112. Hoesch, Wilhelm (1845–1923), Gründer des Eisen- und Stahlwerks Hoesch.
113. Hoevel, Wilhelm von (?–1864), Gründer von Harpen.
114. Hoffmann, Oskar (1838–1909), Direktor der Bochumer Bergwerks AG.
115. Hohendahl, Fritz (1878–?), Direktor der Zeche Unser Fritz.
116. Hoppenstaedter, Albert (1868–1931), Generaldirektor von Constantin der Große.
117. Hüssener, Albert (1837–1902), Direktor der Zeche von der Heydt (Herne-Bochum).
118. Jaeger, Carl (1874–1932), Direktor beim Hörder Verein.
119. Jordan, Hans (1848–1923), Grubenvorstand der Gewerkschaft Bruchstraße.
120. Jüngst, Carl (1872–1931), Direktor von Hannover und Hannibal.
121. Kamp, Heinrich (1841–1927), Direktor der Westfälischen Union.
122. Kintze, Fritz (1852–1908), Direktor bei Gelsenberg.
123. Kirdorf, Adolf (1845–1923), Vorsitzender des Aufsichtsrats von Gelsenberg.
124. Kirdorf, Emil (1847–1923), Generaldirektor von Gelsenberg.
125. Kissing, Gustav (1812–?), Gründer der Firma Kissing & Schmöle.
126. Kleine, Eduard (1837–1914), Direktor der Zeche Ver. Bickefeld.
127. Kleine, Eugen (1867–1928), Generaldirektor von Harpen.
128. Klemme, Stanislaus (1857–1935), Aufsichtsrat der Bergwerksgesellschaft Trier.
129. Kleynmans, Jakob (1856–1933), Direktor der Gewerkschaft König Ludwig.
130. Knepper, Gustav Heinrich (1870–?), Direktor bei Dannebaum.
131. Knupe, Carl Hermann Ludwig (1859–?), Direktor von Friedlicher Nachbar.
132. Koehler, Heinrich (1836–1907), Generaldirektor der Westfälischen Stahlwerke.
133. Korte, Carl (1812–?), Gründer der Firma Korte & Co.
134. Korte, Carl Ernst (1852–?), Grubenvorstand von Graf Schwerin u. a.
135. Krawehl, Otto (1875–1936), Grubenvorstand der Gewerkschaft Victor.
136. Kühne, Eduard (1810–1883), Gründer des Bochumer Vereins.
137. Lämmerhirt, Hermann (1871–1938), Direktor beim Hörder Verein.
138. Landau, Eugen (1835–?), Vorsitzender des Aufsichtsrates von Hugo.

139. Lange, Otto (1863–1941), Direktor beim Hörder Verein.
140. Langer, Martin (1870–1940), Direktor bei der Westfälischen Dahtindustrie.
141. Lindenberg, Arthur (1837–1896), Direktor bei Gelsenberg.
142. Lindner, Heinrich (1857–1917), Generaldirektor der Hibernia.
143. Lohmann, Friedrich sen. (1810–1893), Geschäftsführer der Firma Lohmann & Brand.
144. Lohmann, Friedrich jun. (1845–1921), Geschäftsführer der Firma Lohmann & Brand.
145. Lohmann, Friedrich (1847–1916), Geschäftsführer der Firma Lohmann & Brand.
146. Lohmann, Helene (1784–1866), Geschäftsführerin der Firma Lohmann & Brand.
147. Lüthgen, Hermann (1862–1920), Generaldirektor von Dahlbusch.
148. Maenen, Michael Corr van der (1802–1878), Gründer der Hibernia.
149. Malz, Carl (1840–1907), Direktor bei der Union.
150. Mannstädt, Louis (1839–1913), Direktor der Westfälischen Union.
151. Massenez, Josef (1839–1923), Direktor des Hörder Vereins.
152. Matzek, Julius (1856–1910), Direktor der Henrichshütte.
153. Mayer, Jakob (1813–1857), Gründer des Bochumer Vereins.
154. Meier, Eduard (1834–1899), Direktor beim Hörder Verein.
155. Menzel, Robert (1826–1889), Direktor beim Bochumer Verein.
156. Mevissen, Gustav von (1815–1899), Vorsitzender des Verwaltungsrats des Hörder Vereins.
157. Meyer, Georg Albrecht (1862–1937), Direktor der Hibernia.
158. Middendorf, Ernst (1874–1933), Direktor der Zeche Radbold (Trier).
159. Müllensiefen, Gustav (1799–1874), Gründer der Germania.
160. Müllensiefen, Theodor sen. (1802–1879), Gründer der Germania.
161. Müllensiefen, Theodor jun. (1845–1920), Repräsentant der Germania.
162. Müller, Carl (1850–1921), Direktor bei Deutsch-Luxemburg.
163. Müller, Peter (1837–1908), Direktor der Union.
164. Müller, Richard (1853–1929), Direktor bei Hoesch.
165. Müller, Wilhelm Heinrich (1838–1889), Generaldirektor der Union.
166. Müller-Klönne, Karl (1866–1936), Direktor bei Gelsenberg.
167. Münzesheimer, Martin (1865–?), Direktor des Gelsenkirchener Gußstahl- und Eisenwerks.
168. Müser, Friedrich Wilhelm (1812–1874), Gründer von Harpen.
169. Müser, Robert (1849–1927), Generaldirektor von Harpen.
170. Mulvany, William Thomas (1806–1885), Gründer der Hibernia.
171. Natrop, Gustav (1824–1891), Aufsichtsrat bei Pluto.
172. Niehues, Bernhard (1831–?), Grubenvorstand bei Freier Vogel & Unverhofft.
173. Oppenheim, Albert von (1834–1912), Vorsitzender des Aufsichtsrats der Westfälischen Union.
174. Oppenheim, Emil von (1862–?), Vorsitzender des Aufsichtsrates der Westfälischen Eisen- und Drahtwerke.
175. Otto, Karl (1838–1897), Grubenvorstand von Hasenwinkel.
176. Pacher, Franz (1862–1937), Direktor bei den Wittener Gußstahlwerken.
177. Petersen, Carl Richard (1828–1884), Direktor der Steinhauser Hütte.
178. Pieler, Franz (1835–1910), Repräsentant von Carl Friedrich.
179. Pieper, Hermann sen. (1839–1904), Generaldirektor von Constantin der Große.
180. Pieper, Hermann jun. (1872–1913), Generaldirektor von Constantin der Große.
181. Pink, Richard (1832–1906), Direktor beim Hörder Verein.
182. Poensgen, Carl Rudolf (1838–1921), Grubenvorstand der Gewerkschaft Unser Fritz.
183. Pottgiesser, Heinrich (1865–1941), Direktor bei Hoesch.
184. Potthoff, Wilhelm Heinrich (1821–1880), Gründer von Potthoff & Flume.
185. Randebrock, Paul (1856–1912), Direktor von Gelsenberg.
186. Rasche, Ludwig (1861–1914), Direktor von Gelsenberg.
187. Roeder, Otto (?–1900), Direktor von Louise Tiefbau.

188. Ruppel, Franz (?–1900), Repräsentant der Gewerkschaft Hannibal.
189. Ruschen, Carl (1870–1931), Generaldirektor von Ewald.
190. Russel, Carl (1868–?), Direktor von König Ludwig.
191. Seidel, Rudolf (1862–1937), Direktor bei Gelsenberg.
192. Selbach, Richard (1870–1928), Direktor bei Hibernia.
193. Simmersbach, Franz (1841–1910), Direktor der Zeche Centrum.
194. Smeets, Egidius (1872–1929), Direktor bei der Wittener Gußstahlfabrik.
195. Springorum, Friedrich (1858–1938), Generaldirektor bei Hoesch.
196. Sudhaus, Karl Wilhelm (1827–1915), Direktor der Aplerbecker Hütte.
197. Sybel, Alexander von (1822–?), Verwaltungsrat des Bochumer Vereins.
198. Scharf, Felix (1858–1920), Direktor des Bochumer Vereins.
199. Schilling, Alfred (1841–1908), Grubenvorstand von Borussia.
200. Schmöle, Ludwig (1806–?), Gründer von Kissing und Schmöle.
201. Schruff, Anton (1863–1940), Direktor des Schalker Gruben- und Hüttenvereins.
202. Schuchart, Adolf (1871–1934), Prokurist der Gelsenkirchener Gußstahlfabrik.
203. Schultz, Hugo (1838–1904), Repräsentant der Gewerkschaft Friedlicher Nachbar.
204. Schulz, Franz (1864–1916), Direktor der Eisenhütte Westfalia.
205. Schulz, Carl (1791–1861), Grubenvorstand von Wilhelmine Victoria.
206. Schulz-Briesen, Bruno (1832–1919), Direktor von Dahlbusch.
207. Schürenberg, Wilhelm (1830–1894), Gründer der Firma Vogelsang & Cie.
208. Schürmann, Felix (1823–1895), Gründer der Firma Cosack & Co.
209. Schweckendieck, Ernst (1849–1936), Direktor der Union.
210. Schwier, Carl (1875–1936), Direktor bei Hoesch.
211. Stahl, Hermann Josef (1839–1927), Direktor des Hüttenwerks Carl Rüetz & Co.
212. Stens, Emil (1864–1938), Direktor der Gewerkschaft Bickefeld.
213. Stinnes, Hugo (1870–1924), Direktor des Aufsichtsrates von Dannebaum.
214. Stolberg-Wernigerode, Heinrich zu (1722–1854), Gründer der Henrichshütte.
215. Strack, Otto (1869–?), Vorsitzender des Aufsichtsrats von Trier.
216. Strousberg, Bethel Henry (1822–1884), Gründer der Union.
217. Tappe, H. A. (1821–1878), Direktor der Henrichshütte.
218. Tengelmann, Fritz (1879–?), Direktor der Zeche Dorstfeld.
219. Thyssen, August (1842–1926), Vorsitzender des Aufsichtsrates des Schalker Gruben- und Hüttenvereins.
220. Tiemann, Wilhelm (1840–1913), Direktor der Union.
221. Tomson, Eugen (1842–1905), Generaldirektor von Dahlbusch.
222. Trasenster, Jean Louis (1816–1887), Gründer der Zeche Altstaden.
223. Tull, Mathias (1835–1913), Generaldirektor des Hörder Vereins.
224. Vehling, Gustav (1837–1919), Direktor von Grillo, Funke & Co.
225. Vehling, Heinrich Gustav (1870–?), Direktor bei Gelsenberg.
226. Velsen, Wilhelm von (1828–1894), Direktor der Zeche Crone.
227. Vloten, Willem van (1855–1925), Direktor beim Hörder Verein.
228. Vogelsang, Karl (1866–1920), Direktor von Mansfeld.
229. Vögler, Albert (1877–1945), Direktor bei Dannebaum.
230. Vollrath, Hermann (1840–1912), Direktor von Kissing & Schmöle.
231. Waldthausen, Friedrich Wilhelm von (1814–1887), Grubenvorstand von Westfalia.
232. Waldthausen, Oskar von (1854–1908), Grubenvorstand von Victor.
233. Wehrenbold, Caspar Diederich (?–1851), Gründer der Eisenhütte Westfalia.
234. Weidtmann, Victor (1853–1927), Grubenvorstand von Friedlicher Nachbar.
235. Weinling, August (1843–1929), Betriebsdirektor der Union.
236. Weinling, Otto Friedrich (1867–1932), Direktor der Westfälischen Stahlwerke.
237. Weissmüller, Bernhard Goswin (1813–1904), Direktor der Eisenhütte Westfalia.
238. Wendel, Henri de (1844–1906), Geschäftsführer von de Wendel.
239. Wendel, Robert de (1847–1903), Geschäftsführer von de Wendel.

240. Weyland, Gustav (1837–1913), Gründer der Aplerbecker Hütte.
241. Wiethaus, Otto (1842–1918), Direktor der Westfälischen Drahtindustrie.
242. Willikens, Wilhelm (1848–1908), Direktor von Rothe Erde.
243. Wintzer, Carl (1829–1881), Gründer der Westfälischen Union.
244. Wirtz, Adolf (1872–?), Direktor bei Dannebaum.
245. Zilliken, Theodor (1850–1909), Direktor der Westfälischen Stahlindustrie.
246. Zuckschwerdt, Hermann Ludwig Alexander (1826–?), Gründer der Magdeburger Bergwerks AG.
247. Zuckschwerdt, Wilhelm (?–?), Vorsitzender des Aufsichtsrats der Magdeburger Bergwerks AG.
248. Zypen, Julius von der (1842–1907), Vorsitzender des Verwaltungsrats des Hörder Vereins.

VI. Listen der 154 untersuchten Unternehmen der westfälischen Schwerindustrie

A: Bergbau

1. Admiral: Gewerkschaft Admiral, gegr. 1910.
2. Achenbach: Gewerkschaft des consolidierten Steinkohlenbergwerks Minister Achenbach, gegr. 1896 (1901 an Stumm).
3. Altendorf: Gewerkschaft des Steinkohlenbergwerks Altendorf, gegr. 1722 (als Stollenzeche), 1914 stillgelegt.
4. Alter Fritz: Bergbau Aktiengesellschaft Hellweg, gegr. 1856, 1869 in Liquidation (1920 Betrieb wieder aufgenommen).
5. Aplerbecker AV: Aplerbecker Aktienverein für Bergbau (Zeche Margarethe), gegr. 1856 (1919 an Stumm).
6. Baaker Mulde: Gewerkschaft Baaker Mulde, gegr. 1870, 1899 mit Gewerkschaft Friedlicher Nachbar fusioniert (1904 an Deutsch-Luxemburg).
7. Bergisch Märkischer: Bergisch Märkischer Bergwerks Verein, gegr. 1871, 1883–88 als Gewerkschaft Baroper Steinkohlenbergwerk betrieben, 1900 als Gewerkschaft Kaiser Friedrich neugegründet.
8. Bergmannsglück: Gewerkschaft Bergmannsglück, gegr. 1880, 1902 vom preußischen Fiskus erworben.
9. Berlin: Gewerkschaft Berlin, gegr. 1876, 1904 vom preußischen Fiskus erworben (Zwekkel/Schloven).
10. Bickefeld: Gewerkschaft Ver. Bickefeld Tiefbau, gegr. 1869, 1904 von Gewerkschaft Bismarck erworben.
11. Bismarck: Gewerkschaft Graf Bismarck, gegr. 1868.
12. Blumenthal: Gewerkschaft General Blumenthal, gegr. 1873, 1903 zu Hibernia.
13. Bochumer Berg: Bochumer Bergwerks-Aktien-Gesellschaft, gegr. 1864.
14. Bochumer Koks: Bochumer Koks- und Kohlenwerke AG, gegr. 1896, 1904 zu Constantin der Große.
15. Borussia: Bergbau-Aktien-Gesellschaft Borussia, gegr. 1856.
16. Brockhauser Tiefbau: Gewerkschaft Brockhauser Tiefbau, gegr. 1873, 1886 zur Union.
17. Bruchstraße: Gewerkschaft Bruchstraße, gegr. 1867, 1887 zu Louise Tiefbau.
18. Carl Friedrich: Gewerkschaft Carl Friedrich Erbstollen, gegr. 1825, 1857 zur Henrichshütte.
19. Caroline: Gewerkschaft des Steinkohlen- und Eisensteinbergwerks Caroline, gegr. 1857.
20. Carolinenglück: Gewerkschaft Carolinenglück, gegr. 1847, 1900 zum Bochumer Verein.
21. Centrum: Gewerkschaft Centrum, gegr. 1861, 1910 zu Rheinische Stahlwerke.
22. Consolidation: Bergwerks-Aktien-Gesellschaft Consolidation, gegr. 1862 (1922 zu Mannesmann).
23. Constantin: Gewerkschaft Ver. Constantin der Große, gegr. 1849 (1921 zu Krupp).
24. Courl, Bergwerks-Aktien-Gesellschaft Courl, gegr. 1861 (1870–90 als Westfälischer Bergbau Verein AG betrieben), 1899 zu Harpen.

25. Crone: Gewerkschaft ver. Felicitas und Crone, gegr. 1846, 1908 in Bergwerksgesellschaft Glückaufsegen m.b.H. aufgegangen (1899 zur Feutscher Hütte).
26. Dahlbusch: Bergwerks-Gesellschaft Dahlbusch, gegr. 1850 als A.-G. Belgisch-Rheinische Gesellschaft der Kohlebergwerke an der Ruhr.
27. Dahlhauser: Gewerkschaft des Steinkohlenbergwerks ver. Dahlhauser Tiefbau, gegr. 1872, 1906 liquidiert und in Essener Steinkohlenbergwerke AG aufgegangen.
28. Dannebaum: Aktien-Gesellschaft Zeche Dannebaum, gegr. 1873 (zuvor Stollenzeche seit 1780), 1899 in Differdingen-Dannebaum (Deutsch-Luxemburg) aufgegangen.
29. Dorstfeld: Gewerkschaft der Zeche vereinigte Dorstfeld, gegr. 1849 als Gewerkschaft alten Rechts.
30. Eiberg: Gewerkschaft des Steinkohlenbergwerks Eiberg, gegr. 1857 (unter dem Namen Jacob), 1904 zur Gewerkschaft Ewald.
31. Eintracht: Gewerkschaft des Steinkohlenbergwerks Eintracht Tiefbau, gegr. 1857, 1912 zu Constantin der Große.
32. Engelsburg: Gewerkschaft Ver. Engelsburg, gegr. 1829, 1889 zum Bochumer Verein.
33. Erin: Gewerkschaft Erin, gegr. 1882, 1887 zur Gelsenberg.
34. Ewald: Gewerkschaft des Steinkohlenbergwerks Ewald, gegr. 1871.
35. Franziska: Gewerkschaft Franziska Tiefbau, gegr. 1837, 1895 mit Gewerkschaft Hamburg fusioniert.
36. Freie Vogel: Gewerkschaft des Eisenstein- und Steinkohlenbergwerks Freie Vogel und Unverhofft, gegr. 1843, 1912 zur Gewerkschaft Lothringen.
37. Friederica: Gewerkschaft des Steinkohlenbergwerks Friederica, gegr. als Stollenzeche im 18. Jahrhundert, 1889 an Dannebaum.
38. Friedlicher Nachbar: Gewerkschaft Friedlicher Nachbar, gegr. 1854, 1904 zu Deutsch-Luxemburg.
39. Friedrich-Wilhelm: Gewerkschaft Friedrich-Wilhelm, gegr. 1869, 1892 in Konkurs (1896–1903 als Gewerkschaft Vorwärts betrieben).
40. Friedrich: Gewerkschaft des Steinkohlenbergwerks Friedrich der Große, gegr. 1870, 1818 zum Bochumer Verein.
41. Fröhliche: Gewerkschaft Fröhliche Morgensonne, gegr. 1858, 1920 an Rheinische Stahlwerke verpachtet.
42. Gelsenberg: Gelsenkirchener Bergwerks-Aktien-Gesellschaft, gegr. 1857 als Gelsenkirchener Bergwerksverein Detillieux, Frères et Cie., 1904 Fusion mit Aachener Hütte und Schalker Gruben- und Hüttenverein.
43. General: Gewerkschaft General und Erbstollen, gegr. 1770 (1874–95 als Dortmunder Bergbau AG betrieben), 1900 zu Aumetz-Friede.
44. Germania: Gewerkschaft Ver. Germania, gegr. 1850, 1887 zum Westfälischen Grubenverein.
45. Glückauf-Tiefbau: Gewerkschaft Glückauf Tiefbau, gegr. 1755 (als Stollenzeche), 1872 zur Union.
46. Gneisenau: Bergwerksgesellschaft Gneisenau, gegr. 1873, 1891 an Harpen.
47. Gottessegen: Gewerkschaft Gottessegen, gegr. 1878, 1906 zu Deutsch-Luxemburg.
48. Gruyter, Altstaden, Aktiengesellschaft für Bergbau, gegr. 1856 als KG Albert de Gruyter & Cie., 1903 zur Hibernia.
49. Hamburg: Gewerkschaft Hamburg, gegr. 1852, 1895 mit Franziska Tiefbau fusioniert.
50. Hamburg & Franziska: Gewerkschaft des Steinkohlenbergwerks Ver. Hamburg & Franziska, gegr. 1895 durch Fusion, 1904 zu Gelsenberg.
51. Hannibal: Gewerkschaft ver. Hannibal, gegr. 1847, 1899 zu Krupp, 1903 mit Hannover fusioniert.
52. Hannover: Gewerkschaft des Steinkohlenbergwerks Hannover, gegr. 1856 als KG Hannoversche Bergwerksgesellschaft Horstmann & Co., 1872 an Krupp, 1903 mit Hannibal fusioniert.

53. Hannover & Hannibal: Kruppsche Verwaltung der Zechen Hannover und Hannibal, gegr. 1903.
54. Hardenberg: Gewerkschaft Fürst Hardenberg, gegr. 1874, 1881 mit Minister Stein fusioniert.
55. Harpen: Harpener Bergbau-Aktien-Gesellschaft, gegr. 1856.
56. Hasenwinkel: Gewerkschaft Hasenwinkel, gegr. 1856, 1890 zum Bochumer Verein.
57. Herminenglück: Aktiengesellschaft Herminenglück-Liborius, gegr. 1847 als Gewerkschaft Ritterburg, 1892 an Constantin der Große.
58. Herne-Bochum: Belgische Aktiengesellschaft der Steinkohlengruben Herne-Bochum, gegr. 1863, 1899 zu Harpen.
59. Hibernia: Bergwerksgesellschaft Hibernia, gegr. 1873 durch Fusion der Gewerkschaften Hibernia und Shamrock.
60. Hibernia: Gewerkschaft Hibernia, gegr. 1854, 1873 mit Shamrock fusioniert.
61. Holland: Bergbau-Aktiengesellschaft Holland, gegr. 1855, 1897 zu Nordstern.
62. Hugo: Bergwerks-Aktien-Gesellschaft Hugo, gegr. 1873, 1893 zu Harpen.
63. Iduna: Gewerkschaft Iduna, gegr. 1841, 1882 zu Friederica.
64. Iserlohn: Gewerkschaft Neu-Iserlohn, gegr. 1856 als Gewerkschaft Münsterland, 1889 zu Harpen.
65. Julius Phillip: Gewerkschaft Julius Phillip, gegr. 1864, 1905 zu Deutsch-Luxemburg.
66. König Ludwig: Gewerkschaft König Ludwig, gegr. 1872 aus Feldern Henriettenglück.
67. Königsborn: Gewerkschaft Königsborn, gegr. 1874.
68. Lothringen: Gewerkschaft des Steinkohlen-Bergwerks Lothringen, gegr. 1872.
69. Louise: Tiefbau: Dortmunder Steinkohlenbergwerk Louise Tiefbau, gegr. 1873, 1908 zu Deutsch-Luxemburg.
70. Magdeburger: Magdeburger Bergwerks-Actien-Gesellschaft (Zeche Königsgrube), gegr. 1855.
71. Mansfeld: Verwaltung der Gewerkschaft Mansfeldschen Steinkohlenzechen und Coaksanstalten in Westfalen (Zechen Colonia und Urban), gegr. 1875.
72. Maria Anna: Zeche Ver. Maria Anna und Steinbank, gegr. ? (vor 1850), 1868 zum Bochumer Verein.
73. Mark: Bergbau AG Mark (Zeche Freiberg), gegr. 1857, 1905 zum Mülheimer Bergwerks Verein (1912 an Lothringen).
74. Massen: Bergbau-Aktien-Gesellschaft Massener Gesellschaft für Kohlenbergbau, 1911 zur AG Buderussche Eisenwerke, Wetzlar.
75. Maximilian: Zeche Maximilian der Eisenwerk-Gesellschaft Maximilianshütte in Rosenberg/Oberpfalz, gegr. 1903.
76. Mengeder: Mengeder Bergwerk-Aktiengesellschaft (Zeche Adolf von Hansemann), gegr. 1873, 1899 zur Union.
77. Moltke: Gewerkschaft Graf Moltke, gegr. 1873, 1899 zu Nordstern.
78. Monopol: Gewerkschaft Monopol, gegr. 1873, 1897 an Gelsenberg.
79. Mont Cenis: Gewerkschaft der Steinkohlenzeche Mont Cenis, gegr. 1872.
80. Nordstern: Aktiengesellschaft Steinkohlenbergwerk Nordstern, gegr. 1869 als Société anonyme des Charbonnages du Nord.
81. Pluto: Bergbau-Aktien-Gesellschaft Pluto, gegr. 1856, 1899 zum Schalker Gruben- und Hüttenverein.
82. Präsident: Gewerkschaft Präsident, gegr. 1840, 1864 zur Bochumer Bergwerks AG.
83. Prinz Regent: Gewerkschaft Prinz Regent, gegr. 1869, 1889 zu Dannebaum.
84. Sachsen: Gewerkschaft Sachsen, gegr. 1912.
85. Scharnhorst: Gewerkschaft des Steinkohlenbergwerks Scharnhorst, gegr. ? (1872 Schachtabteufen), 1891 an Harpen.
86. Schlägel: Gewerkschaft Schlägel und Eisen, gegr. 1875, 1898 an Hibernia.
87. Schürbank: Gewerkschaft ver. Schürbank und Charlottenburg, gegr. 1870, 1915 an Lothringen.

88. Schwerin: Gewerkschaft des Steinkohlenbergwerks Graf Schwerin, gegr. 1872.
89. Shamrock: Gewerkschaft Shamrock, gegr. 1857, 1873 mit Hibernia fusioniert.
90. Siebenplaneten: Gewerkschaft Siebenplaneten, gegr. 1870, 1905 an Harpen.
91. Stein (Freiherr): Gewerkschaft Freiherr vom Stein, gegr. 1874, 1907 an Werne.
92. Stein (Minister): Gewerkschaft Minister Stein, gegr. 1871, 1881 mit Hardenberg fusioniert.
93. Stein & Hardenberg: Gewerkschaft ver. Stein und Hardenberg, gegr. 1881, 1888 zu Gelsenberg.
94. Tremonia: Gewerkschaft Tremonia, gegr. 1855, 1910 zu Deutsch-Luxemburg.
95. Trier: Bergwerksgesellschaft Trier m.b.H., gegr. 1900.
96. Unser Fritz: Gewerkschaft Unser Fritz, gegr. 1871, 1918 an Mannesmann.
97. Victor: Gewerkschaft Victor (mit Ickern), gegr. 1871, 1910 an Aumetz-Friede.
98. Victoria: Gewerkschaft Victoria-Lünen, gegr. 1907 (Schachtabteufen), 1908 an Harpen.
99. Vollmond: Gewerkschaft des Steinkohlenbergwerks Vollmond, gegr. 1852, 1889 an Harpen.
100. Wendel: Steinkohlenbergwerk de Wendel, gegr. 1899 (Zeche der Lothringischen Eisengesellschaft Les Petits Fils de François de Wendel & Cie.).
101. Werne: Zeche Werne, gegr. 1899 (Zeche des Georgs-Marien-Bergwerks- und Hüttenvereins).
102. Westfälischer Gruben: Westfälischer Grubenverein, gegr. 1877, 1889 zu Gelsenberg.
103. Westhausen: Gewerkschaft Westhausen, gegr. 1871, 1897 an Gelsenberg.
104. Westphalia: Gewerkschaft ver. Westphalia, gegr. 1858, 1899 an Hoesch..
105. Wiendahlsbank: Gewerkschaft des Steinkohlenbergwerks ver. Wiendahlsbank, gegr. 1850 (Schachtabteufen), 1889 an Louise Tiefbau.
106. Wilhelmine-Victoria: Gewerkschaft Wilhelmine Victoria, gegr. 1857, 1886 zur Hibernia.
107. Zollern: Steinkohlenbergbau-Aktien-Gesellschaft Zollern, gegr. 1856, 1866 zur Preußischen Bergwerks- und Hütten AG.

B: Eisenindustrie

1. Annener Guß: Annener Gußstahlwerk (Aktien-Gesellschaft), gegr. 1873.
2. Aplerbecker Hütte: Aplerbecker Hütte Brügmann, Weyland & Co., gegr. 1869.
3. Asthöver: Fritz Asthöver & Co., gegr. 1868, 1886 an Krupp.
4. Blücher: Eisenhütte AG Blücher, gegr. 1855, 1869 an Aplerbecker Hütte.
5. Berger: Carl Berger & Co., gegr. 1854, 1873 an Wittener Guß.
6. Bochumer Eisen: Bochumer Eisenhütte Heintzmann & Co., gegr. 1873.
7. Born: Hüttenwerk Carl von Born, gegr. ? (Mitte der 50er Jahre), 1899 an Hörder Verein.
8. Cosack: Cosack & Co., gegr. 1853, 1872 an Westfälische Union.
9. Funke: Funke, Borbert & Co. KG; gegr. 1881, 1897 an Westfälische Drahtwerke.
10. Gelsenkirchener Guß: Gelsenkirchener Gußstahl- und Eisenwerke vorm. Munscheid & Co., gegr. 1889.
11. Gesellschaft: Aktiengesellschaft für Stahlindustrie, gegr. 1870.
12. Grillo: Grillo, Funke & Co., gegr. 1866 (bald wieder verschwunden).
13. Herberz: Herberz Gebrüder, gegr. 1873, 1881 an Funke, Borbert & Co.
14. Hobrecker: Hobrecker, Witte & Herberz, gegr. 1856, 1872 an Westfälische Drahtindustrie.
15. Kissing & Schmöle: Kissing & Schmöle, gegr. 1848, 1872 an Menden und Schwerte.
16. König & Rennert: Stahlwerk König & Rennert, gegr. ?, 1873 an Annener Gußstahlwerk.
17. Korte: Korte & Co., gegr. 1851, 1873 an Bochumer Eisenhütte.
18. Lohmann & Brand: Walzwerk Lohmann & Brand, gegr. 1882.
19. Menden: Eisenindustrie zu Menden und Schwerte, Aktiengesellschaft, gegr. 1872.
20. Munscheid: Gußstahlwerk Munscheid & Co., gegr. 1874, 1889 an Gelsenkirchener Gußstahl- und Eisenwerk.

21. Wilhelm Munscheid: Wilhelm Munscheid, Eisengießerei und Maschinenfabrik, gegr. 1861, 1889 an Gelsenkirchener Gußstahl- und Eisenwerk.
22. Neuschottland: Berg- und Hütten-Aktien-Verein Neuschottland, gegr. 1856, 1872 an Union.
23. Paulinenhütte: Paulinenhütte, gegr. 1855, 1861 an Karl Rüetz KG a.A.
24. Potthoff: Potthoff & Flume, gegr. 1853.
25. Rothe Erde: Eisenwerk Rothe Erde, gegr. 1880, 1912 in Konkurs.
26. Rüetz: Karl Rüetz & Co. KG a.A., gegr. 1861, 1880 an Eisenwerk Rothe Erde.
27. Schalker Eisen: Gewerkschaft Schalker Eisenhütte, gegr. 1886.
28. Stahlwerke: Stahlwerke Bochum AG, gegr. 1820 als Vennemann & Co.
29. Steinhauser Hütte: Steinhauser Hütte, gegr. ? (Mitte der 50er Jahre), 1875 liquidiert.
30. Vogelsang: Vogelsang & Cie., gegr. 1872, 1886 an Schalker Eisenhütte.
31. Wehrenbold: Wehrenbold & Co., gegr. 1827, 1879 an Eisenhütte Westfalia.
32. Westfalia: Gewerkschaft Eisenhütte Westfalia, gegr. 1879.
33. Westfälische Drahtindustrie: Westfälische Drahtindustrie, gegr. 1872, 1911 an Krupp.
34. Westfälische Drahtwerke: Aktiengesellschaft Westfälische Drahtwerke, gegr. 1897, an Aplerbecker Hütte.
35. Westfälische Stahl: Westfälische Stahlwerke, gegr. 1890.
36. Westfälische Union: Westfälische Union, Aktiengesellschaft für Bergbau-, Eisen- und Drahtindustrie, gegr. 1873, 1897 an Phönix.
37. Wittener Guß: Gußstahl-Werk Witten, gegr. 1873 als Gußstahl- und Waffenfabrik Witten.

C: Gemischte Werke

1. Bochumer Verein: Bochumer Verein für Bergbau und Gußstahlfabrikation, gegr. 1854 als Umgründung von Mayer & Kühne (gegr. 1842).
2. Deutsch-Luxemburg: Deutsch Luxemburgische Bergwerks- und Hütten AG, gegr. 1901 als Neugründung der Aktiengesellschaft für Eisenindustrie und Kohleindustrie Differdingen-Dannebaum (gegr. 1899), 1910 mit Union fusioniert.
3. Dortmunder Berg + Hütte: Dortmunder Bergbau und Hütten AG, gegr. 1855, 1859 Konkurs (1862–69 als Gustav Arndt & Co. KG a.A. weitergeführt, dann liquidiert).
4. Henrichshütte: Henrichshütte, gegr. 1853, 1872 an Dortmunder Union.
5. Hoesch: Eisen- und Stahlwerk Hoesch, gegr. 1873.
6. Hörder Verein: Hörder Bergwerks- und Hüttenverein, gegr. 1852 als Umgründung der Hermannshütte, 1906 mit Phönix fusioniert.
7. Preußische: Preußische Bergwerks- und Hütten AG, gegr. 1866, 1877 liquidiert.
8. Schalker Gruben: Schalker Gruben- und Hüttenverein, gegr. 1872, 1906 fusioniert mit Gelsenberg und Aachener Hütte.
9. Union: Union, Aktien-Gesellschaft für Bergbau, Eisen- und Stahlindustrie, gegr. 1872.
10. Gelsenberg: Gelsenkirchener Bergwerks AG, ab 1904 gemischtes Werk, da mit Schalker Gruben- und Hüttenverein und Aachener Hütte fisioniert.

VII. Literaturverzeichnis

1. Festschriften

Aachener Hütten-Aktien-Verein Rothe Erde bei Aachen. Festschrift für den 60jährigen Gedenktag zur Inbetriebnahme seiner Werksanlagen 1847–1907, Aachen 1907 (von H. Bekker).

Der Aachener Hütten-Aktien-Verein in Rothe Erde 1846–1906. Die Entstehung und Entwicklung eines rheinischen Hüttenwerks, Jena 1906 (von Wilhelm Rabius).

Achtzig Jahre Gußstahlwerk Witten (1854–1934), Werkzeitung der Ruhrstahl AG für die Werke Witten, Hattingen ..., Jg. 9, 1934, Nr. 14.

Achtzig Jahre Gußstahlwerk Witten – Achtzig Jahre Henrichshütte Hattingen, o. O. 1934.

100 Jahre Altstaden (1857–1957), *in:* Schriftenreihe für die Mitarbeiter der Bergwerksgesellschaft Hibernia AG, Heft Nr. 15, 1957.

Andenken an die 50-Jahr-Feier des Bochumer Vereins (für Bergbau und Gußstahlfabrikation in Bochum), Berlin-Schöneberg 1905.

Anlagen und Einrichtungen der Gewerkschaften Victor und Ickern zu Rauxel in Westfalen, Dortmund 1913.

Aplerbecker Hütte 1868–1908, o. O. 1908 (von Louis Fortmüller).

Aplerbecker Aktien Verein für Bergbau (Zeche Ver. Margarethe), Sölde i. W. 1856–1906, Hörde 1907 (Jubiläumsbericht).

Der Aufbau des Phönix-Konzerns, o. O. 1926 (von Walther Kunze).

Aufbruch ins Revier – Aufbruch nach Europa. Hoesch 1871–1971, München 1971 (von Horst Mönnich).

Von der Bergbau Aktiengesellschaft Ewald – König Ludwig. Von der Kohle und den Bergleuten, o. O. 1957 (von Rudolf Wawersik u. a.).

Bergwerksgesellschaft Hibernia (Herne i. W.), Geschäftsbericht 1897. Jubiläumsbericht 1873–1898, Essen 1898.

Bergwerksgesellschaft Hibernia, Herne. Bochum 1954.

Bergwerksgesellschaft Hibernia AG, Herne 1953 (von Friedrich Koeker).

Bergwerksgesellschaft Hibernia i. W., Zeche Shamrock III/IV. 8. Allg. Dt. Bergmannstag 1901, Zur Erinnerung an den Besuch ..., 13. September 1901, o. O. 1901.

Bergwerksgesellschaft Hibernia, Herne i. W. Industrie- und Gewerbeausstellung Düsseldorf 1902, o. O. 1902.

Bergwerks-Gesellschaft Hibernia (Herne) 1873–1923. Herne 1923.

25 Jahre Bergwerksgesellschaft Trier, Hamm/Westf., Essen 1930 (von F. Siebrecht).

Das Bergwerkseigentum der Gewerkschaft Königsborn bei Unna in kurzer übersichtlicher Darstellung, Arnsberg 1875 (von E. Tillmann).

Bericht über die Entwicklung des Schalker Gruben- und Hüttenvereins vom Tage der Gründung bis heute. Mülheim/Ruhr 1903.

Beschreibung und photographische Ansichten der Schachtanlage der Gewerkschaft des Steinkohlenbergwerks „Ewald“ zu Herten und Recklinghausen, o. O. 1912.

Beschreibung des Eigentums der bisherigen Gewerkschaft Königsborn zu Unna-Königsborn, nebst ..., Dortmund 1895–1900.

Besichtigung der Anlagen in Aachen-Rothe-Erde durch die Teilnehmer des 11. Allgemeinen Deutschen Bergmannstages. Aachen am 2. Sept. 1910, Aachen 1910.
Alt Blumenthal. Festschrift zum 75jährigen Bestehen des Steinkohlenbergwerks General Blumenthal 1873–1948, Recklinghausen 1948 (von Alfred Drissen).
Bochumer Bergbau AG und Carolinenglück (Hrsg.), Der Bergbau im Bochumer Südraum, o. O. 1958.
100 Jahre Bochumer Eisenhütte, Bochum 1851–1951, Bochum 1951 (von G. Hempel).
Die Bochumer Gußstahlglocke. Hrsg. v. Bochumer Verein für Gußstahlfabrikation AG, Bochum 1938.
Bochumer Verein für Grusstahlfabrikation. Ein Bericht über das Werk, seine Geschichte, Erzeugnisse und Leistungen, Bochum 1957.
1842–1942. 100 Jahre Bochumer Stahl in Krieg und Frieden, Düsseldorf 1942.
Bochumer Verein für Bergbau und Gußstahlfabrikation. 9 Jahrzehnte im Rahmen der Wirtschaft des Ruhrbezirks, Düsseldorf 1934 (von Walther Däbritz).
100 Jahre Consolidation 1863–1963. Unser Pütt. Informationen auf Kohle und Erz, o. O., o. J.
Dahlbusch. Die Geschichte einer Ruhrzeche, Düsseldorf 1952.
Deutsch-Luxemburgische Bergwerks- und Hütten AG, Abt. Friedrich Wilhelms Hütte, Mülheim/Ruhr 1922.
Deutsch-Luxemburgische Bergwerks- und Hütten AG, Abt. Dortmunder Union, Dortmund 1919.
50 Jahre im Dienste des Ruhrbergbaus. Aus meiner Arbeit bei der Gelsenkirchener Bergwerks AG. Erinnerungen eines 80jährigen, Kettwig 1955 (von Karl Wilke).
Die wahren Drahtzieher unserer Zeit, Wiesbaden 1959.
Die Entwicklung der Zeche Consolidation zu Gelsenkirchen 1863–1913. Denkschrift zum 50jährigen Bestehen des Werkes, Gelsenkirchen 1913 (von Otto von Rossum).
Entwicklung der Deutsch-Luxemburgischen Bergwerks- und Hütten AG, o. O., o. J.
Die wirtschaftliche Entwicklung der Gelsenkirchener Bergwerks AG von 1873–1913, Freiburg i. S. 1906 (von Bruno Simmersbach).
Eisenhütte Westfalia. Rückblick auf die ersten 100 Jahre des Bestehens der Eisenhütte Westfalia (1826–1926), Lünen 1926.
Die Eisenhütte Westfalia (Wethmar bei Lünen), Bielefeld 1951.
Die Eisenhütte Westfalia auf der dt. Bergbau-Ausstellung Essen 1954, Dortmund 1954.
Eisen- und Stahlwerk Hoesch, Aktiengesellschaft in Dortmund 1871–1921, Dortmund 1921.
80 Jahre Eisen- und Stahlwerk Hoesch AG 1871–1951, Heidelberg o. J.
Eisenwerk Böhmer Witten/Ruhr, o. O., o. J.
Eisenwerke Gelsenkirchen AG, Gelsenkirchen 1949.
Eisenwerk Rothe Erde GmbH, Dortmund. Rothe Erde gesten, heute und morgen, Dortmund 1951.
Erinnerungen an frühere Zeiten. Zum 50jährigen Arbeitsjubiläum von Hermann Pisarz (Stahlwerke Bochum), Bochum 1960.
Feier des 100jährigen Bestehens der Neuwalzwerk Aktiengesellschaft Bösperde i. W. am 7. Mai 1927, Dortmund 1927.
Zur Feier des 25jährigen Bestehens der Gelsenkirchener Bergwerks AG zu Rheinelbe bei Gelsenkirchen 1873–1898, Düsseldorf 1898.
Zur Feier des 50jährigen Bestehens des Kohlebergbaus in der Bergberechtsame Dahlbusch (Gelsenkirchen), o. O. 1902.
Festschrift zum 100jährigen Bestehen der Gewerkschaft Ver. Constantin der Große (Bochum), Essen 1949.
Festschrift aus Anlaß des 75jährigen Bestehens der Gewerkschaft Ver. Constantin der Große (Bochum) 1849–1924, Bochum 1925.
Festschrift aus Anlaß des 25jährigen Bestehens der Bergwerksgesellschaft Hibernia (Herne i. W.) 1873–1898, Düsseldorf 1898.

Festschrift zum 100jährigen Bestehen der Zechen Hannover und Hannibal (Bochum), Essen 1947.
Festschrift zur Hundertjahrfeier der Dortmund Hörder Hüttenunion AG 1852–1952, o. O., o. J.
Fünf Jahre Wiederaufbau. Bochumer Verein für Gußstahlfabrikation, Bochum 1956.
1901–1951. Fünfzig Jahre Steinkohlenbergwerk de Wendel, Bielefeld 1951.
Gedenkschrift zum 725jährigen Bestehen des Mansfeld-Konzerns (mit Zeche Sachsen in Heeßen bei Hamm und Zeche Mansfeld bei Langendreer), Berlin 1925 (von Walter Hoffmann).
Gedenkwort zum hundertjährigen Bestehen der Harpener Bergbau AG, 1856–1956, o. O., o. J. (von Franz Mariaux).
Gelsenkirchener Bergwerks AG. Beschreibung der Werksanlagen der Abteilung Aachener Hütten Verein Aachen Rothe Erde, Aachen 1913.
Gelsenkirchener Bergwerks AG. 10 Jahre Steinkohlenbergbau der Vereinigten Stahlwerke AG, 1926–1936, o. O., o. J.
Die Gelsenkirchener Bergwerks AG 1873–1901. Den Mitgliedern des 8. Dt. Allg. Bergmannstages ... überreicht am 13. Sept. 1901, Bochum 1901.
Gelsenkirchener Bergwerks AG. Rheinelbe bei Gelsenkirchen. Ausstellung Düsseldorf 1902, Düsseldorf 1902.
Gelsenkirchener Bergwerks AG, Rheinelbe bei Gelsenkirchen. Weltausstellung Lüttich 1905, Düsseldorf 1905.
Gelsenkirchener Bergwerks AG. 1873–1913, Düsseldorf 1913.
Die Geschichte der Gußstahlwerke Gelsenkirchen AG, Neuwied 1953.
Geschichte der Bergwerksgesellschaft Dahlbusch, Essen 1925 (von Wilhelm Kesten).
Geschichte der Westfälischen Union (AG für Eisen- und Drahtindustrie) 1873–1933, Hamm 1933.
Geschichtlich-technische Beiträge aus Anlaß des 100jährigen Bestehens der Dortmund-Hörder Hüttenunion AG, Dortmund, Dortmund-Hörde 1952.
Geschichtliche Entwicklung und gegenwärtiger Stand der „Phönix" AG für Bergbau und Hüttenbetrieb. Denkschrift zum 60jährigen Bestehen des Unternehmens im Jahre 1912 (1852–1912), Hörde i. W., o. J.
Die Geschichte der Dortmund-Hörder Hüttenunion AG, Dortmund 1937.
Die Geschichte der Gelsenkirchener Bergwerks AG von ihrer Gründung 1873 bis Anfang 1960, o. O., o. J. (von A. Kutscha).
Die Geschichte der Ilseder Hütte, München 1960 (von Wilhelm Treue) (für Steinkohlenbergwerk Friedrich der Große).
Aus der Geschichte unseres Werkes. Unsere Werksgründerfamilie (Vennemann) Stahlwerke Bochum AG, Bochum 1958 (von Walter Benedict).
Aus der Geschichte unseres Werkes 1820–1920. Von der Alleestraße zur Großen Vöde (Stahlwerke Bochum AG), Bochum 1958 (von Walter Benedict).
Aus der Geschichte der Dortmund-Hörder Hüttenverein AG, Dortmund, Düsseldorf 1935.
Gewerkschaft Ver. Constantin der Große, Bochum, 75 Jahre, 1849–1924, o. O., o. J.
Gewerkschaft Schalker Eisenhütte 1872–1972, o. O., o. J.
50 Jahre Gewerkschaft des Steinkohlenbergwerks Ewald, Herten i. W. 1871–1921, Gelsenkirchen 1924.
Der neue Großhochofen der Westfalenhütte Dortmund AG, o. O. 1954.
Gußstahl-Werk Witten, Witten a. d. Ruhr. Festschrift zum 50jährigen Geschäftsjubiläum 1904, Barmen 1904.
Hansa Bergbau AG, Dortmund (Zeche Adolf von Hansemann), o. O., o. J.
Harpener Bergbau AG 1856–1936. 80 Jahre Ruhrkohlenbergbau, Essen 1936 (von August Henrichsbauer).
75 Jahre Henrichshütte Hattingen, *in:* Hütte und Schacht. Henschel Blätter Jg. 3, Nr. 21.
Ein Jahrhundert Henrichshütte, Hattingen 1854–1954, Darmstadt 1954.
125 Jahre Henschel, Kassel 1935 (von Kurt Ewald) (für Bergbau AG Lothringen).

12. Oktober 1946. 100 Jahre Hoesch AG Hohenlimburg, o. O. 1946.
Hoesch. Ein Name für Stahl, Dortmund 1967.
Hörder Bergwerks- und Hüttenverein, Hörde i. W. 50 Jahre seines Bestehens als AG, 1852–1902, Aachen 1902.
Hörder Bergwerks- und Hüttenverein, Hörde i. W. Industrie- und Gewerbeausstellung Düsseldorf 1902, Hörde 1902.
Hundert Jahre. Chronik der Westfälischen Union, AG für Eisen- und Drahtindustrie Hamm (Westf.), 1853–1953, Darmstadt 1953 (von Josef Schulte und Ingrid Bauert).
Kapital und Arbeit. Gelsenkirchener Bergwerks AG 1873–1927, Düsseldorf 1927.
75 Jahre Klöckner Werke AG, Zeche Königsborn 1874–1949, o. O., o. J.
150 Jahre Friedrich Lohmann GmbH Gußstahlfabrik, Walz- und Hammerwerke, Herbede (Ruhr) 1790–1940, o. O., o. J.
75 Jahre Mannesmann. Geschichte einer Erfindung und eines Unternehmens 1890–1965, Düsseldorf 1965 (für Consolidation).
Neuwalzwerk Aktiengesellschaft Bösperde i. W. 1827–1927, Dortmund 1927.
Neuschottland – Eisenwerk Steele, Darmstadt 1956 (von K. W. Boetticher).
Phönix, Actien-Gesellschaft für Bergbau und Hüttenbetrieb in Laar bei Ruhrort. Beschreibung der Gesamtausstellung in Gruppe II der Industrie- und Gewerbeausstellung Düsseldorf 1902, Laar bei Ruhrort 1902.
Phönix, Aktien-Gesellschaft für Bergbau und Hüttenbetrieb, Abteilung Westfälische Union Hamm i. W., Dortmund 1923.
Phönix AG für Bergbau und Hüttenbetriebe zu Hörde, Aachen 1908.
Potthoff und Flume GmbH, Lünen. Das Werden in der Zeit. 1854–1954, Kaiserslautern 1954.
75 Jahre Potthoff und Flume, Luisenhütte, Lünen. Zur Erinnerung an das 75jährige Bestehen der Firma, ihren Geschäftsfreunden und Mitarbeitern gewidmet. Lünen an der Lippe 1854–1924, Lünen 1929.
50 Jahre Schachtanlage Westerholt (1907–1957), *in:* Schriftenreihe für die Mitarbeiter der Hibernia Betriebe, H. 17, 1957.
Schwerter Profileisenwalzwerk AG, Schwerte. 100 Jahre 1868–1968, o. O., o. J.
Schlägel und Eisen (Hibernia), o. O., o. J.
100 Jahre Shamrock I/II (1857–1957), *in:* Schriftenreihe für die Mitarbeiter der Hibernia Betriebe, H. 14, 1957.
Soziale Arbeit. Bochumer Verein für Gußstahlfabrikation 1842–1942, o. O., o. J. (von Walter Borbet).
Stahlguß. Hrsg. v. Bochumer Verein für Bergbau und Gußstahlfabrikation, Bochum 1934.
Stahldrähte und Stahlseile. Hamm/Westf. Westfälische Union AG für Eisen- und Drahtindustrie, o. O. 1935.
100 Jahre Stahlformguß. Gußstahlwerk Bochumer Verein AG Bochum 1852–1952, o. O., o. J.
Arbeit am Stahl. Ein Bildbericht über unser Werk (Stahlwerke Bochum AG), o. O. 1958 (von Walter Benedict).
Steinkohlenbergwerk Friedrich der Große AG Herne, o. O. 1953 (von C. Determeyer).
Steinkohlenbergwerk Hannover – Hannibal AG Bochum –, Hordel 1954 (von Fritz Lange).
Steinkohlenbergwerk Waltrop. Festschrift zum 50jährigen Bestehen (1905–1953), o. O., o. J.
250 Jahre Gebr. Stumm GmbH, Mannheim 1965 (für Minister Achenbach).
Überblick über die Geschichte der Saline Königsborn bis zum Jahre 1873. Den Teilnehmern des 8. Allg. Dt. Bergmannstages überreicht, Unna-Königsborn 1901 (von Wilhelm Grevel).
Unseren Geschäftsfreunden und Mitarbeitern zum hundertjährigen Bestehen des Werkes gewidmet. Gußstahl-Werk Witten AG, Düsseldorf 1954 (von Walther Bertram).
50 Jahre „Unser Fritz" 1871–1921, *in:* Mannesmann W Rundschau 1921, Düsseldorf 1921, S. 110–43.
Unser Werk. Bochumer Verein für Gußstahlfabrikation AG, Bochum 1956.
Union, AG für Bergbau, Eisen- und Stahlindustrie, Dortmund 1899.
Vereinigte Edelstahlwerke GmbH Dortmund, Dortmund 1922.

Vom Wasserhammer zur Gesenkschmiede. 125 Jahre Werk Ruegenberg, Olpe i. W., Olpe i. W. 1960 (für Hoesch).
Werk Höntrop der Vereinigten Bochumer Stahlwerke AG, Bochumer Verein, Bochum 1930.
Westfälische Drahtindustrie, Hamm/Westf. 1922. Essen 1922.
Westfälische Drahtindustrie 1856–1956, o. O., o. J. (von Ernst Schnabel).
WDI: Westfälische Drahtindustrie Hamm/Westf., Hamm 1953.
Westfälische Drahtindustrie. Ihre geschichtliche Entwicklung, Berlin 1942 (von Fritz Gerhard Kraft).
Westfälische Eisen- und Drahtwerke AG (1897–1922), Dortmund 1922.
Westfälische Stahlwerke Bochum. Werksbeschreibung, Hannover 1910.
100 Jahre Westfälische Union AG für Eisen- und Drahtindustrie Hamm (Westf.) (1853–1953), Darmstadt 1953 (von Kraft Sachisthal).
Westfälische Union AG für Eisen- und Drahtindustrie, Hamm/West., o. O. 1930.
Westfalenhütte Dortmund AG, Dortmund. Ein Wort an Dich, Dortmund 1952.
Wiederaufbau und Fortschritt auf den Krupp-Zechen Hannover und Hannibal im Jahre 1951, Essen 1952.
100 Jahre Wilhelmine-Victoria (1856–1954), *in:* Schriftenreihe für die Mitarbeiter der Hibernia Betriebe, H. 10, 1956.
50 Jahre Zeche Bergmannsglück 1903–1953, Gelsenkirchen 1953.
Die Zeche Friedrich der Große in Herne. Ein Rückblick auf die Jahre 1959–1969, o. O., o. J.
Die hundertjährige Zeche Königsgrube, *in:* Die Grubenanlage, Jg. 4, Bochum-Hordel 1955, S. 337–459.
Die Zeche Ver. Konstantin der Große bei Bochum, Bochum 1899 (von Hermann Pieper).
Zeche Radbod in Bockum-Hövel. Die Entwicklung eines Steinkohlenbergwerks im östlichen Ruhrgebiet, Dortmund 1955.
1905–1955. Zeche Radbod 50 Jahre, Bockum-Hövel 1955.
40 Jahre Zeche Sachsen 1912–1952, Heessen 1952.
Zeche Unser Fritz 1871–1921, o. O., o. J.
1907–1957. 50 Jahre Zeche Victoria Lünen an der Lippe. Hrsg. aus Anlaß des 50jährigen Bestehens am 2. 9. 1957, Lünen 1957.
50 Jahre Zeche Werne. Ein Abriß der Geschichte unserer Schachtanlage von 1899–1949, Werne a. d. Lippe 1949.
50 Jahre Zweckel-Scholven (1908–1958), *in:* Schriftenreihe für die Mitarbeiter der Hibernia Betriebe, H. 19, 1958.

2. Sonstige Quellen

Achepohl, L., Das rheinisch-westfälische Bergwerks-Industriegebiet, Essen und Leipzig 1888.
Adreßbuch der Direktoren und Aufsichtsräte, 31 Bde., Berlin 1898–1931.
Adreßbuch sämtlicher Bergwerke, Hütten- und Walzwerke, Maschinenfabriken, Gießereien und verwandten Zweigen im niederrheinisch-westfälischen Industriegebiet, Gelsenkirchen 1897 (5. Aufl.).
Die wichtigsten Aktiengesellschaften der Montan- und Hüttenindustrie Deutschlands und deren Finanzgebaren, Bochum 1907.
Allgemeine Deutsche Biographie. Hrsg. durch die Historische Kommission bei der Königlichen (bayr.) Akademie der Wissenschaft, 56 Bde., Leipzig/München 1875–1912.
Arnst, P., August Thyssen und sein Werk, Leipzig 1905.
Aubin, H. (Hrsg.), Verzeichnis der Fest- und Denkschriften von Unternehmungen und Organisationen im Hamburger Weltwirtschaftsarchiv, Hamburg 1961.
Bachmeister, W., Emil Kirdorf. Der Mann, sein Werk, Essen 1936.

Bein, A., Friedrich Hammacher. Lebensbild eines Parlamentariers und Wirtschaftsführers 1824–1904, Berlin 1932.
Die Bergwerke und Salinen im niederrheinisch-westfälischen Bergbaubezirk 1922–24, 1925, Essen 1925 u. 1926.
Bettelheim, A. (Hrsg.), Biographisches Jahrbuch und Deutscher Nekrolog, 18 Bde., Berlin 1897–1917.
Biographische Blätter. Jahrbuch für lebensgeschichtliche Kunst und Forschung, 2 Bde., Berlin 1895 u. 1896.
Bloemers, K., William Thomas Mulvany (1806–1885), Essen 1922.
Carnall, R. von, Die Bergwerke in Preußen und deren Besteuerung, Berlin 1850.
Corsten, H., Hundert Jahre deutsche Wirtschaft in Fest- und Denkschriften, 1937.
Degener, H. A. L. (Hrsg.), Wer ist's? Unsere Zeitgenossen, Leipzig 1905 (1. Ausg.).
Deutsches biographisches Jahrbuch. Hrsg. v. Verbande der Deutschen Akademien, 11 Bde., zwei Überleitungsbde., Berlin/Leipzig 1925–1932.
Emmerich, R., Neues statistisches Handbuch des Regierungsbezirks Arnsberg. Nebst einer Darstellung der topographischen und geographischen Verhältnisse dieses Bezirks, Arnsberg 1856.
Die Entwicklung des niederrheinisch-westfälischen Steinkohlenbergbaus in der 2. Hälfte des 19. Jahrhunderts, hrsg. v. Verein für die bergbaulichen Interessen im Oberbergamtsbezirk Dortmund, 12 Bde., Berlin 1904.
Erinnerungen an frühere Zeiten. Zum 50jährigen Arbeitsjubiläum von Hermann Pisarz, Bochum 1960.
Flegel, K., Montanstatistik des Deutschen Reiches. Die Entwicklung der deutschen Montanindustrie von 1860–1912, Berlin 1915.
Glückauf. Berg- und Hüttenmännische Zeitung, Essen, 1. Jg., 1865–1944.
Heimpel, H. u.a. (Hrsg.), Die großen Deutschen, 4 Bde., Berlin 1956–1957.
Hymmen, R. von, Geschichtlich-statistische Beschreibung des früheren Kreises Hagen, Hagen 1889.
100 Jahre Industrie- und Handelskammer zu Dortmund. Umrisse der Geschichte einer Ruhrhandelskammer 1863–1963, Dortmund 1963.
75 Jahre Industrie- und Handelskammer zu Bochum, Hattingen 1932.
Jacobi, L. H. W., Das Berg-, Hütten- und Gewerbewesen des Regierungsbezirks Arnsberg in statistischer Darstellung, Iserlohn 1857.
Jahrbuch für die amtliche Statistik des preußischen Staates. Hrsg. v. Königlich Statistischen Bureau, IV. Jg. (1. Hälfte), Berlin 1876.
Katalog der Fest- und Denkschriften wirtschaftlicher Betriebe (Dr. H. Schacht-Sammlung), Berlin 1937.
Kirdorf, E., Erinnerungen: 1847–1930, Düsseldorf 1930.
Knop, R. (Hrsg.), Westdeutsches Adreßbuch für alle Zweige der Hütten- und Metallindustrie 1907/08, Lütgendortmund 1907.
Kraemer, R., Deutsches Industrie-Adreßbuch. Bd. 1: Bergwerke, Salinen, Hütten- und Walzwerke und ihre Nebenbetriebe, Bochum 1909.
Kupczyk, E., Deutsches Kuxenhandbuch der deutschen Gewerkschaften und der an den Gewerkschaften beteiligten Konzerne, Dortmund 1938.
Lemberg, H., Die Steinkohlenzechen des niederrheinischen Industriegebiets, Dortmund 1887.
Liebrecht, Topographisch-statistische Beschreibung nebst Ortschafts-Verzeichnis des Regierungsbezirks Arnsberg, Arnsberg 1868.
Mannstaedt, F. W., Gewerbliches Adreßbuch. Führer in die Industrie des Regierungsbezirks Arnsberg, Iserlohn 1858.
Matschoss, C., Männer der Technik. Ein biographisches Handbuch, Berlin 1925.
Meister, A. (Hrsg.), Ausgewählte Quellen und Tabellen zur Wirtschaftsgeschichte der Grafschaft Mark, *in:* Die Grafschaft Mark. Festschrift zum Gedächtnis der 300jährigen Vereinigung mit Brandenburg-Preußen, 2 Bde., Dortmund 1909.

Montanus, Industrie-Handbuch, Westdeutschland, Ausgabe 1922.
Most, Q., Statistisches Handbuch für Rheinland und Westfalen. „Heimat und Wirtschaftskunde für Rheinland und Westfalen“, Teil 3, Essen 1914.
Neue Deutsche Biographie. Hrsg. v. der Historischen Kommission bei der bayrischen Akademie der Wissenschaften. Bd. 1–10 (Kaffsack), Berlin 1953–1974.
Reden, F. W. v., Erwerbs- und Verkehrsstatistik des Königreiches Preußen in vergleichender Darstellung, 3 Bde., Darmstadt 1853 u. 1854.
Reichshandbuch der Deutschen Gesellschaft. Das Handbuch der Persönlichkeiten in Wort und Bild. 2 Bde., Berlin 1930 u. 1931.
Das definitive Resultat der Volkszählung im preußischen Staate am 3. Dez. 1861, *in:* Zeitschrift des Königlich Preußischen Statistischen Bureaus, 2. Jg., Nr. 11, Berlin 1862.
Rheinisch-westfälische Wirtschaftsbiographien, hrsg. v. der Historischen Kommission des Provinzialinstituts für westfälische Landes- u. Volkskunde u. a., 10 Bde., Münster 1932–1974.
Roessler, H. u. Franz, G., Biographisches Wörterbuch zur deutschen Geschichte, München 1952.
Ruhfus Adreßbuch der Fabriken und Werkstätten der Hütten- und Metallindustrie in Westdeutschland, Ausgabe 1911 u. 1913.
Saling, A., Die Börsenpapiere, Berlin 1871.
Ders., Die norddeutschen Börsenpapiere, Berlin 1868.
Saling's Börsen-Papiere, hrsg. v. R. Siegfried, Berlin 1878.
Saling's Börsenjahrbuch für 1881/82. Ein Handbuch für Bankiers und Kapitalisten. Bearb. von W. L. Hertslet. Berlin 1882 (jährlich bis 1912).
Schneider, G., Handbuch der Bibliographie, Leipzig 1930 (4. Aufl.).
Schulz-Briesen, B., 50 Jahre rückwärts. Erinnerungen eines alten Bergmannes, Essen 1904.
Die Schwereisenindustrie im deutschen Zollgebiet, ihre Entwicklung und ihre Arbeiter, Stuttgart 1912.
Serlo, W., Bergmannsfamilien in Rheinland und Westfalen. = Bd. 3 der Rheinisch-Westfälischen Wirtschaftsbiographien, Münster 1936.
Sievers, J., Übersichtskarte der Berg- und Hüttenwerke im Oberbergamtsbezirk Dortmund, Iserlohn 1883 (6. Aufl.).
Sitze und Verwaltungsbezirke der Bergämter des Oberbergamtsbezirks Dortmund nebst Verzeichnis der in Betrieb befindlichen Bergwerke, Dortmund 1951.
Stahl und Eisen. Zeitschrift für das deutsche Eisenhüttenwesen, 1. Jg. ff., Düsseldorf 1881–1944.
Statistische Nachrichten über den Regierungsbezirk Arnsberg für das Jahr 1858/59, Arnsberg 1859.
Statistische Darstellung des Berg-, Hütten- und Gewerbewesens des Regierungsbezirks, Arnsberg 1857.
Strousberg, B. H., Dr. Strousberg und sein Wirken von ihm selbst dargestellt, Berlin 1876.
Die Steinkohlenbergwerke der Vereinigten Stahlwerke AG.
1. Die Schachtanlage Adolf von Hansemann in Dortmund-Mengede (1933)
2. Die Schachtanlage Alma und Rheinelbe in Gelsenkirchen (1930)
3. Die Schachtanlage Bruchstraße in Bochum-Langendreer (1931)
4. Die Schachtanlage Carolinenglück in Bochum-Hamme (1930)
5. Die Schachtanlage Dannebaum in Bochum-Laer (1937)
6. Die Schachtanlage Engelsberg in Bochum (1937)
7. Die Schachtanlage Erin in Castrop-Rauxel (1929)
8. Die Schachtanlage Friedlicher Nachbar in Bochum-Linden (1939)
9. Die Schachtanlage Hansa in Dortmund-Huckarde (1932)
10. Die Schachtanlage Holland in Wattenscheid (1930)
11. Die Schachtanlage Pluto in Wanne-Eickel (1932)
12. Die Schachtanlage Prinz Regent in Bochum-Wiemelshausen, 2 Bde. (1939)
13. Die Schachtanlage Fürst Hardenberg in Dortmund-Lindenhorst (1936)

14. Die Schachtanlage Minister Stein in Dortmund-Eving (1936)
15. Die Schachtanlage Tremonia in Dortmund (1931)
16. Die Schachtanlage Westhausen in Dortmund-Bodelschwingh (1933)
17. Die Schachtanlage Zollern-Germania in Dortmund (1931).

Tabellen und amtliche Nachrichten über den preußischen Staat für das Jahr 1855 und 1858, Berlin 1858 u. 1860.

Verwaltungsbericht des Ministers für Handel, Gewerbe und öffentliche Arbeiten für die Jahre 1849, 1850 u. 1851, Berlin 1855; für die Jahre 1852, 1853 u. 1854, Berlin 1855.

Wenzel, G., Deutsche Wirtschaftsführer, Lebensgänge deutscher Wirtschaftspersönlichkeiten, Hamburg 1929.

Westdeutsche Wirtschafts-Monographien, Folge 1: Steinkohle, Wuppertal-Barmen 1953.

Wilke, K., 50 Jahre im Dienste des Ruhrbergbaus. Aus meiner Arbeit bei der Gelsenkirchener Bergwerks AG, Kettwig 1955.

3. *Bücher und Aufsätze*

Adelmann, G., Führende Unternehmer im Rheinland und Westfalen, in: RVB, 1971, S. 335–52.

Albrecht, G., Soziologie der geographischen Mobilität, Stuttgart 1972.

Aldrup, D., Das Rationalitätsproblem in der politischen Ökonomie, Tübingen 1971.

Allen, J. A., Studies in Innovation in the Steel and Chemical Industries, New York 1968.

Anderson, E. N., The Social and Political Conflict in Prussia, 1858–1864, Lincoln 1954.

Andreano, R. L. (Hrsg.), The New Economic History. Recent Papers on Methodology, New York 1970.

Alasco, J., Intellectual Capitalism, New York 1960.

Aycoberry, P., Der Strukturwandel im Kölner Mittelstand 1820–1850, in: GG, 1. Jg., 1975, S. 78–98.

Bahrdt, H. P., Fiktiver Zentralismus in den Großunternehmungen, in: Kyklos, Bd. 9, 1956, S. 483–89.

Bamberg, G., Statistische Entscheidungstheorie, Würzburg 1972.

Barna, T., Investment and Growth Policies in British Industrial Firms, Cambridge 1962.

Barnard, C. J., The Functions of the Executive, Cambridge/Mass. 1960.

Beau, H., Das Leistungswissen des frühindustriellen Unternehmertums in Rheinland und Westfalen, Bergisch Gladbach 1959.

Bechtel, H., Der Wirtschaftsstil des deutschen Unternehmers in der Vergangenheit, Dortmund 1955.

Beckert, Die Eisenindustrie, in: Festschrift zur 24. Hauptversammlung des Vereins deutscher Ingenieure in Dortmund, Dortmund 1883.

Die Belegschaft der Bergwerke und Salinen im Oberbergamtsbezirk Dortmund, in: StuE, 15. Jg., 1895.

Bendix, R., Herrschaft und Industriearbeit, Frankfurt/M. 1960.

Berle, A. A. u. Means, G. C., The Modern Corporation and Private Property, New York 1932.

Beutin, L., Gesammelte Schriften zur Wirtschafts- und Sozialgeschichte, Köln 1963.

Biermann, B., Die soziale Struktur der Unternehmerschaft, Stuttgart 1971.

Blaich, F., Kartell- und Monopolpolitik im kaiserlichen Deutschland, Düsseldorf 1973.

Blalock, H. M., Social Statistics, New York 1960.

Blum, O. u. a., Die deutschen Technischen Hochschulen. Ihre Gründung und geschichtliche Entwicklung, München 1941.

Blumberg, H., Die Finanzierung der Neugründungen und Erweiterungen von Industriebetrieben in Form von Aktiengesellschaften während der fünfziger Jahre des neunzehnten Jahrhunderts in Deutschland, am Beispiel der preußischen Verhältnisse erläutert, in: Mottek, H. u. a. (Hrsg.), Studien zur Geschichte der industriellen Revolution, Berlin (Ost) 1960, S. 165–207.

Bock, F., Die wirtschaftliche Entwicklung der Bergwerks-Aktiengesellschaften des Ruhrkohlenreviers von 1893–1911, Essen 1914.

Böckenförde, E. W. (Hrsg.), Moderne deutsche Verfassungsgeschichte (1815–1918), Köln 1972.

Bolte, K. M., Vertikale Mobilität, in: Handbuch der empirischen Sozialforschung, Bd. 2, Stuttgart 1969, S. 1–42.

Ders., Beruf und Gesellschaft in Deutschland, Opladen 1970.

Borchardt, K., Die Industrielle Revolution in Deutschland, München 1972.

Born, K. E., Der soziale und wirtschaftliche Strukturwandel Deutschlands am Ende des 19. Jahrhunderts, in: Wehler, H.-U. (Hrsg.), Moderne deutsche Sozialgeschichte, Köln 1966, S. 271–84.

Borscheid, P., Naturwissenschaft, Staat und Industrie in Baden (1848–1914), Stuttgart 1976.

Bottomore, T. B., Die sozialen Klassen in der modernen Gesellschaft, München 1967.

Brakelmann, G., Die soziale Frage des 19. Jahrhunderts, Witten 1962.

Brandt, O., Zur Geschichte der deutschen Eisengießereien, Düsseldorf 1920.

Brepohl, W., Industrievolk im Wandel von der agraren zur industriellen Daseinsform, dargestellt am Ruhrgebiet, Tübingen 1957.

Ders., Der Aufbau des Ruhrvolkes im Zuge der Ost-West-Wanderung, Recklinghausen 1948.

Bruckner, B., Die Aufgabe des Unternehmers, München 1920.

Burn, D., The Economic History of Steelmaking 1867–1939. A Study in Competition, Cambridge 1940.

Burnham, J., The Managerial Revolution, New York 1941.

Cameron, R., France and the Economic Development of Europe 1800–1914, Princeton 1961.

Ders., Die französische Wirtschaft – Vergangenheit, Gegenwart, Zukunft, in: Ziebura, G. (Hrsg.), Wirtschaft und Gesellschaft in Frankreich seit 1789, Gütersloh 1975.

Ders., Some French Contributions to the Industrial Development of Germany, 1840–1870, in: JEH, Jg. 16, S. 281–321.

Cantillion, R., Die Natur des Handels im allgemeinen, Jena 1931 (Erstausgabe um 1730).

Carlson, S., Executive Behaviour, Stockholm 1951.

Chandler, A. D. jr., Strategy and Structure. Chapters in the History of American Industrial Enterprises, Cambridge/Mass. 1962.

Ders., The Railroads. The Nation's First Big Business, Chicago 1965.

Ders., Giant Enterprise Ford, General Motors and the Automobile Industry, New York 1964.

Ders., The Visible Hand, Cambridge/Mass. 1977.

Ders. u. Redlich, F., Recent Developments in American Business Administration and their Conceptualizations, in: BHR, Jg. 35, 1961, S. 1–27.

Cochran, Th. C., The Entrepreneur in Economic Change, in: Kilby, P. (Hrsg.), Entrepreneurship and Economic Development, New York 1971, S. 59–108.

Ders., Role and Sanction in American Entrepreneurial History, in: Jenks, L. H. (Hrsg.), Change and the Entrepreneur, Cambridge/Mass. 1949.

Claessens, D. u. a., Angestellte und Arbeiter in der Betriebspyramide, Berlin 1959.

Claren, R., Die Entwicklung der Dortmunder Hüttenindustrie (bis zum Jahre 1918) unter besonderer Berücksichtigung der Arbeitsverhältnisse, Diss. Tübingen 1920.

Clauss, G. u. Ebner, H., Grundlagen der Statistik für Psychologen, Pädagogen und Soziologen, Frankfurt/M. 1972.

Clark, C., The Conditions of Economic Progress, London 1960.

Cohen, P. S., Moderne soziologische Theorie. Erklärungsmodelle zwischenmenschlichen Verhaltens, Wien 1972.

Conrad, J., Das Universitätsstudium in Deutschland während der letzten 50 Jahre. Statistische Untersuchungen unter besonderer Berücksichtigung Preußens, Jena 1884.

Conze, W., Sozialgeschichte 1850–1918, in: HWSG, Bd. 2, Stuttgart 1976, S. 602–84.
Coser, L. A., Theorie sozialer Konflikte, Berlin 1972.
Court, W. H. B., Der technische Fortschritt in der Schwerindustrie, in: Braun, R. u. a. (Hrsg.), Industrielle Revolution, Köln 1972.
Cremer, L., Kohlenbergbau, in: Führer durch den niederrheinisch-westfälischen Industriebezirk, Düsseldorf 1893.
Crew, D., Regionale Mobilität und Arbeiterklasse. Das Beispiel Bochum 1880–1901, in: GG, 1. Jg., 1975, S. 99–120.
Croon, H., Die gesellschaftlichen Auswirkungen des Gemeindewahlrechts in den Gemeinden und Kreisen des Rheinlands und Westfalens im 19. Jahrhundert, Köln 1960.
Cyert, R. M. u. March, J. G., A Behavioral Theory of the Firm, Englewood Cliffs 1963.
Däbritz, W., 75 Jahre Verein deutscher Eisenhüttenleute, 1860–1935, in: StuE, Jg. 55, 1935, S. 1253–1450.
Ders., Entstehung und Aufbau des rheinisch-westfälischen Industriebezirks, in: Matschoss, C. (Hrsg.), Beiträge zur Geschichte der Technik und Industrie. Jahrbuch des Vereins deutscher Ingenieure, Bd. 1, Berlin 1925, S. 13–107.
Ders., Denkschrift zum fünfzigjährigen Bestehen der Essener Kreditanstalt Essen, Essen 1922.
Daheim, H. J., Der Beruf in der modernen Gesellschaft, Köln 1971.
Dahrendorf, R., Soziale Klassen und Klassenkonflikte in der industriellen Gesellschaft, Stuttgart 1957.
Ders., Homo Sociologicus. Ein Versuch zur Geschichte, Bedeutung und Kritik der Kategorie der sozialen Rolle, Köln 1965.
Ders., Industrielle Fertigkeiten und soziale Schichtung, in: KZfSS, Jg. 8, S. 540–68.
Dege, W., Das Ruhrgebiet, Braunschweig 1972.
Diesterweg, D. F. A. W., Unterrichtsplan der Elementarschule Mörs. Eine Anweisung für Volksschullehrer zur gesegneten Wirksamkeit in ihrem Amte, Schwelm 1829.
Djilas, M., Die neue Klasse. Eine Analyse des kommunistischen Systems, München 1957.
Dreitzel, H. P., Die gesellschaftlichen Leiden und die Leiden an der Gesellschaft, Stuttgart 1972.
Ebbinghausen, R. u. Winkelmann, R., Zur aktuellen politischen Bedeutung der Theorie des staatsmonopolitischen Kapitalismus und zum Stellenwert der Kritik ihrer Marx-Rezeption, in: Ebbinghausen, R. (Hrsg.), Monopol und Staat. Zur Marx-Rezeption in der Theorie des staatsmonopolistischen Kapitalismus, Frankfurt/M. 1974, S. 9–42.
Eckert, H. E., Urtümliche Eisengewinnung bei den Senufo in Westafrika, in: Der Anschnitt. Zeitschrift für Kunst und Kultur im Bergbau, 1976, S. 50–63.
Engelsing, R., Bremisches Unternehmertum. Sozialgeschichte 1780/1870, in: Jahrbuch der Wittheit zu Bremen, Bd. 2, 1958.
Die Entwicklung des niederrheinisch-westfälischen Steinkohlenbergbaus in der zweiten Hälfte des 19. Jahrhunderts, Bd. 10–12, Die wirtschaftliche Entwicklung, Teil 1, 2 u. 3, Berlin 1904.
Erickson, Ch., British Industrialists. Steel and Hosiery, 1850–1950, Cambridge 1959.
Etzioni, A., Soziologie der Organisation, München 1967.
Eyberg, A., Umwelt und Verhalten der Unternehmer des oberbergischen Kreises im 19. Jahrhundert, Diss. Köln 1955.
Ferschl, F., Nutzen- und Entscheidungstheorie. Einführung in die Logik der Entscheidung, Opladen 1975.
Feldmann, G. D. u. Nocken, U., Trade Associations and Economic Power: Interest Group Development in the German Iron and Steel and Machine Building Industries 1900–1933, in: BHR, Jg. 49, 1975, S. 413 ff.
Fischer, W., Unternehmerschaft, Selbstverwaltung und Staat. Die Handelskammern in der deutschen Wirtschafts- und Staatsverfassung des 19. Jahrhunderts, Berlin 1964.
Ders., Die Bedeutung der preußischen Bergrechtsreform für den industriellen Ausbau des Ruhrgebiets, in: Vortragsreihe der Gesellschaft für westfälische Wirtschaftsgeschichte e.V., H. 9, Dortmund 1961.

Ders., Some Recent Development of Business History in Germany, Austria and Switzerland, in: BHR, Jg. 37, 1963, S. 416–36.
Ders., Herz des Reviers. 125 Jahre Wirtschaftsgeschichte des Industrie- und Handelskammerbezirks Essen-Mülheim-Oberhausen, Essen 1965.
Ders., Die Wirtschaftspolitik des Nationalsozialismus. Schriftenreihe der niedersächsischen Landeszentrale für politische Bildung, H. 13, Lüneburg 1961.
Fleischmann, G., Nationalökonomie und sozialwissenschaftliche Integration, Tübingen 1966.
Flora, P., Indikatoren der Modernisierung, Opladen 1975.
Förster, E. u. Egermayer, F., Korrelations- und Regressionsanalyse, Berlin (Ost) 1966.
Fremdling, R., Eisenbahnen und deutsches Wirtschaftswachstum 1840–1879, Dortmund 1975.
Freudenberger, H. u. Mensch, G., Von der Provinzstadt zur Industriegemeinde (Brünn-Studie), Göttingen 1975.
Freudenfeld, B., Unternehmertum im Wandel des Begriffs und Auftrags, in: ZfU, 22. Jg., 1977, S. 42–49.
Friedrich, A., Die Aufgaben des Führertums in der deutschen Wirtschaft, in: Bericht über den 14. Deutschen Bergmannstag, Essen 27.–30. Sept. 1933, S. 64ff.
Friedrich, O. A., Sind die Unternehmer überflüssig?, in: Wirtschaftswoche Nr. 16, 1971, S. 22–26.
Ders., Das Leitbild des Unternehmers wandelt sich, Stuttgart 1959.
Frings, J., Die Einkommens- und Vermögensverhältnisse im Regierungsbezirk Arnsberg, Diss. Münster 1912.
From, W. H. u. Miller, D. C., Occupational Career Pattern as a Sociological Instrument, in: AJS, Jg. 54, 1949, S. 317–29.
Fuchs, K., Wirtschaftliche Führungskräfte in Schlesien 1850–1914, in: ZfO, Bd. 21, 1973, S. 264–88.
Führbaum, H., Die Entwicklung der Gemeindesteuern in Deutschland (Preußen) bis zum Beginn des 1. Weltkrieges, Diss. Münster 1971.
Fürstenberg, F., Ein analytisches Modell zur Theorie des 19. Jahrhunderts, in: Ruegg, W. u. Neuloh, O. (Hrsg.), Zur soziologischen Theorie und Analyse des 19. Jahrhunderts, Göttingen 1971, S. 22–33.
Ders., Das Aufstiegsproblem in der modernen Gesellschaft, Stuttgart 1962.
Ders., „Sozialstruktur" als Schlüsselbegriff der Gesellschaftsanalyse, in: KZfSS, 18. Jg., 1966, S. 439–53.
Ders., Die Sozialstruktur der Bundesrepublik Deutschland, Opladen 1972.
Galbraith, J. K., Die moderne Industriegesellschaft, München 1968.
Gebhardt, G., Ruhrbergbau. Geschichte, Aufbau und Verflechtung seiner Gesellschaften und Organisationen, Essen 1957.
Geiger, Th., Die soziale Schichtung des deutschen Volkes. Soziographischer Versuch auf statistischer Grundlage, Stuttgart 1932.
Gemeinfaßliche Darstellung des Eisenhüttenwesen, hrsg. v. Verein Deutscher Eisenhüttenleute, Düsseldorf 1937.
Gerschenkron, A., Die Vorbedingungen der europäischen Industrialisierung im 19. Jahrhundert, in: Fischer, W. (Hrsg.), Wirtschafts- und sozialgeschichtliche Probleme der frühen Industrialisierung, Berlin 1968, S. 21–28.
Ders., Social Attitudes. Entrepreneurship and Economic, in: JEH, Jg. 13, 1953, S. 1–15.
Geschichte der deutschen Arbeiterbewegung, hrsg. v. Institut für Marxismus-Leninismus beim ZK der DDR, Berlin (Ost) 1966, bes. Bd. 1 u. 2.
Gille, B., Technische Probleme der französischen Eisen- und Stahlindustrie im 19. Jahrhundert, in: Hausen, K. u. Rürup, R. (Hrsg.), Moderne Technikgeschichte, Köln 1975, S. 189–215.
Girault, R., Ein neues Bild des französischen Unternehmers, in: Ziebura, S. 202–20.
Glagau, O., Der Börsen- und Gründungsschwindel in Berlin, Leipzig 1876.
Glenisson, J., Die französische Historiographie der Gegenwart: Tendenzen und Ereignisse, in: Ziebura, S. 40–62.

Goode, W. J., A Theory of Role-Strain, in: ASR, Bd. 25, 1960, S. 483–96.
Gottinger, H. W., Grundlagen der Entscheidungstheorie, Stuttgart 1974.
Gottschalk, H., Unternehmen im Spannungsfeld gesellschaftlicher Kritik, in: PR. Erste Zeitschrift für Public Relations, 2. Jg., 1972, S. 8–9.
Gouldner, A. K., Die westliche Soziologie in der Krise, 2 Bde., Reinbek 1974.
Grannik, D., Der europäische Manager, Düsseldorf 1962.
Gugel, M., Industrieller Aufstieg und bürgerliche Herrschaft. Sozioökonomische Interessen und politische Ziele des liberalen Bürgertums in Preußen zur Zeit des Verfassungskonflikts 1857–1867, Köln 1975.
Hanf, R., Mangelnde methodische Konzepte im Bereich der Betriebs- und Firmengeschichte, in: ZfU, 22. Jg., 1977, S. 145–60.
Hahn, G., Ursachen von Unternehmermißerfolgen, Köln 1958.
Hammacher, Tradition und Persönlichkeit in den ersten Unternehmergenerationen der Eisen- und Kohlenindustrie des Ruhrgebiets, Diss. Köln 1954.
Hannah, L., The Rise of the Corporate Economy, London 1976.
Ders. (Hrsg.), Management Strategy and Business Development. A Historical and Comparative Study, London 1976.
Hanefeld, W. u. Stähler, O., Der Regierungsbezirk Arnsberg nach Reiselinien, Total- und Einzelbildern unter besonderer Berücksichtigung der Sagen und der Geschichte, Dortmund 1905.
Hansen, J. (Hrsg.), Die Rheinprovinz 1815–1915. Hundert Jahre preußische Herrschaft am Rhein, 2 Bde., Bonn 1917.
Hardach, K. W., Die Bedeutung wirtschaftlicher Faktoren bei der Wiedereinführung der Eisen- und Getreidezölle 1879, Berlin 1967.
Hardach, G., Klassen und Schichten in Deutschland 1848–1970. Probleme einer historischen Sozialstrukturanalyse, in: GG, 3. Jg., 1977, S. 503–24.
Harkort, F., Bemerkungen über die preußischen Volksschulen und ihre Lehrer, Hagen 1842.
Hartmann, H., Stand und Entwicklung der amerikanischen Soziologie, in: Ders. (Hrsg.), Moderne amerikanische Soziologie, Stuttgart 1967.
Ders., Die Unternehmerin. Selbstverständnis und soziale Rolle, Köln 1968.
Ders. u. a., Leitende Angestellte, Neuwied 1973.
Ders., Arbeit, Beruf, Profession, in: SW, Jg. 19, 1968, S. 197–212.
Ders., Management in Germany, in: Harbison, T. u. Meyers, Ch. (Hrsg.), Management in the Industrial World, New York 1957, S. 265–85.
Ders., Der deutsche Unternehmer. Autorität und Organisation, Frankfurt/M. 1968.
Hartmann, K. F., Die mechanische Aufbereitung der Erze und Steinkohlen, Leipzig 1860.
Häselhoff u. Brumme, Die Entwicklung der Landeskultur in der Provinz Westfalen im 19. Jahrhundert, Münster 1900.
Haynes, B. R. u. Jackson, H. P., A History of Business Education in the United States, Chincinnati 1935.
Hays, W. L., Statistics of the Social Sciences, London 1973.
Heberle, R., Zur Typologie der Wanderungen, in: Köllmann, W. u. Marschalck, P. (Hrsg.), Bevölkerungsgeschichte, Köln 1972, S. 69–75.
Heffter, H., Die deutsche Selbstverwaltung im 19. Jahrhundert, Stuttgart 1950.
Hellwig, F., Über die Erfassung und Sicherung von Quellen zur Geschichte des deutschen Unternehmertums, in: Brinkmann, C. (Hrsg.), Zur Wirtschaftsgeschichte der deutschen Unternehmung, Berlin 1942.
Ders., Die werksgeschichtliche Forschung in der rheinisch-westfälischen Großeisenindustrie, in: StuE, 50. Jg., 1941, S. 153–64.
Helmer, E., Soziale Stellung und Selbstverständnis der leitenden Angestellten, Diss. Münster 1974.
Helmrich, W., Das Ruhrgebiet. Wirtschaft und Verflechtung, Münster 1949.

Helmstädter, E., Der Kapitalkoeffizient. Eine kapitaltheoretische Untersuchung, Stuttgart 1969.
Hempel, C. G., Wissenschaftliche und historische Erklärungen, in: Albert, H. (Hrsg.), Theorie und Realität. Ausgewählte Aufsätze zur Wissenschaftslehre der Sozialwissenschaft, Tübingen 1972.
Hempel, G., Die deutsche Montanindustrie, Berlin 1934.
Henderson, J. M. u. Quandt, R. F., Mikroökonomische Theorie. Eine mathematische Darstellung, Berlin 1967.
Henning, H., Sozialgeschichtliche Entwicklungen von 1815–1860, Paderborn 1977.
Ders., Verflechtungen der Unternehmer in Westfalen, in: ZfU, Jg. 23, 1978, S. 1–30.
Herrmann, W., Entwicklungslinien montanindustrieller Unternehmungen im rheinisch-westfälischen Industriegebiet, Dortmund 1954.
Heuss, E., Allgemeine Markttheorie, Tübingen 1965.
Heymann, H. G., Die gemischten Werke im deutschen Großeisengewerbe, Stuttgart 1904.
Hidy, R. W., Business History: Present Status and Future Needs, in: BHR, Jg. 44, 1970, S. 483–97.
Hilferding, R., Das Finanzkapital, Wien 1920.
Hirschmeier, J. u. Yui, T., The Development of Japanese Business 1600–1973, Cambridge/Mass. 1975.
Histoire économique et sociale de la France, Bd. 2: Des derniers temps de l'âge seigneurial aux préludes de l'âge industriel, Paris 1970.
Hobsbawm, J. E., Industrie und Empire. Britische Wirtschaftsgeschichte seit 1750, 2 Bde., Frankfurt/M. 1969.
Hocker, N., Die Großindustrie des Rheinlandes und Westfalens, Leipzig 1867.
Hofmann, W., Stellung und Bedeutung der Unternehmerpersönlichkeit in der modernen Wirtschaftsorganisation, Leipzig 1933.
Hohorst, G., Bevölkerungsentwicklung und Wirtschaftswachstum als historischer Entwicklungsprozeß demoökonomischer Systeme, in: Mackensen, R. u. Wever, H. (Hrsg.), Dynamik der Bevölkerungsentwicklung, München 1973, S. 91–118.
Holtfrerich, C.-L., Quantitative Wirtschaftsgeschichte des Ruhrbergbaus im 19. Jahrhundert, Dortmund 1972.
Hömberg, A. K., Wirtschaftsgeschichte Westfalens, Münster 1968.
Horkheimer, M., Kritische Theorie, Frankfurt/M. 1968.
Hoselitz, B. F., Unternehmertum und Kapitalbildung in England seit 1700, in: Fischer, W. (Hrsg.), Wirtschafts- und sozialgeschichtliche Probleme der frühen Industrialisierung, Berlin 1968, S. 285–338.
Hübner, E., Die deutsche Eisenindustrie, ihre Grundlagen, ihre Organisation und ihre Politik, Leipzig 1913.
Huffschmid, J., Die Politik des Kapitals. Konzentration und Wirtschaftspolitik in der Bundesrepublik, Frankfurt/M. 1970.
Hüttenhain, W., Die Entstehung und Entwicklung des rheinisch-westfälischen Industriebezirks, Diss. Frankfurt/M. 1923.
Ichheiser, G., Kritik des Erfolges. Eine soziologische Untersuchung, Stuttgart 1930.
Jaeger, H., Unternehmer in der deutschen Politik (1890–1913), Bonn 1967.
Ders., Business History in Germany. A Survey of Recent Developments, in: BHR, Jg. 48, 1974, S. 38–48.
Ders., Gegenwart und Zukunft der historischen Unternehmerforschung, in: Tradition, 17. Jg., 1972, S. 107–24.
Jaeggi, U., Kapital und Arbeit in der Bundesrepublik, Frankfurt/M. 1973.
Ders., Macht und Herrschaft in der Bundesrepublik, Frankfurt/M. 1969.
Janowitz, M., Soziale Schichtung und Mobilität in Westdeutschland, in: KZfSS, 10. Jg., 1958, S. 1–38.

Jarausch, K. H., Die „Humboldt'sche Universität“ und die bürgerliche Gesellschaft 1800–1970, unveröff. MS 1977.
Jeismann, K.-E., Das preußische Gymnasium in Staat und Gesellschaft, Stuttgart 1974.
Jochimsen, R. u. Knobel, H., Zum Gegenstand und zur Methodik der Nationalökonomie, in: diess. (Hrsg.), Gegenstand und Methoden der Nationalökonomie, Köln 1971.
Jüngst, E., Die Konzentration im deutschen Wirtschaftsleben, im besonderen im Steinkohlenbergbau, in: Glückauf, Jg. 49, 1913, S. 1464ff.
Ders., Festschrift zur Feier des fünfzigjährigen Bestehens des Vereins für die bergbaulichen Interessen im Oberbergamtsbezirk Dortmund in Essen, Essen 1908.
Junkers, H., Entwicklung und Wachstum der Stahl- und Hüttenwerke Oberhausen und Neu-Oberhausen 1880–1890: Beispiele unternehmerischer Entscheidungen in der GHH, Diss. Heidelberg 1970.
Kaack, H., Geschichte und Struktur des deutschen Parteiensystems, Opladen 1971.
Kaelble, H., Industrielle Interessenpolitik in der Wilhelminischen Gesellschaft. Centralverband Deutscher Industrieller 1895–1914, Berlin 1967.
Ders., Sozialer Aufstieg in Deutschland 1850–1914, in: VSWG, 60. Bd., 1973, S. 41ff.
Ders., Berliner Unternehmer während der frühen Industrialisierung, Berlin 1972.
Kahn, R. G., Organizational Stress. Studies in role, conflict and ambiguity, New York 1964.
Kattentjdt, Entwicklung der Industrie im Reg.-Bez. Arnsberg, in: Reichsarbeitsblatt, Bd. 40, 1924, S. 555–58.
Kellenbenz, H., Firmenarchive und ihre Bedeutung für die europäische Wirtschafts- und Sozialgeschichte, in: Tradition, 14. Jg., 1969, S. 1–20.
Kindleberger, Ch. P., Technical Education and the French Entrepreneur, in: Carter, E. C. (Hrsg.), Enterprise and Entrepreneurs in the Nineteenth and Twentieth-Century France, Baltimore 1976, S. 3–39.
Kinkel, H. J., Kapitalbildung und Finanzierungsprobleme im Ruhrgebiet 1830–1880, unveröff. Diplomarbeit, Münster 1968.
Kirchberger, St., Kritik der Schichtungs- und Mobilitätsforschung, Frankfurt/M. 1975.
Kirchhain, G., Das Wachstum der deutschen Baumwollindustrie im 19. Jahrhundert. Eine historische Modelluntersuchung zur empirischen Wirtschaftsforschung, Diss. Münster 1973.
Kirchhoff, H. G., Die staatliche Sozialpolitik im Ruhrbergbau, Köln 1958.
Kirsch, W., Entscheidungsprozesse. Bd. 1: Verhaltenswissenschaftliche Ansätze der Entscheidungstheorie; Bd. 2: Informationsverarbeitungstheorie des Entscheidungsverhaltens; Bd. 3: Entscheidungen in Organisationen, Wiesbaden 1970/71.
Kleining, G., Struktur- und Prestigemobilität in der Bundesrepublik Deutschland, in: KZfSS, 23. Jg., 1971, S. 1–33.
Kocka, J., Unternehmensverwaltung und Angestelltenschaft am Beispiel Siemens 1847–1914. Zum Verhältnis von Kapitalismus und Bürokratie in der deutschen Industrialisierung, Stuttgart 1969.
Ders., Angestellte zwischen Faschismus und Demokratie, Göttingen 1977.
Ders., Klassengesellschaft im Krieg 1914–1918, Göttingen 1973.
Ders., Unternehmer in der deutschen Industrialisierung, Göttingen 1975.
Ders., Family and Bureaucracy in German Industrial Management 1850–1940: Siemens in Comparative Perspective, in: BHR, Jg. 45, 1971, S. 133ff.
Ders., Expansion – Integration – Diversifikation. Wachstumsstrategien industrieller Großunternehmen vor 1914, in: Winkel, H. (Hrsg.), Vom Kleingewerbe zur Großindustrie, Berlin 1975.
Kocks, W., Verhaltensweise und geistige Einstellung niederbergischer Unternehmer in frühindustrieller Zeit, Diss. Köln 1956.
Köllmann, W., Bevölkerung in der industriellen Revolution, Göttingen 1974.
Ders., Bevölkerung und Raum in neuerer und neuester Zeit, Würzburg 1965 (Bd. 4 des Bevölkerungs-Ploetz).

Koepper, G., In Plutos Reich. Wanderungen durch Schacht und Hütte im rheinisch-westfälischen Industriebezirk, Berlin 1899.
Kohn-Brahmstedt, E. K., Aristocracy and the Middle Classes in Germany. Types in German Literature 1830–1900, London 1937.
Koselleck, R., Die Auflösung der ständischen Gesellschaft und das Aufkommen neuer Klassen im preußischen Vormärz, in: Böckenförde, E.-W. (Hrsg.), Moderne deutsche Verfassungsgeschichte (1815–1918), Köln 1972, S. 385–409.
Ders., Darstellung, Ereignis, Struktur, in: Schulz, G. (Hrsg.), Geschichte heute. Positionen, Tendenzen, Probleme, Göttingen 1973.
Krafft, M., Die Eisenhüttenindustrie der Rheinprovinz, in: Glaser, F. C. (Hrsg.), Annalen für Gewerbe und Bauwesen, 1888.
Krelle, W., Präferenz- und Entscheidungstheorie, Tübingen 1969.
Krockow, Ch. Graf v., Das Leistungsprinzip als Strukturelement der Industriegesellschaft, in: Heckhausen, H. (Hrsg.), Das Leistungsprinzip in der Industriegesellschaft, Köln 1974.
Kuh, F., Der selbständige Unternehmer, seine wirtschaftliche, politische und soziale Bedeutung, Berlin 1918.
Kulemann, W., Geschichtliche Entwicklung der Berufsorganisation der Arbeitnehmer und Arbeitgeber aller Länder, 3 Bde., Berlin 1908.
Kuske, B., Die Wirtschaftsentwicklung Westfalens in Leistung und Verflechtung mit den Nachbarländern bis zum 18. Jahrhundert, Münster 1943.
Ders., Die Volkswirtschaft des Rheinlandes in ihrer Eigenart und Bedeutung, Essen 1925.
Kuznets, S., Modern Economic Growth. Rate, Structure and Spread, New Haven 1966.
Laer, H. v., Industrialisierung und Qualität der Arbeit. Eine bildungsökonomische Untersuchung für das 19. Jahrhundert, New York 1977.
Lampard, E. E., The History of Cities in the Economically Advanced Areas, in: Economic Development and Cultural Change, 1955, S. 79–136.
Lamprecht, R., Die Kohlenaufbereitung, Leipzig 1888.
Landes, D., Der entfesselte Prometheus, Köln 1973.
Ders., French Entrepreneurship and Industrial Growth in the Nineteenth Century, in: JEH, 1949, S. 49–61.
Levy-Leboyer, M., Innovation and Business Strategies in Nineteenth and Twentieth-Century France, Baltimore 1976.
Lewis, A., The Deceleration of British Growth 1873–1913. Discussion Paper No. 3. Woodrow Wilson School, Princeton/N. J. November 1967.
Lexis, W. (Hrsg.), Das Unterrichtswesen im Deutschen Reich. Aus Anlaß der Weltausstellung in St. Louis unter Mitwirkung zahlreicher Fachmänner hrsg., Bd. 2: Die höheren Lehranstalten und das Mädchengymnasium, Berlin 1904.
Lindert, P. H. u. Trace, K., Yardsticks for Victorian Entrepreneurs, in: McCloskey, D. (Hrsg.), Essays on a Mature Economy. Britain after 1840, London 1971, S. 239–74.
Linton, R., The Cultural Background of Personality, New York 1945.
Ders., The Study of Man, London 1965.
Lipset, S. M. u. Bendix, R., Social Mobility and Occupational Career Patterns, in: AJS, Bd. 57, 1952, S. 494–504.
Lipset, S. M. u. Zetterberg, H. J., Theorie der sozialen Mobilität, in: Hartmann, H. (Hrsg.), Moderne amerikanische Soziologie, Stuttgart 1967, S. 361–83.
Luckmann, Th. u. Sprondel, W. M. (Hrsg.), Berufssoziologie, Köln 1972.
Lundberg, F., Die Reichen und die Superreichen, Hamburg 1969.
Lundgreen, P., Industrialization and the Educational Formation of Manpower in Germany, in: JSH, Bd. 9, 1975, S. 64–80.
Ders., Techniker in Preußen während der frühen Industrialisierung, Berlin 1975.
Ders., Bildung und Wirtschaftswachstum im Industrialisierungsprozeß des 19. Jahrhunderts, Berlin 1973.
Lütge, F., Deutsche Wirtschafts- und Sozialgeschichte, Berlin 1966.

Mackintosh, A. S., The Developments of Firms, Cambridge 1963.
Maepel, E., Bergbau in Dortmund, 2 Bde., Dortmund 1963.
Mandel, E., Marxistische Wirtschaftstheorie, 2 Bde., Frankfurt/M. 1973.
Manegold, K. H., Universität, Technische Hochschule und Industrie, Berlin 1970.
Mannheim, K., Über das Wesen und die Bedeutung des wirtschaftlichen Erfolgsstrebens, in: Ders., Wissenssoziologie, Berlin 1964.
Mariaux, F., Gedenkwort zum hundertjährigen Bestehen der Industrie- und Handelskammer zu Bochum, Bochum 1956.
Marquardt, F. O., Sozialer Aufstieg, sozialer Abstieg und die Entstehung der Berliner Arbeiterklasse, 1806–1848, in: GG, 1. Jg., 1975, S. 43–77.
Marris, R., The Economic Theory of ‚Managerial' Capitalism, London 1966.
Marschalck, P., Deutsche Überseewanderung im 19. Jahrhundert. Ein Beitrag zur soziologischen Theorie der Bevölkerung, Stuttgart 1973.
Marx, K., Das Kapital. Bd. 1 u. 3, MEW, Bd. 23 u. 25, Berlin (Ost) 1962.
Mayntz, R., Max Webers Idealtypus der Bürokratie und die Organisationssoziologie, in: KZfSS, 17. Jg., 1965, S. 493–502.
Mehmke, R. L., Der Unternehmer und seine Sendung, München 1932.
Meiss, H., Der Ruhrbergbau im Wechsel der Zeit, Essen 1933.
Menges, G., Grundmodelle wirtschaftlicher Entscheidungen. Einführung in moderne Entscheidungstheorien unter besonderer Berücksichtigung volks- und betriebswirtschaftlicher Anwendungen, Köln 1969.
Mensch, G., Das technologische Patt, Frankfurt/M. 1975.
Ders., Basisinnovationen und Verbesserungsinnovationen, in: ZfB, Jg. 42, 1972, S. 291–97.
Mertes, P. H., Das Werden der Dortmunder Wirtschaft, Dortmund 1940.
Merton, R. K., Diskussion, in: ASR, 14. Jg., 1949, S. 164–68.
Ders., The Role-Set: Problems in Sociological Theory, in: BJS, Jg. 8, S. 106–20.
Mills, Ch. W., Kritik der soziologischen Denkweise, Darmstadt.
McCelland, D., Die Leistungsgesellschaft, Stuttgart 1966.
McCloskey, D., Did Victorian Britain Fail? Unveröff. MS.
Ders., Economic Maturity and Entrepreneurial Decline. British Iron and Steel 1870–1913, Cambridge/Mass. 1973.
Moore, H. u. Kleining, G., Soziale Selbsteinstufung (SSE), in: KZfSS, 20. Jg., 1968, S. 502–52.
Diess., Das soziale Selbstbild in den Gesellschaftsschichten in Deutschland, in: KZfSS, 1960, S. 86–119.
Mottek, H., Zur Verstaatlichung im Kapitalismus – der Fall Hibernia, in: JWG, 1968/IV, S. 11–39.
Müllensiefen, Th., Die Lage der industriellen Arbeiter im Regierungsbezirk Arnsberg, Diss. Tübingen 1901.
Müller, D. K., Sozialstruktur und Schulsystem. Aspekte zum Strukturwandel des Schulwesens im 19. Jahrhundert, Göttingen 1977.
Natrop, G., Der niederrheinisch-westfälische Steinkohlenbergbau, Essen 1880.
Neuhaus, F., Die Zechenstillegungen im Südraum des Ruhrgebietes, Diss. Köln 1938.
Neuloh, O., Sozialer Wandel und Industrialisierung im 19. Jahrhundert. Versuch eines Ordnungsschemas, in: Ruegg/Neuloh, S. 65–80.
Nipperdey, Th., Über einige Grundzüge der deutschen Parteiengeschichte, in: Böckenförde, E.-W. (Hrsg.), Moderne deutsche Verfassungsgeschichte (1815–1918), Köln 1972, S. 237–57.
Nissen, D. H., Consistent and Inconsistent Intertemporal Behavior, Diss. Berkeley 1968.
Noll, A., Wirtschaftliche und soziale Entwicklung des Handwerks in der zweiten Phase der Industrialisierung, in: Ruegg/Neuloh, S. 193–212.
Nötzel, K., Der Unternehmer im Rahmen des Wirtschaftsverbandes. Ein Mahnwort an Deutschlands Großindustrielle, München 1913.
Nussbaum, H., Unternehmer gegen Monopole, Berlin (Ost) 1966.

Offe, C., Leistungsprinzip und industrielle Arbeit, Frankfurt/M. 1970.
Orsagh, T. G., Progress in Iron and Steel: 1870–1913, in: Comparative Studies in Society and History, 1960/61, S. 216–30.
Ott, A. E., Grundzüge der Preistheorie, Göttingen 1970.
Pareto, V., Allgemeine Soziologie, Tübingen 1955 (Erstausgabe 1916).
Ders., Traité de sociologie générale, 2 Bde., Lausanne 1917 u. 1919.
Parsons, T., The Structure of Social Action, New York 1937.
Ders., Die Entstehung der Theorie des sozialen Systems. Ein Bericht zur Person, in: Parsons, T. u. a., Soziologie – autobiographisch, Stuttgart 1975.
Ders. u. Shils, E., Towards a General Theory of Action, Cambridge/Mass. 1951.
Die bürgerlichen *Parteien* in Deutschland. Handbuch der Geschichte der bürgerlichen Parteien und anderer bürgerlicher Interessenorganisationen vom Vormärz bis zum Jahre 1945, hrsg. v. R. Fricke u. a., 2 Bde., Berlin (Ost) 1968/70.
Payne, P. L., British Entreperneurship in the Nineteenth Century, London 1974.
Peters, F., Die Aufbereitung der Steinkohlen im Ruhrbassin, Dortmund 1883.
Peters, H., Grenzen der kommunalen Selbstverwaltung in Preußen. Ein Beitrag zur Lehre vom Verhältnis der Gemeinden zu Staat und Reich, Berlin 1926.
Pfetsch, F. R., Zur Entwicklung der Wissenschaftspolitik in Deutschland, Berlin 1974.
Philippi, F., Geschichte Westfalens, Paderborn 1926.
Phillips, W., Der Unternehmer in der Solinger Stahlwarenindustrie im 19. Jahrhundert, Diss. Köln 1956.
Pieper, O., Verfassungsmäßige Vertretung von Industrie und Handel in den Parlamenten des In- und Auslandes unter besonderer Berücksichtigung der Ersten Kammer, Krefeld 1912.
Pierenkemper, T., Struktur und Entwicklung der Schwerindustrie in Oberschlesien und im westfälischen Ruhrgebiet 1852–1913, in: ZfU, 23. Jg., 1978.
Ders., Die Zusammensetzung des Führungspersonals und die Lösung unternehmerischer Probleme in frühen Eisenbahn-Gesellschaften, in: Tradition, 21. Jg., 1976, S. 37–49.
Pikart, E., Die Rolle der Parteien im deutschen konstitutionellen System vor 1914, in: Böckenförde, E.-W. (Hrsg.), Moderne deutsche Verfassungsgeschichte (1815–1918), Köln 1972, S. 258–81.
Plenge, J., Ein tödlicher Widerspruch im Marxismus: die „Managers“ bei Karl Marx selbst „die Seele des Industriesystems“, in: Finanzarchiv, N.F., Bd. 13, 1950, S. 389–92.
Pohl, H., Unternehmensgeschichte in der Bundesrepublik Deutschland – Stand der Forschung und Forschungsaufgaben für die Zukunft, in: ZfU, 22. Jg., 1977, S. 26–41.
Pohle, L., Der Unternehmerstand, in: Vorträge der Gehe-Stiftung in Dresden, 3. Bd., H. 1, Leipzig 1911.
Pollard, S., The Genesis of Modern Management: A Study in the Industrial Revolution of Great Britain, London 1965.
Popitz, H., Der Begriff der sozialen Rolle als Element der soziologischen Theorie, in: Recht und Staat, H. 331/32, Tübingen 1967.
Popper, K. R., The Aim of Science, in: Ratio, Jg. 1, 1957, S. 24–35.
Ders., Das Elend des Historismus, Tübingen 1967.
Poth, L., Die Stellung des Steinkohlenbergbaus im Industrialisierungsprozeß unter besonderer Berücksichtigung des Ruhrgebiets, Berlin 1971.
Potthoff, H., Unternehmer und Betriebsräte, Berlin 1920.
Pounds, N. J. G. u. Parker, W. N., Coal and Steel in Western Europe, London 1957.
Preuss, H., Die Entwicklung der kommunalen Selbstverwaltung in Deutschland, in: Handbuch der Politik, Bd. 1, Berlin 1926, S. 266–86.
Ders., Gemeinde, Staat, Reich als Gebietskörperschaften, Berlin 1899.
Pritzkoleit, K., Männer, Mächte, Monopole. Hinter den Türen der westdeutschen Wirtschaft, Düsseldorf 1960.
Pross, H. u. Bötticher, K. W., Manager des Kapitalismus, Frankfurt/M. 1971.
Prüfer, W., Methodologie zur Erforschung des Unternehmertums, Dresden 1934.

Radant, H., Adreßbuch der Direktoren und Aufsichtsräte. Hilfsmittel zu Strukturuntersuchungen von personellen Beziehungen zwischen kapitalistischen Unternehmen in Deutschland im 20. Jahrhundert, in: JWG, 1966, S. 241–57.
Ders., Betriebsgeschichte schreiben – aber wie?, in: JWG, 1973/II, S. 7–49.
Ramjour, F., Die Bedeutung der Schwerindustrie für die Entwicklung des Ruhrgebiets als Wirtschaftskörper, Gummersbach 1933.
Redlich, F., Der Unternehmer, Göttingen 1964.
Ders., Ein Programm für Unternehmerforschung, in: WA 1957.
Ders., Autobiographies as a Source for Social History, in: VSWG, 62. Bd., 1975, S. 380ff.
Ders., Der Unternehmer als dämonische Figur, in: ders., Der Unternehmer, S.
Ders., Bindung und Freiheit des Unternehmertums, in: Der Unternehmer, S.
Ders., Unternehmertypologie, in: WA, 1959, 1959.
Ders., Der Unternehmer in Theorie und Wirklichkeit, in: Ders., Der Unternehmer, S.
Ders., Unternehmensforschung und Weltanschauung, in: Kyklos, 1953, S.
Ders., History of American Business Leaders. A Series of Studies, 1. Bd., Ann Arbor, 1940.
Ders., Anfänge und Entwicklung der Firmengeschichte und Unternehmerbiographie, 1. Beiheft der „Tradition“, Baden-Baden, o. J.
Reekers, St. u. Schulz, J., Die Bevölkerung in den Gemeinden Westfalens 1818–1850, Dortmund 1952.
Richtering, H., Firmen- und wirtschaftsgeschichtliche Quellen in Staatsarchiven, Dortmund 1957.
Riesser, J., Die deutschen Großbanken und ihre Konzentration, Glashütten i. T. 1971.
Ringer, F., Education, Economy and Social Structure 1800–1960. German Development in Comparative Perspective, unveröff. MS, 1977.
Rinne, W., Ruhrgeist und Ruhrstahl, Berlin 1941.
Robinson, J. u. Eatwell, J., Einführung in die Volkswirtschaftslehre, München 1974.
Rodbertus, K., Das Kapital, Berlin 1884.
Röhl, J. C. G., Higher Servants in Germany 1890–1920, in: JCH, 1967, S. 101–21.
Roman, F. W., The Industrial and Commercial School of the United States and Germany, New York 1915.
Rosenberg, H., Die Weltwirtschaftskrise 1857–1859, Göttingen 1974.
Ders., Pseudodemokratisierung der Rittergutsbesitzerklasse, in: Wehler, H.-U. (Hrsg.), Moderne deutsche Sozialgeschichte, Köln 1966, S. 287–308.
Ders., Große Depression und Bismarckzeit, Berlin 1967.
Rosenberg, N., The American System of Manufactures. The Report of the Comittee of the Machinery of the United States 1855 and the Special Reports of George Wallis and Joseph Withworth 1854, Edinburgh 1969.
Rothert, H., Westfälische Geschichte, 3 Bde., Gütersloh 1950.
Sachtler, H., Wandlungen des industriellen Unternehmers in Deutschland seit Beginn des 19. Jahrhunderts. Ein Versuch zur Typologie des Unternehmers, Diss. Halle/Wittenberg, o. J.
Samuelson, P. A., Volkswirtschaftslehre. Eine Einführung, 2 Bde., Köln 1965.
Sarazin, Th., Ökonomie und Logik der historischen Erklärung. Zur Wissenschaftslogik der New Economic History, Bonn-Bad Godesberg 1974.
Saul, K., Staat, Industrie, Arbeiterbewegung im Kaiserreich, Düsseldorf 1974.
Saul, S. B., The Myth of the Great Depression 1873–1896, Glasgow 1969.
Say, J. B., Ausführliches Lehrbuch der praktischen politischen Ökonomie (1828), Leipzig 1845.
Schacht, H., Zur Finanzgeschichte des Ruhrkohlenbergbaus, in: JNSt, 1913, S. 147–85.
Schelsky, H., Die Bedeutung des Klassenbegriffs für die Analyse unserer Gesellschaft, in: Ders., Auf der Suche nach Wirklichkeit, Düsseldorf 1965.
Scheuch, E. K., Sozialprestige und soziale Schichtung, in: Glass, D. V. u. König, R. (Hrsg.), Soziale Schichtung und Mobilität, Köln 1968, S. 65–103.
Schlüter, F., Das Verhältnis von Gewerkschaften zu Aktiengesellschaften im Ruhrbergbau, die Verschiebungen und innere Ursachen, Diss. Köln 1940.

Schneider, E., Einführung in die Wirtschaftstheorie, 4 Bde., Tübingen 1965.
Schubnell, H., Die Bevölkerungsentwicklung in Deutschland, in: WuS, 1964, S.
Schumacher, H., Die deutsche Eisenindustrie und die Moselkanalisierung, Leipzig 1910.
Schumacher, M., Auslandsreisen deutscher Unternehmer 1750–1851 unter besonderer Berücksichtigung von Rheinland und Westfalen, Köln 1968.
Schumpeter, J. A., Theorie der wirtschaftlichen Entwicklung (1912), Berlin 1964.
Ders., Konjunkturzyklen. Eine theoretische, historische und statistische Analyse des kapitalistischen Prozesses (1939), Göttingen 1961.
Seeliger, K., Der Unternehmer in der gelenkten Wirtschaft, Leipzig 1941.
Seibel, H. D., Gesellschaft im Leistungskonflikt, Düsseldorf 1973.
Seybold, K., Der Einfluß der Unternehmertätigkeit auf Produktion, Preisgestaltung und Verteilung, Greifswald 1926.
Siegel, S., Nonparametric Statistics, New York 1956.
Siemens, P. v., Unternehmensführung und Geschichtsbewußtsein, in: ZfU, 22. Jg., 1977, S. 1–8.
Silbergleit, H., Preußens Städte, Berlin 1908.
Simmersbach, O., Die Eisenindustrie, Leipzig 1906.
Simon, H. A., Theories of Decision – Making in Economics and Behavioral Science, in: Surveys of Economic Theory, Bd. 3, S. 1ff.
Simon, O., Das gewerbliche Fortbildungs- und Fachschulwesen in Deutschland. Ein Überblick über seine Entwicklung und seinen gegenwärtigen Stand, Berlin 1903.
Sinzheimer, L., Der volkswirtschaftliche Charakter der technischen Entwicklung des deutschen Eisenhüttengewerbes 1865–1879, München 1892.
Slocum, W. L., Occupational Careers. A Sociological Perspective, Chicago 1966.
Smith, A., Natur und Ursachen des Volkswohlstandes, Leipzig 1933.
Smith, C. N., Motivation and Ownership. History of the Ownership of the Gelsenkirchener Bergwerks AG, in: BH, Bd. 12, 1970, S. 1–24.
Sombart, W., Das Wirtschaftsleben im Zeitalter des Hochkapitalismus, München 1927.
Ders., Der moderne Kapitalismus, 2 Bde., München 1922.
Ders., Der Bourgeois, Berlin 1913.
Ders., Die drei Nationalökonomien. Geschichte und System der Lehre von der Wirtschaft, München 1930.
Sommerfeld, H., Der Unternehmer als Verwalter von Volksvermögen, Hamburg 1934.
Sorokin, P. A., Social Mobility, New York 1927.
Specht, K. G. u. a., Soziologie im Brennpunkt der Unternehmensführung, Herne 1974.
Spiethoff, A., Die wirtschaftlichen Wechsellagen. Aufschwung, Krise, Stockung, 2 Bde., Tübingen 1955.
Ders., Die allgemeine Volkswirtschaftslehre als geschichtliche Theorie, in: Sch. Jb., Bd. 56, 1932, S. 891–924.
Stahl, W., Der Elitekreislauf in der Unternehmerschaft. Eine empirische Untersuchung für den deutschsprachigen Raum, Frankfurt/M. 1973.
Starbuck, H. W., Organization Growth and Development, in: March, J. G. (Hrsg.), Handbook of Organizations, Chicago 1965.
Stegmann, D., Die Erben Bismarcks. Parteien und Verbände in der Spätphase des Wilhelminischen Reichs, Köln 1970.
Steller, P., Führende Männer des rheinisch-westfälischen Wirtschaftslebens, Berlin 1930.
Stillich, O., Nationalökonomische Forschungen auf dem Gebiet der großindustriellen Unternehmung. Bd. 1: Eisen- und Stahlindustrie, Berlin 1909; Bd. 2: Steinkohlenindustrie, Leipzig 1906.
Supple, B. E., Rezension von: McCloskey, D., Economic Maturity and Entrepreneurial Decline 1873–1913, Cambridge/Mass. 1973, in: BHR, Jg. 48, 1974, S. 238–40.
Sweezy, P. M., Theorie der kapitalistischen Entwicklung, Frankfurt/M. 1970.
Taylor, L., Occupational Sociology, New York 1968.

Tenfelde, K., Sozialgeschichte der Bergarbeiterschaft an der Ruhr im 19. Jahrhundert, Bonn-Bad Godesberg 1977.
Teuteberg, H. J., Geschichte der industriellen Mitbestimmung in Deutschland, Tübingen 1961.
Tilles, S., Identifying Goals, in: Ewing, D. W. (Hrsg.), Long-Range Planning for Management, New York 1964.
Tilly, R. H., The Growth of Large-Scale Enterprise in Germany since the Middle of the Nineteenth Century, in: Daems, H. u. Wee, H. v. d., The Rise of Managerial Capitalism, Leuven 1974, S. 145–69.
Ders., Financial Institutions and Industrialization in the German Rhineland, 1815–1870, Madison 1966.
Ders., Los von England: Probleme in der deutschen Wirtschaftsgeschichte, in: ZfgS, 1968, S. 179–89.
Ders., Industrialisierung des Ruhrgebiets und das Problem der Kapitalmobilisierung, Dortmund 1969.
Tönnies, F., Über die Gesellschaft, in: Reichshandbuch der Deutschen Gesellschaft, Bd. I, Einführung, Berlin 1930.
Treue, W., Wirtschaftsgeschichte der Neuzeit, Stuttgart 1962.
Ders., Das historische Selbstverständnis der Unternehmer, in: Archiv und Wirtschaft. Mitteilungsblätter für das Archivwesen der Wirtschaft, 5. Jg., 1972, S. 14–26.
Ders., Selbstdarstellung des Unternehmers, in: Vortragsreihe des Deutschen Industrieinstituts, Nr. 33, 1972.
Tross, A., Der Aufbau der Eisen- und eisenverarbeitenden Konzerne Deutschlands, Berlin 1923.
Troitsch, U., Innovation, Organisation und Wissenschaft beim Aufbau von Hüttenwerken im Ruhrgebiet 1850–1870, Dortmund 1977.
Tumin, M. M., Schichtung und Mobilität, München 1968.
Turgot, A. R. J., Betrachtungen über die Bildung und Verteilung des Reichtums (1766), Jena 1924.
Turin, G., Der Begriff des Unternehmers, Zürich 1948.
Visser, D., The German Captain of Enterprise: Veblen's Imperial Germany Revisited, in: EEH, Jg. 6, 1969, S. 309ff.
Voelcker, H., Die deutsche Eisen- und Stahlindustrie, Berlin 1907.
Vorschriften vom 21. Dezember 1863 über die Befähigung zu den technischen Ämtern der Berg-, Hütten- und Salinenverwaltung, in: ZBHS, 1864, S. 297–308.
Wachenheim, H., Die deutsche Arbeiterbewegung 1844–1914, Köln 1967.
Wagenblass, H., Die Deutsche Eisenbahnschienen-Companie und ihr Gründer Carl Joseph Meyer, in: Tradition, 17. Jg., 1972, S. 233–55.
Wallis, A. u. Roberts, H. V., Methoden der Statistik, Freiburg 1963.
Weber, M., Wirtschaft und Gesellschaft. Grundriß der verstehenden Soziologie (1956), Köln 1964.
Ders., Gesammelte Aufsätze zur Wissenschaftslehre (1922), Tübingen 1973.
Ders., Politik als Beruf, München 1926.
Weber, W., Der Unternehmer. Eine umstrittene Sozialgestalt zwischen Ideologie und Wirklichkeit, Köln 1973.
Wechssler, E., Die Generation als Jugendreihe und ihr Kampf um die Denkform, Leipzig 1930.
Wegmann, D., Die leitenden staatlichen Verwaltungsbeamten der Provinz Westfalen, 1815–1918, Münster 1969.
Wehler, H.-U., Die Polen im Ruhrgebiet, in: Wehler, H.-U., Krisenherde des Kaiserreichs, Göttingen 1970, S. 219–36.
Ders., Bismarck und der Imperialismus, Köln 1969.
Ders., Das Deutsche Kaiserreich 1871–1918, Göttingen 1973.
Weyh, G., Der Typ des deutschen Unternehmers des neunzehnten Jahrhunderts, Breslau (Diss.) 1930.

Wiedenfeld, K., Die Herkunft der Unternehmer und Kapitalisten im Aufbau der kapitalistischen Zeit, in: WA, Bd. 72, 1954, S. 254ff.
Ders., Ein Jahrhundert rheinische Montanindustrie, Bonn 1916.
Ders., Das Persönliche im modernen Unternehmertum, München 1920.
Wiehn, E., Theorien der sozialen Schichtung. Eine kritische Diskussion, München 1968.
Wiel, P., Wirtschaftsgeschichte des Ruhrgebiets, Essen 1970.
Ders., Das Ruhrgebiet in Vergangenheit und Gegenwart, Essen 1963.
Winkler, H. A. (Hrsg.), Organisierter Kapitalismus, Göttingen 1974.
Winschuh, J., Das neue Unternehmerbild. Grundzüge einer Unternehmerpolitik, Baden-Baden 1954.
Ders., Der Unternehmer im neuen Europa, Berlin 1941.
Wisskott, P., Der Verein Kohlenklub, in: Glückauf 1898, Nr. 20 u. 21.
Woodward, J., Industrial Organization. Theory and Practice, London 1965.
Zahn, E., Das Wachstum industrieller Unternehmen, Wiesbaden 1971.
Zapf, W., Wandlungen der deutschen Elite. Ein Zirkulationsmodell deutscher Führungsgruppen 1919–1967, München 1965.
Ziebura, G. (Hrsg.), Wirtschaft und Gesellschaft in Frankreich seit 1789, Gütersloh 1975.
Zöllner, A., Eisenindustrie und Stahlwerksverband, Leipzig 1907.
Zorn, W., Einführung in die Wirtschafts- und Sozialgeschichte, München 1972.
Ders., Wert und Bedeutung der neuen deutschen Biographie für die unternehmerische Sippen- und Familiengeschichte, in: Tradition, 2. Jg., 1957, S. 157–71.
Zunkel, F., Beamtenschaft und Unternehmertum beim Aufbau der Ruhrindustrie 1849–1880, in: Tradition, 9. Jg., 1964, S. 261–77.
Ders., Der Rheinisch-Westfälische Unternehmer 1834–1879. Ein Beitrag zur Geschichte des deutschen Bürgertums im 19. Jahrhundert, Köln 1972.

VIII. Register

Abbaumethode 123
Abgeordnetenhaus 68/69
Abiturientenquote 51
Absatzsicherung 114–121
Abstieg, beruflicher 86
Abteufarbeiten 96
Auslandaufenthalt 54/55
Adel 38/39
Agent 10
Aggregationsproblem 27
Akademisierung 167
Aktiengesellschaft 104–107, 149
Altersstruktur 35–37, 158/159
Arbeiterschaft 38
Arbeitsmarkt (für Unternehmer) 88
Aufbereitung (der Kohle) 111
Aufsichtsräte 24, 29/30
Aufstieg, betrieblicher 76/77
Archivmaterial 175
Ausgangsquellen 171/172
Austrittsalter 79
Ausbeute 142/143
Ausbildung 161/162, 166

Basisinnovation 91, 95
Beamte 72
Beamtenschaft 72
Bessemerverfahren 103, 108
Bergbau (Definition) 30
Bergbaubeamte 56–58
Bergbaubeflissener 56, 58
Bergreferendare 56–58
Berufskarriere 76
Berufssturktur, regional 46
Besitz 38
Beteiligungsziffer 120
Beteiligungsquote 129
Betriebsgeschichte 11
Betriebskombination 130
Betriebspostionen 29
Bevölkerungswachstum 35
Bildung 38
Bildungssystem, preußisches 48–50
Biographien 173–175

Branchentreue 164/165, 168
Brikettfabrik 124
Bürgertum 38, 69/70
Bürokratie 23/24
Bürokratie, staatliche 38

Charaktermaske 10
Chi-Quadrat-Test 156/157

Dampfmaschine 95, 97, 98, 108
Daten 4, 171
Dpression, Große 32, 109/110, 115, 125, 154
Direktionsprinzip 69, 71, 95
Dispositionsspielraum, unternehmerischer 10, 11
Dividende 142/143

Ehrenpromotion 73/74
Einfluß, politischer 61
Einjähriges 49
Eintrittsalter 78
Eisenindustrie 30
Eisenverarbeitung „in einer Hitze“ 123, 125
Elementarunterricht 48
Elementarwissen 48, 53
Elitegruppen 11
Elitetheorien 16
Emanzipation, politische 69
Emanzipation, soziale 35
Endogamie 46
Entscheidungen, strategische 3, 19, 20, 22
Entscheidungen, taktische 20
Entscheidungsmodelle, präskriptive 20, 21
Entscheidungsmodelle, deskriptive 21
Entscheidungsstruktur 19
Entscheidungsverhalten 20, 21
Erkenntnisziel (der Untersuchung) 1, 3
Erfolg 134
Erfolgschance 136

Festschriften 171/172
Firmenfestschriften 171/172
Firmenquellen 175/176

Firmenwechsel 86–88
Fluktuation 82/83, 86–88
Folgeninnovation 91, 110
Förderung (der Kohle) 98
Förderbeschränkung 118
Förderkonvention 118
Fortbildungsschulen 48/49
Führungskräfte 11
Funktion des Unternehmers 18
Frischfeuer 102

Geburtenrate 35
Geburtsjahre (der Unternehmer) 36
Gefährdungsrisiko 137
Gemeindesteuern 67
Generation 17
Generationsreihe 17
Gesellschaftsanalyse 16
Gesellschaftsmodell 16
Gemischte Werke 30, 126–128
Gewerbeschulen 50, 53/54
Gewerke 42
Gewerkschaft, alten Rechts 91, 105
Gewerkschaft, bergrechtliche 105, 107, 149
Gewerkschaft, Erfolg der 149
Gewerkschaft, neuen Rechts 105/106
Großbetriebe 156
Große Depression 32, 109/110, 115, 125, 154
Größenklasse (von Unternehmen) 138–143
Größenwachstum, relatives 137–142, 154
Gründer 29/30
Gründerperiode 32, 92, 147–153
Gründerjahre 92
Gründungen 149
Gründungsfinanzierung 104, 147, 165/166
Großagrarier 38
Gymnasium 49, 51

Halbzeuge 132
Handeln, soziales 20
Handelskammer 64
Hetorogenität der Produkte 30
Herkunft 159/160
Herkunft, berufliche 16, 46–47, 160
Herkunft, regionale 39–42, 159/160
Herkunft, soziale 16, 43–46, 159/160, 165/166
Herkunftsmuster 43
Herkunftsschicht 43
Herkunftsstratum 16
Herrenhaus, preußisches 68/69
Historische Schule 12
Hochofen 98–101
Hochschulstudium 59–61, 161, 167
Hüttenzechen 131

Idealtypus 14/15, 23
Innovation 91
Innovationsmodell 91
Innovationsverhalten 166
Innovationszyklus 91, 122
Innovator 19
Intergenerationsmobilität 16
Interessenverbände, ökonomische 63, 65
Intragenerationsmobilität 16

Jugendreihe 17, 35

Kapital, ausländisches 109
Kapitalbildung 108/109
Kapitalzeichner 166
Karrierebeginn (der Unternehmer) 79
Karrieredauer (der Unternehmer) 80/81
Karriereende (der Unternehmer) 80
Karrieremuster 76/77, 81–88, 163–165
Kartell 117
Kartellierung 129
Klassengesellschaft 39
Klassenmodell 16
Kohleaufbereitung 110/111
Kohlenklub 118
Kohlenseparation 111
Kohlenverkaufsvereine 118
Kohlenwäsche 111
Koks 111/112
Koksgewinnung 111/112
Kokshochofen 99/100
Kommunalpolitik 66–68, 162
Kommunalverfassung 67
Konsolidierung 115
Konzentration 115–117, 125–133
Kostenersparnis 125, 130

Legitimationsproblem 9
Lehre 55/56
Leiter 24, 29/30
Leitsektor 110
Leistungsideologie 9
Leistungsstreben 38

Marktzutritt 33
Marktverfassung 120, 122
Masse 16
Mergeldecke 91, 95
Militärdienst 75

Militärdienst, einjähriger 49
Militärstaat 39
Mobilität, berufliche 46, 84
Mobilität, regionale 37, 39–42, 85
Mobilität, soziale 16, 37
Mobilität, vertikale 45

Nebenprodukte 124
Nekrologe 172
Niederbringung (eines Schachtes) 96/97, 104

Oberrealschule 49
Oberschicht 17
Offizierslaufbahn 75
Ordensverleihungen 74
Organisation 130, 133

Parlamentarismus 39
Parteien, politische 70/71
Personalisierung 4
Personalquellen 172–175
Phi-Koeffizient, 157
Politik, überregionale 68–70, 162
Probleme, betriebliche 89–92
Provinziallandtag 68/69
Puddelverfahren 102, 108

Qualifikation, formale 60
Quellen 171
Quellenkunde 171

Rationalisierungen 91, 123–125, 167
Realgymnasium 49
Realschule 49
Rechtsform 31
Rechtsform, Wechsel der 106/107
Regionalverbände 64
Reichstag 68
Repräsentativität 23, 25, 33
Rheinisch-Westfälisches Kohlensyndikat 120, 131/132
Rekrutierung 159
Rekrutierung, soziale 46
Roheisen 101
Rollentheorie 17
Rollenkonflikt 17
Rollenspiel 17
Rollenwandel 16
Ruhestand 79
Ruhrgebiet, westfälisches 1/2, 24/25

Schachtausbau 97
Schichtung, soziale 15
Schichtungstheorie 16
Schichtungsmodell 16
Schulabschlüsse 52
Schulbildung 51–54, 161, 166/167
Schulpflicht 48
Schwerindustrie 2, 25/26
Selbstverbrauch 132
Selbstverwaltung, kommunale 67
Siemens-Martin Verfahren 113/114
Sozialisationsprozeß 17
Sozialstruktur 15
Sozialstruktur, vertikale 43
Sozialverbände 64/65
Staatsbürokratie 71
Stadtbürgertum 67
Stahl 101–102
Stahlgewinnung 101–103
Stahlwerkverband 121, 132
Standortverlagerung 113, 133
Standortvorteile 142
Status, sozialer 16, 45, 73
Steinische Städteordnung 66/67
Sterberate 35
Stillegung (von Zechen) 114/115
Strukturen, ökonomische 10
Struktur, soziale 28
Sub-Branchen 30
System, politisches 11
Syndikat 119–121, 131/132
Syndikatsquote 129

Technische Hochschule 50, 59
Technologie 90/91
Thomasverfahren 112/113
Tiefbauschächte 95–108, 104, 151
Todesjahre (der Unternehmer) 37

Universität 49/50, 59
Umgründungen 94
Unternehmensentscheidungen 3
Unternehmenserfolg 3, 147–156
Unternehmensgründungen 93/94
Unternehmensstrategie 147
Unternehmensstruktur 130/131
Unternehmer, britische 6–8
Unternehmer, dynamischer 18
Unternehmer, französische 9
Unternehmerbild 13
Unternehmerbiographien 172
Unternehmerdefinition 12, 13, 18–22
Unternehmerdefinition, funktionale 13
Unternehmerdefinition, positionale 23/24

Unternehmergeist 38
Unternehmergeschichte 6
Unternehmerforschung 1, 6, 9, 12, 22, 169
Unternehmerkritik 9
Unternehmertum 12, 13
Unternehmer-Typen 14, 15

Väterberufe 43
Verbandstätigkeit 62–66, 162/163, 168
Verbandswesen 62/63
Verfassungskonflikt 39, 69
Vergleiche, internationale, intersektorale 7
Verhalten, unternehmerische 10
Verhaltensmuster 17
Verkehrsverbände 64
Versagen, unternehmerisches 7, 8
Volksschule 48

Wachstum, betriebliches 135
Wachstum, industrielles 8
Wachstumsbeitrag (der Unternehmer) 3, 6, 21
Wanderung 37, 39/40, 42
Wasserhaltung 98, 124
Weiterbildung 54–59
Wetterführung 98, 123/124
Windfrischverfahren 103, 108

Zugangsstratum 16
Zurechnungsproblem 7, 8, 9

KRITISCHE STUDIEN ZUR GESCHICHTSWISSENSCHAFT

1. WOLFRAM FISCHER: Wirtschaft und Gesellschaft im Zeitalter der Industrialisierung. Aufsätze – Studien – Vorträge
2. WOLFGANG KREUZBERGER: Studenten und Politik 1918–1933. Der Fall Freiburg i.B.
3. HANS ROSENBERG: Politische Denkströmungen im deutschen Vormärz
4. ROLF ENGELSING: Zur Sozialgeschichte deutscher Mittel- und Unterschichten
5. HANS MEDICK: Naturzustand und Naturgeschichte der bürgerlichen Gesellschaft. Die Ursprünge der bürgerlichen Sozialtheorie als Geschichtsphilosophie und Sozialwissenschaft bei Samuel Pufendorf, John Locke und Adam Smith
6. DIE GROSSE KRISE IN AMERIKA. Vergleichende Studien zur politischen Sozialgeschichte 1929–1939. 7 Beiträge. Hg.: H. A. Winkler
7. HELMUT BERDING: Napoleonische Herrschafts- und Gesellschaftspolitik im Königreich Westfalen 1807 bis 1813
8. JÜRGEN KOCKA: Klassengesellschaft im Krieg. Deutsche Sozialgeschichte 1914–1918
9. ORGANISIERTER KAPITALISMUS. Voraussetzungen und Anfänge. 11 Beitr. Hg.: H. A. Winkler
10. HANS-ULRICH WEHLER: Der Aufstieg des amerikanischen Imperialismus. Studien zur Entwicklung des Imperium Americanum 1865–1900
11. SOZIALGESCHICHTE HEUTE. Festschrift für Hans Rosenberg. 36 Beiträge. Hg.: H.-U. Wehler
12. WOLFGANG KÖLLMANN: Bevölkerung in der industriellen Revolution. Bevölkerungsgeschichte Deutschlands im 19. Jh.
13. ELISABETH FEHRENBACH: Traditionale Gesellschaft und revolutionäres Recht. Die Einführung des Code Napoléon in den Rheinbundstaaten
14. ULRICH KLUGE: Soldatenräte und Revolution. Studien zur Militärpolitik in Deutschland 1918/19
15. REINHARD RÜRUP: Emanzipation und Antisemitismus. Studien zur ›Judenfrage‹ der bürgerlichen Gesellschaft
16. HANS-JÜRGEN PUHLE: Politische Agrarbewegungen in kapitalistischen Industriegesellschaften. Deutschland, USA und Frankreich im 20. Jh.
17. SIEGFRIED MIELKE: Der Hansa-Bund für Gewerbe, Handel und Industrie 1909–1914. Der gescheiterte Versuch einer antifeudalen Sammlungspolitik
18. THOMAS NIPPERDEY: Gesellschaft, Kultur, Theorie. Gesammelte Aufsätze zur neueren Geschichte
19. HANS GERTH: Bürgerliche Intelligenz um 1800. Zur Soziologie des deutschen Frühliberalismus
20. CARSTEN KÜTHER: Räuber und Gauner in Deutschland. Bandenwesen im 18. und frühen 19. Jh.
21. HANS-PETER ULLMANN: Der Bund der Industriellen. Organisation, Einfluß und Politik klein- und mittelbetrieblicher Industrieller im Deutschen Kaiserreich 1895–1914
22. DIRK BLASIUS: Bürgerliche Gesellschaft und Kriminalität. Zur Sozialgeschichte Preußens im Vormärz
23. GERHARD A. RITTER: Arbeiterbewegung, Parteien und Parlamentarismus. Zur deutschen Sozial- und Verfassungsgeschichte des 19. und 20 Jahrhunderts
24. HORST MÜLLER-LINK: Industrialisierung und Außenpolitik. Preußen-Deutschland und das Zarenreich 1860–1890
25. JÜRGEN KOCKA: Angestellte zwischen Faschismus und Demokratie. Zur politischen Sozialgeschichte der Angestellten: USA 1890–1940 im internationalen Vergleich
26. HANS SPEIER: Die Angestellten vor dem Nationalsozialismus. Zum Verständnis der deutschen Sozialstruktur 1918–1933
27. DIETRICH GEYER: Der russische Imperialismus. Studien über den Zusammenhang von innerer und auswärtiger Politik 1860–1914
28. RUDOLF VETTERLI: Industriearbeit, Arbeiterbewußtsein und gewerkschaftliche Organisation. Dargestellt am Beispiel der Georg Fischer AG (1890–1930)
29. VOLKER HUNECKE: Arbeiterschaft und industrielle Revolution in Mailand 1859–1892. Zur Entstehungsgeschichte der italienischen Industrie und Arbeiterbewegung.
30. CHRISTOPH KLESSMANN: Polnische Bergarbeiter im Ruhrgebiet 1870–1945. Soziale Integration und nationale Subkultur einer Minderheit in der deutschen Industriegesellschaft
31. HANS ROSENBERG:Machteliten und Wirtschaftskonjunkturen. Zur neueren deutschen Sozial- und Wirtschaftsgeschichte
32. RAINER BÖLLING: Volksschullehrer und Politik. Der deutsche Lehrerverein 1918–1933
33. HANNA SCHISSLER: Preußische Agrargesellschaft im Wandel. Wirtschaftliche, gesellschaftliche und politische Transformationsprozesse 1763–1847
34. HANS MOMMSEN: Arbeiterbewegung und Nationale Frage. Ausgewählte Aufsätze
35. HEINZ REIF: Westfälischer Adel 1770–1860. Vom Herrschaftsstand zur regionalen Elite
36. TONI PIERENKEMPER: Die westfälischen Schwerindustriellen 1852–1913
37. HEINRICH BEST: Interessenpolitik und nationale Integration 1848/49

VANDENHOECK & RUPRECHT GÖTTINGEN UND ZÜRICH